suhrkamp taschenbuch 269

Fritz Joachim Raddatz, geboren am 3. September 1931 in Berlin, lebt in Hamburg. Wichtige Publikationen: *Kurt Tucholsky* 1961; *Traditionen und Tendenzen. Materialien zur Literatur der DDR* 1972. Essays, Übersetzungen und Herausgaben.

Dieses Buch wurde von der Literaturkritik einhellig als Standardwerk begrüßt. »Der Raddatz« *(Peter Wapnewski* in der *Zeit)* gilt als verläßlichste, brauchbarste Information über die DDR-Literatur wie zugleich als kritisch-selektive Analyse eines kenntnisreichen Literaturhistorikers: der erste Versuch, Kontinuität und spezifische Entwicklungsbedingungen der »zweiten deutschen Literatur« nachzuzeichnen. Weil diese Literatur und die Gesellschaft, auf die sie reagiert, lebt und sich erweitert, legt der Verlag eine Taschenbuchausgabe vor. Raddatz hat seine Studie damit auf den neuesten Stand gebracht – ein ausführlicher Essay geht den neuesten, gelegentlich überraschenden Tendenzen nach, die sich aus den wichtigen Publikationen der letzten drei Jahre ablesen lassen. Die Bibliographie wurde erweitert und erfaßt die Primär- wie Sekundärliteratur bis 1975.

Was hier vorliegt, ist Lesebuch und Arbeitsmaterial zugleich.

25 JAHRE SUHRKAMP VERLAG 1950–1975

Ich bin überzeugt, daß der Suhrkamp Verlag der weitaus bedeutendste deutschsprachige Verlag unserer Zeit ist. *Marcel Reich-Ranicki.* Andere Verlage mögen mehr Umsatz machen und mit mehr Bestsellern brillieren können – kaum einer aber kann sich mit dem heute 25jährigen Suhrkamp Verlag vergleichen, wenn es um das literarische Gesamtgewicht der gedruckten Worte geht. *Heinz Mudrich, Saarbrücker Zeitung.* Unbestritten ist Suhrkamp heute der profilierteste bundesdeutsche Verlag. Suhrkamp-Autoren bestimmen die literarische Szene. Suhrkamp-Autoren prägen die gesellschaftspolitische Diskussion der letzten Jahre. Suhrkamp-Autoren werden am häufigsten übersetzt. Suhrkamp-Bücher sind auch in Paris, London oder New York ein Markenzeichen. So wurde die vielzitierte »Suhrkamp-Kultur« schließlich ein Symptom für eine neue deutsche Literatur und Philosophie. *Armin Halstenberg, Norddeutscher Rundfunk.*

Ernst Augustin
Raumlicht: Der Fall der Evelyne B.

Roman. Etwa 280 Seiten. Leinen. ca. DM 24,–

Nachmittags halb vier. In seinem unauffälligen Haus in einem bürgerlichen Stadtteil Münchens erwartet der Psychiater eine vierzigjährige Dame, Evelyne B., zur Konsultation. Sein mittelmäßig eingerichtetes Zimmer, in dem die Patientin sich befindet, versteht er als Beispiel jenes eigenen Ichs, in dem die Patientin sich einrichten muß. Er beginnt seine Behandlung, und gleichzeitig, in Schüben, entfalten sich der Roman und der autobiographische Bericht. Ernst Augustins Roman *Raumlicht*, nach *Der Kopf* (1962), *Das Badehaus* (1963) und *Mamma* (1970) sein viertes Buch, ist der Roman einer Heilung. Die Heilung von einer Krankheit, der Schizophrenie, die unsere Zeitepoche heimlich und unheimlich zu prägen beginnt. Ihre Entdeckung, dargestellt in einer Behandlungsszene, ist Ausgangs- und Zielpunkt dieses Buches, das ebensosehr der phantasievolle und brillant erzählte Roman des Schriftstellers wie auch der autobiographische Bericht des Psychiaters Augustin ist.

Tankred Dorst: Dorothea Merz

Ein fragmentarischer Roman. Mitarbeit Ursula Ehler.
Etwa 220 Seiten. Kart. ca. DM 18,–

Dorothea Merz ist die Geschichte einer jungen Frau in Deutschland von 1925 bis 1934. Ihr Mann Rudolf Merz leitet im Frankenwald die Fabrik seines Vaters. Die Gegend ist arm. Die meisten Leute arbeiten in der Merz-Fabrik. Dorotheas idealistische Vorstellungen vom einfachen Leben, von der Ehe, von den Menschen stimmen immer weniger mit der Wirklichkeit überein. Sie will das nicht wahrhaben; sie wird zur Illusionistin. Ihr Mann erkrankt unheilbar. Inzwischen ändern sich die politischen Verhältnisse, die Nazis kommen an die Macht. Wie sich Rudolf Dorothea entzieht, so entzieht er sich der Einsicht, daß bürgerlicher Idealismus, wie er ihn vertritt, die Machtübernahme ermöglicht hat. – Die Geschichte wird in Dialogen, Beschreibungen, in Briefen und Tagebuchnotizen erzählt. »Je mehr ich mich mit meinem Stoff beschäftige«, schreibt Tankred Dorst, ». . . um so weniger mag ich mich auf Regeln festlegen. Mein einziges Augenmerk ist darauf gerichtet, daß ich eine Geschichte von Menschen erzähle, eine komplizierte und schöne Geschichte.«

Dieter Kühn: Josephine

Aus der öffentlichen Biographie der Josephine Baker. Mit zahlreichen Fotografien.
Etwa 150 Seiten. Engl. Broschur. ca. DM 16,–

Josephine Baker ist eine fast legendäre Figur geworden. Josephine, die umjubelte Tänzerin der zwanziger Jahre; Josephine, die gefeierte Diseuse der dreißiger Jahre bis hin zu den siebziger Jahren; Josephine, die Mutter von zwölf Adoptivkindern; Josephine, die auf der Höhe ihrer Erfolge, ihrer Popularität starb. Die Legende wurde erzeugt in der öffentlichen Biographie der Baker, geschrieben von zahlreichen Beiträgern in Zeitungen, Zeitschriften, Büchern. Zum 70. Geburtstag dieses Stars (im Juni 1976) erzählt Dieter Kühn den Ablauf und zugleich die Entstehung dieser Biographie nach, die für die Erfolge der Baker ebenso wichtig wie ihre Auftritte war.
Kritisch und amüsant gibt Kühns Text, am Beispiel der Josephine Baker, die allgemeinen Muster zu erkennen, nach denen Star-Biographien heute wie gestern immer neu reproduziert werden.

Adolf Muschg: Entfernte Bekannte

Erzählungen. Etwa 140 Seiten. Leinen. ca. DM 18,–

In sieben Erzählungen demonstriert Adolf Muschg Entfernung; Entfernung zwischen denen, die miteinander »bekannt« wurden: durch den Zufall eines gemeinsamen Hospitalzimmers, durch Ehe, Verwandtschaft, Freundschaft oder Wohngemeinschaft. Und die Entfernung auch zu sich selbst.
Adolfs Muschgs Fälle sind ebenso persönlich wie exemplarisch; sie sind von unterschiedlichster Herkunft; sie reichen vom klassischen Konfliktfall zwischen Mutter und Sohn bis zur erwartungsvoll gegründeten Großfamilie und deren vergeblichen gruppendynamischen Einsichten.
Der Stoff zu diesen Erzählungen ist der Wirklichkeit entnommen. So konzentriert sich die Phantasie des Autors auf jenen Darstellungs- und Sensibilisierungsprozeß, der aus Wirklichkeit Literatur macht.

Hans Erich Nossack: Dieser Andere

Ein Lesebuch mit Briefen, Gedichten, Prosa.
Herausgegeben von Christof Schmid.
308 Seiten. Leinen. DM 26,–

Dieses Buch mit Briefen, Gedichten und Prosa erscheint zu Hans Erich Nossacks fünfundsiebzigjährigem Geburtstag am 30. Januar 1976. Eine Rechenschaft, in deren Mittelpunkt die private und öffentliche Person Nossacks steht. Die wenigen, in ihrer Mehrzahl hier erstmals veröffentlichten Briefe aus den Jahren 1942 bis 1955 sind an seinen Freund und Lektor Hermann Kasack und an den Verleger Peter Suhrkamp gerichtet. Die Gedichte erlebten 1947 eine erste und letzte Auflage. Die Prosa, zu der auch die hier erstmals veröffentlichte Erzählung »Dieser Andere« gehört, stammt aus den Jahren 1943 bis 1975. Sie steht stellvertretend für die Summe eines Schreibens während fünf Jahrzehnten. Der Band enthält die Bibliographie der Werke Nossacks.

Gibson, Lorcas Tod st 197 (I)

Hesse, Roßhalde st 312 (II)

Materialien zu Hermann Hesse ›Demian‹ Band 1 st 166 (I)

Materialien zu Hermann Hesse ›Siddhartha‹ Band 2 st 282 (I)

Johnson, Zwei Ansichten st 326 (II)

Kolleritsch, Die grüne Seite st 323 (II)

Lem, Die Jagd st 302 (I)

Lem, Transfer st 324 (II)

Mächler, Das Leben Robert Walsers st 321 (II)

H. Mayer, Thomas Mann – Werk und Entwicklung st 233 (II)

Nizon, Canto st 319 (II)

Plenzdorf, Die neuen Leiden des jungen W. st 300 (II)

Raddatz, Traditionen und Tendenzen st 269 (I)

Rosei, Wege st 311 (II)

G. Roth, Der große Horizont st 327 (II)

Shaw, Der Aufstand gegen die Ehe st 328 (II)

Sternberger, Heinrich Heine und die Abschaffung der Sünde st 308 (I)

Waggerl, Brot st 229 (I)

M. Walser, Der Sturz st 322 (II)

R. Walser, Der Räuber st 320 (II)

edition suhrkamp

Brecht, Gesammelte Gedichte 4 Bände, es 835–838 (II)

Braun, Es genügt nicht die einfache Wahrheit es 799 (I)

Deleuze/Guattari, Kafka es 807 (II)

Fassbinder, Stücke 3 es 803 (I)

Kluge, Neue Erzählungen es 819 (II)

Lyon, Brecht und Kipling es 804 (II)

Ror Wolf, Auf der Suche nach Doktor Q. es 811 (II)

Suhrkamp Verlag, 6 Frankfurt 1, Suhrkamp Haus

Redaktionsschluß 15. Dezember 1975. Preisänderungen vorbehalten.
Titelnummer 99257

Nicht zuletzt die Briefe Hesses sind es, die zusammen mit den weithin unbekannten kulturkritischen und politischen Schriften das herkömmliche Bild von diesem Autor einer unerwarteten Revision unterziehen und uns Aufschluß darüber geben, was diesen Dichter zum international meistgelesenen Autor und zu einem literatursoziologischen Phänomen ohnegleichen gemacht hat.

Kalender 1977 zum Hermann-Hesse-Jahr

24 Blätter, davon 12 Blätter vierfarbig. Format 32 × 42 cm. Spiralbindung. ca. DM 36,–

Am 2. Juli 1977 hat Hermann Hesse, ältester und erster Autor des Suhrkamp Verlags, seinen hundertsten Geburtstag. Als Auftakt zum Hesse-Jahr 1977 wird der Suhrkamp Verlag einen Kalender herausgeben, der, auch optisch, Leben und Werk eines der international einflußreichsten deutschen Schriftsteller unseres Jahrhunderts vorstellt.

Gustav W. Heinemann: Reden und Schriften

Band 2: Bürgermut aus Glaubensfreiheit.
Herausgegeben von Diether Koch. Etwa 260 Seiten. Leinen. ca. DM 36,–

Der zweite Band der *Reden und Schriften* des früheren Bundespräsidenten Gustav Heinemann macht aus den vergangenen dreißig Jahren die wichtigsten Äußerungen zur grundsätzlichen Bestimmung des Verhältnisses von Kirche – Staat – Gesellschaft wieder greifbar.
Wie Heinemann beide Bereiche, Kirche und Staat/Gesellschaft, unter dem Doppelaspekt theologischer und soziologisch-politischer Betrachtungsweise begreift, ist von bleibendem Interesse.

Spectaculum 24

Thomas Bernhard, Der Präsident. Bertolt Brecht, Trommeln in der Nacht. Mark Medoff, Wann kommst du wieder, roter Reiter. Sean O'Casey, Juno und der Pfau. Peter Weiss, der Prozeß, nach Franz Kafkas gleichnamigem Roman.
Etwa 320 Seiten. Gebunden. Abonnementspreis DM 16,80. Einzelpreis DM 18,80

Sonderausgabe

Ernest Borneman: Psychoanalyse des Geldes

Eine kritische Untersuchung psychoanalytischer Geldtheorien.
467 Seiten. Gebunden. ca. DM 20,–

»Ein anspruchsvolles Buch, das jeden in den Bann zieht, der sich für die psychischen, unbewußten Ursachen unseres Verhältnisses zum Geld interessiert . . .« *Die Tat*

Wichtigkeit bewußter Schwätzer. In einer kritischen Situation verweigert er seinem »Vorstand« die Gefolgschaft und beginnt, eigene, immer phantastischere Projekte zu verfolgen.

James Joyce: Ulysses

Frankfurter Ausgabe Band 3,1 und 3,2. In der neuen Übersetzung von Hans Wollschläger. Redaktion: Klaus Reichert unter Mitwirkung von Fritz Senn.
Leinen. DM 140,–. Subskriptionspreis DM 110,– (bereits erschienen)

»Ein neuer James Joyce.« *Die Süddeutsche Zeitung zur Frankfurter Ausgabe.*
»Ulysses ist die größte Schöpfung unter den Romanen des zwanzigsten Jahrhunderts.« *New York Times*

Hermann Hesse – Romain Rolland
Briefwechsel

Herausgegeben von Marie Romain Rolland und Volker Michels. Übertragung der Texte R. Rollands aus dem Französischen von Justus Franz Wittkop.
Etwa 300 Seiten. Leinen. ca. DM 30,–

Dieser Briefwechsel aus 25 Jahren (1915–1940) ist ein Dialog über die Möglichkeiten einer besseren Zukunft Europas, doch ohne Illusionen über das unmittelbar Bevorstehende. Neben den Briefen enthält diese Edition sämtliche Besprechungen der Bücher Rollands, die Hesse in Zeitungen und Zeitschriften publiziert hat, sowie Auszüge aus Briefen Rollands an Dritte, in welchen er über seinen Austausch mit Hesse berichtet hat.

Ursula Chi
Die Weisheit Chinas und das Glasperlenspiel

ca. 240 Seiten. Gebunden. ca. DM 24,–

Mit diesem Buch liegt erstmals eine umfassende Studie speziell zum »chinesischen« Aspekt des *Glasperlenspiels* vor. Neben einer Entstehungsgeschichte, die vom neuesten Stand der Forschung ausgeht, und einer kritisch-detaillierten Untersuchung der Wirkungsgeschichte vermittelt das Buch neue Erkenntnisse über die Einflüsse der Philosophie des Konfuzius, des Lao Tse und des I Ging auf Hesses opus magnum.

Hermann Hesse: Gesammelte Briefe

Zweiter Band 1922–1937.
In Zusammenarbeit mit Heiner Hesse. Herausgegeben von Ursula und Volker Michels.
Etwa 600 Seiten. ca. DM 40.–

Max Frisch
Gesammelte Werke in zeitlicher Folge

Herausgegeben von Hans Mayer unter Mitwirkung von Walter Schmitz.
In zwei textidentischen Ausgaben:
Gesammelte Werke in sechs Bänden.
Etwa 5 000 Seiten. Dünndruck. Leinen. ca. DM 470,–
Subskriptionspreis ca. DM 390,–
werkausgabe edition suhrkamp in zwölf Bänden ca. DM 148,–
Subskriptionspreis ca. DM 120,–
Die Subskription endet am 30. 6. 1976

Die *Gesammelten Werke in zeitlicher Folge* nehmen auch jene Texte auf, die bisher verstreut erschienen sind. Die Chronologie ermöglicht einen entstehungsgeschichtlichen Einblick in das Gesamtwerk und einen Überblick über dessen Entwicklung.
Band I (1931–1944): Kleine Prosaschriften · Blätter aus dem Brotsack · Jürg Reinhardt · Die Schwierigen oder J'adore ce qui me brûle · Bin oder Die Reise nach Peking
Band II (1944–1949): Santa Cruz · Nun singen sie wieder · Die Chinesische Mauer · Als der Krieg zu Ende war · Kleine Prosaschriften · Tagebuch 1946–1949
Band III (1950–1953): Graf Öderland · Don Juan oder Die Liebe zur Geometrie · Kleine Prosaschriften · achtung: Die Schweiz · Vorschlag zur Tat · Stiller · Rip van Winkle
Band IV (1956–1961): Homo faber · Kleine Prosaschriften · Herr Biedermann und die Brandstifter · Biedermann und die Brandstifter · Die große Wut des Philipp Hotz · Andorra
Band V (1963–1968): Mein Name sei Gantenbein · Kleine Prosaschriften · Zürich Transit · Biografie
Band VI (1966–1975): Tagebuch 1966–1971 · Kleine Prosaschriften · Wilhelm Tell für die Schule · Dienstbüchlein · Montauk

Samuel Beckett: Werke

Herausgegeben von Elmar Tophoven und Klaus Birkenhauer. Übertragungen von Elmar Tophoven, Erika Tophoven und Erich Franzen. Anmerkungen von Klaus Birkenhauer
In zwei textidentischen Ausgaben: Werke in vier Bänden
Band I: Dramatische Dichtungen. Band II, III und IV: Romane, Erzählungen. Etwa 2 100 Seiten. Leinen ca. DM 160,–
werkausgabe edition suhrkamp. In zehn Bänden. ca. DM 68,–

Beckett, 1906 in Dublin geboren, lebt seit mehr als fünfundzwanzig Jahren in Paris. Die Ausgabe der Stücke und Prosa zeigt sein zentrales Werk und den Weg dorthin seit 1930. 1969 erhielt er die höchste Auszeichnung für Literatur: den Nobelpreis.
Den *Werken* wird zu einem späteren Zeitpunkt ein Supplementband folgen.

Suhrkamp Literatur

Erstes Halbjahr 1976

Ernst Augustin, Samuel Beckett
Thomas Bernhard, Paul Celan
Tankred Dorst, Ilja Ehrenburg
Max Frisch, Juan Goytisolo
Gustav W. Heinemann, Hermann Hesse
Patricia Highsmith, James Joyce
Hermann Kasack, Marie Luise Kaschnitz
Karin Kiwus, Dieter Kühn
Luigi Malerba, Adolf Muschg
Hans Erich Nossack, Romain Rolland
Gerhard Roth, Martin Walser
Robert Walser, Ror Wolf u. a.

Fritz J. Raddatz
Traditionen und Tendenzen

Materialien zur Literatur der DDR
Erweiterte Ausgabe

Erster Band

Suhrkamp

suhrkamp taschenbuch 269
Erste Auflage 1976

Druck: Nomos, Baden-Baden.
Printed in Germany.
Umschlag nach Entwürfen von
Willy Fleckhaus und Rolf Staudt.

Inhalt

Engführung der Literatur: Zwischen Parteiutilitas und ideologischer Debatte

Es gibt zwei deutsche Literaturen. »Die Grenze: die Entfernung: den Unterschied«, wie es bei Uwe Johnson heißt[1], kann man definieren; sie lassen sich festmachen an Sprache wie an ideologischer Debatte. Die Sprache der DDR hat Verschübe aufzuweisen, die weit über Abkürzungsunverständlichkeiten hinausgehen; nicht von JASVO (Jugendarbeiterschutzverordnung), HBB (Hauptausschuß für Berufserziehung und Berufslenkung) oder ABF (Arbeiter-und-Bauern-Fakultät) soll hier die Rede gehen; das sind lediglich fremde Benennungen fremder Institutionen eines fremden Staates. Die Veränderungen liegen tiefer, gehen weiter. Dem ist nachzugehen im Sinne jener Einleitungssätze, die Walter Höllerer der ersten Nummer seiner Zeitschrift »Sprache im technischen Zeitalter« voranstellte: »Sprache bewegt sich nicht im luftleeren Raum. Sie ist, neben den Taten, die einzige Erscheinung, an der verborgene Antriebe, proklamierte Systeme, beschworene Ziele, Machtansprüche, Lenkungsversuche, Abriß- und Aufbaubewegungen abgelesen und nachgeprüft werden können – und das nur dann, wenn kritisch und unbestechlich verfahren wird.«[2]

Verschiedene vorliegende Untersuchungen[3] zeigen, daß auch lexikographisch manifest wurde, wie weit Sprache und Denken der beiden Deutschland sich voneinander entfernten; daß die Bedeutungsübereinkunft wie bei Homonymen nicht mehr durchweg gesichert ist: Freiheit oder Friede oder Heimatrecht meinen nicht mehr dasselbe. Wahl heißt hier, *zwischen* etwas wählen, dort *für* etwas wählen. Die Hilflosigkeit, sich gelegentlich nur mehr in der gleichen, nicht in derselben Sprache verständigen zu wollen, wird bei vielen Ost-West-Begegnungen deutlich. In einer Diskussion zwischen Schriftstellern der DDR und der Bundesrepublik sagte Heinz von Cramer zu Paul Wiens: »Ein Problem in der

DDR ist die Eingliederung des Menschen in den Arbeitsprozeß. Ich sage das jetzt nicht propagandistisch, ich sage es positiv.«[4]
Dieser Einwurf muß dem Ostberliner Gesprächspartner unverständlich bleiben, es sei denn, er »übersetzt« eilends und (noch) automatisch Westdeutsch in Ostdeutsch; denn propagandistisch *ist* ja für ihn positiv. Von Heinz von Cramer wird es dagegen ohne Zögern als synonym für »feindlich, aggressiv, verlogen« benutzt. Ähnlich muß es deutschen Jazzmusikern noch 1945 ergangen sein, die vor amerikanischen Gästen spielten und mit einem schrillen Pfeifkonzert belohnt wurden: Sie wurden nicht, wie sie meinten, ausgepfiffen, es war »positiv gemeint«. Bei einer Diskussion in der Westberliner Studentenstadt Siegmundshof mit dem DDR-Lyriker Rainer Kirsch konnte man zu keiner Einigung, nicht einmal zum Verständnis über das Phänomen der konkreten Lyrik kommen. Hilflos, weil eben die gewohnte Sprache sich versagte, meinte Kirsch, das sei keine konkrete Lyrik, wie er konkret verstehe. Die Inhalte äußerlich identischer Worte haben sich bis zur Sprachlosigkeit verschoben oder auseinandergespreizt. Der letzte »gesamtdeutsche« Duden (Leipzig 1957, Mannheim 1954) zeigt sogar Differenzen der Sprachmorphologie, etwa bei der Pluralbildung von Aula: Aulas im Westen, Aulen im Osten. Bei Wörtern mit den Anfangsbuchstaben A sind 85 grammatische Verschiedenheiten festzustellen. Relevant ist zweierlei: Es gibt neue Begriffe, die nur einer der beiden Duden aufnimmt, und es gibt Begriffsinhalte, die jeder der beiden Duden verschieden interpretiert. Eine Leipziger Sekretärin kann sich nicht als »Arbeitnehmer« definieren – der Begriff fehlt in ihrem Duden; sie kann auch nicht »Arbeitslosenversicherung« nachschlagen – das Wort existiert nicht in der Sprache der DDR. Und erst seit der Ausgabe von 1957 kann sie sich der richtigen Schreibweise von »Aktienkapital« versichern – in früheren Ausgaben war dieser Grundbegriff des Kapitalismus nicht geführt. Andererseits begnügt sich der bundesdeutsche Duden mit vagen

Pauschalisierungen, wo man in Leipzig handfest, parteilich und meistens richtig kommentiert:

Ost-Duden (1957)	*West-Duden (1954)*
Ästhetik: Wissenschaft von den allgemeinen Gesetzen und Prinzipien des künstlerischen Schaffens und dem Wesen der Kunst	Ästhetik: Lehre vom Schönen
Faschismus: Chauvinistische und offen terroristische Erscheinungsform des Imperialismus	Faschismus: Antidemokratische, nationalistische Staatsauffassung
Imperialismus: Höchstes und letztes Stadium des Kapitalismus mit Konzentration von Produktion und Kapital in Monopolen und mit der Tendenz zur Neuaufteilung der Welt zwischen den imperialistischen Ländern	Imperialismus: Ausdehnungs-, Machterweiterungsdrang der Großmächte

Dieselbe Parteilichkeit, nur im Zuge einer generell sorgloseren Arbeit, ist auch im bundesdeutschen Duden zu finden:[5]

Ost-Duden (1957)	*West-Duden (1954)*
Blasphemie: Beschimpfung, Verhöhnung von Personen, Überzeugungen und Bräuchen, die allgemeine Verehrung genießen	Blasphemie: Gotteslästerung; verletzende Äußerung über etwas Heiliges

Die Mannheimer Erklärung geht also davon aus, daß »Gott« und »Heilig« generell existente, ja akzeptierte Begriffe sind. Ohne Frage begegnen wir hier nicht mehr bloßen Nuancen, sondern zweierlei Sprachverständnis, zweierlei Begriffsapparaturen, zweierlei Denkstrukturen. Dasselbe ist nicht mehr dasselbe in Deutschland. Die Identität etwa des Begriffs »Volksfeind« ist nicht mehr fraglich, sondern schlichtweg nicht mehr vorhanden: Hüben meint es einen historisch-faschistoiden, drüben einen aktuellen Begriffsinhalt. Da die Realitäten sich entfremden, wird auch die Sprache mit fremder Realität aufgeladen. Selbst das Grimmsche Wörterbuch, das in der Ostberliner Akademie der Wissenschaften weiter erarbeitet wird, gibt Worte wie »Wiedergutmachung« oder »Widerstandsbewegung« nicht mehr an. Und die Sprach- und Bedeutungswandlungen im Sinne einer politischen Pädagogik sind sogar an Veränderungen innerhalb der verschiedenen Neudrucke des DDR-Duden festzustellen: So etwa wird noch 1954 »Parlamentarismus« definiert als »Beschränkung demokratischen Handelns auf das Parlament«; 1957 heißt es dann aber: »Parlamentarismus: bürgerliche Regierungsform, in der formal das Parlament die Politik bestimmt.« Für »Objektivismus« liegen drei Definitionen vor: 1951 »als Objektivität getarnte Tendenz, Entscheidungen auszuweichen und gegnerische Meinungen anzuführen, die für die behandelte Frage bedeutungslos sind«; 1954 »als Objektivität getarnte Tendenz, Entscheidungen auszuweichen und gegnerische Meinungen anzuführen, wodurch dem Gegner gedient wird«. Und 1957 wird Objektivismus neu definiert als »Erkenntnismethode, die unter dem Anschein wissenschaftlicher Objektivität wesentliche gesellschaftliche Zusammenhänge außer acht läßt und sich auf eine wahllose passive Registrierung von Ereignissen und Meinungen beschränkt«. Man könnte aus einer genauen und vollständigen Beobachtung dieser wechselnden Definitionen wahrscheinlich eine Art Geschichte der politisch-ideologischen Strategie gewinnen. So etwa wird »Pazifismus« bis 1956 definiert als »Ablehnung jedes, auch des gerechten Krieges, Tarn-Form für imperialistisch-kosmopolitische Tendenzen«. Seit 1957 heißt es nur mehr: »Pazifismus, Ablehnung jedes, auch des gerechten Krieges.«[6]

Andere Duden-Vergleiche[7] haben erbracht, daß ideologische Vorbehalte ganz offenbar auch Wortfixierungen bestimmen bzw. Worte schlicht eliminieren. Daß die Begriffe »Bauer« und »Landwirt« zwischen 1954 und 1965 im DDR-Duden nicht enthalten waren, hängt natürlich mit der Kollektivierung der Landwirtschaft zusammen, und wenn 1951 »Aktiengesellschaft« noch so definiert wird: »Kapitalgesellschaft, deren Stammkapital durch Verkauf von Anteilscheinen aufgebracht wird«, es aber 1957 heißt »kapitalistische Gesellschaft, deren ...«, dann hängt das mit der Auflösung der »sowjetischen Aktiengesellschaften« im Jahre 1953 zusammen, die dort noch bis 1954 als Stichwortbeispiel fungierten. (Wie die zitierte Angabe zu Imperialismus im DDR-Duden natürlich einen möglichen Begriff wie »sowjetischer Imperialismus« undenkbar macht, so ist auch die Definition von Aggression nicht mehr als »militärischer Überfall«, sondern als »imperialistischer Überfall« damit politisch statt begrifflich klassifiziert; Budapest 1956 oder Prag 1968 können so nicht mitgedacht werden.) Der Fortfall zahlreicher Worte im DDR-Duden von 1960, die in der bundesdeutschen Ausgabe von 1958 aufgeführt sind, zeigt gesellschaftliche Veränderungen an: Armenhaus, Bardame, Kartellverband, Schulgeld, Kriegsberichtserstatter, Geburtenregelung. Am auffälligsten sind die ausgelassenen religiösen Begriffe: Gotteslohn, Passionsweg, Religionslehre, Sündenfall. Es handelt sich beim Aufnehmen oder Auslassen nicht um kategoriale Sondersprachen, deren sich etwa die moderne westliche Literatur bedient, um ein Milieu dingfest zu machen, nicht um die Literarisierung von andernorts schwer verständlichem Jargon im Sinne von »anschaffe«, »bediene«, »eumeln« und »Uhr aufziehen«. »Bundesdeutsch« wird auf eher sonderbare Weise in den Sprachgebrauch übernommen, durch einen Sickerprozeß, sozusagen: Begriffe (meist tabuierte, sogar verfemte), Bezeichnungen und Titel aus dem Westen tauchen im Osten wieder auf, werden nicht verwendet, aber umgewendet. Da heißt eine Revue-Schau im Ostberliner Friedrichstadt-Palast »Palastical«, da heißt eine Filmkritik des »Sonntag« »Mutmaßungen um Julia«, da nennt der Mitteldeutsche Verlag in Halle sein Programm »Ernte 62«. Interviews in der »Berliner Zeitung« enden gelegentlich mit der Phrase »Wir danken Ihnen für dieses Gespräch«, in der Zeitung der Ost-CDU »Neue Zeit« gibt es eine Spalte »Menschlich gesehen« – wie in Springers »Hamburger Abendblatt«. Die Sonntagsbeilage zur »Welt« heißt »Die geistige Welt«, was zu einer Sonntagsbeilage im »Neuen Deutschland« mit dem Titel »Die gebildete Nation« führte; auch Walter Görlitz' »Griff in die Geschichte« ist dort mit »Historischen Streiflichtern« vertreten; das Unglaublichste: Es gibt eine von der SED herausgegebene »Neue Bildzeitung«, die vollständig dem Springer-Blatt nachgemacht ist, Layout, links oben rotes Viereck, groß »Bild«, klein »Neue« und »Zeitung«, und freundlich lächelt Ulbricht, huldvoll winkt Nikita. In roten und schwarzen Riesenlettern steht nun nicht »Gott hat mitgebohrt« oder »Säugling gegrillt«, sondern »Diesellok erfolgreich« oder »Am Schutzwall« oder »So hilft die DDR den Bauern«. Deutlich wird aber vor allem, daß das Deutsch der Nachkriegszeit dem Prozeß einer quasi doppelten Analogiebildung unterworfen wurde: einmal der schlichten Analogie zur Fremdsprache der Besatzer, zum anderen, da die gesamte staatliche und wirtschaftliche, also auch kulturelle Struktur analog den jeweiligen Modellen USA – SU gebildet wurde, den sprachlichen Reflexen auf diese Basisanalogien. Beides geht ineinander über.

Verballhornte Anglizismen, also anglisierte Worte, die es so gar nicht im Englischen gibt, sind in die bundesdeutsche Trivialsprache eingegangen: Texter, killen. Oder Begriffe, bei denen man nicht mehr weiß, war zuerst die Sache oder zuerst ihre Benennung eingeführt: Lobbyist, Bestseller. Ohne jede Frage ist die Überfremdung durch angelsächsisches Sprachmaterial – vom Babysitter über den Fan zum Manager, um gleich wiederum drei soziale Verhaltensweisen zu skizzieren – in der bundesdeutschen Sprache sehr stark. »Level«

taucht auf, wenn etwa von »sehr verschiedenen Qualitätsebenen« gesprochen wird, »Jungfernrede« wäre ohne Rückbezug auf »maiden speech« eher mißverständlich, und auf den frühen Beleg für »realisieren« (to realize) im Sinne von »einsehen, verstehen« bei Thomas Mann hat Gustav Korlén bereits hingewiesen.[8]

In der DDR wurde viel mehr Institutionelles übernommen; mit anderen Worten, die Veränderung ging viel mehr an die Substanz als die »Umerziehung« im Westen, die sich mit Äußerlichkeiten begnügte. Gewiß finden sich allenthalben auch jene äußerlichen russifizierten Versatzstücke der Sprache: Diversant, Initiator, Kombinat, Aspirant, Avantgarde (im von Lenin gebrauchten Sinne), Exponat, Kursant, Intelligenz (als soziale Schicht). Es gibt aber wesentliche Umdenk-, also Umformulierungsvorgänge: Eine »Station« ist nicht mehr Durchgangsstadium (etwa für einen Zug), sondern ständiger Sammelort (etwa für Traktoren, direkt übernommen vom russischen masinno-traktornaja-stancija); Perspektive ist nicht mehr etwas, das sich verengt, sondern ein »Ausblick« zwangsläufig positiver Natur, ist weit weg von architektonischer Ur-Bedeutung ein eschatologisches Tabuwort geworden. Da die »tonangebende« Schicht der DDR-Funktionäre aus der sowjetischen Emigration heimkehrte, ist natürlich die offizielle Parteisprache von gewissen Klischees durchsetzt, die direkt aus dem Russischen übernommen wurden: »Die Frage steht so . . .«, »das Problem aufzeigen . . .«; eher grotesk sind die beliebten Doppelbildungen, denen ganz offenbar als kleinbürgerlicher Schnittmusterbogen der »Kunstmaler« zugrunde liegt: Künstlerpersönlichkeit, Volksheld oder gar Grundelement. Man muß darin eine Banalvariante dessen sehen, was Martin Walser einmal bei Marx lobte, daß das »Vokabular bei den Sachen in den Dienst gehen mußte«:

»Der große Schriftsteller Marx hat zwar seine ›Phantasiepakete‹ (Brief an seinen Vater) immer als Wegzehrung mit sich geführt, aber die Sprache des ›Kapitals‹ zeigt, daß zur

Radikalisierung der Theorie das Vokabular bei den Sachen in den Dienst gehen mußte. In sorgfältigem Zorn baut Marx seine Sachwörter auf. Nährt sie durch Beschreibung. Macht sie davon unabhängig, zitierbar.

Die aus zwei Wörtern gebildeten Wörter reichen oft nicht mehr aus, die Vielfalt der Beziehungen abzubilden, die Marx abbilden will. Jetzt werden dreifache Wörter nötig: Marktproduktionspreis, Warenhandlungskapital, Durchschnittsprofitrate, Lohnarbeitersystem, Gesamtwarenmasse, Unterproduktivkraft, Grundeigentumsphantasie, Ackerbautaglöhner, Surplusproduktivität, Totalmehrwert ... Ob nun aus zwei oder aus mehreren Wörtern bestehend, das ist eine neue Klasse von Wörtern. Da wird nichts zur weitreichenden Metapher eingeschmolzen wie bei den Dichtern, da werden keine suggestiv strahlenden Begriffe erzeugt wie bei Hegel.

Diese Wörter repräsentieren rational. Sie sind auf Durchschaubarkeit angelegt. Was sie zusammenfügen, besteht erkenntlich aus seinen Additions-Elementen. Das Vokabular wird so zu einer Instrumentensammlung. Es dient. Oder sagen wir besser: es sollte bloß dienen, nützlich sein. Nachher geriet es ja bekanntlich genauso in den Meinungsstreit wie die pure spekulative Philosophensprache, und die so sachlich aussehenden Wörter wurden aufgeladen mit weltbewegenden Ladungen.«[9]

Auf russische Redefiguren dürften auch die Genitivbildungen zurückgehen, jene »hemmenden Erscheinungen bei der Durchsetzung der ökonomischen Gesetze des gesellschaftlichen Fortschritts des Aufbaus des Sozialismus«[10]. Hans H. Reich ist diesem russischen Spracheinfluß, weiterreichend als vokabuläre Übernahmen, in seiner Studie[11] nachgegangen und hat gezeigt, daß so häufig wiederkehrende, für deutsche Ohren papieren klingende Redewendungen wie »im Ergebnis ...« (v resultate) oder »mit X an der Spitze ...« (vo glave) direkte Lehnwendungen sind. In die ostdeutsche Literatur drang Russisch zwar weitaus weniger ein als Englisch in die westdeutsche – außer dem russischsprachigen Dialog in Heiner

Müllers »Der Bau« gibt es keinen Beleg[12]; aber das Alltags- bzw. offizielle Deutsch trägt viele Spuren. Das Beibehalten des Artikels etwa: »Der Marxismus und die Fragen der Sprachwissenschaft«; der Wegfall adverbialer Verstärkungen: »Die Rohfilmabteilung produzierte 40 000 m² über den Plan« (statt über ... hinaus), »zwischen den sowjetischen Wissenschaftlern und ihren Gästen besteht von Beginn der Reise das beste ... Verhältnis« (statt von ... an); der Verlust des Partitivs: »Hunderttausend Jugendliche«[13]. Auch die Mischung aus militärischer und wirtschaftlicher Kommandosprache scheint vom Russischen übernommen – die »*Aneignung* des Kulturerbes«, die »künstlerische *Bewältigung* der Gegenwart«, der Zentralbegriff »Brigade« oder das von Ulbricht auf der ersten Bitterfelder Konferenz geprägte »Erstürmen der Höhen der Kultur«[14]. Das sogar in der Verfassung der DDR verankerte Neu-Wort »Errungenschaften«[15] faßt die Begriffe »Erringen« und »Erreichen« zusammen.
Eine sonderbarerweise dem Romanischen ähnliche Wortlust, ein Wort- und Weltvertrauen ist dem Russischen eigen; zu Schwulst und Manierismus – übrigens den Elementen des Barockstils – degeneriert sich das in der DDR. Freude am Superlativ, Vokalreichtum, möglichst häufige Anwendung von »groß« und »schön«, von »kühn« (russisch »smelyi«) und »schöpferisch« (russisch »tvorceskij«), von »einst« oder »zukünftig«, von »gewiß« oder »ohne Frage« prätendiert Sicherheit und Macht über die Welt. Quasi säkularisierte dialektische Gegensatzbegriffe, wie sie im Westen nur noch die mißbrauchte Sprache, etwa die Klappentext-Werbung, verwendet (Liebe und Leid, Vergessen und Sichfinden), laugen die Sprache aus, entspannen sie: Eine Literaturzeitschrift heißt drüben folgerichtig »Sinn und Form«, hier zaghaft »Akzente«.
Die schwedische Sprachforscherin Birgit Stolt hat in einer eindrucksvollen Untersuchung[16], die sich vor allem auf einen Strittmatter-Text bezieht, nachgewiesen, daß sich die Sprache der DDR offenbar als Rhetorik im klassischen Verständnis be-

greift. Die von Otto Behagel in seiner »Geschichte der deutschen Sprache« getroffene Unterscheidung zwischen Ich-Sprache und Ich-Du-Sprache (oder auch Zweck-Sprache) kann in diesem Zusammenhang nicht nur beibehalten, sondern auch neu belegt werden. Stil gilt in der DDR durchaus als ein wirksames Instrument gesellschaftlicher Bewußtseinsbeeinflussung, und sozialistische Sprachforscher wie beispielsweise Elise Riesel[17] trennen zwischen Empfänger und Sender, das heißt zwischen Ausdruckswert und Eindruckswert. Birgit Stolt definiert das und jene Partei-utilitas als Element der antiken Rhetorik, verweist auf die schon von Kenneth Burke gezogene Parallele zwischen marxistischer und augustinischer Rhetorik, weist auf verblüffende Weise in Strittmatters »Ole Bienkopp«[18] hochartifizielle rhetorische Kunstgriffe nach (die sie in einer früheren Arbeit als Stilzüge Luthers erkannt hatte).

Ein Sprachvergleich macht den Rückkoppelungsprozeß zu ideologischen oder moralischen Mustern noch deutlicher – wenn man nämlich die Reden ostdeutscher und westdeutscher Politiker zum 17. Juni 1953 vergleicht.[19] Die Definition derer, die am Aufstand beteiligt waren, erfolgt fast ausschließlich in der Passivform, löst sich also nicht vom christlichen Modell des Erleidens: Das meistverwendete Wort ist ›Mensch‹. Dem folgen Variationen: Mann, Frau, Bruder, Schwester, Opfer, beziehungsweise Heimatvariationen: Berliner, Magdeburger, Menschen in Jena. Dem folgt die ausgesprochene Leideform: Verhaftete, Verletzte, Verwundete, Gefallene, Tote. Nicht was sie taten, wird also herausgehoben, sondern was sie erlitten.

Die DDR-Redner haben dieselben Personengruppen zu erfassen – aber sie bestimmen nach anderen Kategorien, nämlich denen der Tätigkeit. Vornan, für die angeblichen Urheber des Aufstandes, stehen die Benennungen »Revanchisten«, »Konzernherren«, »Monopolherren«, »Faschisten«, »Imperialisten«, »Kriegstreiber«. Auch die auf dem Gebiet der DDR angesiedelten Beteiligten werden so erfaßt: »Organisatoren, Hintermänner, Führer der Provokationen, Banditentrupps, Elemente, Banden, Agenten, Provokateure.« Und sogar die, die von den Rednern verteidigt werden, sind an Tätigkeitsmerkmalen zu erkennen: »Arbeiter, Werktätige, verführte Mitläufer.« Ebenso deutlich wird der gewaltige Rückgriff auf die Weltanschauung bei der Definition des Aufstandes selber. Im Westen überwiegen Worte, die auch für Überschwemmungen oder Erdbeben dienen könnten: »Vorgänge, Ereignisse, Geschehnis, Ausbruch, was sich ereignet hat, dieser Tag«. Im Osten heißt es: »Putsch, Provokation, Tag X«.

Die Inanspruchnahme der religiösen Sondersprache ist in den westlichen Reden eklatant: Der Bundespräsident spricht von dem Opfer, das gebracht wurde; der gute Hirte des Johannesevangeliums, der sein Leben hingab, taucht bei Ehlers wie bei Adenauer auf: »Menschen, deutsche Brüder, die ihr Leben hingaben ...«, und Adenauer konsekriert den »Tag der deutschen Einheit« als einen »Tag der Erfüllung«. Christlich-religiöses Vokabel-Repertoire wird also bewußt oder unbewußt dort eingesetzt, wo Werte des sogenannten Abendlandes festgehalten werden; das kann auch auf einer Industriemesse geschehen, beispielsweise auf der Berliner Funkausstellung, 1961, die der damalige Bundeswirtschaftsminister Ehrhard in seiner Eröffnungsansprache so verstand, daß sie »dem Gedanken der Verbundenheit Weihe geben solle«, in der das »deutsche Leben eine Inkarnation« fände und die zeigen sollte, »daß alle Deutschen mit Gläubigkeit und Hingabe dafür sorgen sollten, daß Berlin Berlin bleibt«.

Im Gegensatz dazu leiht sich ein DDR-Redner nur dann pseudoreligiöse Sprache, wenn Menschen quasi als Übermenschen (also Helden) oder Institutionen quasi als Über-Mächte (also Autoritäten) ausgegeben werden sollen; die DDR-Nationalhymne beginnt mit dem Wort »Auferstanden«, mit der Sowjetunion kämpft man »Schulter an Schulter für die heilige Sache der Befreiung der Menschheit ...«, man folgt der Weisheit der Partei oder faßt das Erziehungsgesetz der Jungen Pioniere in zehn Gebote.[20]

Dem westdeutschen Bewahren bürgerlicher Denk- und Moralkategorien in meist unbenutzten Wortmustern steht in der DDR ein parteilich und rational durchreflektiertes Vokabelsystem gegenüber. Unsere Bürgersprache wehrt den Einbruch von Realität ab, wenn »enttäuschen« (also eine Täuschung aufheben) als Negativchiffre begriffen wird; wenn sie Eigentum als freundliches Charakteristikum fixiert: eigentümlich; wenn Sexualität denunziert wird im Sinne der Erbsünde und der Schuld: un-schuldig; wenn als »Zusammenbruch« aufgefaßt wird (und damit heimliches Hoffen auf »erhalten bleiben« mitgedacht ist), was Befreiung heißen sollte. Selbst die vorgeblich liberal-neutrale Formel »Mitteldeutschland« gibt ja zu verstehen, daß es östlich davon noch einen anderen Teil Deutschlands gäbe.[21] Dagegen nun klingt stramm, selbstbewußt und ein bißchen töricht, was der Weimarer Sprachwissenschaftler Joachim Höppner auf eine Analyse des schwedischen Germanisten Gustav Korlén entgegnete; seine Antwort ist bereits Dokument für den Materialstand: »Die unter der Arbeiter-und-Bauern-Macht in der Deutschen Demokratischen Republik fortschreitende politische, ökonomische und kulturelle Umwälzung und die ebenfalls alle Lebensformen ergreifende Abspaltung Westdeutschlands vom deutschen Nationalverband unter dem Diktat der Monopolbourgeoisie sind auch an der deutschen Sprache nicht vorübergegangen, obwohl sie anscheinend am wenigsten von den politischen Auseinandersetzungen berührt wird ... Von wem aber die sprachliche Entfremdung ausgeht, von der DDR, die die Dinge beim wahren Namen nennt, oder von Westdeutschland, wo die herrschende Klasse die Sprache mißbraucht, um ihre bösen Gedanken zu verbergen, ist nicht schwer zu entscheiden.«[22]

Was das für die Literatur beider Deutschland bedeutet, hat Uwe Johnson einmal in einer Diskussion präzise gekennzeichnet: »Ich halte den Satz für zweifelhaft, daß wir alle in einer gemeinsamen Sprache schrieben oder uns ausdrückten. Zwischen den Schriftstellern der beiden Währungsgebiete in Deutschland herrscht durchaus eine Meinungsverschiedenheit über den einfachen deutschen Satz. Sie sind sich nicht einig, welcher Satz auf eine literarische Weise gut ist. Ein anderes Beispiel: die Wortwahl, die verschiedenen Parteiungen, die in den Worten enthalten sind. Ist das noch eine Sprache, wenn man über so gründliche Dinge nicht einer Meinung ist? ... Ich glaube, es ist nicht nur die Wahl des Gegenstandes. Die muß unterschiedlich ausfallen wegen der verschiedenen Organisation der beiden Länder, der verschiedenen Situationen, von denen ein Schriftsteller ausgehen muß. Sehr wichtig scheint mir zu sein, daß diesen Situationen, es handelt sich jeweils um einen Industriestaat, eine verschiedene Interpretation gegeben wird und also der Literatur in dem einen Fall bestimmte Aufgaben zugewiesen werden und im anderen Fall keine. Die Literatur in der DDR hat zum Beispiel die Aufgabe, das Bewußtsein ihrer Leser von der Lage zu verändern. Eine ganz ausgesprochen sozialaktivistische Aufgabe. Eine solche hat die westdeutsche, westlich deutsch sprechende Literatur nicht. Das wirkt sich auf die Ästhetik aus. Dieser uralte Widerspruch zwischen dem Fortschritt der künstlerischen Form und dem Zurückbleiben der Aufnahmefähigkeit beim Publikum, diesen Widerspruch hat die ostdeutsche Literatur im allgemeinen und persönlichen Fall ganz radikal zerschlagen, indem dort eine gewisse Grenze der Verständlichkeit vorgeschrieben ist, man hat vereinbart: Das ist der Begriff der Volkstümlichkeit. Während die westliche Literatur versucht, ihren neuen Inhalten Beschreibungsformen zu gewinnen, die den Inhalten adäquat sind und die die Aufnahmefähigkeit – oder sagen wir eine gewisse Trägheit des Aufnahmebewußtseins – nicht immer berücksichtigen. So kommt es dazu, daß ein westdeutscher Schriftsteller einen Satz, den sein ostdeutscher Kollege geschrieben hat, im schlimmsten Fall nicht versteht oder im besseren Fall sagt: Diese Schreibweise ist vergangen, hinter der Zeit ... Sachen, die für richtig erkannt sind, so vorzutragen, daß sie von jedermann verstanden werden können, das mag auf andere Gegenstände als literarische passen.«[23]

Johnson hat hier eine Literaturkonzeption (und seine Distanz dazu) in nuce charakterisiert, die weit einschneidender »anders« ist, weit trennender als die angedeuteten Veränderungen der Sprache. Das Mißverständnis, Literatur sei »nützlich«, hat viele banale Plakatformulierungen ermöglicht und einen Ansatz zu tiefstem Mißverstehen innerhalb der beiden deutschen Literaturen; der Satz des Lyrikers Heinz Kahlau »Ich möchte Helmut Heißenbüttel fragen, warum er so schreibt«[24] ist die Kurzfassung.

Das ist der aktuelle Befund sprachlicher Auseinanderentwicklung – *ein* Orientierungspunkt. Der zweite ist die ideologische und ideologiekritische Diskussion, die wesentlich das Entstehen der Auf- und Abwärtsbewegungen in der DDR-Literatur beeinflußt hat. Dabei ist zu beobachten, daß im engsten Sinn des Wortes stets politische Überlegungen oder Neuorientierungen eingehen in die kulturpolitische Diskussion, sie oft nicht nur bestimmen, sondern überhaupt hervorrufen. (Aufs engste verknüpft schon in den zwanziger Jahren mit der Entwicklung in der Sowjetunion, nach dem Zweiten Weltkrieg auch mit der in den Volksdemokratien.) Einige Daten der frühesten Entwicklung seien zum besseren Verständnis hier – als Exkurs – eingesetzt; auf bestimmte Zusammenhänge wird im Laufe späterer Erörterungen – etwa bei Becher, Bredel oder Weiskopf – wieder zurückzukommen sein.
Das Jahr 1924 ist der Wendepunkt in der generellen Politik der KPD sowie der Kommunistischen Internationale (KI). Die Fraktionskämpfe innerhalb der KPD-Führungsspitze fanden ihren Höhepunkt auf dem IX. Parteitag der KPD vom 7. bis 10. April 1924 in Frankfurt/Main, der auch auf den Debatten der kommenden Parteitage[25] als Orientierungsdatum galt: man datiert »vor und nach Frankfurt«. Die Politik, die bis dahin der These der unmittelbar bevorstehenden Revolution in Deutschland und des raschen Niedergangs des Kapitalismus folgte, hatte die KPD in eine

linke Isolierung geführt. Im selben Jahr, am 30. August 1924, unterzeichneten Vertreter der ehemaligen Weltkriegsgegner und die deutsche Regierung die Londoner Vereinbarungen vom 16. August 1924, mit denen der Dawes-Plan in Kraft trat (für dessen Annahme sich die Regierungsparteien einschließlich der Sozialdemokraten ausgesprochen hatten, während die KPD – Höhepunkt der Kampagne war die Reichstagsrede Ernst Thälmanns vom 28. August 1924 – den Dawes-Plan kategorisch abgelehnt hatte).
Im Anschluß an dieses Wirtschaftshilfeprogramm, das Deutschland zum Aufbau seiner Industrie und zur leichteren Zahlung seiner Reparationsschulden enorme, vor allem – mit Hilfe der Morgan-Bank – amerikanische Kredite bewilligte, konnten sich die bürgerlichen Parteien nicht über die Zusammensetzung der Regierung einigen, da bestimmte Kreise der deutschen Großfinanz und Schwerindustrie den Eintritt deutschnationaler Minister in die Reichsregierung forderten. Reichstagspräsident Friedrich Ebert löste den erst im Mai 1924 gewählten Reichstag am 20. Oktober 1924 wieder auf und schrieb Neuwahlen aus. In der Reichstagswahl am 7. Dezember 1924 verlor die KPD über eine Million Wähler (2,7 Millionen stimmten für sie), ein Ereignis, das in allen künftigen Diskussionen und innerparteilichen Auseinandersetzungen als »Niederlage der deutschen Arbeiterklasse« zitiert wird. Die Hauptdebatte ging um das Thema Kaderpartei oder Massenpartei, Bündnispolitik oder weiter strikter Kampf gegen die Sozialdemokratie. Das Europäische Komitee der KI (EKKI), dessen Generalsekretär Sinowjew war, griff mehrere Male energisch in diese Debatte ein, in deren Verlauf bereits auf dem IX. Parteitag Brandler abgewählt worden war. An der Spitze der deutschen KP stand Ruth Fischer.
Diese Debatte wurde aber auf mindest so scharfe Weise in der Sowjetunion geführt. Am 21. Januar 1924 war Lenin gestorben, und die Auseinandersetzung Stalin – Trotzki führte gerade in dieser Frage zu einem Höhepunkt, die Stalin mit

seiner im Dezember 1924 erschienenen Broschüre »Die Oktoberrevolution und die Taktik der russischen Kommunisten« abschloß. Damit hatte die Theorie vom Sieg des Sozialismus in einem Land verbindlichen Charakter, und in der Sowjetunion wurden mehr und mehr die Theoretiker, die in europäischen klassisch-revolutionären Denkkategorien erzogen worden waren – Trotzki, Radek, Sinowjew, Kamenew, Bucharin – abgelöst und durch politisch-administrativ denkende Strategen um Stalin – Molotow, Kirow, Kaganowitsch – ersetzt:

»Ausgenommen Stalin, waren die ursprünglichen bolschewistischen Führer in einem gewissen Sinne die Erben oder Produkte der russischen Intelligentsija; sie nahmen die Prämissen des westlichen Rationalismus des 19. Jahrhunderts als gesichert an. Allein Stalin wuchs in einer Erziehungstradition auf, die vom westlichen Leben und Denken nicht nur verschieden war, sondern diese bewußt zurückwies. Der Marxismus der älteren Bolschewiken beinhaltete eine unbewußte Assimilierung der westlichen Kulturgrundlagen, aus denen der Marxismus hervorgegangen war. Die fundamentalen Voraussetzungen der Aufklärung wurden nie in Frage gestellt; es wurde immer eine rationale Argumentationsbasis vorausgesetzt. Stalins Marxismus erhob sich vor einem Hintergrund, der all dem völlig entfremdet war und nahm eher den Charakter eines formalistischen Glaubens als den einer intellektuellen Überzeugung an.«[26]

Durchaus im Zusammenhang mit dieser Diskussion, die auch zu ständig erbitterten Auseinandersetzungen innerhalb der KPD-Führungsspitze führte, ist es zu sehen, daß das bisher kaum beträchtliche Feuilleton der »Roten Fahne« aktiviert wurde. Mitte 1924 trat A. Kamen in die Feuilletonredaktion ein, am 27. Juni 1924 publizierte er einen programmatischen Artikel über die Ausstellung von Aurél Bernarth im »Sturm« und am 14. Dezember 1924 publizierte er einen ebenso programmatischen Artikel »Drei Entwicklungsmodelle der proletarischen Kunst«. Kamen, der anfänglich unter dem Pseudonym durus – lat. hart – publizierte, ist der Gruppe der ungarischen Emigration zuzurechnen, zu der auch Georg Lukács und Andor Gabor gehörten. Kamen löste in der Feuilletonredaktion G. Alexander ab, die bis dahin eine besonders strikte Linkspolitik vertreten hatte. Schon ein halbes Jahr später, am 31. Mai 1925, veröffentlichte A. Wittfogel eine dreiteilige Serie »Über proletarische Kultur« in der »Roten Fahne«.[27] Wittfogel bezog sich auf zwei Quellen, nämlich Bucharin und Trotzki.[28] Die sich hier anbahnende Auseinandersetzung, die sich nicht zuletzt immer wieder an Trotzkis These entzündete, eine proletarische Kultur sei erst nach dem endgültigen Sieg des Proletariats und nicht in der Übergangsphase des Aufbaus des Sozialismus möglich, wird nicht nur später im Bund proletarisch-revolutionärer Schriftsteller (BPRS) und in seiner Zeitschrift »Die Linkskurve« weitergeführt, sondern spiegelt auch ziemlich direkt die ad hoc-politischen Auseinandersetzungen einerseits innerhalb der KPD, andererseits zwischen der KPD-Führung und dem EKKI wider. Höhepunkt dieser Auseinandersetzung ist schließlich der offene Brief des EKKI an alle Organisationen und Mitglieder der KPD, der in der »Roten Fahne« am 1. September 1925 veröffentlicht wurde. Gegen eine als ultralinke Opposition denunzierte Gruppe in der Parteispitze wird jetzt die Bolschewisierung der KPD im Sinne der Moskauer Empfehlung durchgedrückt. Die Neuorientierung bestand darin, daß man aus der vorangegangenen Wahlniederlage die Konsequenz ziehen, Mitgliederverlust und Isolation der Partei bekämpfen und – um eine breitere Basis zu erlangen – mit den Gewerkschaften, vor allem dem ADGB, kooperieren wollte. Das der Gewerkschaftsbewegung gewidmete Hauptreferat, das offensichtlich mit Moskau abgesprochen worden war[29], hielt Ernst Thälmann.[30] Ruth Fischer, die das politisch-ideologische Hauptreferat »Die politische Lage, Aufgaben und Taktik der Partei« am 4. Verhandlungstag hielt, stimmte in allen Punkten mit Thälmann überein und wandte sich besonders scharf gegen die »ultralinke Opposition«, also gegen Katz, Scholem und Rosenberg; sie wurde später auf direkte Intervention Moskaus zusammen mit Maslow abgesetzt und dieser linken Opposition zugerechnet, obwohl sie noch auf diesem Parteitag strikt die Moskauer Linie vertreten hatte.

Interessanterweise fand als unmittelbare Vorbereitung für diesen Parteitag unter dem Vorsitz Torglers die Erste Reichsagitpropkonferenz (8. Juli 1925) statt, womit zum ersten Mal dem Problem von Agitation und Propaganda ein breiter Raum eingeräumt wurde. Entsprechend der neuen Politik der Partei, sich eine Massenbasis, vor allem in den Betrieben, zu schaffen, wandte man jetzt auf dem Gebiet von Agitation und Propaganda sein Hauptaugenmerk auf die Arbeiterkorrespondenten. Die Verbindung zwischen der politischen Organisation von Betriebszellen und dem möglichen Aufbau eines im weiteren Sinne kulturell bestimmten Propagandaapparates, der über Betriebe hinausgreift, wurde beispielsweise auf dem Parteitag im Referat Ottomar Geschkes direkt erwähnt.[31] Auf der Reichsagitpropkonferenz, bei deren Eröffnung auch ein Vertreter des EKKI sprach, wurde heftige Kritik am augenblicklichen Stand des gesamten Propagandaapparates geübt, der bisher nicht in der Lage gewesen sei, zwischen Agitation und Propaganda, also Tagesaufgaben und Fernzielen, zu unterscheiden, der sich allenfalls auf das Drucken von Flugblättern und Plakaten beschränkt habe, beispielsweise nicht imstande gewesen sei, von Lenins Broschüre »Der linke Radikalismus, die Kinderkrankheit im Kommunismus« in einer Partei mit über 200 000 Mitgliedern mehr als 200 Stück abzusetzen.[32] Diese verstärkten Bemühungen der KP, einen aktiven und aktivierbaren Propagandaapparat aufzubauen, war eine der Konsequenzen aus den verschiedenen Wahlniederlagen, deren Tiefpunkt mit der Hindenburg-Wahl am 26. April 1925 erreicht war.[33] Oganisatorisch hieß das u. a., in Deutschland den Ausbau des Münzenberg-Konzerns zu forcieren, der im August 1921 mit der Organisation der Internationalen Arbeiterhilfe im direkten Auftrag Lenins entstanden war.[34] Theoretisch hieß das eine scharfe Wendung gegen die Spontaneitätstheorie, gegen die These vom raschen Niedergang der kapitalistischen Wirtschaftsordnung und der bevorstehenden Revolution. Schon im offenen Brief des EKKI war von langen Fristen die Rede, jetzt richtete man sich nicht nur auf einen Sozialismus mit immer mehr nationalstaatlichen Zügen in der Sowjetunion ein, sondern auch auf einen langen Erziehungsprozeß des deutschen Proletariats. Die Denunzierung des Begriffs Spontaneität, schon auf dem X. Parteitag durchaus gegen Rosa Luxemburg verwandt, findet sich schließlich in der theoriekritischen Debatte sogar bei Georg Lukács wieder.

In diesem Gesamtzusammenhang muß die Gründung des BPRS, die schließlich am 19. Oktober 1928 stattfand, gesehen werden. Bestrebungen zur organisatorischen Zusammenfassung der kommunistischen Autoren reichen zurück bis zum Beginn der zwanziger Jahre, schon auf dem 5. Kongreß der KI im Juni/Juli 1924 trafen sich – sozusagen am Rande des Kongresses – in Moskau sowjetische Schriftsteller mit einigen zum Kongreß delegierten ausländischen Kollegen, um eine solche organisatorische Vereinigung zu besprechen. Es entstand ein internationales Vermittlungsbüro proletarischer Literatur, und noch 1924 veröffentlichte die Internationale Pressekorrespondenz (Inprekor) einen u. a. von Lunatscharskij unterzeichneten Aufruf und eine Resolution der Konferenz der Delegierten zur Frage der künstlerischen Literatur. In Deutschland hatte sich 1925 im Schriftstellerverband (SDS) eine Linksaußengruppe, die sogenannte Gruppe 25 gebildet, zu der Johannes R. Becher, Bertolt Brecht, Alfred Döblin, Leonhard Frank, Kurt Tucholsky u. a. gehörten. Diese Gruppe hatte aber keinen organisatorischen Zusammenhalt, fand sich allenfalls zu gemeinsamen Protesten, etwa anläßlich des Hochverratsverfahrens gegen Johannes R. Becher oder in Aktionen gegen das sogenannte Schund- und Schmutzgesetz zusammen. Außerdem bildete sich innerhalb des SDS eine Arbeitsgemeinschaft kommunistischer Schrift-

steller (AKS) analog zu den Betriebszellen der KPD; alle diese Gruppen verstanden sich aber, wie auch der SDS selber, eher als gewerkschaftliche Organisationen, nicht als literarische oder politische mit einem bestimmten ästhetischen Programm.
1926 konstituierte sich dann in Moskau das Internationale Büro für Revolutionäre Literatur (IBRL), in dessen Sekretariat Becher und Hermann Duncker gewählt wurden. Die bisher ganz und gar vernachlässigten Fragen der Literatur, mehr: einer eigenen proletarischen Kultur, begannen relevant zu werden. 1920 hatte die »Rote Fahne« noch gegen Piscators proletarisches Theater polemisiert[35], und selbst Karl Grünbergs »Brennende Ruhr«, der Roman, der gemeinhin als der erste proletarische Roman gilt, erhielt 1926 noch eine Ablehnung aus einem kommunistischen Verlag.[36] Seit 1927 gab dann Johannes R. Becher im Auftrag der Abteilung Agitation und Propaganda beim ZK der KPD eine »Proletarische Feuilletonkorrespondenz« heraus, einen hektographierten Dienst für kommunistische Zeitungen, mit dem ihren Feuilletonredaktionen Gedichte, Reportagen und Kurzgeschichten von proletarischen Autoren angeboten wurden. 1927, anläßlich der Feiern zum 10. Jahrestag der Revolution, fand in Moskau die erste Konferenz proletarisch revolutionärer Schriftsteller statt, an der aus Deutschland Johannes R. Becher, Andor Gabor und Berta Lask teilnahmen, F. C. Weiskopf als Vertreter der tschechoslowakischen Schriftsteller. Das Hauptreferat hielt Lunatscharskij, Becher hielt ein Referat »Die proletarische revolutionäre Literatur in Deutschland«.[37] Auf diesem Kongreß wurde offenbar auch die Gründung des BPRS verabredet, das heißt, daß der Impuls zur Gründung nicht so sehr von der KPD, sondern von Moskau ausging. Die Datierung – wie auch in einigen Punkten der Gründung der »Linkskurve« – ist nach dem bisher publizierten Material widersprüchlich. Kurt Kläber, später einer der Mitherausgeber der »Linkskurve«, berichtete in einem Schriftstück[38], das sich im Andor-Gabor-Nachlaß findet, der Bund sei in den ersten Tagen der »Proletarischen Feuilletonkorrespondenz«

entstanden. Der Aufruf zur Gründung des Bundes wiederum erschien erst im Oktober 1928 – zum Beispiel in der »Süddeutschen Arbeiterzeitung« vom 5. Oktober und in der »Hamburger Volkszeitung« vom 6. Oktober. Die »Rote Fahne« ließ sich von ihrem Feuilletonredakteur Paul Brand am 21. Oktober über die Gründung des BPRS in Anwesenheit von etwa 150 Personen und über Bechers Eröffnungsrede berichten. Bechers Rede begann: »Wenn unser Bund das wird, was er sein kann und wozu unserer Ansicht nach die Kräfte vorhanden sind, dann wird dieser Augenblick, in dem wir hier versammelt sind, nicht nur eine Bedeutung haben für die gesamte proletarisch-revolutionäre Literatur, sondern wird ein Ereignis sein in der Geschichte der Arbeiterbewegung.«

Über Programm und Statuten gab es zu Beginn keine Einigkeit.[39] Organisationsstatuten, Programmentwürfe und anderes Material sind bisher nicht auffindbar beziehungsweise nicht publiziert. Ein Bericht über die Tätigkeit des Bundes im Jahre 1929, bisher nur teilweise aus dem Andor-Gabor-Nachlaß veröffentlicht, läßt zum Beispiel einen Abschnitt, in dem über die mangelnde Unterstützung der Autoren durch die KPD geklagt wird, weg. Eine Notiz der »Roten Fahne« vom 21. November 1928 spricht von einem auf der ersten Generalversammlung einstimmig angenommenen Aktionsprogramm, das aber als vorläufig charakterisiert wird.

Gleichzeitig mit der Gründung des BPRS stellte sich die Frage nach entsprechenden Publikationsmöglichkeiten. Im September 1928 war eine neue Zeitschrift, »Die Front«, deren Herausgeber, Hans Conrad, der KPD nahestand und zu deren Programm es gehörte, alle progressiven, schöpferischen, intellektuellen und praktischen Kräfte zu sammeln, erschienen. Hans Conrads Angebot, seine Zeitschrift zur Bundeszeitschrift zu machen, wurde auf der ersten Versammlung am 19. November akzeptiert. Von da ab enthielt die »Front« auf der letzten Seite »Mitteilungen des BPRS«, und Mitglieder des Bundes wie Berta Lask, Frieda Rubiner, Alfred Kurella, H. A. Wittfogel publizierten in der »Front«, befaßten sich mit Themen der neuen proletarischen Literatur, mit den Werken von Arbeiterschriftstellern wie Ginkel, Grünberg, Kläber, Lorbeer.

Parallel dazu arbeiteten führende Mitglieder des Bundes an der von Gerhart Pohl herausgegebenen »Neuen Bücherschau« mit. Johannes R. Becher, Egon Erwin Kisch, Kurt Kersten und Leo Lania gehörten zum Redaktionskomitee. Mit den Herausgebern beider Zeitschriften stellten sich bald Divergenzen ein: Hans Conrad und einige seiner Mitarbeiter lehnten eine programmatische Bindung an die KPD ab, er wollte, im Sinn seiner ursprünglichen Idee, linke Intellektuelle und progressive Arbeiter auch außerhalb der Partei um sein Blatt sammeln und weigerte sich schon Anfang 1929, bestimmte Arbeiten, auf deren Veröffentlichung der Bund Wert legte, zu publizieren. Schon im April erschien die Rubrik »Mitteilungen des BPRS« nicht mehr, formell endete die Mitarbeit des Bundes an der »Front« im August 1929. Der Bruch mit der »Neuen Bücherschau« ergab sich vor allem auf Grund des Artikels von Max Hermann-Neiße in der Juni-Nummer 1929 über Gottfried Benns Prosa, in dem er Benn lobend dem »vielseitigen, wandlungsfähigen Macher, dem literarischen Lieferanten politischer Propagandamaterialien« gegenübergestellt hatte.

Becher und Kisch traten aus der Redaktion aus – das berühmte Rundfunkgespräch zwischen Becher und Benn hatte diese Kontroverse zum Anlaß. Egon Erwin Kisch schrieb einen offenen Brief an Gerhart Pohl »Über die Rolle des Schriftstellers in dieser Zeit«, der die enge Bindung des Schriftstellers an die Partei begründete und postulierte. Pohl druckte den Brief (in der Nummer 10, 1929), erwiderte aber gleichzeitig, daß er den Platz des Schriftstellers in der Unabhängigkeit und nicht in der Partei sähe, das Verhältnis von Literatur und Politik mit Benn als das von Geist und Macht und daß er den Dichter als Ethiker unterscheide vom Politiker als Taktiker.

Zum Internationalen Antikriegstag am 1. August 1929 er-

schien die »Linkskurve«. Auch hier ist das vorliegende Material nicht übereinstimmend. Einige Quellen, wie das »Lexikon sozialistischer deutscher Literatur«, geben den Bruch mit der »Front« und der »Neuen Bücherschau« als Ursache zur Gründung der »Linkskurve« an, andere, wie zum Beispiel Heinrich Leber in seiner Leipziger Dissertation über die »Linkskurve«, die Bestrebungen der KPD auf kulturpolitischem Gebiet, sehen also ein von der Partei gegründetes Organ darin; die Herausgabe sei unmittelbar nach dem Weddinger Parteitag der KPD im Juni 1929 beschlossen worden. Dem widerspricht zum Teil die Auskunft von Karl Grünberg (der der erste Sekretär der Berliner Ortsgruppe des BPRS war), nach der bereits im April 1929 die Herausgabe der »Linkskurve« beschlossen worden sei, und zwar mit dem Internationalen Büro für Revolutionäre Literatur, mit dem ja auch seinerzeit die Gründung des BPRS beraten worden war. Grünberg selber habe Verhandlungen darüber im April 1929 bei einer Reise durch die Sowjetunion geführt und Belà Illès, der Leiter des IBRL, habe finanzielle Unterstützung zugesagt. Tatsächlich gibt es einen Brief von Becher an Illès vom 17. Mai 1929, in dem er das versprochene Geld anmahnt und die Publikation der Zeitschrift »Linkskurve« für den 1. August 1929 festlegt. Als Herausgeber signieren Johannes R. Becher, Andor Gabor, Kurt Kläber, Erich Weinert, Ludwig Renn, den auch das Impressum als verantwortlichen Redakteur angibt mit seiner Privatanschrift Berlin-Charlottenburg, Mommsenstr. 51.[40]
Entsprechend der Politik des BPRS und der geschilderten früheren politisch-taktischen Haltung der KPD begann die »Linkskurve«, deren erste Nummer von Johannes R. Becher mit dem programmatischen Aufsatz »Unsere Front« eingeleitet wurde, mit scharfer Polemik gegen linksbürgerliche Autoren. Dem Absetzen gegen bisherige Bundesgenossen, zum Beispiel Toller und Tucholsky, aber auch gegen Barbusse und dessen Zeitschrift »Le Monde«, lag das theoretische Konzept zugrunde, daß proletarische Literatur nur von Autoren ent-

wickelt werden könnte, die aus dem Proletariat stammten, nicht von bürgerlich sympathisierenden Schriftstellern; bereits die Formulierung proletarisch-revolutionäre Literatur postulierte diesen Begriff und bedeutete in der Zusammenziehung der beiden Schlüsselbegriffe Programm: revolutionäre Literatur war proletarische Literatur. Diese Position wurde am radikalsten von Andor Gabor in verschiedenen Aufsätzen vorgetragen; Gabor formulierte auch die Angriffe auf Barbusse, derentwegen er schließlich – übrigens ohne einen entsprechenden redaktionellen Kommentar – ab Mai 1930 aus dem Herausgeber-Kollegium ausschied.[41] Er hatte die Formulierung von der Geburtshelferfunktion der bürgerlichen Intellektuellen geprägt, die dem proletarischen Schriftsteller allenfalls Publikationsmöglichkeiten bereitstellen oder die Technik des Schreibens beibringen könnten.

Der in der »Roten Fahne« schon früher gegen Trotzki gewandten Konzeption einer jetzt entstehenden eigenen Klassenliteratur entsprach die Überbetonung der Funktion der Arbeiterkorrespondenten. Erich Steffen nannte die Arbeiterkorrespondenten die »Urzelle proletarischer Literatur«[42], und Heft 2 brachte mit Hans Marchwitzas Aufsatz »Von der ersten Arbeiterkorrespondenz zur ersten Kurzgeschichte« bereits im Titel die gewünschte Entwicklung. Das 5. Heft referierte in einem ausführlichen Bericht über »Literatur des Betriebes« und ging – wiederum der Bemühung um erweiterten Ausbau der KP-Betriebszellen folgend – auf die Entwicklung von Betriebszeitungen wie »Die rote Stapelfaser«, »Das Mouson-Parfum« oder »Das Agfa-Blitzlicht« ein. Ende 1929 fand sich die »Linkskurve« in einer ähnlichen Isolation wie kurz zuvor die gesamte KP.

Belà Illès reiste Anfang 1930 nach Berlin und besuchte Becher und Thälmann. Einer der engsten Mitarbeiter Thälmanns war der Leiter der Agitpropabteilung beim ZK der KPD, Josef Lenz. Er veröffentlichte in Heft 3/1930 unter dem Pseudonym N. Kraus einen Artikel »Gegen den Ökonomismus in der Literaturfrage«, der sich scharf gegen die von

Steffen vorgetragenen Thesen wandte und sich auch auf Lenins Kritik am Proletkult und die sowjetischen Debatten innerhalb der RAPP und Litfront bezog. Lenz vermerkte zwar die Nützlichkeit der Arbeit der Arbeiterkorrespondenten im Klassenkampf, wandte sich aber scharf gegen ihre Verhimmelung als Urzelle proletarischer Literatur und gegen das »Erfinden« einer neuen proletarischen Kunst ohne Rückgriff auf bereits vorhandene bürgerliche Kunst. Ab Heft 4/1930 tritt Wittfogel in die Redaktion der »Linkskurve« ein und beginnt in sieben Fortsetzungen eine verschiedene Male wieder abgebrochene Artikelfolge »Zur Frage einer marxistischen Ästhetik« zu veröffentlichen. Diese Artikelfolge entspricht insofern der Lenzschen Forderung, als hier das erste Mal versucht wird, das bürgerliche Erbe kritisch zu verarbeiten, Positionen Kants und Hegels zu reflektieren und sich mit der 1929 von Thalheimer herausgegebenen Mehring-Ausgabe auseinanderzusetzen.

Nach verschiedenen Fraktionskämpfen innerhalb des BPRS, in deren Folge zum Beispiel Otto Biha als leitender Redakteur abgesetzt wurde, und nach der Zweiten Internationalen Konferenz Proletarischer und Revolutionärer Schriftsteller in Charkow (6. bis 15. November 1930) setzte sich deutlich eine kulturpolitisch neue und anders orientierte Linie durch. Sie ist datierbar einmal mit Bechers Aufsatz »Unsere Wendung«, der allerdings diese Wendung nicht ankündigt, sondern eher post festum summiert[43], zum zweiten zieht im Sommer 1931 Georg Lukács nach Berlin und wird sowohl ideologisch als auch parteitaktisch eine Zentralfigur. Über Leo Flieg, dem Verantwortlichen für Kulturfragen der KPD, hatte er direkten Kontakt zur Parteispitze, zu Heinz Neumann, Ernst Thälmann und Hermann Remmele; Heinz Neumann wiederum war der Schwager von Willi Münzenberg. Nicht nur wird jetzt das neue Programm der BPRS umredigiert[44], sondern auch die »Phase der Selbstkritik«, die Bechers »Wendungs«-Aufsatz annoncierte, wird schon im folgenden Heft November 1931 mit Lukács' Kritik an Bredels Romanen realisiert.

Die letzte Phase der »Linkskurve« ist gekennzeichnet durch ein Phänomen der ideologischen Ungleichzeitigkeit, die u. a. durch die Arbeiten von Lukács und Wittfogel charakterisiert wird. (Bedeutsam in diesem Zusammenhang ist, daß die RAPP – die unter der Losung »Verbündeter oder Feind« vor allem die Litfront und die LEF bekämpft hatte – mit der Begründung aufgelöst wurde, die Gruppenfehden hätten zu einer Zirkelbildung proletarischer Schriftsteller geführt, es käme jetzt aber darauf an, eine Einheitsfront aller Schriftsteller, die das Programm der Sowjetunion unterstützten, zu bilden; vorher waren andererseits die von der RAPP angegriffenen, links von ihr stehenden Gruppen wie das Agitproptheater, die Meyerhold-Schule u. a. liquidiert worden.[45]) In fünf der letzten sechs Hefte der »Linkskurve« erschienen große Aufsätze von Lukács, darunter im Juni 1932 »Tendenz und Parteilichkeit«, wobei für Lukács der übergeordnete Begriff Parteilichkeit identisch ist mit einer realistischen Darstellungsweise, die die treibenden Kräfte einer Gesamtepoche zusammenfaßt, während Tendenz – von Lukács angegriffen – bestimmte Techniken, also Montage, Reportage, Verfremdungseffekt definiert. Wittfogel griff in seiner stark von Hegel beeinflußten Aufsatzfolge »Zur Frage einer marxistischen Ästhetik« einerseits Lukács' Differenzierung zwischen Tendenz und Parteilichkeit auf, andererseits integrierte er die typischen Hilfsmittel der Agitpropkunst – Statistiken, politische Losungen, tagespolitische aktuelle Formeln – ins politische Kunstwerk und verurteilte deren Ablehnung als ultralinke Geste. Wittfogel gibt gleichsam zwei verschiedene »Stammbäume« für eine marxistische Ästhetik, einen formalidealistischen und einen dialektisch-materialistischen:

Kant – Schiller	Hegel
|	|
Lassalle	Marx – Engels
|	|
Mehring (Rosa Luxemburg)	(Plechanow)

Er griff den Kantschen wie Mehringschen Ausgangspunkt an und setzte ihm die Definition der Kunst als Wahrnehmerin bestimmter Klasseninteressen entgegen, also eine inhaltliche, thematisch fixierte Definition. Hegels »Interessen des Geistes« werden von Wittfogel aufgefüllt: »Interessen der gesellschaftspolitischen Kämpfe«. Diese Bezeichnung des Kunstwerkes als von Themen ernährt ist einer der Ansatzpunkte zur späteren Entwicklung der marxistischen Zentralthese von der Dominanz des Inhaltes beziehungsweise des Stoffes. Das Ende der bürgerlichen Kunstperiode sieht Wittfogel im Ende des Wahrheitselements; zeitgenössische bürgerliche Kunst, gäbe sie Wahrheit, müßte Klasseninteressen benennen, da sie das nicht kann, muß sie unwahr bleiben beziehungsweise nur in Details wahrhaftig. Kunst ist in Wittfogels, noch immer stark von Hegelschen Kategorien abhängigem Konzept, die Möglichkeit, das Wesen der Erscheinungen zu zeigen – eine Art Zusammenschau. In dieser Theorie, die die Parteipropaganda als partikularistisches ad hoc-Element, die Kunst als Überschau im Sinne des Transparentmachens vom Wesen der Erscheinung sieht, liegt auch bereits der Ansatzpunkt zu Lukács' Harmoniebegriff. Lukács' zentrale These bildete sich schon in den letzten »Linkskurve«-Aufsätzen heraus. Das Komplizierte seiner ästhetischen wie kulturpolitischen Position liegt darin, daß er zugleich recht und unrecht hat. Die Kritik an Bredel und Ottwalt beispielsweise ist einerseits berechtigt, da sie ja unter Hinweis auf die ästhetisch-artistisch unbefriedigenden Ergebnisse eine falsch verstandene proletarische Literatur zu verhindern sucht. Andererseits – dies wieder das Element der ideologischen Ungleichzeitigkeit – ist seine Kritik ein Verweigern neuer Formen. Um es paradox zu formulieren: Lukács kritisiert Bredel von Bredels Standpunkt aus. Typischerweise akzeptierte Bredel in seiner Erwiderung in der »Linkskurve« auch dessen Vermenschlichungsthese, die schließlich eine reaktionäre Verbarrikadierung gegen inhaltliche wie formale Erneuerung im Sinne Brechts oder Piscators oder Eislers oder Blochs bedeutet. Es ist folge-

richtig, daß das letzte Heft der »Linkskurve« vom November/Dezember 1932 zwei Angriffe auf Brecht enthält; (im selben Heft sind auch ein Reklame-Hinweis auf Willi Münzenbergs theoretische Monatsschrift »Der Rote Aufbau« und Lukács' Aufsatz »Lassalle, Mehring und wir« veröffentlicht).
Die Verlängerung dieser gesamten Debatte und die weit präzisere Ausformulierung von Lukács' Thesen findet sich schließlich in der Expressionismus-Debatte der Jahre 1935/1936 in der von Feuchtwanger, Brecht und Bredel herausgegebenen Zeitschrift »Das Wort«. Diese Debatte wie Lukács' ästhetische Konzeption muß als eine der wesentlichen Überlegungen zu Fragen der marxistischen Ästhetik angesehen werden und hat ohne jede Frage (auch hier wieder im dialektischen Wechselspiel mit politischen und parteipolitischen Ereignissen) wesentlichen Einfluß auf die Entwicklung einer sozialistischen deutschen Literatur, also auch auf die DDR-Literatur, genommen. Lukács' klassizistischer Konzeption der Harmonie und Totalität liegt eine eher idealistische Ideologie zugrunde; sie ist auffindbar in stets kenntnisreicher Variation, aber immer als Grundgesetz seiner ästhetischen Reflexion von den frühesten Schriften bis zur großen Arbeit über die »Eigenart des Ästhetischen«.[46] So beginnt seine »Theorie des Romans«: »Selig sind die Zeiten, für die der Sternenhimmel die Landkarte der gangbaren und zu gehenden Wege ist und deren Wege das Licht der Sterne erhellt. Alles ist neu für sie und dennoch vertraut, abenteuerlich und dennoch Besitz. Die Welt ist weit und doch wie das eigene Haus, denn das Feuer, das in der Seele brennt, ist von derselben Wesensart wie die Sterne; sie scheiden sich scharf, die Welt und das Ich, das Licht und das Feuer, und werden doch niemals einander für immer fremd; denn Feuer ist die Seele eines jeden Lichts und in Licht kleidet sich ein jedes Feuer. So wird alles Tun der Seele sinnvoll und rund in dieser Zweiheit: vollendet in dem Sinn und vollendet für die Sinne; rund, weil ihre Tat sich von ihr ablöst und selbstgeworden einen eigenen Mittelpunkt findet und einen geschlossenen Umkreis um sich zieht.«[47]

Von Beginn an ist »Form« für Lukács quasi eine Ersatz-Harmonie, eine Projektion unvollendeter menschlicher (später: gesellschaftlicher) Zustände. Im Eingangsessay von »Die Seele und die Formen«[48] heißt es: »Jedes Schreiben stellt die Welt im Symbol einer Schicksalsbeziehung dar; das Problem des Schicksals bestimmt überall das Problem der Form. Diese Einheit, diese Koexistenz ist so stark, daß das eine Element nie ohne das andere auftritt und eine Trennung ist auch hier nur in der Abstraktion möglich.«[49]

Das Abwehren des »Abstrakten« werden wir in den Theorien und Debatten des späteren Lukács immer wieder finden – Lukács' Idee von der menschlichen Verwirklichung in der Kunst, von der Regelbestimmtheit des Kunstwerks durch Gesetze »des Menschen« ist hier bereits angelegt. Zwei Seiten weiter heißt es im selben Essay: »Es ist der mystische Augenblick der Vereinigung des Außen und des Innen, der Seele und der Form. Er ist gerade so mystisch wie das Schicksalsmoment der Tragödie, wo Held und Schicksal, wie jenes der Novelle, wo Zufall und kosmische Notwendigkeit, wie jenes der Lyrik, wo Seele und Hintergrund sich treffen und zu einer neuen, weder in Vergangenheit noch in Zukunft trennbaren Einheit zusammenwachsen.«[50]

Dieser durch Kunst über sich hinausgreifende Mensch, der sich vervollkommnet und verwirklicht gleichsam durch eine »Überanstrengung« der Seele (was beim marxistisch gebildeten Lukács durch den Begriff »Arbeit« abgelöst wird), bringt aber bereits jene unheilvolle Gleichung ins Spiel, die zur Degeneration des Kunstwerk-Begriffs führen sollte: Kunst als moralische Instanz. Die Identität von Schönheit und Tugend, das Ideal der klassischen Kalokagathie ist hier proklamiert[51]; gesellschaftliche Evidenzen können damit nicht durchsichtig gemacht werden. Form ist nicht mehr nur Ordnungsprinzip der Kunst, sondern auch des Lebens: »Die Form ist die höchste Richterin des Lebens. Eine richtende Kraft, ein Ethisches ist das Gestaltenkönnen und ein Werturteil ist in jedem Gestaltetsein enthalten. Jede Art der Gestaltung, jede

Form der Literatur ist eine Stufe in der Hierarchie der Lebensmöglichkeiten: über einen Menschen und sein Schicksal ist das alles entscheidende Wort ausgesprochen, wenn bestimmt worden ist, welche Form seine Lebensäußerungen ertragen und welche ihre Höhepunkte erfordern.«[52]

Der italienische Literaturhistoriker Alberto Asor Rosa interpretierte diese bürgerliche Kunstauffassung des jungen Lukács, dessen Paul-Ernst-Essay diese ganze Theorie noch einmal zusammenfaßt.[53]

»Nach Lukács' Auffassung entsteht also eine zweifache Bewegung – vom Leben zur Kunst und von der Kunst zum Leben – eine zweifache Bewegung, die weder je dialektisch in einer Synthese sich ausdrückt noch nach wiederholten zyklischen Phasen sich entfaltet, vielmehr immer gleichlaufend mit sich selbst erfolgt, das heißt, sie entfaltet sich gleichzeitig in beiden Richtungen. Auf der einen Seite die Bewegung des Aufstiegs vom alltäglichen Chaos zum Wunder der Formen, von der Unordnung zur Ordnung, von der empirischen Existenz zum Wesen, auf der anderen Seite vollzieht sich hingegen die Bewegung der Inbesitznahme der Formen über das Chaos, der Ordnung über die Unordnung, des Wesens über die Existenz, ohne daß darum diesem Modell ein regelmäßiges Diagramm von Übergängen und Entwicklungen entspräche: weil jeglicher Übergang sich in die lebendige Problematik der Seele verstrickt.«[54]

In den dreißiger Jahren bekamen Lukács' Theorien dann, wie wir sahen, politische Relevanz; er wurde inzwischen einer der intellektuellen Führer der KP, Horthy hatte ihn in Abwesenheit zum Tode verurteilt (und Thomas Mann mit einem Offenen Brief an den österreichischen Bundeskanzler Dr. Seipel Asylrecht für ihn erbeten). Aber Lukács' theoretische Kenntnisse des Marxismus mußten notwendig beschränkt sein, zahlreiche Quellentexte waren überhaupt noch nicht publiziert; Hans Mayer erinnert sich in einem Lukács-Essay: »Was wußten wir damals vom wirklichen Denken der marxistischen Klassiker? Die ersten Bände der Marx-Engels-

Gesamtausgabe erschienen erst gegen Ende der zwanziger Jahre. Wir kannten das ›Kommunistische Manifest‹ und ›Staat und Revolution‹, die Broschüre Lenins über den ›Linken Radikalismus als Kinderkrankheit im Kommunismus‹ und das ›Kapital‹ in der alten, weitgehend unkritischen Ausgabe der Vorkriegs-Sozialdemokratie. Das von Hermann Duncker zusammengestellte Quellenbuch ›Über historischen Materialismus‹, das zum ersten Mal die wichtigsten philosophischen Frühschriften von Marx und Engels wenigstens auszugsweise zusammengestellt hatte (eines der Bücher, die für meine eigene geistige Entwicklung grundlegend werden sollten), trägt das Datum von 1930. Noch hatte uns niemand definiert, was eigentlich unter dialektischem Materialismus und was unter historischem Materialismus zu verstehen sei; wir pflegten damals beide Begriffe mehr oder weniger synonym zu gebrauchen.«[55]

Lukács entwickelte ein eigenartiges Amalgam aus seinen früheren Positionen und neuen Erkenntnissen.[56] In jenem berühmten Briefwechsel, der sich dann im Juni 1938 zwischen Anna Seghers und Georg Lukács entspann[57], spielte bezeichnenderweise auch die Goethesche Unterscheidung vom Klassisch-Gesunden und Romantisch-Kranken und ihre Anwendbarkeit eine wesentliche Rolle. Wenn Anna Seghers das Verhältnis, besser: Nicht-Verhältnis Goethe – Kleist betont, so ist das keineswegs als Nacherzählen literarhistorischer Anekdoten zu verstehen – es ist vielmehr der Versuch, deutlich zu machen, daß das olympisch Anerkannte gleichzeitig oft nicht in der Lage ist, den Wert an Kunst und Wahrheit im Neuen zu erkennen. Goethes mitleidiger Satz zu Falk, 1809, also ein Jahr nach dem Weimarer Mißerfolg vom »Zerbrochenen Krug« (den Goethe bekanntlich in zwei Teile zerschnitt und eine Pantomime dazwischenlegte), in dem es heißt: »Ich habe ein Recht, Kleist zu tadeln, weil ich ihn geliebt und gehoben habe; aber sei es nun, daß seine Ausbildung, wie es jetzt bei vielen der Fall, durch die Zeit gestört wurde, oder was sonst für eine Ursache zum Grunde liege; genug – er hält

nicht, was er zugesagt«[58] – dieser Satz und sein Brief an Kleist vom 1. Februar 1808 mit der Kritik an »Penthesilea« waren getragen von einem Ideal der Weltharmonie und ihrem Korrelat, der Persönlichkeitsharmonie. Tatsächlich ist das ein Konzept, wie es sich auch bis in die Formulierung hinein bei Lukács finden läßt – und kein Wunder ist es, daß Bloch sich gerade gegen diese Winckelmann-Klassik wandte, wie Anna Seghers sich gegen die Goethesche Klassik-Rezeption sträubt und »Penthesilea« verteidigt. Natürlich geht es hier nicht um Kleist und El Greco, sondern, sagen wir, um Brecht und Picasso. Wer, in diesem historisch-ideologischen Kontext, Kleist sagt, sagt Kafka. Es geht um den Streit, ob Realismus eine Methode ist, ein Stil, oder ob es, wie Anna Seghers an anderer Stelle fragt, »überhaupt ein wirkliches Kunstwerk gibt, in dem nicht eine Substanz Realismus enthalten ist, nämlich eine Tendenz zur Bewußtmachung von Wirklichkeit«.[59]
Der Realismus als fixierbare Methode, gar Technik, die Verordnungsmodelle Tolstoi oder Balzac oder Fontane werden schlichtweg geleugnet – sogar die jeweilige Erkennbarkeit. Die Seghers zeigt am Beispiel Rembrandts oder Tizians oder auch der französischen Impressionisten, daß »die Aneinanderreihung scheinbar zufälliger Elemente sich erst nachher als die Herausarbeitung des Typischen, als die wesentlichen Momente im Gesicht der Klasse[60]« erwiesen. Immer wieder im Verlauf dieses Briefwechsels betont Anna Seghers, daß es ihrer Meinung nach ein Verhängnis sei, die Methode zum Maßstab zu machen, so als könne die Methode an und für sich schon zu etwas führen. Die Polemik über das Gorki-Zitat »Der Schriftsteller ist nicht mehr Spiegel der Welt, sondern ein kleiner Splitter; das soziale Amalgam ist von ihm abgewischt, er spiegelt Bruchstücke, kleine Splitter zerschlagener Seelen«[61] ist auch ein Streit über den Expressionismus und über Lukács' These von der Totalität. Die neue Form nämlich, so zerbrochen und zersplittert sie auch wirken mag, kann aufrichtiger und damit richtiger Partielles einfangen und ausdrücken als ein Scheinspiegel. Eine neue

Form kann zum Beispiel neue Inhalte, Beginnendes, noch nicht zum Totalen sich Gefügtes erfassen: Anna Seghers will für das gesellschaftlich Neue, für das politische Wagnis nicht eine alte Kunst, sondern das künstlerische Experiment.
Höhepunkt dieser gesamten Auseinandersetzung um die Begriffsbestimmung Realismus ist der Streit zwischen Brecht und Lukács. In seinem an Blochs Entgegnung anschließenden summierenden Aufsatz »Es geht um den Realismus« erwähnte Lukács zum ersten Mal Brecht, und natürlich polemisch.[62] Übrigens gibt Lukács in seiner Ästhetik[63] zu, daß er Brechts Hauptdramen erst nach dem Krieg kennenlernte. Weder spielte Brecht im Lukács'schen Werk eine Rolle noch findet man Lukács bei Brecht häufig genannt – im Personenregister der sieben Bände »Schriften zum Theater« taucht er so oft auf wie Emil Ludwig oder Ludwig XIV. Noch in Lukács' »Skizze einer Geschichte der neueren deutschen Literatur«, die 1944/45 entstand, ist Brecht nur flüchtig erwähnt: »Brecht glaubt, eine ›radikal neue‹ Kunst habe völlig andersgeartete Ausdrucksmittel nötig, um die Unwürdigkeit und die soziale Schädlichkeit des ›Kulinarischen‹ in der Kunst (vor allem in der dramatischen) aufzuheben, um ihr ihre notwendige soziale Funktion wiederzugeben. So geht auch Brechts Kritik am sozialen Gehalt vorbei und macht aus der erwünschten gesellschaftlichen Erneuerung der Literatur ein – freilich interessantes und geistreiches – Formexperiment.«[64] Brecht – der ja Mitherausgeber des »Wort« war – beklagte sich bei dem Chefredakteur Bredel in einem Brief darüber, daß Lukács ihn jetzt mit der bürgerlichen Dekadenz in einen Topf werfe und sah in ihm und Julius Hay Wortführer einer Debatte, die nur geeignet sei, die intellektuelle Volksfront gegen den Faschismus zu torpedieren; konsequenterweise plädierte er als Mitherausgeber für einen Abbruch der Debatte und veröffentlichte seine Gegenthesen nicht (sie blieben zu Brechts Lebzeiten ungedruckt). Brecht hatte nämlich nach der »Maßnahme« (1930) und kurz nach Hitlers Machtergreifung in neun Punk-

ten eine radikalistische »Plattform für linke Intellektuelle« ausgearbeitet, in der er als Bündnispartner für den Kampf gegen den Faschismus nur das Proletariat gelten ließ. Erst bei der Vorbereitung seiner Rede für den Pariser Schriftstellerkongreß 1935 und dann schließlich mit dieser Rede hatte er sich vorbehaltlos zur Volksfrontpolitik bekannt. Lukács indessen hatte auch politisch eine wesentlich andere Position. Nach seinem Aufsatz »Der Terror als Rechtsquelle«[65], der seinen Übergang zur KP markierte – bis 1929 war Lukács ständiges Mitglied des ZK der KPU –, arbeitete er die Blum-Thesen[66] aus, in denen er Anfang der dreißiger Jahre den antifaschistischen Kampf mit der Forderung einer demokratischen Revolution verband, eine Art utopisches Kontrastbild zum Faschismus. Dieses Konzept, für das die bürgerliche Revolution klassisches Vorbild blieb, war diametral entgegengesetzt der zur selben Zeit entstandenen »Plattform« Brechts. Die völlig verschiedenen politischen Ansatzpunkte bei Brecht und Lukács mußten natürlich auch zu ebenso verschiedenen, unvereinbaren ästhetischen Konzeptionen führen. Werner Mittenzwei stellt in seiner Untersuchung der Brecht-Lukács-Debatte fest:

»Ausgehend von seiner Konzeption der ›revolutionären Demokratie‹ sieht Lukács im Engagement des bürgerlichen Dichters für Fortschritt und Demokratie den eigentlichen Drehpunkt seiner Realismus-Auffassung. Lukács' Interesse gilt weniger dem Dichter, der den radikalen Bruch mit seiner Klasse vollzog, als dem, der im geistigen Spielfeld der ›revolutionären Demokratie‹ verbleibt. Deshalb auch Lukács' Unverständnis für die neuen methodologischen Wege und Gestaltungsmittel, die zum Beispiel Brecht für die sozialistische Literatur nutzbar macht. So wie sich Lukács politisch auf eine lange Übergangsperiode einrichtet, so faßt er den Realismus nur als die Weiterführung der großen progressiven Strömungen des 19. Jahrhunderts auf. Anstelle der Eroberung und Aufdeckung neuer Kunstmittel auf Grund neuer gesellschaftlicher Verhältnisse, worauf es Brecht ankommt, steht bei Lukács die Säuberung der Literatur von den Einbrüchen der Dekadenz.«[67]

Brecht versuchte, in mehreren grundsätzlich angelegten Arbeiten[68] seine Position zum Thema Realismus und Methode darzulegen. Er plädierte für eine Literatur, die die neuen Fähigkeiten der Menschen, simultan aufzunehmen oder zu abstrahieren oder rasch zu kombinieren nicht außer acht läßt, und weigert sich, den inneren Monolog als technische Möglichkeit zu tabuieren und weil »Tolstoi so etwas anders gemacht hätte, die Art, wie Joyce es macht, abzulehnen«. Brecht berichtet auf sehr überzeugende Weise, wie wenig seine eigene Arbeit mit den landläufigen Klischees erfaßbar wäre, daß sich bei der Arbeit am Julius-Cäsar-Roman eine bestimmte Montage-Technik als notwendig herausstellte, die sich aber demzufolge nicht hätte als notwendig herausstellen dürfen. Und die Arbeit an den Szenen von »Furcht und Elend des Dritten Reiches« sieht er als ständiges Modell-Bauen, weil er die Wirklichkeit darstellen möchte – es ist aber gleichzeitig eine rein formal interessierte Arbeit:

»Ich habe Farbenvorstellungen vager Art im Hinterkopf, Eindrücke bestimmter Jahreszeiten, höre Tonfälle ohne Worte, sehe Gesten ohne Sinn, denke an wünschbare Gruppierungen von nicht benamten Gestalten und so weiter. Die Vorstellungen sind reichlich unbestimmt, keineswegs aufregend, ziemlich oberflächlich, wie mir scheint. Aber sie sind da. Der ›Formalist‹ in mir arbeitet.«[69]

Immer wieder wehrt sich Brecht auch gegen das Balzac-Muster, dessen Romantisierung und Individualisierung von Konkurrenzkämpfen des nachnapoleonischen Frankreich er mit dem hämischen Hinweis desavouiert, daß Balzac ja zugegeben hat, er habe seine Anregungen den Indianergeschichten Coopers entnommen. Balzacs Kampf des einzelnen gegen die ganze Gesellschaft heißt, die komplizierten kapitalistischen Konkurrenzkämpfe – also einen gesetzmäßigen ökonomischen Mechanismus – zu Kämpfen von überdimensionierten Individuen zu machen. Winnetou gegen die Rothschilds, sozusagen. Brecht sieht die Sprengung dieser Individual-Erzählform durch einen modernen Autor wie Dos Passos als notwendig und hat Angst vor den falschen Erben, die Epigonen heißen. Shelleys symbolistische Schreibweise kann realistischer – also mehr Realität transponierend – sein als Balzacs, bei dem »man viel lernen kann, vorausgesetzt, man hat schon viel gelernt«.

Mit sarkastischem Vergnügen nennt Brecht die Lukács'sche Realismus-Konzeption formalistisch, sie erinnere ihn an eine Chaplin-Szene, in der Chaplin einen Koffer gepackt und alles, was über den Koffer hinausquillt, einfach mit der Schere abschneidet.

Hier werden zwei einander fast ausschließende Kunsttheorien entwickelt, die beide jeweils eine marxistische Realismus-Definition für sich in Anspruch nehmen. Beide, Lukács wie Brecht, sind Anhänger der Abbildtheorie; Lukács aber will Gegensätzlichkeit im Gesamtmechanismus seiner Abbildtheorie zwar nicht ausklammern, aber überwinden. Er will, als konsequenter Hegel-Schüler, Wesen und Erscheinung harmonisieren. Das Ziel, richtiger: das Gelingen großer Kunst liegt darin, »ein Bild der Wirklichkeit zu geben, in welchem der Gegensatz von Erscheinung und Wesen, von Einzelfall und Gesetz, von Unmittelbarkeit und Begriff usw. so aufgelöst wird, daß beide im unmittelbaren Eindruck des Kunstwerks zur spontanen Einheit zusammenfallen, daß sie für den Rezeptiven eine unzertrennbare Einheit bilden«.[70]

Lukács geht damit in gewisser Weise sogar hinter Lenin zurück, der den eigentlichen Sinn der Dialektik darin sah, die Widersprüche im Wesen der Dinge selbst zu erforschen und nicht nur die Erscheinungen als fließend, beweglich, vergehend sah, sondern auch die diversen divergierenden Wesenheiten der Dinge.

Brecht natürlich, bis hin zum Leugnen des Genuß-Moments in der Kunst, will Wesen und Erscheinung nicht zur großen Einheit zusammenfügen, sondern Unterschiede und Disharmonien demonstrieren. Sein Abbild soll um sich herum, am

Rande, noch Spuren anderer Bewegungen und Züge aufweisen, soll sogar den widerspruchsvollen Prozeß des Abbildungsvorgangs selber dokumentieren. »Die Abbildungen müssen nämlich zurücktreten vor dem Abgebildeten«, schreibt er im »Kleinen Organon«.[71] Deutlicher kann der Gegensatz nicht sein – Lukács bis hin zur favorisierten Form, dem realistischen Roman, zu dessen Aufbau und Wirkung für ihn auch der vollendete Schluß als Aufklärung des Anfangs gehört, will die große, geschlossene Welt des Bürgertums im Kunstwerk einholen oder zurückholen. Er will Widersprüche tilgen, er kennt keine offene Form.

Brechts Kunstgenuß dagegen ist der Genuß des Erkennens von Zusammenhängen, die vorgeführt werden, von Disparaten, von dem, was sich zwischen Erscheinung und Wesen geschoben hat. Brecht schiebt den Genuß aus dem Kunstwerk heraus und will ihn für die Erwartung aktivieren, für den Kampf um Harmonie, nicht im Abbild, sondern in der Realität. Das, sagt er, ist realistische Schreibweise. Es ist der Unterschied zwischen aristotelischer und nichtaristotelischer Kunstauffassung. Lukács sieht, besonders betont übrigens auch in seinem großen Entwurf über »Die Eigenart des Ästhetischen«, in der Katharsis den letzten Sinn großer Kunst. Die kathartische Wirkung ist ja aber nicht nur eine ethische – statt gesellschaftliche –, sondern auch eine idealistische; zu fragen wäre: Wovon wird der Mensch durch Kunstgenuß »gereinigt«? Von der Realität? Genau dieser psychologischen Anverwandlung, dieser Scham-Wirkung mißtraut Brecht, der kein »Erkenne dich selbst« erreichen will, der bis in die Form seines Kunstwerks hinein kein Einfühlen will, sondern Distanz. Kunst soll die dialektische Spannung von Gut und Böse nicht idealistisch entspannen, sondern die Veränderung der Gesellschaft und ökonomischer Bedingungen lehren. Selbst der späte Lukács spricht in seiner Katharsistheorie immer von der Kritik des Lebens, nicht der Gesellschaft. Diese Verschiebung von soziologischer zu biologischer, von politischer zu psychologischer Terminologie definiert den

Abstand zwischen Georg Lukács' klassischer, ethisch gebundener Ästhetik und Bertolt Brechts Befragung der Realität.
Diese in Lukács' frühesten Schriften auffindbare Aristoteles-Struktur, der Regelschluß Mensch – Kunst, Kunst – Mensch, der auch zum Hegel-Goethe-Konzept führte, das in den dreißiger Jahren den Versuchen moderner Literaturformen entgegengehalten wurde, ist konsequent durchgehalten auch in den ersten beiden Bänden seiner »Eigenart des Ästhetischen«. Da heißt es zum Problem der Katharsis unter anderem:
»Wir glauben, daß der Begriff der Katharsis viel ausgedehnter ist. Wie bei allen wichtigen Kategorien der Ästhetik ist diese primär nicht aus der Kunst ins Leben, sondern aus dem Leben in die Kunst gekommen. Weil die Katharsis ein ständiges und bedeutsames Moment des gesellschaftlichen Lebens war und ist, muß ihre Widerspiegelung nicht nur ein immer wieder neu aufgenommenes Motiv der künstlerischen Gestaltung werden, sondern sie erscheint sogar unter den formenden Kräften der ästhetischen Abbildung der Wirklichkeit.«[72]
Dieses zehnte Kapitel seines großen Alterswerkes, das »allgemeine Züge der Subjekt-Objekt-Beziehung in der Ästhetik« untersucht, gibt auch schließlich die Erklärung für die Starre nicht nur des übermächtigen theoretischen Kunstbaus Georg Lukács', sondern auch der von ihm nachhaltig inspirierten sozialistischen Literatur: Die Subjekt-Objekt-Dialektik ist zu einer Gesetzmäßigkeit gefiltert, aus der der Zufall verwiesen ist.[73] Die regelstarre Didaktik wie die zweckgebundene Verständigungsbereitschaft der Sprache sind solchermaßen in die Literatur der DDR eingewachsen. Eigentlich weist Lukács' Denkgebäude der Realität nur einen toten Platz an; Wilhelm Girnus nennt ihn sogar einen »Widerspiegelungsfetischisten«[74]. Es handelt sich um eine sonderbar »passive« Dialektik in Lukács' Definition, eine Wirklichkeit ohne Möglichkeit:
»In der Arbeit entsteht die erste wirkliche Subjekt-Objekt-Beziehung und damit erst entsteht dann ein Subjekt im ech-

ten Sinne des Wortes. Schon Hegel hat richtig darauf hingewiesen, daß damit die unmittelbare Distanzlosigkeit der bloßen Begierde und ihrer bloßen Erfüllung aufhört: Im Werkzeug macht das Subjekt eine Mitte, zwischen Sich und das Objekt, und diese Mitte ist die reale Vernünftigkeit der Arbeit.« ... »Es entsteht ein vom Menschen erschaffenes Gebilde, das ausschließlich dem Ziele dient: den Menschen durch Widerspiegelung seiner Innenwelt und Umwelt über sich selbst aufzuklären und ihn damit über sich selbst, wie er für sich selbst im Alltagsleben gegeben ist, zu erhöhen, ihm zum Selbstbewußtsein zu verhelfen. Der Mensch wird wahrhaftig er selbst, indem er in der von ihm widergespiegelten Welt seine eigene Welt erschafft und sie sich zu eigen macht.«[75]

Einerseits besteht Lukács auf der Nützlichkeit des Kunstwerks (dessen Entstehen er natürlich aus frühen Arbeits- und Jagdgeräten ableitet); andererseits degeneriert er das Kunstwerk zum Dekor, zur Verzierung an der Lanze. Lukács nähert und entfernt unentwegt Wirklichkeit – die er im Sinne Hegels als »schlechter Alltag« begreift – und Kunst – als deren mimetisches Abbild – voneinander. Damit stülpt er zwei Mißverständnisse ineinander: die unmittelbare Direktübertragung der Wirkung des einen auf das andere, der wir dann bei Losungen des »Bitterfelder Wegs« wiederbegegnen; Schreiben als Produktionshilfe. Umgekehrt wendet er sich aber ab von der Wirklichkeit und sieht in der Kunst eine eigene Realität, »abgelöst«. Girnus sieht darin nicht zu Unrecht einen Bewußtseinsstand gleich dem in der V. These über Feuerbach charakterisierten.[76] Lukács selber muß die Unauflösbarkeit dieses Widerspruchs wahrgenommen haben. Zur Definition der verschiedenen Möglichkeiten der Widerspiegelung der Welt schafft er zwei verschiedene Signalsysteme, da die wissenschaftliche (desanthropomorphierende) und künstlerische (anthropomorphierende) Art der Widerspiegelung voneinander getrennt seien. Das erste Signalsystem (Empfindung, Wahrnehmung) und das zweite

Signalsystem (Sprache) sind aber für Lukács zur Definition von Kunst nicht ausreichend. Kunst benötigt reproduzierte Wahrnehmung, also Vorstellung. Dieser Kategorie der Vorstellung räumt er, als vermittelte Größe, ein eigenes Zwischensignalsystem 1′ ein. Und Kunst ist nun, in diesem hochkomplizierten, genialen und gleichzeitig alle früheren Theorien einlösenden Entwurf die Objektivierung des Signalsystems 1′. Kunst also nicht mehr als direkte Wahrnehmungsmöglichkeit, sondern als von der Wirklichkeit durch anderthalb Brechungen entfernte Widerspiegelung.

Tatsächlich bleibt Lukács sowohl mit seinen eigenen Theorien als auch mit der schließlich gegen ihn gewendeten Polemik eine Art Schlüsselfigur auch zum Verständnis der kulturpolitischen Situation nach 1945 in der sowjetischen Besatzungszone und dann in der DDR. Das Jahr 1945 war nicht nur politisch die Stunde Null, zu der noch keineswegs die weitere Entwicklung ausprogrammiert war, sondern es war auch deutlich noch nicht der Zeitpunkt zu kulturpolitischen Fixierungen. In seinem programmatischen Aufruf vom 11. Juni 1945 verkündete das ZK der KPD:

»Wir sind der Auffassung, daß der Weg, Deutschland das Sowjetsystem aufzuzwingen, falsch wäre ... Wir sind vielmehr der Auffassung, daß die entscheidenden Interessen des deutschen Volkes in der gegenwärtigen Lage für Deutschland einen anderen Weg vorschreiben, und zwar den Weg der Aufrichtung eines antifaschistischen demokratischen Regimes, einer parlamentarisch-demokratischen Republik mit allen demokratischen Rechten und Freiheiten für das Volk.«[77]

Bezeichnenderweise konnte entsprechend dieser ersten politischen Ausrichtung Anton Ackermann, der seit 1935 zu den Spitzengremien der Partei gehörte und seit 1945 als ihr Hauptideologe galt, einen deutschen Weg zum Sozialismus[78] proklamieren. Nach dem Dritten Parteitag (1950) der SED verschwand Ackermann aus sämtlichen Positionen (mit mehreren anderen Vertretern dieser Politik; u. a. wurde auch seine Frau Elli Schmidt, bis dahin Vorsitzende des Demokratischen Frauenbundes und einflußreiche Politikerin, mit einer Parteistrafe relegiert). Der Bruch mit Tito und die Währungsreform in Deutschland, 1948, die erstmals eine staatliche Auseinanderentwicklung vorausskizzierte, führte deutlich zu einer politischen Neuorientierung; während auf dem Zweiten Parteitag der SED im September 1947 noch der Kampf um die Einheit Deutschlands zur Hauptaufgabe ausgerufen wurde, zeigte sich auf der Ersten Parteikonferenz im Januar 1949 ein völlig verändertes Selbstverständnis der Partei, die sich selber als Partei neuen Typus definierte, damit einmal ihren Führungsanspruch innerhalb des Staatswesens anmeldete, zum anderen die KPdSU offen als Modell anerkannte. Deutlich setzte hier auch eine Zäsur in der Kulturpolitik ein.

Die Verkündung des Fünfjahrplans und die endgültige Akzeptierung der »Scheidung der Welt in das Lager der friedliebenden, demokratischen Kräfte einerseits und das Lager der imperialistischen, kriegstreibenden Kräfte andererseits« waren die Hauptpunkte des Dritten Parteitages der SED im Juli 1950, auf dem auch das erste Mal die Formulierung »Friedensgrenze« für die Oder-Neiße-Linie geprägt wurde.

Am 20./21. Januar 1951 veröffentlichte die von der sowjetischen Besatzungsmacht herausgegebene »Tägliche Rundschau« einen Artikel über den »Formalismus in Kunst und Literatur«. Dem üblichen Brauch in der Sowjetunion folgend, war der Artikel mit einem Pseudonym (N. Orlow) gezeichnet, was in der Regel bedeutet, daß er als amtliches Bulletin anzusehen ist. Vier Wochen später druckte das »Neue Deutschland« in zwei groß aufgemachten Folgen einen Hauptartikel des damaligen Feuilletonchefs des »Neuen Deutschland«, Wilhelm Girnus, unter dem Titel »Wo stehen die Feinde der deutschen Kunst?« (»Bemerkungen zur Frage des Formalismus und des Kosmopolitismus«); als Leitmotiv vorangestellt war ein Satz des Dritten Parteitages:

»Bei vielen Intellektuellen ist noch nicht die Erkenntnis gereift, daß der Aufbau einer fortschrittlichen deutschen Kultur

nur im unablässigen Kampfe gegen alle reaktionären Tendenzen auf kulturellem Gebiet, gegen die volksfeindlichen Theorien des Kosmopolitismus, gegen den bürgerlichen Objektivismus und gegen die amerikanische Kulturbarbarei erfolgen kann.
In der bildenden Kunst ist der entschiedene Bruch mit dem Formalismus noch nicht vollzogen, weil der Formalismus und dessen Wurzel, der Kosmopolitismus, nicht als volksfremde und volksfeindliche Strömung, als eine Waffe des Imperialismus erkannt wurden.«[79]

Beide Begriffe, Formalismus wie Kosmopolitismus, waren für die deutsche Öffentlichkeit neu und wurden erst von nun an tabuiert. Seit 1948 waren verschiedene Bücher von Georg Lukács erschienen, darunter in dem Band »Essays über Realismus« auch Teile jener Expressionismus-Debatte, nämlich der Aufsatz »Es geht um den Realismus« und der Briefwechsel zwischen ihm und Anna Seghers. Alle diese Bände erschienen unkommentiert, ohne Vor- oder Nachwort oder Erläuterungen der historischen Bezugspunkte; um was für eine Debatte im »Wort« es sich überhaupt gehandelt habe und daß hier eine Auseinandersetzung mit Brecht vorlag, war den Uneingeweihten – also der jungen Generation – keineswegs deutlich. Lukács galt zu dieser Zeit als sakrosankte Autorität der marxistischen Literaturwissenschaft, unangreifbar, sprach gleichsam katexochen. Bezeichnend für die ideologisch offene Situation bis 1950/51 war, daß nichts von der inzwischen in Ungarn stattgefundenen Auseinandersetzung mit Lukács in die DDR gesickert war.

In Ungarn hatte gleich nach dem Kriege eine heftige Fehde gegen Lukács eingesetzt, und zwar unter einem Aspekt, der dann erst Jahre später auch in der DDR aufgegriffen worden ist. Höhepunkt dieser Debatte war die sogenannte »Lukács-Diskussion aus dem Jahre 1949«, in deren Verlauf Lukács auch Selbstkritik übte, die aber abgewiesen wurde. Es ging um seine angebliche Unterschätzung der sowjetischen Literatur[80], um sein Abwerten proletarischer Autoren wie Bredel, Marchwitza, Weinert, Jan Petersen u. a., die er angeblich als Publizisten und Vulgärantifaschisten politisch diffamiert hätte, und es ging bereits um sein Konzept der Plebejerdemokratie: man wirft ihm vor, daß sein Ansatzpunkt in einer Entwicklungsphase der Volksfrontpolitik der Kommunistischen Internationale steckengeblieben sei und daß seine kritischen Einwände gegen diese politische Linie (also gegen die politisch wie literarisch formulierbare These von der unmittelbar bevorstehenden Diktatur des Proletariats) eine Verschleierung seiner wahren theoretischen Grundposition sei – nämlich das generelle Ablehnen der Diktatur des Proletariats. Auch hier liefen wieder verschiedene Entwicklungen gleichzeitig – während in Ungarn unter Bezugnahme auf sowjetische Quellen Lukács bereits heftigen politischen Attacken ausgesetzt war, erschienen seine Bücher in der DDR in dem von Johannes R. Becher gegründeten Aufbau-Verlag unangefochten; Lukács' Position unterlag noch keinem Zweifel, obwohl die Informierten ja von der Auseinandersetzung in der Sowjetunion und in Ungarn gewußt haben müßten. Noch 1955 erschien im Aufbau-Verlag ein Gedenkband zu Lukács' 70. Geburtstag, der lobende bis hymnische Beiträge von Denkern der gesamten internationalen marxistischen Elite enthält: Bloch und Eisler, Farner und Fischer, Harich, Lefèbvre, Mayer, Adam Schaff, Anna Seghers und Arnold Zweig. Und nur Eingeweihte konnten an zwei vergleichsweise versteckten Details erkennen, daß sich hier eine Änderung anbahnte: Johannes R. Becher steuerte nur ein kurzes Gedicht bei, eröffnet wurde der Band von Bechers Sekretär Alexander Abusch, der das erstemal Einschränkungen formulierte:

»Ein großer kritischer Geist wie Georg Lukács erwartet keine höflich-äußerliche Anerkennung, sondern auch von seinen Freunden Aufrichtigkeit und Diskussion. So handle ich in seinem Geist, wenn ich auch bei dieser Gelegenheit ausspreche, daß er, mitten in den Auseinandersetzungen unserer Epoche arbeitend, nicht der Gefahr entging, daß manche seiner Werke zu stark die geistigen Kennzeichen ihrer unmittelbaren Entstehungszeit tragen. So scheinen mir in einigen Arbeiten, die im Kampfe gegen den Faschismus die notwendige schärfste Kritik an den negativen, reaktionären Zügen der deutschen Vergangenheit übten, nicht in einem genügenden Maße die nationale Verwurzelung mancher klassischer Meisterwerke und ihre positiven, fortschrittlichen Züge beachtet zu sein. Lukács scheint mir auch manchmal, zum Beispiel in seiner Darstellung Schillers, Dichter zu sehr nur philosophiegeschichtlich zu analysieren, wobei er verabsäumt, sie in ihrer Besonderheit als Künstler, deren Schöpfertum sich in der Wechselbeziehung mit den realen Kämpfen ihres Volkes entwickelt, allseitig darzustellen. Doch auch dort, wo man mit Lukács nicht einer Meinung sein kann, ist sein Werk stets interessant, tiefschürfend, anregend, ein wichtiger Ausgangspunkt zu weiterem Forschen.«[81]

1950, also immerhin erst fünf Jahre nach Kriegsende, erschien eine erste Ausgabe der Schriften »Über Kunst und Literatur« von Marx und Engels (Lenins »Über Kultur und Kunst« erschien sogar erst 1960). Im selben Zusammenhang ist zu sehen, daß 1951 Shdanows »Über Kunst und Wissenschaft« erschien, und zwar in einer Massenauflage. Der Band enthält verschiedene alte Texte, u. a. seine Rede auf dem Ersten Unionskongreß der Sowjetischen Schriftsteller aus dem Jahre 1934 und jene »Eröffnungsrede auf der Beratung von Vertretern der sowjetischen Musik im ZK der KPdSU (B)« vom Januar 1948, in der er nochmals drohend an die Kritik von Schostakowitschs Oper »Lady Macbeth von Mzensk« vom Januar 1936 erinnert hatte. (Der sowjetische Meistercellist Mystislaw Rostropowitsch wies kürzlich in seinem Offenen Brief zum Fall Solschenizyn ebenfalls voller Empörung darauf hin.[82])

Wichtigster Punkt einer ideologischen Neuorientierung wurde dann Stalins Aufsatz »Zum Marxismus in der Sprachwissenschaft«, der unter diesem Titel erstmals in Deutschland als Beilage in der Zeitschrift »Neue Zeit« im Juni 1950 er-

schien.[83] Stalin leugnet, daß Sprache Teil des Überbaus ist; das hing natürlich mit seiner generellen Entideologisierungstendenz des Marxismus zusammen und damit gleichzeitig mit seinem taktischen Bestreben, pragmatische Staatsformen zu stabilisieren, die weder durch sprachliche noch durch ideologische Einwirkungen irritiert werden sollten. Sprache, also Denken, als Unterkategorie der ökonomischen Basis, das geht unmittelbar zusammen mit dem Begreifen der Kunst als Unterkategorie der Erkenntnistheorie: Kunst als Lebenshilfe. Dem gleichen Konzept entsprang das Abwehren von »Formalismus und Kosmopolitismus«: nicht zufällig ging Ulbricht auf der Zweiten Parteikonferenz der SED im Juli 1952 ausführlich auf diese Arbeit ein, und zwar in dem Abschnitt seines Referats, der »Fragen des Staatsaufbaus in der Deutschen Demokratischen Republik« hieß. Ähnlich der kurz referierten direkten Beziehung zwischen parteipolitischer Strategie und Taktik und ideologischen Debatten in der KPD der zwanziger Jahre ist hier wiederum ein solcher Konsensus zu beobachten. Ulbricht zitierte einen Passus Stalins, aus dem er folgerte, »daß der Staat eines der wichtigsten Werkzeuge beim Aufbau des Sozialismus darstellt«:
»Der Überbau wird von der Basis hervorgebracht, aber das bedeutet keineswegs, daß er die Basis lediglich widerspiegelt, daß er passiv, neutral, gleichgültig ist gegenüber dem Schicksal seiner Basis, dem Schicksal der Klassen, dem Charakter der Gesellschaftsordnung. Im Gegenteil, einmal auf die Welt gekommen, wird er zu einer gewaltigen, aktiven Kraft, trägt er aktiv dazu bei, daß seine Basis ihre bestimmte Form annimmt und sich festigt, trifft er alle Maßnahmen, um der neuen Gesellschaftsordnung zu helfen, der alten Basis und den alten Klassen den Rest zu geben und sie zu beseitigen.«[84]
Auf derselben Parteikonferenz referierte Ulbricht auch über den »Kampf für ein realistisches Kunstschaffen« und zitierte eine Entschließung des ZK der SED auf dem 5. Plenum, auf dem gefordert wurde, »Literatur und Kunst zu einer mächtigen Waffe unseres Volkes im Kampf um die Lösung unserer

Lebensfragen zu gestalten«. Diese dienende oder Zieratfunktion von Literatur und Kunst führte nun nicht nur etwa zu jener banalen Repetitionsliteratur oder Malerei, wie sie sich oft in der Sowjetunion und in der DDR findet, sondern die Reduktion der artistischen, sogar ideologischen Möglichkeiten hatte auch wiederum direkte staatspolitische Konsequenzen; genauer gesagt: Um eine bestimmte pragmatische und möglichst entideologisierte »Realpolitik« durchsetzen zu können, wird Kunst, Literatur, sogar Theorie in ihre Schranken gewiesen. Auch hier wieder ist von zentraler Bedeutung die Position Georg Lukács', dem ja nicht nur ein falsches literaturwissenschaftliches Konzept vorgeworfen wurde, sondern eben die Übersetzung ideologischer Fehldiagnosen in eine falsche politische Praxis. Haupteinwand war schließlich, daß Lukács gegen Lenins Ablehnung der Spontaneität als Form des bürgerlichen Bewußtseins eine Art sozialistischer Spontaneitätstheorie entwickelt hatte, die eine ständige dialektische Quelle von Bewußtheit ist. Führungsgruppen innerhalb der SED, zum Beispiel die Funktionäre Behrens und Benary, beriefen sich ausdrücklich auf Lukács beim Ausarbeiten einer Wirtschaftstheorie, der auch der damalige Stellvertretende Ministerpräsident der DDR und dann degradierte Wirtschaftsminister, Fritz Selbmann, gefolgt war – nämlich der Forderung nach mehr Einzelinitiative im Rahmen der gesamten Wirtschaft.[85]
Auf dem 30. Plenum des ZK der SED wurden diese Anschauungen als revisionistisch verdammt, da sie geeignet seien, die Arbeiter- und Bauernmacht preiszugeben und zu liquidieren. Zu ähnlichen politischen Konsequenzen aus ästhetischen Kategorien führte Lukács' wichtige Arbeit »Das Besondere als zentrale Kategorie der Ästhetik« (die er in seine große Arbeit über die »Eigenart des Ästhetischen« übernahm und die Wolfgang Harich in der von ihm herausgegebenen »Deutschen Zeitschrift für Philosophie« abgedruckt hatte[86]). Hier bereits reservierte Lukács eine Art individuellen Zwischenraum – Möglichkeit zur Spontaneität? – als Mitte zwi-

schen einzelnem und allgemeinem. Was Lukács offenbar gerade nicht als Leerraum meinte, nicht als überhistorische Kategorie, wird ihm von seinen Kritikern vorgehalten als das Einführen einer Kategorie ohne gesellschaftlichen Inhalt.

Interessant ist nun, daß sich in den Jahren 1955/1956 nicht nur im Petöfi-Club in Budapest um Lukács eine Gruppe von Intellektuellen gebildet hatte, die schließlich die intellektuellen Urheber des ungarischen Aufstands wurden (und daß Lukács der Nagy-Regierung als Minister angehörte), sondern daß sich auch in der DDR zur selben Zeit eine sehr ähnliche Entwicklung bei einer Gruppe von Intellektuellen anbahnte, die sich besonders sorgfältig mit dem Werk von Lukács beschäftigt hatte. Wolfgang Harich war als Leiter des philosophischen Lektorats im Aufbau-Verlag unmittelbar für die Publikation von Lukács' Schriften verantwortlich und gleichzeitig Herausgeber der »Deutschen Zeitschrift für Philosophie«. Er hatte schon 1953 (am 14. Juli) in der meist gelesenen Zeitung der DDR, der »Berliner Zeitung«, einen vehementen Artikel gegen die amtlich-staatliche Verwaltungsbehörde, die zur Vorbereitung des Kampfes gegen den Formalismus eingerichtet worden war, die Kunst- und Literaturkommission, publiziert. Dieser Instanz und damit der gesamten amtlichen Kulturpolitik hatte er »Hochmut, Ignoranz, Sektierertum, Mangel an Feingefühl« vorgeworfen, sie »eine üble Meinungsdiktatur einer kleinen Gruppe von Funktionären« genannt, die »von allen Künstlern verabscheut« und »zu geistiger Sterilität, elender Leisetreterei und tiefem Mißbehagen« führte. Dieser Aufsatz, knapp vier Wochen nach dem 17. Juni publiziert, war der öffentlich sichtbare Beginn des Entstehens einer sogenannten »Plattform«.

Bezeichnend für die Arbeit dieser Gruppe – keineswegs streng organisiert oder personell fixiert – war, daß einerseits der damalige DDR-Kulturminister Johannes R. Becher von ihr wußte, er wie sein Vertreter Alexander Abusch und ein Vertreter des ZK zu einigen der Zusammenkünfte eingeladen worden waren (der ZK-Vertreter nahm auch an verschiedenen Zusammenkünften teil), und daß andererseits in der Präambel zu dem von Harich und seinen Freunden ausgearbeiteten Schriftsatz expressis verbis auf Lukács Bezug genommen wurde. Wichtig auch für die gesamte kulturpolitische Debatte in der DDR war, daß die Gruppe um Harich sich auf Brecht beziehen konnte (was öffentlich unterschlagen wurde). Hier hatte sich bei ursprünglichen Antipoden in der ästhetischen Theorie ein Konsensus über Ideologie und Praxis entwickelt.

»1. Wer sind wir?

Wir sind eine Gruppe von SED-Funktionären, die über eine breite bewußte und über eine noch breitere unbewußte Anhängerschaft verfügt. Diese Anhängerschaft hat sich besonders aus den Kulturinstitutionen der DDR herausgebildet, aus Universitäten, Hochschulen, Zeitungsredaktionen, Verlagen und Lektoraten.

Wir lernten besonders aus den Beschlüssen des XX. Parteitags der KPdSU und aus unseren Kontakten mit ausländischen Genossen. Durch persönliche Diskussionen mit polnischen, ungarischen und jugoslawischen Genossen wurden wir in der Richtigkeit unserer Auffassungen bestätigt. Besonderen Einfluß hat auf unsere ideologische Entwicklung der Genosse Georg Lukács genommen.

Bertolt Brecht hat mit unserer Gruppe bis zu seinem Tode sympathisiert und in ihr die gesunden Kräfte der Partei gesehen.«[87]

Diese »Plattform« nun war keineswegs nur ein Versuch zu künstlerischer oder literarischer Neuorientierung innerhalb eines stagnierenden Kulturbetriebs, sondern auch der Versuch zu realen politischen Vorschlägen, die die politische Situation in beiden Deutschland betrafen und unter anderem in der Forderung nach Wiederzulassung der SPD gipfelten.[88]

Der dann 1960 erschienene Band »Georg Lukács und der Revisionismus«, der alles verfügbare Material gegen Lukács sammelte, versuchte, diese Konzeption eines dritten Weges besonders vehement zu denunzieren. Und ist übrigens nicht pointenlos: Der ungarische Publizist Béla Fogarasi, der noch in dem Lukács-Gedächtnisbuch zu dessen Geburtstag voller Lob und Preis über Lukács' Arbeiten zur Geschichte der Philosophie geschrieben hatte, steuerte hier einen langen Aufsatz über den »Revisionistischen Charakter einiger philosophischer Konzeptionen von Georg Lukács« bei.

Einer der Höhepunkte dieser gesamten weit über den Bereich der Kulturpolitik hinausreichenden Debatten wurde der seit Frühjahr 1954 fünfmal vertagte Vierte Deutsche Schriftstellerkongreß, der dann schließlich vom 10. bis 14. Januar 1956 stattfand und der keineswegs die Heiterkeit beibehielt, die Kubas Verwechslung von Mode und Methode bei der Eröffnungsrede hervorgerufen hatte: »Viele unserer Schriftsteller haben bereits erkannt, daß nur die Mode des sozialistischen Realismus der Literatur die Möglichkeit bietet ...«. Tatsächlich wandten sich auch einige Autoren, darunter Willi Bredel, gegen »ideologische Unduldsamkeit, ja geradezu Sturheit«, und Anna Seghers sprach vom »Schematismus als einem der größten Mängel in unserer Literatur«. Wilhelm Girnus trug die These vom Primat der Ideologie über die künstlerische Meisterschaft vor und trug damit eine Diskussion mit Walther Victor aus, der im »Neuen Deutschland« unter dem Titel »Zur Frage der Meisterschaft«[89] auf erstaunlich präzise Weise die Ideologie zwar nicht abgelehnt, aber relativiert und von Begabung gesprochen hatte. (Bredels Satz »Kälte weht mich an, wenn ich das Wort Ideologie höre« nahm auf diese Auseinandersetzung Bezug.) Und Georg Lukács, der ein langes Referat über »Das Problem der Perspektive« hielt, konzentrierte seine These auf einen Nebensatz: »Lenin sagt, daß die Wirklichkeit immer viel schlauer ist als das beste Denken sogar der besten Partei, und ich glaube, hinter diesem Problem der Perspektive steckt, daß unsere Aufgabe, diese Aufgabe der Schriftsteller, gerade darin besteht, diese Schlauheit dieser Wirklichkeit aufzudecken. Es ist sehr einfach, die Wirklichkeit darzustellen, wie sie am

Schnürchen geht. Sehr kompliziert ist sie in allen diesen Umwegen – und fast alle Individuen machen Umwege, wenn sie ihre Ziele verwirklichen wollen.«[90]

Unmittelbar im Anschluß an den Kongreß fand in Berlin im Mai desselben Jahres eine »Konferenz der Literaturwissenschaftler« statt, deren prominenteste Redner Alfred Kurella, Johannes R. Becher, Wolfgang Harich und Hans Mayer waren. Das brisanteste Referat hielt Hans Mayer, der den gesamten Schriftstellerkongreß negativ einstufte (»So jedenfalls habe ich eine literarische Atmosphäre, ein literarisches Klima auf dem Kongreß nicht entdecken können«) und der sich besonders stark gegen Kuba und dessen quantifizierende statt qualifizierende Fragestellung wandte (»Nein, ein schlechtes Gedicht, auch in einem guten Sinn, kann nicht wirksam werden, ein schlechtes Gedicht kann keine Wirkung vollbringen«). Mayers Referat unter der Hauptüberschrift »Vom möglichen Nutzen schlechter Literatur« mit der Hauptstoßrichtung gegen eine neue Literatur der »rot angestrichenen Gartenlaube«, die die Aufgabe habe, einen »Lehártyp auf Traktoristen umzufunktionieren«, zog heftigste Polemik von Klaus Gysi und Johannes R. Becher auf sich. Wenige Monate später, im November 1956, inzwischen war der ungarische Aufstand niedergeschlagen worden und Lukács verhaftet, wurde unter der Schirmherrschaft des Zentralverbandes für Deutsch-Sowjetische Freundschaft und des Ministeriums für Kultur eine Tagung zum Thema »Zur Ästhetik der russischen revolutionären Demokraten« einberufen. Einer der Hauptredner war wiederum Hans Mayer, der seine Thesen vom Juni wiederholte und jetzt seinerseits – ohne sich direkt auf Wittfogel zu beziehen – einen Stammbaum marxistischer Ästhetik entwickelte:

»Ich glaube, daß es zwei sehr große historische Wege zu unterscheiden gilt. Der eine Weg ist ein stark national-russisch bestimmter. Das ist die Entwicklung von Belinski zu Tschernyschewskij. Ich würde sagen, theoretisch führt er weiter zu Gorki und Shdanow, und ich glaube, daß das nicht der

Weg einer marxistischen Literaturwissenschaft gewesen ist. Der andere scheint mir festgelegt zu sein durch die Linie Marx – Plechanow – Lenin.«[91]

Bezeichnenderweise wurde dieses Referat im Kongreßmaterial nicht abgedruckt, sondern nur die Gegenreferate. Mayer faßte seine Thesen »Zur Gegenwartslage unserer Literatur« noch im selben Jahr für eine Sendung des Deutschlandsenders zusammen, die, für den 28. November 1956 avisiert, vom Intendanten Hermann Ley abgesetzt wurde. Der Text erschien allerdings am 2. Dezember 1956 ungekürzt im »Sonntag« – die verantwortlichen Redakteure Gustav Just und Heinz Zöger wurden kurz darauf im Zusammenhang mit der Verhaftung Wolfgang Harichs ebenfalls verhaftet; während des Prozesses spielte Mayers Text als Belastungsmaterial eine Rolle.[92]

Von jetzt ab beginnt eine Art »Engführung«; die Partei versucht mehr und mehr, Schriftstellertagungen, Theoretische Konferenzen oder andere prima vista lediglich kulturpolitische Tagungen zu synchronisieren mit den SED-Parteitagen oder den Theoretischen Konferenzen der SED. Wenige Wochen vor dem V. Parteitag der SED, 1958, wurde beispielsweise eine Theoretische Konferenz des Schriftstellerverbandes unter Vorsitz von Alfred Kurella einberufen, der wie er selber erklärte, von der zuständigen Abteilung des ZK angehalten worden war, Autoren in die Industrie zu schicken: Helmut Preißler ging ins Oderbruch, Herbert Nachbar nach Rostock, Kurt Stern nach Henningsdorf und Heiner Müller in die »Schwarze Pumpe«, »wo ihn die Arbeiter davon überzeugten, daß seine ›Korrektur‹ einer Korrektur bedarf.«[93]

Selbst diese Bewegung »Schriftsteller-an-die-Basis« wurde noch expressis verbis als Auseinandersetzung mit den revisionistischen Theorien Georg Lukács' deklariert, auf dessen falsche Theorien und schädliche Behandlung der frühen sozialistischen Literatur jetzt immer wieder hingewiesen wurde. (Otto Gotsche, den Lukács im Verlauf der Bredel- und Ottwalt-Debatte in der »Linkskurve« hohnvoll abgewiesen hatte, war jetzt Sekretär Walter Ulbrichts.)

Dem Fünften Schriftstellerkongreß beispielsweise, der erst fünf Jahre später, im Sommer 1961 stattfand, gingen mehrere von der Partei organisierte Spezialveranstaltungen voraus, darunter als wohl wichtigste die Erste Bitterfelder Konferenz 1959. Diese Konferenz war ursprünglich vom Mitteldeutschen Verlag in Halle (Saale) als Autorenkonferenz zum 24. April 1959 in den Kulturpalast des Elektrochemischen Kombinats in Bitterfeld einberufen und geplant worden, um neue Entwicklungen und einen bestimmten »Tempoverlust« im Gestalten sozialistischer Neuerungen zu diskutieren, wie der damalige Verlagsleiter Heinz Sachs es nannte. Die Diskussionen sollten mit den Mitgliedern der ersten sozialistischen Brigade »Nikolai Mamai« geführt werden, und der Verlag trug durch Otto Gotsche die Bitte an Walter Ulbricht heran, ein Referat zu halten. Ulbricht sagte zu und schlug vor, die Konferenz »zu einer großen Begegnung zwischen Arbeitern, Partei- und Staatsführung, Kulturfunktionären, Künstlern und Schriftstellern zu machen, um die Grundfragen unserer Kulturpolitik zu klären, das heißt um die aus der Klassengesellschaft übernommene Trennung zwischen Kunst und Volk zu überwinden«. Mit seinem ausführlichen Schlußwort zu »Fragen der Entwicklung der sozialistischen Literatur und Kultur« wurde die Bitterfelder Konferenz zu einem bestimmten Punkt der Neuorientierung.

Ulbricht charakterisierte später auf der 17. Sitzung des Staatsrates am 16. Mai 1969 – also wenige Tage vor Eröffnung des Sechsten Deutschen Schriftstellerkongresses – noch einmal, und zweifelsfrei nicht absichtslos, was ihn damals zur Einberufung der Bitterfelder Konferenz bewogen hatte:

»Als wir uns später, zur Zeit des Sieges der sozialistischen Produktionsverhältnisse, die Frage stellten, welche Konsequenzen sich daraus für die Bewußtseinsentwicklung und für die Entwicklung von Literatur und Kunst ergeben, nutzten wir für die Vorbereitungen eine Literaturberatung aus, um auf der Bitterfelder Konferenz die Probleme der sozialisti-

schen Nationalkultur zu erarbeiten. Das war ein kühnes Unterfangen. Wir dachten damals weit voraus. Ich möchte nicht behaupten, daß wir die Mehrheit der Schriftsteller und Künstler für diese neuen Aufgaben schon gewonnen hatten. Es kann also vorkommen, daß man zwar die Klarheit, aber noch nicht die Mehrheit hat. Wir waren keineswegs verwundert, denn das war ganz natürlich. Jetzt standen viele weitergehende Probleme auf der Tagesordnung, die nicht nur das Denken, sondern auch die Lebensweise der Schriftsteller und Künstler tief berührten. In Bitterfeld sagten wir ihnen: Liebe Freunde, wenn ihr die neuen Probleme der sozialistischen Nationalkultur meistern wollt, dann müßt ihr eure Lebensweise ändern, dann müßt ihr in einen engen Kontakt zum Volk treten, dann müßt ihr selbst miterleben, wie das Volk den Sozialismus aufbaut! Nur dann werdet ihr in der Lage sein, diese neuen Probleme literarisch und künstlerisch zu gestalten. – Das war eine sehr hohe Forderung.«[94]
Die Erste Bitterfelder Konferenz (gefolgt dann von der Zweiten Bitterfelder Konferenz 1964) war deutlich auch als Reaktion zu begreifen auf jenen IV. Deutschen Schriftstellerkongreß von 1956; Stephan Hermlin hatte hier immerhin noch vom »Klappern der Gebetsmühlen unserer Publizistik«, Bloch von der »jungfräulichen Zeugung von Zitaten« gesprochen und Anna Seghers die »Leser und Zuhörende verderbende scholastische Schreibart« kritisiert. Ulbricht war auch prompt unzufrieden gewesen und hatte in seinem Schlußwort räsoniert: »Meines Erachtens wäre es notwendig gewesen, auf diesem Kongreß eine Einschätzung der Entwicklung der verschiedenen Zweige der Literatur und der einzelnen Werke zu geben ... Eine solche Beurteilung hätte die einzelnen Schriftsteller gezwungen, über ihr literarisches Schaffen gründlich nachzudenken und hätte ihnen geholfen, die vorhandenen Schwächen zu überwinden. Der neu zu wählende Vorstand sollte prüfen, in welcher Weise das nachgeholt werden kann.«
In erster Linie aber war die Erste Bitterfelder Konferenz

natürlich gedacht als Reaktion auf den XX. Parteitag in Moskau und dessen immer mehr grassierende Auswirkungen innerhalb der Intelligenz, als die Reaktion auf eine Kette von kleineren oder größeren Explosionen, ob nun 1953 in der DDR, 1956 in Polen und Ungarn und mit der Verhaftung Harichs oder der Ablösung wichtiger Ulbricht-Opponenten im SED-Parteiapparat wie Schirdewan, Wollweber, Zaisser, Mercker, Oelßner, Selbmann u. a. wiederum in der DDR.

Das Einschwören der Literatur als Teil eines allumfassenden Produktionsvorganges ist wiederum zu verstehen als Versuch, im Sinne dieser Engführung Literatur und Politik zu synchronisieren: jetzt gilt nicht mehr bloß die Absicht, »Berufsautoren« in die Betriebe zu schicken, sondern entsprechend dem von Werner Bräunig geprägten Slogan »Greif zur Feder, Kumpel«[95] auch, die Laienliteratur aus den Betrieben zu entwickeln.

Dem entsprach nun auch die Form der Vorbereitung des Fünften Deutschen Schriftstellerkongresses. Nicht nur erschienen verschiedene Entschließungen oder halb- bzw. ganz offizielle Reden und Verlautbarungen[96], sondern auch das »Neue Deutschland«, wie alle wesentlichen DDR-Zeitungen, veröffentlichte laufend Aufrufe, Anregungen und Briefe verschiedener Arbeiterdelegationen[97], die immer wieder das Thema »Schreibt so, wie wir sind«, variierten. (»Weshalb gelingt es euch nicht, das Neue im Leben der Baumeister unserer Zeit zu gestalten?«, »Durch vieles Schöne zu neuen Kräften«). Spektakulär auf diesem Kongreß war am ehesten der Auftritt von Günter Grass, der mit dem Satz »Wenn die Freiheit des Wortes in der BRD vielleicht gefährdet ist, so ist sie in der DDR überhaupt nicht vorhanden« zu heftigen Diskussionen provozierte. Anna Seghers' Hauptreferat »Über Tiefe und Breite unserer Literatur« unterschied sich nicht nur im Niveau, sondern auch im Selbstverständnis der Rolle des Schriftstellers wesentlich von allen Beiträgen des vorangegangenen Kongresses im Jahre 1956.

Die weitere Arbeit des Schriftstellerverbandes, der sich ja in der DDR nicht als Berufsorganisation, sondern auch als Forum ideologischer Richtlinien und ästhetischer Konzepte versteht, wurde zielgerichtet auf die politische Programmverkündung der Partei. Mehr und mehr hatte sich die Eigenstaatlichkeit der DDR herausgebildet, nicht nur in zahllosen organisatorisch-administrativen Maßnahmen und Funktionen, sondern auch im Selbstgefühl der Menschen; darüber wird bei einzelnen literarischen Arbeiten noch zu sprechen sein. Im hier skizzierten Zusammenhang bleibt interessant, daß beispielsweise auf der Ersten Jahreskonferenz des Schriftstellerverbandes am 4. November 1965 eine Erklärung abgegeben wurde, die expressis verbis diese Veranstaltung als Vorstufe und Vorbereitung des VII. Parteitages der SED sah.[98] Im Bericht des Zentralkomitees auf dem VII. Parteitag nahm dann auch der Abschnitt »Die sozialistische Entwicklung auf dem Gebiet der Ideologie, Bildung und Kultur« den größten Raum ein.
Der Sechste Deutsche Schriftstellerkongreß im Mai 1969, aufgezogen fast wie ein Staatsakt und mit Grußschreiben von Walter Ulbricht, Willy Stoph und dem sowjetischen Schriftstellerverband eingeläutet, hatte ebenfalls wichtige ideologische Klärungsfunktionen (die u. a. auch in der Neuwahl des Vorstandes zum Ausdruck kamen[99]).
Der Kongreß, der am 30. Mai zu Ende ging, hatte eigentlich am 28./29. April stattgefunden: auf der 10. Tagung des ZK der SED. Das als 70-Seiten-Broschüre erschienene Hauptreferat Kurt Hagers – Mitglied des Politbüros und Sekretär des ZK der SED – über die »Grundfragen des geistigen Lebens im Sozialismus«[100] gab die Parole aus – auf der Grundlage eines sich technologisch-wissenschaftlich, damit natürlich auch ökonomisch und politisch mehr und mehr festigenden sozialistischen Staatsgebildes sah Hager »die gegenwärtige Vorbereitung des VI. Deutschen Schriftstellerkongresses im Zeichen der Klärung ideologischer, philosophischer und ästhetischer Voraussetzung zur Erreichung einer neuen Qualität der

sozialistisch-realistischen Literatur. Sie dient auch dazu, über einige wenig gelungene Werke oder skeptische Züge in der Lyrik offen und kameradschaftlich zu diskutieren ... Zu den Grundideen der geistig-kulturellen Entwicklung gehört das Selbstbewußtsein des Bürgers unseres sozialistischen Staates, der die Rolle der DDR im Klassenkampf zwischen Sozialismus und Imperialismus begreift, seinen Feind, den westdeutschen Imperialismus, genau kennt und von Stolz auf die DDR sowie von dem Bedürfnis durchdrungen ist, schöpferisch seine ganze Kraft für die ökonomische, politische, kulturelle und militärische Stärkung der Arbeiter- und Bauernmacht einzusetzen.«[101]

Die Überprüfung bestimmter ideologischer und künstlerischer Positionen – ob die der »ideologischen Koexistenz«, der »Konvergenztheorie« oder, etwa in der Lyrik, des Subjektivismus und des Skeptizismus – war so deutlich wie die »Überprüfung« ideologischer Positionen des Jahres 1956. Konsequenterweise wurde in sämtlichen Zeitungen und Zeitschriften der DDR Wochen vor dem Schriftstellerkongreß eine künstlerische Diskussion gestartet, die zum Beispiel im »Neuen Deutschland« unter der bezeichnenden Überschrift »Kultur hilft unser Leben meistern« Arbeiter und Betriebsbrigaden Fragen an Autoren und Regisseure stellen ließ. Eine einzige Ausgabe des »Neuen Deutschland«[102] berichtete von einer Beratung des Präsidiums des Kulturbundes zur Auswertung der 10. ZK-Tagung, von einer wissenschaftlichen Konferenz der Parteihochschule, deren Hauptreferat »Wir wollen Kunst fürs ganze Volk« auszugsweise abgedruckt wurde, einer Verlegerkonferenz zur Auswertung der ZK-Tagung und einer Tagung des – nächst Berlin – zweitstärksten Schriftstellerverbandes des Bezirks Dresden mit Lesern aus Rohrkombinaten, Stahlwerken, Chemie- und Reifenwerken.

Ähnlich sahen sämtliche anderen DDR-Zeitungen aus: Vorbereitung der 11. Arbeiterfestspiele in Karl-Marx-Stadt, Antworten von Volksarmeeangehörigen auf die Frage »Zu

welchem Kunsterlebnis regt Sie Ihr Leiter an?« (Antwort: »Was das Kunsterlebnis während meiner eineinhalbjährigen Zugehörigkeit zur Armee betrifft, so hatte ich davon mehr als eines. Ich möchte aber andererseits nicht verschweigen, daß es mich doch bedrückt zu sehen, wie immer noch viele Soldaten einen nicht geringen Teil ihrer Freizeit recht unnütz vergeuden ... Unsere Offiziere sind durchweg tüchtige, hart an sich arbeitende Genossen. Aber ich muß leider sagen, daß ich direkte Anregungen für die Beschäftigung mit einem Kunstwerk von ihnen kaum erhielt ... Kulturpläne sind in unseren Einheiten seit langem eine Selbstverständlichkeit. Aber oft bleibt es beim Aushängen dieser Anleitungen, und ich glaube, daß in der für die Verteidigung unserer Heimat so wichtigen Aufgabe des Offiziers die Kunst und das Gespräch mit den Genossen Soldaten darüber einen noch größeren Raum einnehmen sollte.«)[103]
Auf ein besonders merkwürdiges Ritual haben sich einige Autoren – wie Martin Viertel, Otto Gotsche, Uwe Berger – eingelassen, eine Art nicht-platonischen Dialogs: Betriebsarbeiter stellen, meist simple, Fragen, und die Autoren antworten mit essayähnlichen Artikeln, die sie eigentlich ohne diese gewaltsame Konstruktion der »Verbindung zur Masse« auch genausogut hätten schreiben können; das Publikum als Stichwortgeber – keine sehr schöpferische Rolle des Proletariats. (Gotsche hatte schon in seiner Auseinandersetzung mit Lukács in der »Linkskurve« ebenso operiert und zustimmende Meinungen von Arbeitern als Gegenargument zitiert.) Gelegentlich fallen solche Dialoge allerdings in pimpfenhaft-denunziatorischen Ton, etwa wenn vier Schüler des »Clubrats der Erweiterten Oberschule Ziesar« sich mit einem Brief an den Schriftstellerverband über einen Autor beschweren: »Wir, die 200 Schüler der EOS Ziesar, verfolgen seit einigen Wochen mit Interesse Ihre Diskussion über das Thema ›Kultur hilft unser Leben meistern‹ und halten sie für sehr wertvoll. Die Ausführungen bestimmter Künstler zur Rolle der Kunst und Kultur zeigen uns, daß sie sich ihrer

Aufgabe bewußt sind, die sie bei der Erziehung allseitig entwickelter sozialistischer Persönlichkeiten zu erfüllen haben. Wir haben auf einem Forum am 12. April bei uns im Internat den Schriftsteller Carlos Rasch kennengelernt ... Es kam zum Ausdruck, daß sich Carlos Rasch über die Bedeutung der Literatur für die Entwicklung allseitig gebildeter sozialistischer Persönlichkeiten nicht im klaren ist. Er bestritt, daß Literatur ein Erziehungsmittel ist ... Mit diesen Ansichten können wir Schüler der Erweiterten Oberschule nicht einverstanden sein. Sie widersprechen den jahrelangen Bemühungen unserer Deutschlehrer und unseren daraus gewonnenen Erkenntnissen. Sie sind kein Ausdruck dafür, daß der Staatsratsbeschluß über die Aufgaben der Kultur verstanden wird.«[104]

Diese Vorbildsuche, eine neue Banalvariante der Abbildtheorie, prägt neuerdings das Literaturverständnis in der DDR, prägte also auch die Debatten des Schriftstellerkongresses; daher kam natürlich auch die Kritik an angeblich nicht leitbildfähigen Büchern. Klaus Höpcke beispielsweise, Literaturchef des »Neuen Deutschland«, sagte: »Ganz bewußt wird Leitbildwirkung künstlerischer Figuren angestrebt. Es ist gesetzmäßig notwendig, daß Revolutionäre mit den entsprechenden Charaktereigenschaften, Gedanken und Gefühlen immer stärker zu den Helden unserer Fernsehspiele, Filme und Schauspiele, unserer Romane, Erzählungen und Gedichte werden.«[105]

Und Arno Hochmuth, Leiter der Kulturabteilung beim ZK der SED, betonte diese Vorbildwirkung auf einer vorbereitenden Tagung des FDGB-Bundesvorstandes mit Autoren. Diese geforderte Identifizierungskraft, die hier Literatur und wechselseitig ihrem Konsumenten abverlangt wird, kann natürlich dem spezifisch Literarischen, dem Überhöhen oder auch Auslaugen von Realität nicht gerecht werden, jenen »Hohlräumen«, die Bloch schon in der berühmten Expressionismusdebatte Lukács abverlangt hatte. Die Plastiken beispielsweise, die im Laufe der auch auf Architektur und bildende

Kunst ausgedehnten Diskussionen abgebildet wurden, lassen nicht nur an Segals Gipsmenschen in ihren Telephonzellen oder Badezimmern denken, sondern auch an des deutschen Popmalers Richter treffende Parallelformulierung: »Kapitalistischer Realismus«; denn das Fünkchen Hohn, das über Jackie-, Marylin- oder Liz-Klischeeporträts irrlichtert oder über Campbells unverdaulicher Tomatensuppenbüchse, ist zu dünn, um entscheidende Distanz zu schaffen zur garbenbindenden Bäuerin; der gegenseitige Vorwurf der »Unmenschlichkeit« verbindet eher: Erkenne dich selbst im glatten Abbild. Ein anderer Hohn scheint aus dem parodiereifen Brief der Vertrauensleute-Vollversammlung des VEB Chemiekombinats Bitterfeld an die Delegierten des VI. Deutschen Schriftstellerkongresses zu sprechen – der Hohn, der eine so richtige und wichtige Sache, nämlich das Heranführen von Arbeitern an die Literatur und die Verständigung zwischen Literaturproduzenten und Chemieproduzenten als verordnet und damit gescheitert zeigt; ein Hohn, der in der Sache, nicht in der Absicht des Sprechenden liegt:
»Deshalb bitten wir Sie, liebe Genossen und Freunde, dafür Sorge zu tragen, daß sich auch die heiteren Seiten unseres Lebens in der Literatur widerspiegeln. Am Modell, wenn wir uns dazurechnen dürfen, kann es doch wohl nicht liegen, angesichts der Tatsache, daß bei uns wie überall gelacht wird, komische Situationen und heitere Charaktere ausgekostet werden. In diesem Zusammenhang möchten wir Sie auffordern, Ihre Aufmerksamkeit auch dem Zusammenleben in den Familien zu widmen, weil wir glauben, daß dies eine sinnvolle Ergänzung zur angestrebten Sicht des Planers und Leiters sein könnte, und weil wir wissen, daß alle Entscheidungen im Betrieb Auswirkungen auf die Familie haben.«[106]
Die Partei-utilitas als Initiation, als akzeptiertes Bewegungsgesetz der Literatur: das ist eines der Charakteristika der »anderen deutschen Literatur[107]«. Der großartige Versuch, aus dem Ghetto einer privilegierten Bildungsschicht auszubrechen, endete vorläufig in einem doppelten Mißverständnis

– das echte Gespräch mit den Lesern wurde zu einem künstlichen, ferngesteuerten Leserbrief-Dialog »entspannt«; und der artistische Standard in einem Land, in dem Bildungsprivilegien und Eigentum an Produktionsmitteln zwar abgeschafft, Namen wie Lautréamont, Genet oder auch nur Musil aber Geheimtips sind – der artistische Standard wird zur verdächtigten Kategorie. Zögernd, und keineswegs umjubelt, entsteht, worauf es zu warten und zu hoffen galt, eine Literatur, die den proklamierten »Parteiauftrag« ablöst im selbstgestellten politischen Auftrag, die Traum und Hoffnung und Trauer und einsamen Schmerz einlöst: eine sozialistische deutsche Literatur.

Lyrik

Auf der Suche nach Deutschland[1]

Johannes R. Becher

Bereits Bechers erste Veröffentlichung, die 1911 erschienene Kleist-Hymne »Der Ringende«, stellt sich bewußt in eine deutsch-literarische wie historische Tradition; seine zweite Publikation, die »Rede über Richard Dehmel« (1912), war Auseinandersetzung mit dem berühmtesten Lyriker seiner Zeit (der dem 21jährigen übrigens in einem Brief von 13. 3. 1910 abgeraten hatte, »das Gewicht seiner Stimme in der öffentlichen Meinung auf die Probe zu stellen, denn er sei weder im Leben noch in der Kunst erfahren genug«[2]). Ob in seinem ekstatischen ersten Romanversuch mit dem bezeichnenden Titel »Erde« (1912) oder dem großen Zyklus »De Profundis Domine« von 1913, eine Prosa- und Versdichtung voll Naturtrunkenheit und romantischer Religiosität — der sein ganzes Leben bestimmende Verdammungs- und Erlösungsgedanke, der Dualismus von Glück und Schuld findet hier seinen ersten Ausdruck; aber auch erste revolutionäre Hoffnungen zeigt dieses klassisch-expressionistische Werk:

»Wir ringen. Wir ringen.
Doch wir wissen: wir werden die dunklen Gewalten
Einst noch bezwingen
Und unsere Kämpfe werden uns nicht dumpf behalten,
Sie werden nur unsere Kräfte entfalten
Und uns beschwingen
Und uns den Triumph bringen
. . . . .
Wo wir den Wert der Dinge erforschen
Das Alte vergessen,
Das Neue ermessen,
Fanatisch den alten hergebrachten Rechten
Entgegenwirken und aus den morschen,
Zerfallenen Reichen neue Reiche aufrichten

Und die Grenzen der neuen mit Ekstase verfechten.
Und was wir dabei entheiligen,
was zerstörerische Glut zerreißt,
Wird sich einst wunderbar an jedem Aufstieg beteiligen,
So, daß sich am Ende doch alles als gut erweist! . . .«[3]

Und tatsächlich, wenn auch exklusiv in nur 500 gedruckten Exemplaren, taucht hier erstmals in der expressionistischen Dichtung nicht nur der Gesang von Subkultur, von Lumpenproletariat, Kneipe und Bordell auf, sondern auch vom organisierten Proletariat:

»Horche begeistert, wie sich erleuchteten Saals eine neue Meinung durchsetzt in stürmischer Diskussion.
Volk. Fahnen. Ernst. Eiserne Fäuste.
Rußig. Ruhig. Mann, Weib und Kind.
Geruch der Fäulnis steigt auf aus den blutverschweißten Hemden, doch die, wie ich glaube, einst leuchtend gleich purpurenen Rosen sind.«[4]

Bereits hier, zu frühester Stunde, melden sich Hoffnungen und Reflexionen des späteren sozialistischen Dichters. Der in einem seiner späten Sonette mit dem Blick auf Goethe formulierte Wunsch, „Als namenloses Lied durchs Volk zu gehen«[5], findet sich schon in den Zeilen:

»Ich bin ein Namenrufer über weites Land
selbst namenlos. Und Namenlose sind es,
die ich rufe.«

Und die Metapher vom purpur-leuchtenden Hemd erscheint knapp vierzig Jahre später im abschließenden Band seiner »Bemühungen«, wenn er Walter Bauers Gedicht aus dem Band »Stimme aus dem Leuna-Werk«, »Arbeiter zieht ein reines Hemd an«, zitiert und kommentiert[6]. Schon im Herbst 1916, Lenin war noch im Exil, an Revolution nicht zu denken, veröffentlicht Becher einen Aufruf »An die Soldaten der sozialistischen Armee«[7], der mit einer Art Prophetie endet:

»Soldaten der sozialistischen Armee!
Der Sieg ist schon im voraus euer.«

Das war zwar weit über Werfels oder Tollers Pazifismus hinausgedacht, aber die sieben Druckseiten, gerichtet an »Studenten, Arbeiter, Mädchen und Mütter, Kaufmann, Ingenieur – an die Menschheit von Pol zu Pol«, verrieten natürlich eher gequältes Temperament, Chaos und lyrisches Labyrinth als die Kenntnis von Klassenzusammenhängen; trotzdem, schon im selben Jahr endet ein Gedicht:

». . . Auf Wiedersehen,
Brüder! Auf die Barrikaden!«[8]

Und konsequenterweise ist Johannes R. Becher der erste Autor von Rang, der 1917 die Revolution mit dem Satz »Im Osten wächst das Licht«[9] begrüßt, nicht nur emphatisch begeistert, sondern auch ihre politische Bedeutung klar erkennend:

»Ihr werdet hart sein. Und sehr unerbittlich.
Und nicht vergessen. Wahret euer Recht.
Wälzt um! Befreit! Und dann erst: wahrhaft friedlich
Erhöbe sich ein göttliches Geschlecht.
. . .
Das heilige Reich. Das Paradies. Die freie
Erhobenheit an Gottes einzig Herz.
Vermächtnis Tolstois. Unsere Heere feiern.
Zu End gebettet unser Höllenschmerz.
. . .
O ewiger Ruhm der Unbeirrten!
Wie blitzt aus trübsten Gevierten,
Wie aus Fabrik, Asyl jetzt Früh.
Der Engel steht auf Barrikaden.
Aus dem Tumult der Kanonaden
Schwingt ewigen Friedens Melodie.«

Interessant ist, die nun beginnende politische Entwicklung, eine Art Bewußtwerdungsvorgang, das Filtern von Gefühl und Emphase durch Reflexion in Bechers Dichtung zu beobachten. Bisher vage Begriffe, ob Glaube, Liebe, Menschlichkeit, heilig, Paradies, Hölle, Opfer oder Heimat, werden neu gefaßt – neu durchdacht –, während für lange Zeit Stilmittel des Expressionismus, Ausruf und Doppelpunkt, Frage, Anklage, betonte Apposition und Wortwiederholungen, die Aktivierung der Metapher als Realität beibehalten werden. Elemente dieser Art finden sich Jahrzehnte später etwa im »Planetarischen Manifest«, ja sogar in der DDR-Nationalhymne, in der »die Sonne schön wie nie über Deutschland scheint«. Hier sind drei Spezifika von Bechers lyrischer Schreibweise zu fixieren, seinem Weltverständnis und seinem Versuch, Welt im Wort zu bannen: das Irrationalisieren der Vernunft-Welt, Anruf und Dialog, religiöse Sondersprache. Es gilt, diesen drei Elementen etwas nachzugehen.

Daß der Mond atmet, die Sonne läutet, der Schnee träumt, Gebirge auf Wanderschaft sind und Kommoden oder Stühle tönen — das eben ist die Folge des Expressionismus. Typische Aktivierung der Dinge, das Verwillentlichen, eine sonderbare Aufhebung des Dualismus von Geist und Materie, Ich und Gesellschaft; Theorie und Praxis werden gleichsam in der lyrischen Metapher zur Synthese gebracht. Wie sehr Becher formale Lösungen als Antwort auf politische Fragen sah, zeigt eine Korrespondenz zwischen der »Frankfurter Zeitung« und Johannes R. Becher.

»Sehr geehrter Herr Johannes R. Becher!

Im letzten Vierteljahrsheft der von H. M. Elster herausgegebenen Zeitschrift Die neue Dichtung (Verlag Habbel und Naumann, Regensburg und Leipzig) finden wir Deutsche Hymnen aus Ihrer dichterischen Werkstatt. Dabei fiel uns wieder einmal eine bei Ihnen und auch anderen oft beobachtete formale Erscheinung auf, für deren Entstehung wir nicht leicht eine kunstästhetische Erklärung finden. Zur Anknüpfung bedürfen wir des Zitats etwa folgender Verse:

Gliederwerfend: ich schüttle mich
Hin: flattert an, ihr
Flammen-Böen: ich verbrenne in
Gott. — Ach, daß ich dürstete nach
Nichtigkeit und mein wurmstichiges
Haupt ich mir überhängte goldsprühend
Mit einer papierenen Krone! . . .

. . . O daß Wasser meine
Seele wär und du dem Meere gleich, in
Das ich mich ergösse, oder Hauch du, in
Den ich mich enthauche! . . .
. . . o daß ich vordem nicht
Sinke, ihr Sinne weist mir ein Gleichnis –
Klippe an Klippe, felsengleiche Körper, gräberüber –
Schwebend, anwandeln, uralte
Gestalten, geordnet wie Heerscharen, hell –
Jauchzend die Ahnen, in Reihen. Singe,
Seele singe! Singe! O entschwinge
Dich in den Einklang! –

Wenn man sich nun als williger Leser bemüht, Ihre Verse so zu lesen, wie es die Druckanordnung Ihrer Zeilen vorschreibt, so wird der innere, von Sinn- und Satzfügung diktierte Rhythmus völlig auseinandergezerrt. Da nun aber der Zeilenschluß im allgemeinen dem Auge einen Ruhepunkt oder jedenfalls einen rhythmischen Halt gebieten, wird der normale Rhythmus Ihrer Satzgebäude ganz offensichtlich gesprengt. Sie scheinen nämlich mit Vorbedacht die Zeile nicht als Abschluß rhythmischer oder gedanklicher Zusammenhänge abzubrechen, sondern mit der Regelmäßigkeit eines Prinzips mitten in der Spannung des Satzkörpers. Sie trennen Vor- und Beiwörter vom Hauptwort; Sie reißen sogar einzelne Wörter auseinander. Aber nicht etwa, um den Fluß des Ganzen durch Überbindung der einen Zeile mit der anderen zur unendlichen Melodie zu machen; denn das Innere Ihrer Zeilen ist ja durch alle Satzzeichen der rhythmischen und gedanklichen Verzögerung gebrochen: durch Komma, Ausrufungszeichen, Doppelpunkt und Punkt. Ja, Sie setzen an einer rhythmischen Pause des Gedichtes (4. Zeile) die behäbigste Interpunktion des Schriftstellers: den Gedankenstrich — anstatt an dieser Ruhestelle einfach die Zeile endigen zu lassen. So unbefangen Sie mit orthographischen Zeichen das Zeilen-Innere zerteilen, so befangen scheinen Sie uns in Ihrer Absicht, das Zeilenende unter keinen Umständen mit dem Abschluß eines Gedankens oder einer Satzarchitektur zusammenfallen zu lassen (wie Sie es etwa am Schlusse Ihrer Hauptabschnitte doch auch selbst für nötig halten) . . .«

Becher antwortete u. a.:

. . .

»Bei allen Dichtern, denen die Sprache Element ist und die in einer handfesten Wirklichkeit und nicht gerade auf einem metaphysischen Monde leben, konnte man in den letzten Jahren dies bemerken: alogische Bomben unterminieren den traditionellen akademischen Satzbau, die bürgerliche Spracharchitektur: Rhythmik, Melodik, Metaphorik schwankt; die Sprache selbst produziert, unabhängig von ihrem Schöpfer, scheinbar unlösbare, eigengesetzlich gegeneinander sich bewegende, anarchische, gegenseitig explosivartig sich pressende Verknotungen. Das Gedicht wird über-dichtet. Überall heroisch-rabiate, krampfhafte Versuche, den längst schon geborstenen Sprachmotor wieder in Schwung zu bringen. Das formale Bewußtsein überholt das materiale. Eine antimonienhafte Auftrennung von Form und Inhalt. Und darin beruht die Problematik aller nur formal-revolutionären Künstler. Sie bleiben trotz allem Abenteurer, Abenteurer in einem Vakuum.

Gemäß der soziologischen Struktur dieser Zeit ist die Kunst dieser Zeit eine Kunst der Übergangszeit. Daraus ergibt sich ihre Funktion, ihre Verschiedenartigkeit von den Künsten anderer Kulturepochen; die ihr gesetzte notwendige Begrenzung. Denn der Funktionswechsel der künstlerischen Tätigkeit kann nicht bestritten werden, und die Aufgabe der Kunst dieser Zeit kann nur die sein: die rücksichtsloseste Entlarvung und Destruktion aller bürgerlichen Denk- und Seinsformen, die analytische Gestaltung des ›Arrangements‹ der bürgerlichen Ideologien (Religion, Pazifismus, Humanität, Vaterland usw.), die motorische, ›künstlich-anorganische‹ sprunghafte Beschleunigung des Auflösungsprozesses der heutigen Gesellschaft (Künstler, Politiker: beide arbeiten mit Verkürzungen), die Aufzeigung des Ausweges aus diesem ›Tal der Verwe-

sung‹; Manifeste, Kampfschriften, im intensivsten Zusammenhang mit der aktuellen politischen Bewegung; das Fixieren der Ansatzpunkte des Neuen, soweit es bereits vorhanden ist.
Wiederum: vom Einzelnen aus ist diese Kritik usw. unmöglich. Sie ist nur möglich vom Standpunkt der Klasse aus. Die Organisationsform der Kritik an dem bürgerlichen Weltbild, die Organisationsform alles Neuen und Zukünftigen aber repräsentiert die Kommunistische Partei . . .«[10]
Das zweite Element, das durchgehend im gesamten Werk Bechers zu beobachten ist, zeigt sich im Versuch, Dualismen künstlerisch zu »entspannen«: ob das Verhältnis Kollektiv-Individuum, Geist-Macht, Volk-Staat, Ober- und Unterklasse, Exilierter und Heimat – Bechers Form der Auseinandersetzung ist immer der Dialog. Dichter, so will es bei genauer Betrachtung scheinen, verbinden und verbünden sich immer dann »mit dem Volke«, wenn sie am weitesten von ihm entfernt sind. Vom Hainbund bis zum Sing-out, vom Musen-Almanach über den Dada-Almanach bis zu den Almanachen der Gruppe 47, 61 und 63: Wann immer in der Geschichte der Literatur der Dichter sein Publikum in direktem Kontakt suchte, hieß das: Vertrauenskrise zwischen Autor und Leser.
Noch Majakowskis tragisches Abschiedsgedicht heißt »An alle« – wie Lenins berühmtes Telegramm, mit dem er die Revolution verkündete. Gerade Majakowski ist in allem ein Exempel für die gigantische Anstrengung eines Dichters, sich mit einem Publikum in Beziehung zu setzen, das wegweicht, das er seinen Wortkaskaden aussetzt, weil es für ihn anonym bleibt, das er nicht erreicht. Man weiß, daß Majakowski in den letzten Jahren seines Lebens, in denen er immer mehr ver»einzelte«, in denen die politischen Kämpfe vor allem zwischen der LEF und der RAPP-Gruppe, die bis zum Boykott seiner Jubiläumsausstellung und dem Versuch, seine Arbeiten zu unterdrücken, führte – daß er in diesen letzten Jahren doppelt so viele Lesungen hielt. Außer den

zahlreichen Auslandstourneen allein 200 in den letzten vier Jahren in der Sowjetunion. Aber auch über die Wirkung des gelesenen Majakowski-Verses hieß es 1925 im »Querschnitt«:[11] »Wenn man dies gelesen hat, bleibt der Eindruck der Massenversammlung ...« Tatsächlich gibt es bei Majakowski kaum einen lyrischen Innenraum, sein Bezugssystem ist das Außen, nicht das Innen; die Verständigung prägt alle Wortbewegungen, die Lehre, die Predigt – das Ringen um ein Publikum: »Hören Sie zu!« – »Tja, könnten Sie« – »Tagesbefehl Nr. 2 an die Kunstarmee« – »An S. Jessenin« – »An A. M. Gorki« – »An die proletarischen Dichter« – »An Tatjana Jakowlowna «– »Gespräch mit dem Genossen Lenin« heißen seine Gedichte. Und wenn eines heißt »Ich bin glücklich«, dann beginnt es so:

»Heut bin ich
vor Glück verrückt,
liebe Leute.«

Die Beziehung dieses Dichters zu seinen Menschen ist eine gewünschte, gesuchte – keine vorhandene. Es ist Ansprache, nicht Zwiesprache. Wenn ein Dichter sich kein Ich erlaubt, geht sein Ich unter. Die Gefährdung, vor der er Volk, Masse, Genossen bewahren will, schlägt auf ihn zurück; der Fall Jewtuschenko zeigt es, der so im Gegensatz steht etwa zu den beharrlichen lyrischen Selbstaussagen Wosnessenskis. Die Verbalformen tut, geht, denkt; die Anrufeformen Ihr, Du, Sie – das alles, auch und nun wieder bei Jewtuschenko, klingt wie Beschwörungsformeln, wie Notsignale.

Ein Ritus der Verbundenheit, der Gemeinsamkeit soll installiert werden überall da und immer dann, wenn von einem Kommunikationsschwund gesprochen werden muß zwischen dem Schriftsteller und seiner Nation. Mit nahezu religiöser Verbissenheit und Vehemenz kämpften auf Straße, Platz und Campus um dieses nicht vorhandene Vertrauen ihres Volkes die literarischen Repräsentanten eines besonders morosen Staatengebildes: die amerikanischen Dichter der fünfziger und sechziger Jahre. Amerika ließ seine großen Interpreten immer untergehen in Trunksucht und Wahnsinn und Selbstmord; man denke an Faulkner, O'Neill und Hemingway. Und mit der klagenden Stimme eines – trotz allem – Seligsprechenden, im beschwörenden Ton des Gebets versuchte Allen Ginsberg in den »Footnotes«[12] zu seinem berühmten Gedicht »Howl« eine neue Kommunikation zu erbitten; wer ihn dies kurze Gedicht je sprechen hörte, weiß: ein Ausgestoßener begehrt Einlaß. Und mit den beschriebenen Aufforderungsformeln der Bitte beginnen viele seiner frühen Gedichte:

»Amerika ich gab dir alles und jetzt bin ich nichts.«[13]

In Deutschland haben sich einige spezifische Hohl- und Vexierformen herausgebildet, die Gesellschaft zu umarmen beziehungsweise zu einer Umarmung aufzurufen. Nicht gedacht ist hier an Günter Grass' politische Reden, sie sollen nicht zu etwas gemacht werden, was sie bewußt nicht sind – Protestliteratur. Ihre Titel aber deuten bereits an, was gemeint wird: ob »Des Kaisers neue Kleider«, »Was ist des Deutschen Vaterland« oder »Ich klage an« – es sind Verwendungs- also Verführungsformen, die sich des Bekannten bedienen, um einer Menge Herr zu werden. Märchen, Lesebuchgedicht, UFA-Film – die umgewendeten Titel sollen den Hörer umwenden zum Gläubiger. Dieser neue Tritt beim Zugehen auf die Leser oder Wähler oder Ex-Kapos oder Rechts-Extremisten ist noch deutlicher erkennbar bei einem deutschen Autor, der gerade auf Versammlungen und Märkten besondere Erfolge erzielt: Peter Rühmkorf mit seiner parodistischen Schlupfpoesie. Das Aushöhlen und Auffüllen einer vorgegebenen Form ist Variante des Scheindialogs mit der Tradition und neuer Versuch, in Beziehung zu setzen, was keine Beziehung zueinander hat: Schriftsteller und Volk.

Johannes R. Becher hat oft und zu verschiedenster Gelegenheit wiederholt, wie sehr für ihn die Wirklichkeit der Veränderung, des Anderswerdens – also der Entwicklung – identisch ist mit der Möglichkeit zum Gespräch. Das ist konsequenterweise auch integrierter Bestandteil aller seiner Erörterungen

formaler Probleme. Das »Tagebuch« beispielsweise ist für ihn Fortsetzung des Romans »Abschied« mit anderen Mitteln[14], wobei sich Becher wiederum erinnert, fünf Jahre gebraucht zu haben zum Schreiben des Romans »Abschied«, weil er ihn ursprünglich in aufeinander antwortenden Gedichtzyklen konzipieren wollte – das Gedicht sieht er eher als dialogtragende Kunstform.[15] Auch sein nie erschienener Roman »Um Dagny heulen die Gespenster«, der ursprünglich in der »Aktion« in Fortsetzungen erscheinen sollte, war in der Grundstruktur dialogisch angelegt.[16] Mehr noch: das »Tagebuch« – das beim Notieren der Eintragungen stets als Kunstform reflektiert wird – wird natürlich wesentlich als Gespräch mit sich selbst begriffen; der vorhin im Exkurs angedeutete Vorgang, daß dieses »sich-in-Beziehung-setzen« eigentlich artifiziell sei, letztlich eher Einsamkeit verriete, wird hier auf exemplarische Weise deutlich: der Dialog entpuppt sich als künstlich aufgesplissener Monolog. Hier setzt sich einer ausschließlich mit sich selbst in Beziehung – vom kunstvollen Beginn, der an die Sylvesternacht des Romans »Abschied« erinnert, über die bewußte Wahl der Jahrhundertmitte (»Schritt der Jahrhundertmitte« hieß dann auch ein bald folgender Gedichtband[17]; erschienen ist das Tagebuch zu Bechers 60. Geburtstag), über die Reflexion der eigenen Krise[18] bis hin zum Diktum »Ich habe verlernt, mich ernsthaft um Menschen zu bemühen, um Menschen zu kämpfen – so bequem, so träg bin ich inzwischen geworden.«[19]
In einer großen Kritik setzte sich im September 1951 in der Zeitschrift »Aufbau« Hans Mayer mit diesem Versagen auseinander:
»Wesentliche Bereiche unseres Lebens kommen zu kurz, sind entweder nur mit wenigen Hinweisen abgetan oder gar nicht erst gestaltet ... Muß man nicht im Angesicht dieses Jahresablaufs von Johannes R. Becher fragen, ob Becher in diesem geschilderten Lebenslauf genügend Möglichkeiten hat, an Menschen und Mitmenschen zu erleben? ... Wo ein wirkliches Gespräch entsteht, etwa zwischen Becher und einem jun-

gen Aktivisten, gelingt dem Künstler sogleich eine auch innerliche und inhaltlich erfüllte lebensvolle Darstellung. Aber recht häufig wird auch die Wirklichkeit in der Deutschen Demokratischen Republik nur ›von außen‹, um nicht zu sagen: ›von oben‹ gesehen ... In der vorliegenden Fassung des Tagebuchs überwiegen ganz deutlich die Elemente der Betrachtung. Die Darstellungen von Wirklichkeit bleiben dahinter zurück.«[20]
Und bezeichnenderweise antwortete Becher auf die kritischen Einwände in der Fortsetzung des »Tagebuchs«, in einer Eintragung aus dem Dezember:
»Mayer hat recht, wenn er mir den Vorwurf des Stilisierens nicht erspart und mir beweist, daß ich jedes Werk ›säkularisiere‹ und als Abschluß oder Beginn einer ›Periode‹ zu steigern geneigt bin. Also die Begegnungen, die plastischen Beziehungen zu Menschen fehlen. Was heißt das? Heißt das, daß ich so abseits des Menschlichen gelebt habe, daß mir nicht bemerkenswerte Menschen (aber welcher Mensch wäre nicht bemerkenswert?) begegnet sind oder hat in mir selber eine Rückbildung (oder Verhärtung) des Menschlichen stattgefunden, so daß die menschlichen Begegnungen ohne tiefere Folge, ohne poetische Folgerung geblieben sind? Dürfen wir das annehmen? Wir wollen uns selber bei dieser Frage ohne Wimpernzucken in die Augen blicken ...
Also darüber müssen wir uns Rechenschaft ablegen, und die Frage wird nicht von heute auf morgen beantwortet, sondern beantwortet sich bei einem Dichter in der Fortsetzung seiner Arbeit, in diesem steten Sich-selber-Ergänzen und Verdeutlichen, wodurch meist erst am Ende eine einigermaßen befriedigende und zulängliche Deutung möglich ist, da man gerade bei widerspruchsvollen Dichtern, zu welchen ich mich zähle, manche Sätze (den Lebenssatz) von rückwärts lesen muß, um Anfang, Mitte und Ende richtig zu verstehen.«[21]
Dieser Weltlosigkeit des Tagebuchs steht eine besondere Form von Künstlichkeit in der Beziehung zur Realität gegenüber – die Realität der Kunst: Becher »antwortet« auf literarische

oder bildnerische Tradition. Er versteht sich präzise als Klassizist; Goethe, Mörike, Rilke spielen in allen Reflexionen eine besondere Rolle. An diesen Stellen erinnert das Tagebuch (bewußt?) an den Künstlerroman des 19. Jahrhunderts, und vom »Wilhelm Meister« bis zum »Maler Nolten« und zum »Grünen Heinrich« kommen sie auch alle vor, gleichsam eine doppelte Brechung. Vor allem die Lockungen und Gefahren der Idylle sind von großer Wirkung auf Johannes R. Becher (der – wie Brecht, Döblin und Benn ursprünglich Mediziner – sein Leben lang Morphium nahm und seine dichterischen Arbeiten zumeist »ankernd am Rande der großen Flut«[22] entwarf):
»In einer anderen Zeit wäre aus mir vielleicht eine Art Mörike geworden, schlechtestenfalls ein Martin Greif. Aber ich hatte die Dichtung zu verteidigen und mußte zu ihrem Schutz notwendigerweise aus der Idylle hervortreten – und so bin ich der geworden, der ich bin.«[23] Gleichzeitig aber wehrt Becher sich in einem fingierten Gespräch zwischen einem Literaturliebhaber und Paul Heyse gegen die Gefahren, die in einer bestimmten »Verteidigung der Dichtung« liegen, gegen die allzu militante Bedrohung der Idylle:
»Heyse: Wen wollen Sie in Ihrer Vorlesung als den eigentlichen älteren deutschen Lyriker behandeln?
Dr. K.: Mörike.
Heyse: So, so! Kennen Sie sein Gedicht ›Um Mitternacht?‹
Dr. K.: Ich kenne dies Gedicht auswendig, denn es ist ganz rein im Ton und gehört zu seinen eigentümlichsten.
Heyse: Um so besser. Aber lassen Sie uns einmal sehen, ob Ihre Kritik stichhaltig ist. – Und nun begann er langsam zu lesen: ›Gelassen stieg die Nacht ans Land.‹ Hier drängt sich mir die Frage auf: Wieso? Woher kommt sie denn? Ich halte das keineswegs für gleichgültig. Der Dichter bleibt uns eine klare Vorstellung schuldig. Aber weiter: ›Lehnt träumend an der Berge Wand.‹ Das ist nicht richtig beobachtet. Denn wenn die Nacht kommt, wird das zuerst unten im Tal bemerkbar, später erst weiter oben und zuallerletzt an der Wand des

Berges. Dahin also kommt die Nacht nicht gleich. Sie sehen, es fehlt Mörike die Naturanschauung. Deutlicher wird das noch in den folgenden Zeilen: ›Ihr Auge sieht die goldene Waage nun der Zeit in gleichen Schalen stille ruhn.‹ Was heißt denn das überhaupt? Wieder wissen wir es nicht.
Dr. K.: Ich halte die beiden Zeilen für eine besonders glückliche Bezeichnung des Wesens der Dämmerung, für das Verhalten zwischen Licht und Finsternis.
Heyse: Nein, es ist sechs oder sieben Uhr, je nachdem, die Zeit des Sonnenuntergangs, und dafür besagt es zu wenig. Übrigens, daß wir zwei Fachleute über diese Frage streiten können, ist schon bezeichnend genug für die ungenaue Fassung. Solche Abweichungen dürften bei einem richtigen Gedichte nicht vorkommen. Aber hören Sie weiter: ›Und kecker rauschen die Quellen hervor.‹ Das ist gar nicht wahr. Ich habe oft feststellen können, daß Quellen im Dunkeln noch leiser rauschen als bei Licht. Mörike verallgemeinert da ganz willkürlich eine Beobachtung.
Dr. K.: Darf ich erinnern an die Stelle von Mörikes Gedicht ›Gesang zu zweien in der Nacht‹, wo es ganz ähnlich heißt: ›Da noch der freche Tag verstummt, hört man der Erdenkräfte flüsterndes Gedränge‹? Auch hier haben Sie bei Nacht das Deutlichwerden eines heimlichen Tones.
Heyse: Er kann sich aber auch zweimal irren. Aber nun hören Sie den größten Irrtum Mörikes. Der Schluß der ersten Strophe heißt: ›Sie singen der Mutter, der Nacht, ins Ohr vom Tage, vom heute gewesenen Tage.‹ Stellen Sie sich vor, daß das Wasser jetzt aus der Erde tritt. Wie kann es dann singen vom Tage, von dem, was geschah, noch ehe es selbst da war?«[24] Diese Verteidigung Mörikes ist Selbstverteidigung, der fiktive Dialog also Auseinandersetzung mit sich selber, mit der eigenen Fähigkeit, die große, ausbalancierte Dichtung zu schaffen – und mit der Bedrohung durch die Idylle.
Becher ist die große, ruhende Ausgeglichenheit kaum je gelungen. Der von ihm so bewunderte Grabspruch Rilkes
»Rose, o reiner Widerspruch, Lust,

niemandes Schlaf zu sein
unter soviel
Lidern«

ist trotz vielfacher Bemühung nie eingeholt worden. Becher kennt natürlich die Sonette an Orpheus, also auch das fünfte, das mit dieser Grabinschrift korrespondiert. Er selber hat versucht, in Sonetten – etwa dem »Rhônetal«[25] – wie auch in Prosaversionen sich dieser von ferne geliebten Tradition zu verbinden. Stephan Hermlin berichtet in einer Erinnerung[26] vom gemeinsamen Besuch an Rilkes Grab in Raron und deutet, wohl fälschlich, Bechers Blaßwerden als ein politisch-resignatives Verstummen angesichts der heiteren Rhône-Landschaft. Tatsächlich, wenn Bechers Tagebuch nicht trügt, hat hier die endgültige Reduzierung des Dialogs – nicht mehr nur zum Monolog, sondern zum Verstummen stattgefunden. Möglich, daß gerade diese Begleitung Becher auch vis-à-vis Rilkes Grab bedrückte – erst kurz zuvor hatte Hermlin eine kritische Rundfunkäußerung aus dem Jahre 1946 über Becher in einem Bändchen in Ostberlin erscheinen lassen:

»Tragisch ist der Fall eines der bedeutendsten Lyriker des heutigen Deutschland, der Fall des Johannes R. Becher. Sein letzter Gedichtband (›Heimkehr‹, Aufbau Verlag) beweist neuerlich, daß Becher in seiner von sehr ernsten politisch-ästhetischen Motiven bestimmten Erneuerung, die er seit etwa fünfzehn Jahren unternommen hat, über jedes mit seiner hohen dichterischen Begabung verträgliche Ziel hinausgeschossen ist. Dieser Fall ist sehr kompliziert und erfordert eine gründliche Auseinandersetzung. Es liegt aber unleugbar der Beweis vor, daß die Bemühung um einen neuen Realismus hier die Substanz und Eigengesetzlichkeit des Lyrischen zerstört hat: Becher ist in neo-klassizistischer Glätte und konventioneller Verseschmiederei gelandet. Er hat eine politisch richtig gestellte Aufgabe mit dichterischen Mitteln falsch gelöst.«[27]

Es ist die einzige Kritik, die Becher im Tagebuch aufgreift – und akzeptiert. Unter dem Datum des 30. Januar zitiert er Hermlin ausführlich und schreibt dazu:

»Den Kunstgewerblern, den preziösen Konfektionären, den literarischen Schaufensterdekorateuren insbesondere, war ich schon immer ein Greuel, und umgekehrt, aber dieser ›unleugbare Beweis‹, von keinem aus diesem Gewerbe geliefert, hat mir immerhin zu denken gegeben, und ich habe ihn bis heute nicht verschmerzt. (Denn er enthält irgendwo irgendwie etwas Richtiges.)«[28]

Und am nächsten Tag noch einmal:

»Die ›Verdünnung‹ der Poesie als Reaktion auf die ›Überverdichtung‹, siehe: das Gegenteil eines Fehlers usw. – und damit also hat mein Kritiker recht gehabt. Bleibt nur die Frage: kommt man aus der ›Überverdichtung‹ anders heraus als *zunächst* usw.«[29]

Bechers Gedichte sind also nicht monomane Emanationen eines Gemüts, sondern Versuche, sich ins Gespräch zu begeben, gelegentlich – vor allem nach den Jahren der Emigration – in fast religiösem Anruf:

»Aus der Tiefe rufe ich nach dir,
der du bist ein Mensch, erhöre mich!«[30]

Eine der schmerzlichsten Erfahrungen der Emigration war für ihn, aus diesem ihm lebensnotwendigen Dialog gefallen zu sein; zahllose Gedichte, etwa aus dem 1948 erschienenen Band »Volk im Dunkel wandelnd«, zeigen das, auch das oberflächlich betrachtet fast sakral anmutende, tatsächlich aber bewußt katholische Volkssprache benutzende Vokabular: Gebet und Kreuz, geweiht und Gericht, ewig und heilig findet sich in dieser zweifelnden Befragung, ob »sein Volk« sich wohl wandeln mag:

». . . Und es ist keiner von uns, keiner, auch du nicht noch ich,
Der uns die Fackel hochhält über dem Abgrund von Nichts!
Wann, ein sich wandelndes Volk, hörst du den Ruf des Gerichts?«[31]

Dieser Band »Volk im Dunkel wandelnd« ist wesentlich unterschieden dem vorangegangenen »Heimkehr«: In diesem – von Hermlin gemeinten – Gedichtbuch überwiegen Töne der Erlösung, Befreiung. Die Gedichte heißen: Anruf, Mein

Leben, Glück, Ein Frühling, Laßt uns bauen, Trostlied, Lobgesang, Des Rühmens voll, Es war ein Leuchten in der Welt oder Schöpfung. Nun, 1948, läßt sich allein aus den Gedicht-Titeln Ernüchterung, gar Resignation oder Verzweiflung ablesen: Erstarrung, Angst, Tränenblind, Melancholie, Unendliches Weinen, Graues Schweigen, Abschied, Absage, Der schwere Weg – sogar das »De Profundis« aus dem Jahre 1913 kehrt wieder. Was ist geschehen? Ein Brief aus der ersten Nachkriegszeit an Hans Carossa gibt einige Auskunft:

»... die zwölf Jahre, die ich außerhalb Deutschlands leben mußte, waren für mich die härtesten Prüfungen meines Lebens; ich möchte beinahe sagen: es war das Fegefeuer, wenn nicht die Hölle ... Es war eben das, was ich bisher nicht gewußt hatte, daß ich solch ein ganzer Deutscher war, auch mit seinen negativen Eigenschaften, daß ich mich nirgendwo anpassen konnte, und eigentlich nur zwölf Jahre lang gewartet habe, um wieder heimkehren zu können. Deutsch zu sein, war mir, ohne daß ich es wußte, als ich noch in Deutschland war, so etwas Selbstverständliches, daß ich überhaupt erst im Verlust dieses Selbstverständliche als meine eigentliche Daseinsmöglichkeit aufs schmerzlichste entbehrte.«[32]

Becher war, im Sinne einer selbstgewählten Lebensüberschrift, sein Leben lang auf der Suche nach Deutschland – war ein Dichter, für den das Wort Heimat höchsten Rang hatte. Erika Mann erinnerte sich bei seinem Tode an diese fast fanatische Heimatliebe: »Es ließ sich doch wenigstens streiten mit ihm – und wie viel haben wir gestritten! Nicht nur in Dingen seiner Kirche und deren Dogmen – auch sonst. Zum Beispiel, wenn es um Deutschland ging. Becher war deutscher Patriot in einem Grade und Ausmaß, die auch nur von ferne zu begreifen mir schwerfiel. Mit großer Deutlichkeit erinnere ich mich eines einschlägigen Gesprächs im Juli 1945. Noch die schmutzigste deutsche Pfütze, erklärte er damals, sei ihm kostbar – ja, er liebe sie zärtlicher als den blauesten See, falls dieser sich ›draußen‹ befände und seine kleinen Wellen nichts zu erzählen wüßten von deutscher Art und Geschichte.«[33]

Die Gedichte, Liedtexte, Prosaerörterungen und Reden sind kaum zu zählen, die sich mit diesem nicht-nationalistischen Begriff Heimat, Vaterland beschäftigen; am häufigsten natürlich in der Emigration. Bezeichnenderweise taucht in vielen dieser Deutschland-Gedichte ein Ort auf, der in nuce für ganz Deutschland stehen mag, butzenscheibenhaft, nördlich des Bodensees auf der Schwäbischen Alb, Urach:

»Als ich aus Deutschland ging, nahm ich mit mir ein Bild,
Oft sucht mein Auge jetzt, festzuhalten sich dort,
Wo inmitten der Hügel
Urach liegt.

Schwebendes Blau, darin schmilzt einer Glocke Ton –
Und ich begegne mir: liege träumend am Rand
Sanft sich neigender Straße
Heimatlos.
. . .
Stille. Die Toten ehrt! Ihrer gedenkt, die uns
Heimat und Glück beschert! – Spät erst kehren wir heim,
Wo inmitten der Hügel
Urach liegt.«[34]

Bezeichnend aber auch deshalb: in Urach war es ja, daß Johannes R. Becher 1925 verhaftet wurde, als »staatszersetzender« Dichter. Besonders froh war Becher über Eislers Vertonung und Ernst Buschs Interpretation seines Gedichts »Deutschland«. Hanns Eisler, der viele von Bechers Liedern vertonte, erinnert sich der kurzen produktiven Zusammenarbeit:

»Er war in Dingen der Musik ein unermüdlicher Frager. Ich mußte ihm das Magnificat von Bach, die Appassionata und die 7. Sinfonie von Beethoven Takt für Takt erklären und jeden terminus technicus gewissermaßen übersetzen. Er verglich dann musikalische Techniken mit den Techniken der Poesie.

An die Zusammenarbeit mit ihm, besonders bei den ›Deutschen Volksliedern‹, erinnere ich mich nicht ohne Rührung. Er konnte loben wie kein anderer. Er hatte einen naiven Enthusiasmus über ein gelungenes Liedchen, der hinreißend war.
In einem seiner letzten Gedichte steht der Vers: ›...und Busch singt Eisler-Lieder‹.
Er liebte die Stimme Ernst Buschs und wurde nicht müde, ihn ›Heimat, meine Trauer‹ singen zu hören.«[35]
Brecht analysierte 1952 für ein Buch der Jungen Pioniere das Gedicht:
»Was ist daran schön?
Dieser Dichter besingt seine Heimat als ein Land im Dämmerschein. Dämmerung ist die Tageszeit zwischen Tag und Nacht oder zwischen Nacht und Tag, wenn die Helle dem Dunkel oder das Dunkel der Helle weicht. Es ist die graue Zeit des Tages, die Zeit, welche die Franzosen entre chien et loup nennen, auf deutsch zwischen Hund und Wolf, die Zeit, wo man das Gute und das Böse nicht recht unterscheiden kann. Der Dichter hat solche Dämmerungen über seinem Land erlebt, da war eine, als es dem Faschismus anheimfiel, der Unmenschlichkeit, und eine, als nach der Zerschmetterung des Faschismus der Morgen des Sozialismus begann. Deshalb ist für ihn das Land sowohl ›Heimat, meine Trauer‹ als auch ›Du mein Fröhlichsein‹. Und immer blieb in seinem Gedächtnis, den er im dritten Vers besingt ›Himmel, du mein blauer‹, nämlich die Schönheit seines Landes, die unberührbar ist, auch wenn die Wölfe herrschen.
Das ist das Inhaltliche und es ist schön, weil die Empfindungen des Dichters tief und von edler Art sind, weil er seine Heimat liebt mit Trauer, wenn das Böse in ihr herrscht und mit Fröhlichkeit, wenn das Gute zur Macht kommt.
Aber dann ist da auch noch Schönes in der Art, wie er spricht. ›Heimat, meine Trauer‹, das kann man nicht schöner sagen, noch ›Du, mein Fröhlichsein‹. Es ist, wie wenn einer in Trauer geht, schwarz gekleidet, unter andern, die in gewöhnlichen

Kleidern gehen, und gefragt, warum er trauert, antwortet: Mein Land ist unter die Mörder gefallen. Und wie wenn einer lustig ist und singt und, gefragt warum, antwortet: Mein Land wird friedlich aufgebaut. Das ist ein Mensch, dessen ganzes Glück vom Glück anderer Menschen abhängt. (Das Wort Fröhlichsein ist von ganz besonderer Schönheit, es hat etwas ganz Neues, als wäre es noch nie gesagt worden und doch alt bekannt.) ›Himmel, Du mein blauer‹ ist schön, weil es so zärtlich klingt; der Dichter braucht nur das eine Wort blau und schon strahlt dieser Himmel. Und sehr schön ist der Rhythmus des Gedichts. Es ist eine große Ruhe darin. Wenn ihr es vor euch hinsagt, werdet ihr merken, was ich meine und besonders leicht, wenn ihr es singt in der schönen Vertonung von Hanns Eisler.«[36]

Zu fixieren ist, daß Bechers Heimatbegriff als sozialpolitisches Bezugssystem verstanden werden will; im Laufe einer Entwicklung – die in großen Zügen vergleichbar ist der des Louis Aragon: auch dort Wortrevolte und Nationalbewußtsein und kommunistische Bindung – wird Becher weggeführt vom vokabulären Aufstand und hin zur organisierten politischen Bindung. Es ist wohl der Versuch, aus Volk Nation werden zu lassen in jenem Sinne, den Thomas Mann gemeint haben wird, als er von Becher sagte:

»Dieser sein Kommunismus ist durchaus patriotisch gefärbt, er erfüllt sich tatsächlich in Patriotismus, und sein Drang zum Dienst an der Gemeinschaft, dem Volke, ist – man lese nur seine Gedichte – zuerst und zuletzt der heiße Wunsch, seinem Volke, dem deutschen, zu dienen und ihm ein liebevoller, getreuer Berater nach bestem Wissen und Gewissen zu sein. Ich glaube, der Tag wird kommen, wo ihm das deutsche Volk in seiner Gesamtheit für diese Liebe Dank wissen wird.«[37]

Schon 1917 war Becher Mitglied der USPD, dann des Spartakusbundes seit seiner Gründung; von 1918 bis 1921 gehörte er der KPD an (die USPD hatte auf ihrem Parteitag vom 16. 10. 1920 mit 237 gegen 157 Stimmen die Vereinigung mit der KPD beschlossen); zwei Jahre lang betrachtete

Becher sich aus innerparteilichen Gründen nicht als Parteimitglied. Jedenfalls zahlte er bis 1923 keine Mitgliedsbeiträge.[38] Mit der sehr aktiven Mitarbeit dann seit 1923 begann ein »neuer« Johannes R. Becher, dessen allmählich sich fixierende marxistische Orientierung er selber auf intensive Beschäftigung mit Lenin zurückführte; die Schwierigkeiten dieses Prozesses beschrieb er einige Jahre später in einem Aufsatz:

»Der Verschmelzungsprozeß des Intellektuellen mit dem Proletariat ist ein verzweifelter und langwieriger. Das, was die meisten Intellektuellen von der Partei abstößt; das Mitgehen mit dem Proletariat, nicht nur in den großen und heroischen Augenblicken, sondern auch in den kleinsten Alltagsfragen: gerade diese Kleinarbeit ist es, die unmerklich und dauernd den Intellektuellen umformt, ihn restlos von der alten Vergangenheit ablöst, ihn immer unlösbarer, zwingender mit der neuen Klasse, in deren Dienst er sich gestellt hat, verbindet. Wer diesen Grund, unseren Lebensgrund: die Massen verläßt, der tut unbewußt schon den ersten Schritt aus der Partei hinaus. Dem ersten Schritt folgt der zweite. Dann gibt es kein Halten mehr. Die Flucht, das ›Zurück‹ in die Bourgeoisie beginnt . . .

Jeder von uns, der einmal längere Zeit hindurch keine Parteiarbeit geleistet hat, kann es an sich selbst beobachten.«[39]

Und später, 1930, kam Becher noch einmal auf diesen Vorgang des Sich-lösens von früheren Konzeptionen zurück, in jenem Rundfunkgespräch mit Gottfried Benn, das gleichsam eine explizite Erläuterung seines Satzes ist »Ich hatte die Wahl, Becher oder Benn zu werden.«:

». . . auch ich habe an die Möglichkeit einer reinen Kunst geglaubt, denn ich habe an einen Geist geglaubt, der über den Wassern schwebt. Ich war demnach von der Souveränität und der Unabhängigkeit der Dichtung tief überzeugt, bis ich eines Tages auf Grund von Erlebnissen und Erkenntnissen Einsicht bekam in den Klassenmechanismus, der die Geschichte des Menschen und ganz besonders die heutige Geschichte des heutigen Menschen beherrscht. Es ist selbstverständlich, daß mit dieser für mich zentralen Erkenntnis sich auch ein Umbruch in meiner Dichtung vollziehen mußte. Ich könnte sagen, ich stieg in meiner Dichtung von dem Himmel zur Erde herab, ich hob das Jenseits auch in meiner Dichtung auf. Ich erkannte, daß es nicht in erster Linie wichtig ist, welche Meinungen, welche Vorstellungen die Menschen über sich selbst haben, sondern daß es darauf ankommt, welche Funktion die Menschen in der Geschichte einnehmen, was die Menschen wirklich sind. Ich erkannte, daß der reine Dichter, der ich zu sein glaubte, in Wirklichkeit ein höchst unreiner Dichter war, ein Dichter einer bestimmten Klasse, der bürgerlichen Klasse. Mein Glauben an die reine Dichtung hatte sich als eine Fiktion erwiesen. Immer hatte ich, wenn auch noch so versteckt, Klasseninhalte gedichtet, und die Tendenz bestand nicht nur in dem, was ich dichtete, sondern auch in dem, was ich nicht dichtete, was ich verschwieg. Und ich verschwieg damals in meiner ganzen Dichtung das, was ich heute ausspreche, daß die Geschichte eine Geschichte von Klassenkämpfen ist. Dieser Klassenmechanismus ist eine Zwangsstellung, es gibt kein Darüber, es gibt kein Heraus. Wir sind nicht Menschen, wir sind Klassenmenschen, Menschen der einen oder anderen Klasse, und auch die Dichtung ist klassengebunden, auch das Wort ist dem Klassengesetz untertan.«[40] Becher wurde bald ständiger Mitarbeiter der Abteilung für das Bildungswesen; eine der ersten Gemeinschaftsarbeiten, an denen er sich beteiligte, war die Vorbereitung einer Veranstaltung, die anläßlich der Grundsteinlegung zu einem Denkmal für die proletarischen Revolutionsopfer am 15. Juni 1924 in Berlin stattfinden sollte. Es war eine Szene aus dem Leben der politischen Gefangenen unter dem Titel »7000, ein Aufschrei aus den Gefängnissen und Zuchthäusern der Deutschen Republik, eine Mahnung an die Millionenarmee des deutschen Proletariats.« Die wichtigsten nächsten Arbeiten aus den Jahren 1923/24 sind das Poem »Am Grabe Lenins«, »Vorwärts, du Rote Front!« und »Arbeiter, Bauern, Solda-

ten – Entwurf zu einem revolutionären Kampfdrama«. Zur gleichen Zeit entstand der Versband »Roter Marsch«, »Der Leichnam auf dem Thron«, »Die Bombenflieger«.
Mit diesem Band, der ebenso wie »Arbeiter, Bauern, Soldaten« auf Beschluß des Ermittlungsrichters des Staatsgerichtshofes zum Schutze der Republik vom 18. 2. 1925 beschlagnahmt wurde, begann das berühmt gewordene Hochverratsverfahren gegen Johannes R. Becher auf Grund einer Anzeige des sozialdemokratischen Polizeipräsidiums Berlin beim Staatsgerichtshof (der 1927 aufgelöst wurde).[41] Dieser Prozeß erregte ungeheures Aufsehen und weitete sich mehr und mehr aus. Unter anderem war es ein Artikel Hans Brandenburgs, »Der eine und der andere Dichter in der Zeit«, der die Debatte über politische Literatur besonders ausweitete, die Schönheiten des Gedichts verteidigte, und den Hirten als »wahrere, ewigere und dichterischere Erscheinung als etwa den Industriearbeiter« feierte; selbst Mörike und Stifter hätten »erst an der Front ihre große Auferstehung erlebt«.
Becher, dessen Band »Roter Marsch« soeben beschlagnahmt worden war und der selber im August 1925 verhaftet wurde (er saß vom 20. bis 25. August in Urach in Haft), konnte erst nach seiner Freilassung mit zwei Artikeln »Kampfruf« und »Offener Brief an Hans Brandenburg« antworten. Noch im selben Sommer 1925 läßt Becher außerdem seinen Roman »(CHCL = CH)$_3$ As (Levisite) oder Der einzig gerechte Krieg« erscheinen (gewidmet der »kommenden deutschen sozialen Revolution!«) und betont in der Einleitung, die vom 4. 8. 1925 datiert ist, noch einmal ausdrücklich den Kampfcharakter der Dichtung:
»Hände weg!
Hände weg von diesem Buch, wenn Ihr damit, übersättigt und bis zum tödlichen Erbrechen gelangweilt, nur wieder einige Euerer müßigen Stunden totschlagen wollt!
Dem stinkenden Kadaver dieser Zeit flechte ich keine Kränze. Das spannungslose Gesabber unserer offiziellen Poeten befriedigt schon übergenug solche Bedürfnisse.

Was heutzutage not tut: das ist Begeisterung, Kühnheit, Todesverachtung der einzelnen, Nüchternheit, Zielsicherheit und Klarheit. Zusammenschluß, eine untrennbare Einheit aller im Schweiße ihres Angesichts Werktätigen. Dieser Zusammenschluß: das ist die große Sprengmine, die Tag für Tag aufplatzt und deren Sprenggänge die Fundamente dieser verrotteten Gesellschaft eines Tags völlig unterwühlt haben werden ...

Es handelt sich hier nicht um poetische Erfindungen, phantastische Konstruktionen oder um Wahnbildungen. Es handelt sich hier um Tatsachen, um Taten, um Ereignisse.

Es geht um das, was ist.

Es geht auf hart.

Es geht um das, was gewesen ist.

Es geht um das, was sein wird.

...

Dieses Buch ist ein Heldengedicht.

Wo Millionen ›Hunger‹ schreiend – zuerst eine formlose Masse noch, dann aber immer deutlicher Gestalt gewinnend –, sich herauf auf das Plateau der Weltgeschichte bewegen: in der eisern gehackten Rhythmik solcher Tage tönt auch die Stimme des Bluts als Metall. Stirnen wölben sich gegeneinander, wie gemeißelt aus Granit. Die Herztrommel wirbelt Kampftempo und Marschtakt. Der Gedanke des kämpferischen Menschen stößt vor in die Zukunft als Stichflamme. Und ein anderer als der, der du einst gewesen bist, findest plötzlich nach Jahren du dich wieder, neu geboren aus mörderischen Krisen, wie aus Schmelzglut.«[42]

Auch dieses Buch, von dem sich Becher 1936 in einem Vorwort zu einer geplanten, nicht realisierten zweiten russischen Ausgabe distanzierte (die erste war schon im Februar 1926 erschienen)[43], wurde sofort beschlagnahmt, und der Reichsanwalt Werner führte später sogar den »Kampfruf« als Beleg für die hochverräterischen Absichten des Angeklagten an. Im selben Sommer wurde Bechers Freund Karl Raichle (bei dem er in Urach gewohnt hatte), ein ehemaliger Matrose und

späterer Verfasser des Stückes »Der Rote Schmied« verhaftet, Oberreichsanwalt Ebermayer erklärte das Drama für kommunistische Propaganda, deren Endzweck einzig und allein sei, zum Bürgerkrieg aufzurufen. Diese Verhaftung und mehr noch die Begründung war ein Präzedenzfall, man erklärte bereits die Verbreitung sozialistischer Ideen als strafbar, obwohl die KPD ja eine legale Partei war. Ebenfalls im Sommer 1925 wurde der Schauspieler Josef Gärtner verhaftet und zu einem Jahr und drei Monaten Gefängnis verurteilt, weil er an einer revolutionären Gedenkfeier zum 7. Jahrestag der Russischen Revolution und Gründungstag der KPD in Württemberg im November 1924 teilgenommen und die von Becher mitgestaltete Szene aus dem Leben der proletarischen Gefangenen inszeniert hatte. Auch Berta Lasks Drama »Thomas Münzer« wurde im Mai 1925 beschlagnahmt.
Gegen alle diese Verhaftungen und Beschlagnahmungen, die sich übrigens auch auf kommunistische Buchhändler erstreckten, bei denen wie bei den Autoren Haussuchungen durchgeführt wurden, protestierte eine Gruppe repräsentativer deutscher Schriftsteller mit dem Aufruf »Für die Freiheit der Kunst« im November 1925. Der Aufruf war unter anderem unterzeichnet von Max Brod, Alfred Döblin, Lion Feuchtwanger, Gerhart Hauptmann, Hermann Hesse, Georg Kaiser, Heinrich Mann, Thomas Mann, Ernst Rowohlt, Ernst Toller, Stefan Zweig.
Diese ganzen Auseinandersetzungen fielen zusammen mit dem Kampf gegen das Schmutz- und Schundgesetz, das der Reichstag angeblich zum Jugendschutz durchsetzen wollte, von dem aber von Anfang an klar war, daß es sehr bald gegen unliebsame Literatur aller Art verwandt würde. In zahllosen Protestveranstaltungen und Aufrufen wehrte sich vor allen Dingen die »Vereinigung linksgerichteter Verleger« und die »Rote Hilfe« gegen das nahende Unterdrückungsgesetz (die Vereinigung ließ 1926 eine Denkschrift »Jeder Deutsche hat das Recht ...« und die »Rote Hilfe« eine Broschüre »Weg mit dem Schmutz- und Schundgesetz« er-

scheinen.) Auf einer Veranstaltung im Plenarsaal des ehemaligen Herrenhauses Berlin am 10. 9. 1925 sagte Thomas Mann: »Die Notwendigkeit, unsere Jugend gegen Schmutz und Schund zu schützen, diese Notwendigkeit, auf die der leider in Rede stehende Gesetzentwurf sich gründen soll, ist für jeden Lesenden und Wissenden nichts als ein fadenscheiniger Vorwand seiner Autoren, um sich durchschlagende Machtmittel gegen den Geist selbst und seine Freiheit zu sichern.«

Zur selben Zeit also lief der Hochverratsprozeß gegen Becher, der von Maxim Gorki über Henri Barbusse bis zu Romain Rolland Autoren aus aller Welt im Protest vereinigte. Da einer der Hauptpunkte der Anklage die »Wiederholungsgefahr« war und Becher auch keineswegs bereit war zu versichern, daß er anders und anderes schreiben werde, war damit praktisch die Drohung gegen jeden Verleger ausgesprochen, noch ein Werk von Becher zu veröffentlichen, weil eine solche Veröffentlichung bereits den Tatbestand der »fortgesetzten Handlung« erfüllen würde. Der Prozeß gegen Becher sollte schließlich am 16. Januar 1928 stattfinden, wurde aber wegen der zahlreichen Proteste im In- und Ausland auf den 15. März und dann noch einmal in den August hinein verschoben. In einer Feriensitzung am 26. August 1928 wurde der Prozeß auf Grund des Amnestie-Gesetzes vom 14. Juli abgesetzt. In der 44 Seiten starken Anklageschrift wurde von sogenannten Sachverständigen zusammengetragen, was Beschlagnahme und Verhaftung ihrer Meinung nach rechtfertigte. Die Anklageschrift liest sich wie ein Protokoll bürgerlichen Kunstverständnisses:

»Der Sachverständige hat ... namentlich die Frage verneint, ob der Angeschuldigte bei der Abfassung der Schrift ›Der einzig gerechte Krieg‹ derart zwingend unter dem Einfluß einer besonderen dichterischen Veranlagung und psychischer Konstitution gehandelt habe, daß die Druckschrift als ein zwangsläufiger Ausbruch seiner Phantasie, den er habe gar nicht mehr bändigen und zurückhalten können (!), zu betrachten sei. Auch der Untersuchungsrichter habe zu den Akten vermerkt, der Angeschuldigte habe auf ihn einen sehr ruhigen, völlig klaren und bestimmten Eindruck gemacht, so daß nach seiner – des Untersuchungsrichters – Ansicht von einem zwangsläufigen Ausbruch der dichterischen Phantasie (!) keine Rede sein könne. Letzteres stellte auch der Angeschuldigte in Abrede.«[44]

Alle diese Auseinandersetzungen hatten wieder organisatorische Konsequenzen. Der Schutzverband Deutscher Schriftsteller (SDS), der kurz vor dem Ersten Weltkrieg als Berufsverband gegründet und gleich nach der Novemberrevolution durch den Zusatztitel »Gewerkschaft Deutscher Schriftsteller« ein neues Selbstverständnis angestrebt hatte, solidarisierte sich mit der Protestbewegung gegen die Wiedereinführung der Zensur nur so lange, wie Bernhard Kellermann erster Vorsitzender war. Schon 1926 stimmte zur Empörung der meisten Mitglieder der damalige erste Vorsitzende Theodor Heuss als Reichstagsabgeordneter für das sogenannte Schmutz- und Schundgesetz. Die eigentliche Protestbewegung gegen dieses Gesetz trug zu dieser Zeit nicht mehr der SDS, sondern die bereits erwähnte Vereinigung linksgerichteter Verleger. Typischerweise wurde dann auch gleich Anfang 1933 (am 10. März) der SDS in den unter Goebbels' Schirmherrschaft gegründeten »Reichsverband deutscher Schriftsteller« (RDS) überführt. Ein zynisches Protokoll dieser Tagung vom 10. März gibt den Hergang wieder:

»Der Hauptvorstand in seiner Mehrheit hielt eine vertrauliche Besprechung ab.

Und plötzlich erschienen wir, begrüßten die Herrschaften ungemein höflich und legal und baten sie ergebenst, sofort zurückzutreten, da bolschewistische Hetzer und pazifistische Lumpen und Landesverräter, die ihre Gelder und ihren Geist zum Großteil aus dem Ausland bezögen, in das neue Deutschland nicht mehr paßten!

... Zehn Minuten später begann schon das große Reinemachen im SDS. Der sofort gebildete Vorstand schloß sofort

alle Kommunisten aus. Dann wurden Kommissionen gebildet, die sich mit allen Neuanmeldungen, mit der genauesten Durchsicht der Mitgliederlisten und allen anderen notwendigen ›Reinigungen‹ zu befassen hatten.
Jede einzelne Mitgliedskarte wurde im Laufe der nächsten 14 Tage kontrolliert. Jedes Mitglied, das sich gegen deutsches Wesen, gegen nationales Gefühl vergangen hatte, wurde ausgeschlossen. Ausgeschlossen wurde auch jeder, von dem anzunehmen war, daß er sich dem neuen Deutschland nicht zur Verfügung stellen werde.«[45]
Und der neugebildete Hauptvorstand sprach bereits in seiner ersten Verlautbarung vom 10. März von der Gemeinschaft der schaffenden Schriftsteller, vom Staatskörper und der nationalen Revolution. Kurz zuvor noch, am 20. Februar 1933, hatte der Schutzverband in den Kammersälen in der Teltower Straße in Berlin seine letzte Mitgliederversammlung abgehalten, über die es kaum Presseberichte gab. Dort hatte Carl von Ossietzky auch jene Rede gehalten, in der es hieß:
»Wir wissen nicht, was im einzelnen geschieht. Aber das eine wollen wir uns heute gegenseitig in die Hände geloben, daß wir, ganz gleich wohin wir auch in den nächsten Tagen und Wochen verschlagen werden, in die Gefängnisse, Zuchthäuser, Konzentrationslager oder in die Emigration, uns selber treu bleiben werden. Wir werden keine Konzessionen machen und überall dort, wo ein Geßlerhut aufgesteckt wird, in schweigender Verachtung vorübergehen.«[46]
Eine Woche später, in der Nacht zum 28. Februar 1933, wurden alle Redner dieses Abends verhaftet.
Johannes R. Becher kann also keinen literarischen Lebenslauf vorweisen, der unbedingt ermutigt zu ausgeprägter Heimatliebe. Die erschrockene Abwehr eines de Gaulle, als man ihm anriet, gegen Sartre und dessen vehemente Algerienkampagne vorzugehen, dieser Satz: »Mais non – Sartre, ca c'est aussi La France« stand deutschen Politikern nicht zur Verfügung. Becher kämpft mit einem Land, das ihn nicht will, kämpft um Antwort in einem Dialog, in dem der Part-

ner statt mit Worten und Argumenten mit Schlägen und Verordnungen reagiert. Von Thomas Mann, dem Lübeck als geistige Lebensform genommen wurde, über Kurt Tucholsky, der den Geruch der trockenen Wälder Norddeutschlands und der Ostseeküsten nicht vergessen mochte, bis eben hin zu Becher, für den Süddeutschland »Heimat« war – die meisten der Emigrierten und Vertriebenen brauchten, um zur Selbstverständigung zu kommen, irgendeine Beziehung zu Deutschland; Thomas Manns »Tagebuch zum Doktor Faustus« zeigt das so deutlich wie Tucholskys Briefe – etwa die an Walter Hasenclever – wie die Gedichte Bechers, die er während der Jahre in der Sowjetunion schrieb, oder das Konzept seines Tagebuchs, das bewußt an Gewesenes, historisch-biographisch, aber auch geographisch Vorgegebenes anknüpft. Becher hat durchaus Sinn für lokale Bedeutung; so vergißt er nie zu erwähnen, daß sein Gedicht »An der Bahre Lenins« in jener Berliner Klopstockstraße entstanden war, in der 1912 Lenin auf Vermittlung Karl Liebknechts Unterkunft fand bei der Witwe R.[47]

Die Schwierigkeit, zu diesem Land nun eine Beziehung zu finden, spiegelt sich in jeder Seite des Becherschen Tagebuchs.

Ein marginales Ereignis macht das aufs schärfste kenntlich: während Becher sich ungestört wohl fühlt in der beschlagnahmten Villa, die er wie ein rechtmäßiger Erbauer und Besitzer im bewachten Pankower Prominentenviertel bewohnte (übrigens nicht einmal die geschmacklosen Möbel der Nazi-Vorbewohner wechselnd), war sein Sohn, über dessen Besuch aus England das Tagebuch nur kurz referiert, bis zum öffentlichen Bruch mit dem prominenten Vater entgeistert von dessen neuer Existenz. Am 13. beziehungsweise 19. Dezember heißt es bei Becher: »Mein Sohn, siebzehn Jahre nicht gesehen, steht vor mir, aus England kommend. Will hierbleiben. Eine peinliche Fremdartigkeit, die ich mich bemühe, ihn nicht fühlen zu lassen, die aber dadurch umso deutlicher ihm entgegentritt. Ich befürchte von ihm eine Geste der Zärtlichkeit und ziehe mich hinter Geschäftliches zurück, jedes Menschliche versachlichend. Vorerst gelingt mir diese Verdinglichung.

...

Der fremde Sohn. Wobei ich bestrebt bin, durch Hervorrufung von Erinnerungen die Entfremdung zu bannen, was noch mehr Befremden zur Folge hat. Nicht gerade verdächtig, aber undurchsichtig, ein Stich ins Unheimliche, Rätsel: wer ist er nur?«[48]

Und kurz darauf dann, datiert »London, Januar 1951«, erscheint in der Westberliner Zeitschrift »Der Monat« jener offene Brief (den Becher später mit einem »*Du* hast ihn nicht verfaßt« kommentiert):[49] »Du mußtest mir sagen: Ich kann Dich nicht empfangen in meinem Haus. Ich mußte bis zum nächsten Tage warten, um Dich in Deinem Bureau zu sehen ... Es ist mir nie gelungen, Dich in Deinem Haus hinter Stacheldraht zu besuchen. Niemals werde ich Antwort geben können auf die Frage so vieler Freunde: Warum lebt Dein Vater hinter Stacheldraht? – Ist das der Schutz vor der Liebe Deines Volkes? – Vater, ich weiß, wie große Ideale und Zukunftshoffnungen Du in das deutsche Volk gesetzt hattest, das Dir immer am Herzen gelegen hat. – Fürchtest Du Dich jetzt vor Deinem Volk? – ...

Ist Dir in dieser Situation die Realität der Verhältnisse, unter denen Du lebst, nicht zum Bewußtsein gekommen? Erkennst Du nicht, daß Deine Macht nur eine Illusion ist? – ...

Muß ich Dir sagen, daß man Dich verwendet wie ein Werkzeug? Daß man nur Deinen Namen und Deine Unterschrift als Aushängeschild dem deutschen Volk hinhält? – Daß Deine Liebe, das deutsche Volk, mit Deiner Hilfe vernichtet wird? – ...

Wenn ich Deine Arbeiten lese, so glaube ich zu begreifen, was Du pflanzen und pflegen wolltest, aber wenn ich sehe, was aus Deinem Werk emporschießt – eine Finsternis, die aufs neue Europa bedroht, dann bin ich froh, daß sich unsere Wege getrennt haben.«[50]

Es gilt also doch, sich noch einmal einiger Strukturelemente des Tagebuchs zu erinnern. Sein Titel »Auf andere Art so große Hoffnung«, bezieht sich auf einen Vers aus Shakespeares »Sturm« aus der ersten Szene des zweiten Akts:

»Aus diesem ohne Hoffnung, o was geht euch
für große Hoffnung auf! Hier ohne Hoffnung, ist
auf andere Art so hohe Hoffnung, daß
der Blick der Ehrsucht selbst nicht jenseits dringt,
und was er dort entdeckt, bezweifeln muß.«

Hier beginnt der erste Widerspruch – oder ist er keiner? Becher hat diese Zeilen bewußt gewählt, um – wie er es unter Bezug auf Goethe gelegentlich ausführt – einen »prägnanten Punkt« zu finden, also einen Achs- und Bezugspunkt. Der Shakespearesche Kontext formuliert aber die Hoffnungslosigkeit, der Erbe des Königreichs Neapel sei im Schiffbruch umgekommen; für den Bruder des neapolitanischen Königs, der sich nach dem Sturm mit dem Usurpator des Herzogtums von Mailand auf der Insel zusammenfindet, entsteht die Ehrsucht – Ambition heißt es bei Shakespeare – nach dem Thron. Der Tod des Thronerben würde den Weg für den heimlichen Prätendenten freigemacht haben. Sah Becher diese äußere Intrigensituation als Spiegelbild seiner eigenen inneren Situation? Die Auseinandersetzung mit seiner politischen wie dichterischen Existenz jedenfalls ist erbarmungslos – er schreibt gegen einen steten inneren Widerstand an, gegen Langeweile, Lustlosigkeit, Verzweiflung auch. Er versucht, der Verzweiflung Herr zu werden, indem er sie poetisch ummünzt und bejaht – »zu loben ist die Schwermut, sie verdient unser höchstes Lob, denn durch sie finden wir den Mut zu uns selbst«[51] – und er betont, daß »wer sich der Vereinsamung nicht aussetzt, dem der Zugang verschlossen ist zu jeder echten Gemeinsamkeit«. Aber diese Gemeinsamkeit sieht er offenbar eingegrenzt, »und Dank auch euch Freunden, aber den Durst könnt ihr nicht löschen, den Hunger nicht stillen – die Grenze; der große Mangel bleibt«[52], will sagen, trotz Freundschaft und Genossen und Kollektiv bleibt man allein; dieser große Schlußabschnitt des Tagebuchs »Die Grenze und der große Mangel« (auf den er auch in seiner Replik auf Hans Mayer hinweist) ist in Form einer Dialogpartie einmontiert. Solche Zeilen erinnern an ein Gedicht, das Becher zu Lebzeiten nicht publizierte (es liegen übrigens im Ostberliner Johannes-R.-Becher-Archiv noch zahlreiche unveröffentlichte Texte), in dem es heißt:

»Die wenig gelungenen Stellen
Aus meinen kaum gelungenen Gedichten
Wird man auswählen,
Um zu beweisen,
Ich wäre euresgleichen.
Aber dem ist nicht so:
Denn ich bin
Meinesgleichen.
So werde ich auch im Tode
Mich zu wehren haben.
Und über meinen Tod hinaus
– wie lange wohl? –
Erklären müssen,
Daß ich meinesgleichen war
Und dadurch euresgleichen,
Aber nicht euresgleichen,
In eurem Sinne.
Indem ich mir glich,
Glich ich euch.
Aber nur so.«[53]

Aber der Widerstand beim Schreiben, der hier gleichzeitig dadurch, daß er notiert wird, die Form des Tagebuchs mitträgt, war Becher bekannt: Als er den Roman »Abschied« schrieb, wollte er ihn fortwerfen, wollte ausweichen, ihn in Sonette fassen. Die offene Form des Tagebuchs, das ja eben diese Schwierigkeiten integrieren kann, erlaubt diese Flucht nicht – aber das Tagebuch, dessen intimste Passagen »Aus dem Leben eines bürgerlichen Menschen unserer Zeit« heißen (der Satz Bechers »Was ist das: Dieses Zu-sich-selber-Kom-

men des Menschen?«, den Christa Wolf ihrem Roman »Nachdenken über Christa T.« als Motto voranstellte, ist diesen Passagen entnommen), ist zweifellos auch zu verstehen als späte Nachlieferung des nie geschriebenen, im Untertitel zu »Abschied« aber in Aussicht gestellten zweiten Teils (»einer deutschen Tragödie erster Teil«); das kurze Fragment, das wir kennen, heißt »Wiederanders«[54] – also dasselbe noch einmal. Für Becher war der Begriff Jahrhundert – gar Jahrhundertmitte – kein Zufallsdatum, sondern Punkt der Besinnung, der geschichtlichen Orientierung. Vom frühen Baudelaire-Gedicht mit seiner fünfmaligen Wiederholung der Zeile »Groß Gespenst im Fluche des Jahrhunderts« über das selbstbewußte »Wir, unsere Zeit, das zwanzigste Jahrhundert« bis eben zu jener Silvesterfeier, mit der der Roman »Abschied« beginnt, nämlich auf das Jahr 1900, ist Becher sich solcher zeitgeschichtlicher Fixpunkte durchaus bewußt; sein Tagebuch ist also Fixierung der Jahrhundertmitte – es beginnt mit einer langweiligen Silvesterfeier des Kulturbunds. Die architektonische Achse ist deutlich.
An Hand zweier Gedichte läßt sich der Tenor des Tagebuchs erläutern. Auch hier wiederum müssen wir die Beschäftigung Bechers mit dem, was er macht, als Dialog begreifen; nicht zufällig stellt er dem Beginn der Arbeit an dem Gedicht »Herbstweisen« jenes fingierte Gespräch zwischen dem Neoklassisten Paul Heyse und einem Literaturwissenschaftler über Mörikes »Um Mitternacht« voran. Aber Herbststimmung, idyllische Farben und melancholischer Sommerabschied haben noch andere Gründe als der kühl werdende September im Ostseebad Ahrenshoop. Unmittelbar nach der bekannten Notiz zu Mörike findet sich die Bemerkung: »Menschen, die, in die Stille geworfen, um Hilfe schreien«; es wird das Erlebnis eines Gestapofilms berichtet, in dem die Hinrichtung eines jungen Antifaschisten gezeigt wurde. Dazwischen finden sich Notizen über einen Traum vom Tode Thomas Manns (der noch fünf Jahre lebte), über die Erinnerung an das Begräbnis Falladas und das Anhören von Bachs »Dona nobis pacem«,

das Becher am 24. September als Requiem für den gestorbenen Verleger Anton Kippenberg bestimmt hatte[55]: diverse Todesmotive, die als spätere erste Strophe die jetzt dritte entstehen lassen. Das charakteristische Herbstbild, das am 27. September als erste Strophe der Herbstweisen notiert, dann zurückverwiesen und schließlich zur dritten Strophe gemacht wurde, war ausgetauscht worden für die sich auf den Menschen beziehende, erst am 1. Oktober notierte, dann eben an die erste Stelle gerückte Strophe; in der Zusammenfassung von Landschaftssterben und innerer Melancholie ist aber auch offenbar ein privates Debakel fixiert; am 27. August notiert Becher: »Ahrenshoop ist nicht mehr. Habe es fluchtartig verlassen, in einem lebensgefährlichen Tempo bin ich aus diesem paradiesischen Sommeridyll nach Berlin zurückgerast. Vielleicht haben auch die politischen Ereignisse mir nicht eine solche andauernde Ruhe gegönnt. Die Explosion erfolgte auf privatem Gebiet, und ich konnte die Kränkung, die mir zugefügt wurde, nicht anders überwinden als durch die Flucht.«[56] Diese persönliche Krise – dem Einfluß der politischen Ereignisse, gemeint ist natürlich der Korea-Krieg, gönnt Becher ja nur ein »vielleicht« – deutet sich bereits im vierzehn Tage vorher beendeten Doppelsonett »Auf den Mann mit dem Goldhelm« an: Unter dem 8. September – einen Tag, bevor das erste Sonett entstand – notiert Becher: »Eine Reproduktion von Rembrandts ›Mann mit dem Goldhelm‹ erworben. ›Assoziation‹:«[57] Und dann folgen die ersten Zeilen. Vier Tage zuvor findet man die Eintragung: »Gestern ist, ganz zufällig, ein ausgezeichnetes Bild von mir gelungen – ein energisches, *noch* kraftgeladenes Altersbild.«[58]

Am 5. September, um zwei Uhr nachts, kommt der Dichter auf dieses Fotobild zurück. Er betrachtet es und reflektiert: »Dieses Bild scheint mir weitestgehend angenähert dem Abbild eines alternden Menschen des zwanzigsten Jahrhunderts, mit aller Härte, mit allen Falten, mit aller Weichheit und Traurigkeit darin, mit Tränenrinnsalen und ins Weltenweite

reichenden Zuckungen. Ich bin stolz auf dieses Gesicht, mein Gesicht – auf dieses vom 20. Jahrhundert geprägte ›Trotzdem‹ – o du mein Gesicht, du meine wunden-, narbenreiche Maske!«[59] Die Verbindung ist hergestellt zwischen dem alten Gesicht unter dem Goldhelm und Becher: Dem kostbaren Licht steht der »Blick nach unten, ins Nichts« entgegen, der Helm ist Last, die trauernd getragen wird, seine Pracht ist wie Abendglühen – also »Herbstweise«, also nahendes Alter, Sterben, Tod.
Das zweite Sonett, die Variante, präzisiert: Ein Toter liegt tief im Vergessen. Das formale Gesetz des Sonetts sprengend, steht in der zweiten Version der erste Vers des zweiten Quartetts isoliert, wird also herausgehoben: »muß er vielleicht zu fragen sich versagen ...«
Diese Frage, in vielfacher Variation, durchzieht das Tagebuch von Januar bis Dezember: der alternde Dichter, dem vieles – wie die Parteitagskantate 1950 – nicht mehr gelingt, der gleichzeitig auf der Höhe seines äußeren Ruhms ist, der sich gegen »allgemeines Gerede« wehrt, aber ehrlich genug ist, eigene Arbeiten darunter einzureihen: »Der Parteitag ist zu Ende. Die Aufführung der Kantate 1950 eine Enttäuschung. Text zu allgemein, das Besondere für 1950 kam überhaupt nicht zum Ausdruck ... Eisler war bemüht, musikalisch aufzufüllen, und machte die Sache dadurch noch schlimmer, er dehnte ...«[60] (In einer Metakritik zu der im »Sonntag« erschienenen Kritik der Kantate war Becher noch unerbittlicher.)[61]
Die beiden Gedichte »Herbstweisen« und »Auf den Mann mit dem Goldhelm« sind, wie sich zeigt, hochpolitische Arbeiten, Kernstücke der lyrischen Produktion Bechers aus den fünfziger Jahren, poetische Konfession und Dialog mit sich selbst in einem. Am 1. September trug er in das ungeliebte Tagebuch ein: »Es wird Herbst, und die Zeit ausführlicher Selbstgespräche scheint gekommen. Herbst, die Jahreszeit der Rechenschaftslegung, denn die Ernte ist eingebracht.«[62] Rechenschaftslegung, das heißt bei Becher auch, Antwort auf die

Geschichte, und Antwort auf literarische Tradition. Das wird zum Beispiel evident bei seiner Erinnerung vom 3. Februar; am 2. Februar 1943 hatten bekanntlich die Reste der geschlagenen 6. Deutschen Armee kapituliert. Jetzt, Jahre nach Kriegsende (das dort, in Stalingrad, begonnen hatte), verfaßt Becher ein Gedicht »Der Mensch und das Pferd«. Seine Antwort auf Stalingrad ist – eine Antwort auf Brechts berühmtes Gedicht »O Falladah, die du hangest«, das fünf Jahre nach Ausbruch des Ersten Weltkrieges geschrieben wurde.[63] Brechts Gedicht hat vier Strophen, Bechers Prosagedicht vier Abschnitte und jenen fünften der logischen Konsequenz, den Brecht bewußt nie schrieb, weil er erwartete, diese »Moral« dichte sich in den Köpfen seiner Leser selber fort. Die Unterschiede der poetischen Struktur sind beträchtlich: Brecht beginnt mit »Ich« – Becher mit »Es«, bei beiden ist das zweite Wort ein Verb, bei beiden ist die jeweils erste Zeile sieben Wörter stark. Brecht verfaßt ein metaphorisches Gleichnis – und ist dabei gänzlich konkret; das »ICH« ist ein Pferd – aber die Rede geht vom Telefon und der Frankfurter Allee. Becher, getreu dem Auftakt »Es«, gibt einen realistischen Bericht – und bleibt eher vage; das Berichtete kann in der russischen Steppe, in Norwegen oder in Rommels Tunesien sich abspielen. Brecht stellt einen Zustand her – Becher kommentiert ihn. Brecht vertraut der Kraft seiner Worte und der durch sie evozierten Situation; sein »... was für eine Kälte muß über die Leute gekommen sein ... so helft ihnen doch ...« (die Worte des Pferdes, wohlgemerkt!) braucht keinen Appell-Appendix. Das verlängert sich schon. Becher benötigt 14 Zeilen und ein »großes« Vokabular (Anblick – zweimal –, verenden – zweimal –, Mensch – dreimal –, ringsum, zu Haufen geschüttet, Leichenberge, das Sterben der Städte, menschliches Rühren, ergriffen), um annähernd denselben Effekt zu erreichen. Er erreicht ihn nicht. Der ganze Sprachleib seines Gedichts ist voll alter Worte. Brechts »hungrige Menschen, um ein Pfund Fleisch zu erben ...« sind konkrete, präzise erfaßbare – auch vom Mitleid erfaßbare – Proletarier (die er später »Leute« nennt; man weiß, was »Leute« sind). Sie wollen ein Pfund Fleisch, und sie wollen es »erben«. Das ist kleine, mittelbare und mitvollziehbare Not. Es ist der Gestus der stummen Kattrin, die zähe Sprache der Courage.

Bechers »Millionen Menschen« werden poetisiert, indem sie mit dramatisch-toten Worten umgebracht werden: in flüssigem Feuer verbrannt und in Wüsten verschmort und in Eissteppen erstarrt und von Panzern plattgewalzt und von den Trümmern der Städte erstickt und und: Die Worte, wie Stukkatur-Putz, beginnen zu prunken, statt zu entsetzen. Diese sprachliche Überfrachtung entspricht einer ideologischen Aufladung. Becher versucht, wie eine spätere Notiz vom 11. Februar[64] zeigt, das Mitleid mit dem Pferd überzuinterpretieren als den Ausweg eines, der mit schuldbeladenen Menschen nicht mehr Mitleid haben kann. Becher hat eine Furchtbarkeit verschönt, Brecht hat ent-schönt und damit Furchtbares sichtbar gemacht.

Dieser bewußte Vorgang einer klassizistischen Schönformung ist Bechers oft variiertes, gelegentlich auch mit großem Erfolg angewandtes »poetisches Prinzip«. Es ist natürlich kein Zufall, daß Becher eines der zentralen Gedichte aus seinem Jahrhundertmitte-Buch ein Sonett sein läßt. Das Sonett spielt eine überragende Rolle im Werk Bechers – er publizierte 1956 eine eigene »Philosophie des Sonetts« (oder »Kleine Sonettlehre«), die sich als Auseinandersetzung mit Walter Mönchs Buch »Das Sonett. Gestalt und Geschichte«, Heidelberg 1955, verstand und die er zu einer großen Sonettlehre ausbauen wollte.[65] Typisch für den immer mehr zu klassischer Harmonie strebenden Becher war dieses Bemühen um die strengste, gebundenste Form des Gedichts, von der er sagte, daß sie im »minimalen Volumen die größte poetische Kraft konzentrierte«[66] und daß sie gewissermaßen die Zuflucht des Schönen in einer Zeit ist, wo die ästhetische Aneignung der Welt zurückgetreten sei hinter deren erkenntnismäßige. Diesem Schach der poetischen Formen gewinnt nun

Becher deshalb besonderen Reiz ab, weil er die »Magie des Vierzehnzeilers« erstmals nicht als Formproblem begreift, sondern diese Form eine »Form des Inhalts« nennt. Natürlich weiß Becher, daß viel Baukunst zum Sonettieren gehört (nicht zufällig seine Vorliebe für Bach), und der Schlußvers seines Doppelsonetts »Tränen des Vaterlandes« zum Beispiel verrät ein artistisch höchst raffiniertes Bauschema: »Dann: Farbe, Klang und Wort! Glänzt, dröhnt und jubiliert!« Weil damit die im ersten Quartett evozierten Gemälde Grünewalds, Fugen Bachs und Hymnen Hölderlins noch einmal aufgegriffen werden.

Anna Seghers erzählte einmal eine Anekdote, die Bechers Beziehung zur Kunst des Sonetts illustriert und seinen Versuch, sie auch jüngeren Menschen verständlich zu machen:

»Ein junger Mensch fragte Becher eines Abends, was ihn denn dazu gebracht habe, Sonette zu schreiben. – Becher erwiderte, dazu hätten ihn die Sonette selbst gebracht. –

Was das bedeute, fragte der andere.

Ihm sei zumute gewesen, sagte Becher, als ob das Sonett zu ihm sage: Du willst von Leonardo da Vinci sprechen? Anders als durch mich wird es dir nicht gelingen.

In seinem Kopf sei zum Beispiel dieses Thema in vielerlei Bildern auseinandergeschwirrt. Doch das Sonett, seine strenge, seit Jahrhunderten feste Form habe alle gebändigt. Darum habe er sich seiner schützenden Strenge anvertraut.

Vielleicht verstand der junge Mensch diese Antwort nicht recht, er lächelte etwas verlegen, aber ein anderer in unserer Gruppe klopfte den Rhythmus auf die Bank, und die anderen horchten, als sei sie endlich hörbar und greifbar geworden, die Form des Inhalts, über die man soviel gesprochen hatte.«[67]

Bechers Sonett »Größe und Elend« mag als ein Beispiel zur Interpretation dienen. Es entstand bei der Beschäftigung mit Pascal im 3. Band der »Bemühungen«, wo Becher Pascal zitiert und kommentiert:

»Man kann nicht oft genug wiederholen, daß der Mensch

gerade in seinem Elend sich zugleich in seiner Größe beweist. Es ist das Elend eines ›großen Herrn‹. Pascal sagt: Die Größe des Menschen ist groß darin, daß er sein Elend erkennt. Ein Baum erkennt sein Elend nicht. Es heißt also unglücklich sein, wenn man sich als unglücklich erkennt. Aber es heißt groß sein, wenn man erkennt, daß man unglücklich ist ... denn es ist sicher, daß die Menschen, im Maße ihrer Einsicht, sowohl Größe als auch Elend finden. Der Mensch erkennt, daß er elend ist, er ist also elend, da er es ist; er ist aber sehr groß, da er es erkennt. Es wäre nun eine Gleichmacherei, aus all dem zu folgern, daß das Elend der Größe irgendwie gleichgeartet sei. Man würde die Größe um ihre Größe bringen, versuchte man, sie dem Elend gleichzusetzen oder dieses nur als die andere Seite der Größe zu betrachten. Das Umgekehrte ist der Fall. Es handelt sich nicht um Elend schlechthin, um kein abstraktes Elend, kein Elend an sich, sondern um erkanntes Elend, das mit der Größe korrespondiert, oder um ein Elend, das sich als solches der Größe zu erkennen gibt, wobei die ganze Erkenntnis bereits die Veränderung und die Aufhebung des Elends einschließt.«[68]

Hier sind natürlich zwei nicht nur unterschiedliche, sondern entgegengesetzte erkenntnistheoretische Ansatzpunkte formuliert: Ein heroischer Pessimismus bei Pascal, für den das Elend nur im Erkennen »aufhebbar« ist, in einem passiv moralischen Vorgang also; Becher will erkanntes Elend verändern, der Vorgang des Bewußtwerdens soll münden in einen aktiven Prozeß der Verwandlung. Für Becher ist der Mensch, der sich selber als dunklen Ort erkannt hat, schon im selben Moment mehr als dunkler Ort – Licht. Der Mensch, als gegenüber allen anderen Geschöpfen benachteiligtes Wesen, hat die Möglichkeit, diesen Nachteil in Vorteil zu verwandeln, weil er als einziges Wesen zu erkennen und aus Erkenntnis Konsequenz ziehen kann. In der handschriftlichen Fassung finden sich verschiedene Ansätze für die Überschrift »Gro ...«, »Elend u ...« bis, offenbar erst im Verlauf der Arbeit an dem Sonett, »Größe« voransteht. Das Gedicht ist

Musterbeispiel für Bechers strengen Bau der »magischen vierzehn Zeilen«, die er in seiner »Philosophie des Sonetts« erläuterte:
»Die Magie der vierzehn Zeilen besteht gerade darin, daß eine außerordentliche Gedankenarbeit geleistet werden muß innerhalb einer konkret bestimmten Gegebenheit. Diese Gedankenarbeit aber kann nur den Regeln des Sonetts entsprechen, wenn sie aus einer Gedankenfülle hervorgeht und wenn die Strenge, welche den gedanklichen Ablauf kennzeichnet, aus einer Vielfältigkeit und einem Reichtum des gedanklichen Materials entspringt ... Was aber nun ist der Inhalt der Form, welche die spezifische Form des Sonetts ist? Im Sonett wird das Bewegungsgesetz des Lebens zum Inhalt (und zwar auf inhaltlich verschiedene Art), das aus Satz, Gegensatz und der Auflösung in einem Schlußsatz besteht oder aus These, Antithese und Synthese. Schematisch betrachtet, entwickelt sich der Satz oder die These im ersten Quartett, darauf antwortet der Gegensatz oder die Antithese im zweiten Quartett und der Schlußsatz oder die Synthese wird in den beiden Terzetten abgehandelt.«[69]
Beiden Bereichen – Größe und Elend – ist immer genau eine Strophe zugeteilt. Jede Strophe beginnt mit einem knappen Auftakt (»groß ...«; »wie elend ...«) und läßt dann Beispiele folgen. Zu genaue Entsprechung meidet Becher. Im ersten Manuskriptentwurf hieß es »Wie klein er ist, der Mensch« – was Becher offenbar der Gleichförmigkeit wegen verwarf. Das erste Terzett dann faßt die beiden bisher getrennten Qualitäten der Menschen zusammen, sammelt sie gleichsam auf ein Wesen; die endgültige dialektische Überwindung – in der zwölften Zeile prallt beides noch einmal aufeinander – wird wie ein letztausklingendes Leitmotiv noch einmal hochgehoben – geschieht dann im letzten Terzett in Zeile dreizehn und vierzehn, die schließlich wie triumphierend, mit dem Hauptwort »Größe« ausklingt.[70]
Dieses sich dialektisch mit sich selber In-Beziehung-Setzen des Menschen, zum Selbstverständnis-der-eigenen-Größe-Kommen

durch Kraft und Erkenntnis – also doch wohl durch Arbeit – beschäftigt Becher nicht nur unablässig in der eigenen dichterischen Arbeit, sondern auch in seiner Rezeption von Literatur. Immer wieder reflektiert er über Goethe und dessen Bemerkung, daß jedes gelungene Stück Literatur ein Element der »kleinen Unvernunft« haben müsse, ein Luftpolster gewissermaßen des Undefinierbaren; erst aus diesem Unvernünftigen entsteht für Becher das künstlerisch Vernünftige so wie er – auch hier Überlegungen Goethes folgend – immer wieder betont, daß nur wer um ein fast Unmerkliches über die Natur hinausgeht, Natur künstlerisch erfassen kann.
Becher erinnert in diesem Zusammenhang einen Satz des Malers Liebermann, demzufolge der Apfel einen unsichtbaren Millimeter über dem Tisch liegen muß, will man ihn künstlerisch fixieren. Dieses Element des vernünftig Unvernünftigen, des nicht Ausformulierten, also der großen, gelungenen Harmonie, findet Becher vor allem etwa in Goethes »Wanderers Nachtlied.«
Er sieht natürlich genau, daß die inhaltliche Mitteilung dieses Gedichtes sich lediglich darauf beschränkt, daß in allen Gipfeln Ruhe ist, daß das Gedicht von der Vernunft her also nur aus den beiden ersten und den beiden letzten Zeilen besteht. Die große Harmonie aber, die künstlerisch reproduzierte Ruhe entsteht dadurch, daß das Gedicht selber immer ruhiger, die Stille immer stiller wird; die Wiederholung des Hauchlosen, des Schweigens der Vöglein im Walde verlängert sich schließlich in den Lesenden hinein.[71]
Dies will als eine andere Form dessen verstanden werden, was wir bei Becher den Dialog nannten: er sieht durchaus, daß in der Literatur nur wirksam (sogar auch politisch nur wirksam) werden kann, was einen bestimmten emotionalen Effekt auslöst, was einen Energieschub in den Lesenden oder Hörenden hineinverlagert. Dazu gehört, wie Becher immer wieder im Tagebuch oder in den Bänden der »Bemühungen« ausführt, auch eine so geheimnisvolle, schwer zu entschlüsselnde lyrische Chiffre wie Rilkes Grabinschrift.

Andererseits – und das Phänomen Heimat, Geschichte spielt, wie wir gesehen haben, eine eminente Rolle im Denken und Arbeiten Bechers – betont er immer wieder, daß ein großer Schriftsteller, große Literatur nur entstehen kann, wo ein Autor sich mit dem Grundgesetz seiner Zeit im Einklang weiß. Becher hatte sich immer dagegen gewehrt, daß die linke Literatur vor Hitlers Machtergreifung die Inanspruchnahme des Vaterländischen den Reaktionären überließ und zitierte gern und freudig Hölderlins Satz:

»Nämlich sie wollten stiften
ein Reich der Kunst. Dabei ward aber
das Vaterländische von ihnen
versäumt, und erbärmlich ging
das Griechenland, das schönste, zugrunde.«

Auch hier beruft Becher sich stets, ob in dem Band »Verteidigung der Poesie« oder später in dem kurzen, aber sehr wichtigen Aufsatz zu Goethes »Literarischer Sansculottismus« aus dem Jahre 1957[72] auf sein Weimarer Minister- und Dichter-Vorbild; denn Goethe definierte ja sehr genau, daß ein klassischer Nationalautor nur entstehen könne, »wenn er in der Geschichte seiner Nation große Begebenheiten und ihre Folgen in einer glücklichen und bedeutenden Einheit vorfindet ... Wenn er selbst, vom Nationalgeist durchdrungen, durch ein einwohnendes Genie sich fähig fühlt, mit dem Vergangenen wie mit dem Gegenwärtigen zu sympathisieren.«[73] Goethe sprach an anderer Stelle auch von dem Vorteil, den er gehabt habe, zu einer Zeit geboren worden zu sein, »wo die größten Weltbegebenheiten an die Tagesordnung kamen und sich durch mein langes Leben fortsetzten, so daß ich vom Siebenjährigen Krieg, sodann von der Trennung Amerikas von England, ferner von der Französischen Revolution, und endlich von der ganzen Napoleonischen Zeit und den ganzen folgenden Ereignissen lebendiger Zeuge war. Hiedurch bin ich zu ganz anderen Resultaten und Einsichten gekommen, als allen denen möglich sein wird, die jetzt geboren werden.«[74]

Fast wörtlich natürlich könnte Becher Ähnliches von sich sagen, nur müßte statt des Siebenjährigen Krieges von zwei Weltkriegen, statt von der Französischen Revolution von der Russischen Revolution gesprochen werden, schließlich sogar von dem beginnenden Abfall sowjetischer Kolonialreiche; fraglos ist es kein Zufall, daß sein kurzer Kommentar zu dem erwähnten Goethe-Aufsatz 1957 geschrieben wurde, also ein Jahr nach den liberalen Bewegungen in Polen, nach dem Budapester Aufstand und nach entsprechenden Liberalisierungstendenzen innerhalb der DDR. Ganz offenbar hat sich Becher (der schon an anderer Stelle den poetischen und historischen Unsinn von Kubas Gedicht »Thälmann ist niemals gefallen« gerügt hatte)[75] von diesen Bestrebungen auch nicht freihalten können; fast polemisch spricht er von einer Kritik, die »in ihrer doktrinären Überheblichkeit und ihrer schon berüchtigt gewordenen Unfähigkeit, ein Kunstwerk als solches zu begreifen, weder der Bildung der Leser dient, noch einer fruchtbaren Auseinandersetzung in Selbstverständigung.«[76]

Besorgte Abwehr des undifferenzierten Superlativismus, der in der DDR gern zahlreiche Autoren zu den größten und bedeutendsten deutscher Nation stempelt, ist für Becher ganz bewußt auch Politikum, denn er schränkt seinen Hohn über diese nivellierende Art zu loben keineswegs auf literarische Phänomene ein, sondern verwahrt sich expressis verbis gegen jene politische Terminologie, in der nur allzu oft und allzu fahrlässig von Agenten, Faschisten und Volksfeinden die Rede sei. Becher sieht offenbar, ohne es ausdrücklich so zu benennen, hier eine Form des bezugslosen Monologisierens, der leeren propagandistischen Rhetorik, die den Menschen nicht erfaßt, vielmehr unbeachtet läßt. Eine Anekdote, die er in seinen späteren Jahren gern zu erzählen pflegte, ist in diesem Zusammenhang zu verstehen: Auf den Stufen der Madeleine an der Place de l'Opera in Paris hockte ein blinder Bettler und hielt den Passanten vergeblich seinen Teller hin. Niemand beachtete das Täfelchen mit der Aufschrift »Seit

Geburt blind«. Ein Vorübergehender erlaubte sich, den Text des Täfelchens zu verändern. Mit verblüffendem Erfolg – der Teller des Bettlers begann sich zu füllen. Auf dem Täfelchen stand jetzt: »Den Frühling bemerken Sie. Mich nicht!«

Vom Menschenpathos zur augenlosen Natur
Erich Arendt

Begriff und Motiv »Heimat« finden sich im Werk eines anderen Lyrikers in – verglichen mit Becher – fast paradoxer Umkehrung. Aus dem Feld seiner Sprache gefallen kurz nach den ersten Publikationen, in fremder geographischer wie politischer Umgebung zu eigener Diktion gekommen, ist Erich Arendt fast ein Sonderfall in der modernen deutschen Literatur.

Arendt begann mit expressionistischen Gedichten, die von 1926 an in Herwarth Waldens Zeitschrift »Sturm« veröffentlicht wurden. Im selben Jahr trat er der KPD bei. Das Programm der Zeitschrift »Sturm« war aber alles andere als politisch; Walden selber proklamierte eine Erneuerung der Künste »von innen«, das »innere Gesicht« und »Die Offenbarung«. Für ihn war Dichtung a-logisch: »Die Kunst und die Tatsache sind zwei Welten, die nichts miteinander zu tun haben... Es gibt keine Kunst für Stände und Klassen. Die Kunst gehört tatsächlich dem ganzen Volk, wenn das ganze Volk der Kunst gehört... Kunst kennt keinen Fortschritt, keine Entwicklung, Kunst ist Kunst. Fortschritt und Entwicklung werden durch Vergleich festgestellt, Kunst ist aber kein Vergleichen, Kunst ist Gleichnis. Kunst ist nicht Darstellung. Kunst ist Gestaltung.

Kunst ist nicht Aufnahme des Gegebenen, Kunst ist Aufnahme des Gebenden. Kunst ist Gabe und nicht Wiedergabe.«[1]

Arendt fand sich von Beginn an in einem typisch deutschen Dilemma: progressive Politik schloß progressive Kunst aus. Sein Versuch etwa, sein anfängliches Vorbild August Stramm dichterisch gleichsam weiterzuentwickeln, wird bei einem Vergleich der Gedichte »Allmacht« (Stramm) und »Alt« (Arendt) deutlich: Arendt geht nicht nur quantitativ über Stramm hinaus, sondern entfernt sich von der innerlichen, demütigen Gebärde zu einer Dechiffrierung von Zuständen. In diesen frühen Arbeiten überwiegt die Gebärde des Anrufs; der Wortleib von Gedichten wie »Wir« oder »Fremd«[2] aus den Jahren 1925 und 1926 besteht überwiegend aus Verben (und zwar oft in der Infinitivform) und dem Personalpronomen:

»Schwingen Wehen Biegen Fliehen
Dich und Dich
und Dich.«

Ein eher menschheitlicher Gestus also als ein bündig-proletarischer.

Der »Bund Proletarisch-Revolutionärer Schriftsteller« konnte diese lyrischen Versuche des neuen KP-Mitglieds nicht akzeptieren. Arendt war auch Mitglied dieser Schriftstellervereinigung und hatte, gemeinsam mit Kurt Hulm, die gegen die »Linkskurve« angelegte, linksradikale hektographierte Zeitschrift »Neukölln hungert« herausgegeben.[3] Eine vehemente Attacke Bechers brachte Arendt zum Schweigen. 1933 emigrierte er – zuerst in die italienische Schweiz, dann nach Spanien. Von 1936 bis 1939 nahm Arendt in der 27. katalanischen Division »Carlos Marx« am spanischen Bürgerkrieg teil. In diesen Jahren entstanden die Gedichte, die er 1959 in dem Band »Trug doch die Nacht den Albatros« sammelte.

An diesen Gedichten ist bereits eine Besonderheit zu beobachten, die mehr und mehr typisch werden soll für Arendts Werk: Der graue, gelegentlich mediokre politische Kampf in Deutschland hat zu Oden im Stile Hölderlins oder zu Sonetten des Kapriziös-Unsäglichen im Stile Rilkes geführt (vor allem in den »Flugoden«, 1959, werden wir dieser Form wiederbegegnen). Die kriegerische, vielleicht manchmal pathetische Situation des Freiheitskampfes, der nicht in Kneipen und Hinterhöfen stattfand, sondern nahezu in einer Ur-Landschaft, läßt den deutschen Emigranten zum ersten Mal seine eigene Sprache finden[4]: Archaische menschliche Situationen – Fischer, Bauer, Weberin – und ebenso fast-archaische, jedenfalls einsichtige Klassenstrukturen – Feudalaristokratie,

Klerus, Militär – geben Erich Arendt zum ersten Mal die Sprache für das eigene politische Gedicht. Arendt versteht sich, wie sein Albatros-Gedicht zeigt, durchaus als ein »nicht von ungefähr Getriebener und Verschlagener«, aber er findet gleichzeitig seine eigene Möglichkeit der Realität und der Hoffnung, ja mehr noch, er schafft sich plötzlich eine eigene Tradition: Goya, Cervantes, Lorca. Aus Geschichte und Landschaft und Kampf entsteht eine Dichtung von deutlicher politischer Zielsetzung, eine Dichtung allerdings, in der sich Elemente von Drohung und Bedrohung mischen mit dem Bericht vom mysteriösen Geschehen, mit Klage also, die später seine Balladen auszeichnen wird: die Hände des Bauern, die die Guardia Civil auf einem Hauklotz abhieb, und die, zur Faust geballt »an alle Scheiben blutig klopfen«, oder die Haut des toten Negers, die dunkler wird »und, wie der Abendhimmel überm Kral einst, violett« scheint.
Typisch für die innere Situation Arendts ist dann das Wiederbegegnungs-Gedicht »Saragossa 1941«, weil es nicht nur die Bitterkeit der Niederlage in Spanien umgreift, sondern auch den Widerspruch zwischen erloschener und noch glimmender Hoffnung eines, dem dieser Kampf Hilfe war zu politischem Selbstverständnis; deswegen wird auch gegen hohlblickende Wände, fliehende Straßen, stummkauernde Bäuerinnen und den Wachschritt der Gendarmen die Hoffnung des Flusses gesetzt:

»So steigt aus Todesdrohn und Furcht ins fahle
Gewölb der Nacht ein riesenhafter Rumpf:
die steinerne Gewalt der Kathedrale.
Und greise Uhren schlagen überm Dachfirst dumpf.
Der Ebro aber rauscht ...«[5]

Nach dem Fall von Madrid flieht Arendt nach Paris, nach dem Fall von Paris kommt er in ein Lager bei Bordeaux, aus dem er fliehen kann. Bis 1941 lebt er illegal in Marseille. Dann kommt das ersehnte Visum – nach Kolumbien. Nach illegaler Fahrt durch Spanien (weil ab Marseille keine Schiffe mehr gehen) und einem halbjährigen Zwangsaufenthalt in

Trinidad trifft er auf einem Kontinent ein, der nach jahrhundertelanger Vergewaltigung und Christianisierung noch immer im Zustand des Mythischen, Dumpfen und zugleich Grellen verharrt.

In einem seiner wenigen Prosatexte, dem Vorwort zu den Tolú-Gedichten, versuchte Erich Arendt diesen ersten Eindruck des Ankömmlings zu fixieren:

»Die unbezwungene, unbegründete Natur, der man unter äußerster Mühsal wohl einen Streif nährenden Bodens abgewann, war das alte Gesetz, dämonisch und unberechenbar, an dem der Mensch tausendfach zerbrach. Dürren und Plagen, Seuchen, schwellende Fluten, giftige Fieber machten ihn zum hilflosen, getriebenen Objekt dieser unberührten Erde, die des Menschen Hölle war. Nur feinstes Spürvermögen, die Überwachheit seiner Sinne ließ ihn dauern. Aus dieser blinden Abhängigkeit erwuchsen Brauch, Tabu und Kult, schuf er beschwörend die Gottheiten der Fruchtbarkeit, des Maises, des Regens, der Zeugungskraft. Noch immer wird die Natur, da die dunkle Hand sie nicht beherrscht, als Schicksal empfunden und gelebt. Und jede Ernte von Mais, Yucca und Reis ist unter der bleiernen Glut der Himmel, im Fieberatem der Sümpfe, heldenhaftes Mühen und erfordert den ganzen Menschen, will er, von den Wänden der Wildnis umringt und bedroht, sein Leben fristen. Aber nicht die Natur allein ist hier gnadenlos, seit einem halben Jahrtausend auch der Besitzende, er, der Wald und Steppe, Gebirg und alles fruchtbare Gebreit sich angeeignet hat. Der Nachfahre blutiger Conquistadoren, Herr der Plantagen, Minen und Weiden, der Hacendero, der terrateniente, der Erdgewaltige, übt über vierhundert Jahre schon und grausamer selbst als die Natur seine absolute Herrschaft aus. Zornwütige Götter eines anderen, tödlichen Planeten schienen sie, die da urplötzlich kamen in eisernen Panzern, die Gefangenen pfählten, die Palisadendörfer einäscherten, die folterten, raubten, schändeten, verrieten und den versklavten Indianern, diesen in Eisen geschlagenen Lasttieren, wenn sie zusammenbrachen, die

Köpfe abschnitten, um die Halseisen zu haben für immer neue Opfer. Ein ganzer Kontinent verblutete an dem ungeheuerlichen Aderlaß. Nicht die Kariben der Küste und Inseln nur, die wilden Widerstand leisteten und von den Spaniern offiziell zum Freiwild erklärt worden waren, auch die sanfteren Völker Kolumbiens, Chibchas und Kimbayas, erlagen dem Gemetzel. Heute nun blickt man in die schweigsamen Gesichter der Indios, spürt man dieses Massaker noch immer. Stumm und apathisch hocken sie, ist ihr elendes Tagwerk getan, vor ihren armseligen Hütten: nur noch Schatten der Anden. Tief eingegraben die Ohnmacht der Niederlage in der Seele. Scheue, ausweichende Augen. Zehrende Verdüsterung im Blick. Zu diesem tragischen Geschick kam in den nachfolgenden Jahrhunderten die maßloseste Versklavung über sie.«[6]

Diese landschaftlich wie politisch, in Moral wie in Kunst wie in den einfachen Lebensalltäglichkeiten fremde Wirklichkeit, die erst Stück für Stück angeeignet werden mußte, führt zu einer ganz neuen Periode in Arendts Lyrik. Aus einer Art literarischer Eroberung der Landschaft, gleichzeitiger Anverwandlung von Rhythmus und Musikalität der Folklore von Negern und Indios entsteht ein Surrealismus, der mit reinen Sprachbildern arbeitet und in dem auch die Form der Gedichte – nicht nur das Vokabular – der überwältigenden südamerikanischen Landschaft angepaßt ist. Das Wiegen der Palmen, der Schlag der sich vom Strand zurückziehenden Wellen, die leisen Sohlen tanzender Neger, das alles ergibt eine neue, metaphernreiche Diktion. Immer aber versucht Arendt, der Landschaft Geschichte zu geben, das heißt, den Menschen einzubeziehen, ihn zum möglichen Sieger auszurufen über Kaktus und Felskarst und aschenes Land:

»Aus Asche das leblose Land.
Sand.
Ein meergraues Aschenland.
Sprießt kein Halm in der Welt,
aber,

oben am Hang, ein Neger. Der hält
den hölzernen Pflug in der Hand.
Wägt
jede Scholle, die da fällt!«[7]

Der kurze Anschluß durch ein »aber« (anderswo durch ein »noch« oder »und« oder »bald«) ist Kennzeichen der lyrischen Dialektik Arendts, dem in den kolumbianischen Jahren gelegentlich eine perfekte Mischung aus politischem Tanzlied und Ballade gelingt, in der Zeugung und Revolution zu sich paarenden Begriffen zusammengespannt werden:

»Schon setzte der männliche Panther zum Sprung an.
Und dreißig Fackeln gebären den Tanz.
Noch tanzen Fischer, Schnitter, tanzen die Peone,
die morgen ihren Arm verweigern jeder Fron.
Trommeln und Rasseln gehn im schärferen Ton.
Die Männer denken an den Kampf im Tanze schon.«[8]

1950 kehrt Arendt nach Deutschland zurück, nach Ostberlin. Mit 48 Jahren kann er seinen ersten Gedichtband publizieren. Doch diese ersten Bände, »Trug doch die Nacht den Albatros« (1951) und »Bergwindballade« (1952) sind eine Art lyrische Bestandsaufnahme, fassen zusammen, was in den Jahren draußen entstand. Die Rückkehr muß gleichzeitig ein Schock gewesen sein: jahrelang veröffentlicht Arendt statt eigener Bücher Übersetzungen (Neruda, Guillén, Alberti, Cernuda, Aleixandre, Hernández). Die erste große Publikation »Gesang der sieben Inseln« (1957) verrät vor allem Nerudas Einfluß. Typisch ist auch, daß er wieder die Oden-Form aufnimmt; 1959 wird der schmale Band »Flugoden« verlegt, in dem noch einmal Hoffnung aufflammt; in der IX. von zehn Oden heißt es:

». . . – Aurora
kündete den gesetzlichen Tag,
eine Möglichkeit
dem Menschen.«[9]

Georg Maurer beschäftigte sich anläßlich einer Ansprache zu Arendts 60. Geburtstag[10] mit dem Phänomen der klassischen

Odenform in seinem Werk und die offenbar bewußte Reaktion auf Hölderlin, begreift sie aber eigenartigerweise eher als Formproblem – etwa im Sinne von Bechers Kunst des Sonettierens:

»Hat man einmal die Substanz der Arendtschen Dichtung auf sich wirken lassen, so löst sich auch die scheinbare Schwierigkeit des sprachlichen Gewirks. Zur Lösung diene Hölderlins stilistisches Credo: ›Man hat Inversionen der Worte in der Periode. Größer und wirksamer muß dann aber auch die Inversion der Perioden selbst sein. Die logische Stellung der Perioden, wo ... die Nebensätze immer nur hinten angehängt sind an die Hauptsätze, worauf sie sich zunächst beziehen – ist dem Dichter gewiß nur höchst selten brauchbar.‹ Die Hochspannung kunstvoller Satzgefüge, die Klopstock und Hölderlin als besonderes poetisches Mittel gegenüber einer diskursiven Denk- und Ausdrucksweise in die deutsche Lyrik einführten, übernimmt Arendt als ein völlig legitimes Erbe aus dem Reichtum klassischer Gestaltungsformen.«[11]

Unerörtert bleibt in diesem Text, daß die Mittelachse des Bändchens »Flugoden« gebildet wird von – vier Elegien. Arendts Wortmaterial verschattet, verdüstert sich, verkrustet gleichsam: »Kummer« und »Stein«, »Blindheit« und »Leid«, »kalt« und »hohl«, »steingrau«, »erloschen«, »Schwermut«, »Tod« und »Vergeblichkeit«. Arendts Identifikation mit Trauer wird vollständig.

»Leer ist, von Dunkel gefegt,
die schwarze Tenne der Sterne.
Der Mund des Lichts
verschloß sich der Welt.«[12]

Es entstehen Gedichte, die wohl eine dritte, vielleicht letzte Phase in Arendts Werk ankündigen. Was er im Nachwort zu den von ihm übersetzten und ausgewählten Gedichten von Vicente Aleixandre über diesen spanischen Dichter sagte, trifft auch für ihn zu: »Romantisch gewiß, nicht aber als evasive Sehnsucht, als Erträumtes, nicht als des Realen Verschönung, höchstens als ureigenste Subjektivität, die den Kosmos neu erschafft, im Wort, in der Herrschaft des autonomen Gefühls. Aleixandres innerste Identität mit allem Vegetativen, Animalischen der Erde, dem lebendig Anorganischen der Welten, wird fast in jedem Gedicht manifest ... Doch Aleixandres gesamtes Werk, die großen Hymnen vom Kosmos wie die Gesänge vom Mitmenschen, steht ebenfalls und von Grund her gegen Knechtung, Erniedrigung, Entrechtung, Elend und Verkümmerung. Dieses dichterische Ich bleibt das immerselbe; es wurzelt ganz im Elementaren, das keine Minderung der Welt und des Menschenantlitzes zuläßt. Aleixandres tiefe, spontane Identifikation, Mittelpunkt seines Wesens, einst bezogen auf Pflanze, Stein, Tier, auf den Menschen als Natur, nun auf denselben mit all seinem schmerzlichen, mutigen Mühen an jedem Tag, schafft die eindringliche Lebendigkeit und Wahrheit seines Spätwerks.«[13]

Die Möglichkeit der Ballade – des Erzählens von Zusammenhängen also – steht Arendt längst nicht mehr zur Verfügung. Tätigkeit überhaupt verschwindet aus dem Bau seines Gedichts: das Verb wird fast vollständig verdrängt.[14] Jener Widerspruch, jenes »aber« oder »noch«, das den Menschen ankündete, gar die Befreiung des Menschen durch den Menschen, ist erloschen. Schweigen und Abgrund und Tod ist jetzt das Wortmaterial, Substantive wie Stein:

»Starr
das sperberköpfige
Herz: So
im hypnotischen Schweigen
des Meeres, über
dem Abgrund der Gott.
Vor dir
die Stirn seines Lächelns
leicht
wie Tod: ein Hauch
der Welle.«[15]

Und dort, wo Arendt Verben einsetzt, kann man leicht hören, daß sie als Negativ-Chiffren zu verstehen sind: fast blinde Wörter tasten, vergessen und suchen:

»Aus den nachtblinden
Spiegeln tasten
die Finger, die nicht
vergessen können,
das wilde Wespennest
suchend.«[16]

Volker Klotz hat in seiner Studie »Zu Erich Arendts Gedichten«[17] eindringlich auf diese vokabuläre Schwärze hingewiesen und anhand des Gedichts »Cava Acquera«[18] das Aussparen des Verbs beziehungsweise seine Bewegungslosigkeit erläutert:

»Soweit die Prädikate nicht ausgespart sind, richten sie nichts aus, behalten sie ihre Bewegung für sich oder nehmen sie zurück: die Gipfel finden sich, die Zeit zählt von Fels zu Fels; das Herz wird in der Hand gehalten, die Perle glänzt. Doch sie glänzt ›dir‹, ebenso wie der Schatten ›dir‹ wuchs. Das heißt, diese ziellosen Verben und in ihnen die Regung des Naturraums beziehen sich zwar auf das lyrische Ich, aber nicht aus eigener Kraft, sondern nur vermittelt durch den grammatischen Fremdkörper des freien Dativobjekts. Wenn am Anfang der zweiten Strophe dennoch von Vorgängen die Rede ist, dann liegen sie nicht nur zeitlich ab – am Tag, der von der gegenwärtigen Nacht her rekapituliert wird –, sie sind zudem so umwegig, gedämpft und kontaktschwach wie das aufgezeichnete Verhältnis von Ich und Umwelt insgesamt: der Tag ›bog‹ um die Leiber der Höhlung, der Schatten ›versuchte‹ den Rand der See ›zu erreichen‹. Der Schatten nur, nicht einmal das bewegungslos verharrende Ich selber, verhält vor dem Ziel. Und die Frustration wird noch vertieft, wenn der Schatten wachsend sich nicht ausdehnt, sondern verringert bis aufs winzige Maß eines Staubkorns.

Die Metaphorik baut mit an dem surrealistisch luftleeren und ungerührten Raum. Die Farben und Stoffe sind anorganisch, metallisch, mineralisch. Aus Schwarz, Weiß und Silbern nährt sich das entrückte Spiel zwischen Licht und Dunkel. Auch die organische Bebilderung kosmischer Erscheinungen schafft keine Wärme, sie steigert noch die Kälte: der fischhäutige Mond, die steinerne Schlange Licht. ›Weiß wie die Lippe der Tod – und weiß wie der Tod ist dein Herz‹: Die beiden Sätze schlagen eine zweifache Brücke, einmal zwischen Anfang und Ende des Gedichts, sodann zwischen innen und außen, zwischen Individuellem und Überindividuellem. Diese Brücke ist zwar in beiden Richtungen begehbar, vom menschlichen Organ zum Tod, vom Tod zum menschlichen Organ, doch es herrscht darauf kein fluktuierender Verkehr – sie fixiert nur den erstarrten gemeinsamen Zustand, in dem sich, weitab von früheren weltanschaulichen Vorstellungen des Autors, nachdrücklich die Erkenntnis von Unabwendbarem äußert.«[19]

Ein anderes Beispiel, das Gedicht »Vor Tag«[20], aus den 1967 erschienenen Ägäis-Gedichten macht deutlich, wie erbarmungslos vereinzelt, ruf- und echo-los Arendt den Menschen sieht, in unveränderliche, elementare Grundsituationen gebettet. Handlung ist nicht mehr Eingriff und Veränderung, sondern bereits unveränderlich, das Verb ist konsequenterweise zum Attribut deklassiert. In den ersten der vier Strophen sind alle vier Verben Partizipial-Konstruktionen, im emotionalen Wert Negativstellen, zwei davon sogar ent-Verben: ent-ronnen, ent-schwiegen. Felshaupt und Sternwind setzen den Grundakkord – Ferne, menschenlos, starr. Das sich Bewegende, die Flut, ist düster.

Dem entspricht der Beginn der zweiten Strophe, der durch die eigenwillige Kommasetzung fremd gemacht wird: ruft der Vogel fernab und einzeln, oder ruft das Dämmern? Der weitere Gang des Gedichts – der Beginn der dritten Strophe mit dem partnerlosen Du zeigt das – meint offenbar den Vogel, ein Lebewesen, einsam und echolos, das ins Nichts ruft, ins Dämmern, das durch den unvermittelten Befund »augenlos«, eher noch gestirnhafter, kälter, ferner wird. Die gravierenden, betonten, Bedeutung tragenden Worte der dritten Strophe sind einzeln / dämmern / lautlos / meerschwarz / erloschen / steinern / alt / um in einem einzigen Binnenreim zu enden, der alle diese Begriffe zur Repitition verewigt: Nacht für Nacht. Das kommunikationslose Du der dritten Strophe, offenbar an sich selber gerichtet, betont nur die Vereinzelung, die Nicht-Erwartung nach dem Schlaf – denn was da kommen mag, ist »von grauer Lippe gestreift«, totenwabengleich.

Die vierte Strophe holt gleichsam die erste zurück: Bergrand und Morgeninsel entsprechen sich; Felshaupt und Sternwind haben in Muschel und Wehen ihre organische, elementare Entsprechung gefunden; und die düstere Flut – also dem »unten« – der der Mond entrann und entschwieg, wird noch einmal evoziert im atemlosen Unten, dem die Augen, die größeren Schatten, nah sind. Gerade dieses menschliche Attribut, Auge, wird in eine todesnahe Umgebung gebracht, jedenfalls bedrohlich eher als freundlich. Konsequenterweise wird auch hier wieder der Vogel noch einmal ausdrücklich einzeln benannt, mit der Augenmetaphorik in Verbindung gebracht. Grundtenor des Gedichts ist also das Unheimliche, Gnadenlose, Einsame, ist das Elementare, Unveränderliche, nicht Fortschreitende. Ist das Verharren in der Bedrohung.

Das Gedicht heißt aber »Vor Tag« – Morgendämmerung zu deutsch. Aurora[21], die Morgenröte, ist bei Erich Arendt schließlich kein hoffnungsvoller geschichtlicher Augenblick mehr – sein letzter Gedichtzyklus, den er 1968 veröffentlichte, heißt »Von blinder zu blinder Luft geschliffen.«

Natur als Prozeß der Geschichte
Peter Huchel

Eine Sonderstellung, nicht nur unter den Lyrikern der DDR, sondern innerhalb der deutschen Gegenwartsliteratur überhaupt, nimmt Peter Huchel ein. Der – wie Erich Arendt – 1903 geborene Schriftsteller, der seine Kindheit in der Mark Brandenburg verlebte und etwa zwei Jahrzehnte in Wilhelmshorst bei Potsdam lebte, hat ein Werk von nicht mehr als ca. 120 Gedichten vorzuweisen (neben einigen unpublizierten Hörspielen, verschiedenen später nicht nachgedruckten Gedichten und wenigen Prosa-Arbeiten wie seine autobiographische Skizze »Europa neunzehnhunderttraurig« aus der »Literarischen Welt« Nr. 7, 1931). Seine Gedichte liegen in drei publizierten Bänden vor; der letzte Band ist eine reduzierte Neufassung des ersten mit einer einzigen Erweiterung, dem Büchner-Gedicht »Lenz«.
Peter Huchel begann 1925 seine ersten Gedichte in Paul Westheims »Kunstblättern« und bei Willy Haas in der »Literarischen Welt« zu veröffentlichen, gelegentlich auch in der »Vossischen Zeitung« und in der Zeitschrift »Die Kolonne«, die ihm 1932 ihren Lyrikpreis für seine Arbeit »Der Knabenteich« zuerkannte. Von 1933 ab schwieg Huchel konsequent; dem aus Prag anfragenden Willy Haas (der dort die Emigrationszeitschrift »Die Welt im Wort« gegründet hatte), antwortete er: »Ich habe mich entschlossen, das Dichten bis auf weiteres ganz aufzugeben und durch die Arbeit meiner Hände zu leben.«[1] Willy Haas, in der erwähnten Zeitschrift, bescheinigt Huchel auch, diesem Entschluß treu geblieben zu sein: »Ich jedenfalls habe nichts gelesen aus den glorreichen Jahren von 1933 bis 1945, was er in Deutschland oder anderswo in Druck gegeben hätte.«[2] Korrekterweise muß hier nachgetragen werden, daß Willy Haas – wie zahllosen anderen Zeitgenossen – offenbar jene Zeitschrift nicht geläufig war, in der übrigens auch, März 1944, Johannes Bo-

browski seine ersten acht Gedichte publizierte: das von Paul Alverdes herausgegebene »Innere Reich«. Die Zeitschrift und ihr Herausgeber, dessen Weltkriegspathos notorisch war, unterstützten natürlich das Dritte Reich in totaler ideologischer Identifikation; »daneben« wurde die »reine Dichtung« gepflegt. Neben Eich, Britting und von der Vring findet sich unter den Beiträgern auch Peter Huchel.[3] Er war auch Mitglied der Reichsschrifttumskammer – das von ihr herausgegebene Schriftstellerverzeichnis des Jahres 1942[4] führt seinen Namen auf. Im Vorwort des bemerkenswerten Katalogs heißt es: »In der Folge wird zum ersten Male ein vollständiges Verzeichnis aller schriftstellerisch Tätigen, soweit sie der Reichsschrifttumskammer gemeldet sind, zur Verfügung gestellt. Die Namen der von der Mitgliedschaft zur Reichsschrifttumskammer Befreiten sind mit einem Stern versehen. Das Verzeichnis ist nach dem Stande vom 30. September 1941 zusammengestellt und wird alljährlich herausgegeben.«[5]
Der Name Peter Huchel trug keinen Stern. Er wurde 1941 Soldat, kehrte 1945 aus sowjetischer Gefangenschaft zurück, war bis 1948 künstlerischer Direktor des sowjetisch lizensierten Berliner Rundfunks und von 1948 bis 1962 Chefredakteur der von Johannes R. Becher und Paul Wiegler begründeten, im Rahmen der Ostberliner Akademie der Künste herausgegebenen Zeitschrift »Sinn und Form«. Seine große inszenatorische Begabung hat aus dieser Zeitschrift in den 13 Jahren, die er sie leitete, ein glanzvolles Forum für all jene gemacht, die in der modernen marxistischen Literaturdebatte von Relevanz waren, ob Bloch oder Lukács, Harich, Hans Mayer, Brecht, Aragon, Ernst Fischer, Eluard, Majakowski oder Neruda. Der Beginn mit jenem heute schon historischen Brecht-Sonderheft in einmaliger Auflage von 8000 Exemplaren, in dem unter anderem »Das kleine Organon« und »Der kaukasische Kreidekreis« erstveröffentlicht wurden neben einer Brecht-Bibliographie, war programmatisch: Obwohl Becher Mitbegründer und Herausgeber war,

blieb Brecht Mentor und Freund für Huchel, und sein intellektueller Eliteanspruch prägte die Hefte. Als der DDR-Kulturfunktionär Kurt Hager, zur Einleitung der Kampagne gegen Peter Huchel und seine Zeitschrift in einer Rede sagte, das Gehaben der Zeitschrift erinnere stark an einen englischen Lord, erwiderte Huchel ihm spöttisch: »Sehen Sie, Herr Hager, in einem Manuskript hätte ich Ihnen das Adjektiv englisch sogleich gestrichen.«[6]

Das Ende kam rasch und spektakulär. Peter Huchel verabschiedete sich am Jahresende 1962 mit einem furiosen letzten Heft, eingeleitet von Brechts »Rede über die Widerstandskraft der Vernunft«. Die Zeitschrift, nach einem kurzen Zwischenspiel unter dem 1963 verstorbenen Bodo Uhse, wird seit Heft I, 1964, von Wilhelm Girnus, dem ehemaligen Staatssekretär für das Hochschulwesen, fortgeführt, der bei Ernst Bloch und Hans Mayer promovierte.

Huchels Standort als Lyriker wird gemeinhin als der eines Naturlyrikers definiert. Tatsächlich bilden die märkischen Seen und Wälder, schilfumstandene Tümpel, Gräser und Felder, Weiden, Nebel, Luch und Rohr das Material zu Huchels metaphernreicher Sprache. Ein »Heimatdichter«, auf den ersten Blick betrachtet, dem die »innere Emigration« sich gleichsam aus literarischem Selbstverständnis anbot. Schon die Lektüre früher Arbeiten aber zeigt, daß Huchel den Menschen – also Geschichte, also Politik – mit einbezieht in seine lyrischen Reflexionen. Gedichte aus den Jahren vor 1933 heißen »Die Magd«, »Der polnische Schnitter«, »Kinder im Herbst«, »Der Ziegelstreicher« oder »Die Hirtenstrophe«. Bei genauerer Analyse stellt sich heraus, daß die meisten Kritiker Huchels auf sein Wortmaterial hereinfallen und den eigentlich gemeinten Sinnzusammenhang unbeachtet lassen, daß man Huchels Naturverbundenheit nicht als lyrische Technik erkannt hat etwa im Sinne des Satzes von Ezra Pound »The natural object is always the adequate symbol«. Huchel antwortet oft auf literarische Vorformen. Sein Gedichtende »Im Gras saß ich, mit müdem Haar / das gelb ver-

schlafen von Lupinen war« erinnert durchaus an Georg Heyms »Wenn er im Felde schlief mit gelben Haaren«, und das genannte, Büchner paraphrasierende »Lenz«-Gedicht aus dem Jahr 1927 hebt Tradition auf im Hegelschen Doppelsinne, das heißt vernichtet und bewahrt; es hebt auch »hoch«, will sagen: macht deutlich. Während Becher sich oft und willig etwa Goethes Verdikt über Johann Christian Günther, »er wußte sich nicht zu zähmen und so zerrann ihm sein Leben wie sein Dichten« zu eigen machte, ist Huchels Option für Lenz – also gegen Goethe – offenbar. Das Gedicht muß ihm von zentraler Bedeutung gewesen sein, es ist als einziges des Bandes »Sternenreuse« datiert: Straßburg/Paris 1927. Knapp 250 Jahre also nach jenen Winter-Wochen, in denen Lenz im Wahn Goethes Friederike rufend, beim Pfarrer Oberlin in Waldbach eintraf. Straßburg ist natürlich ebenso als Chiffre zu verstehen, die Stadt, die aufs engste nicht nur mit Goethe und Herder zusammenhängt, sondern eben auch mit dem Dichter des »Hofmeister« und der »Soldaten« – und schließlich mit Büchner, der im Sommer 1835 die Aufzeichnungen des Pfarrers Oberlin findet und sie in seiner Novelle verarbeitet. Huchel stellt sein Gedicht bewußt in ein Koordinatensystem aus Historie und Literaturhistorie – und er gibt Ton und Sinn an, wenn er als Motto setzt jenen berühmten letzten Satz Büchners »So lebte er hin«; es klingt auch wie das Motto einer eigenen Reise – nach Paris.
Vor diesem übersehbaren Hintergrund wird aber auch ein Strukturprinzip der Huchelschen Gedichtbauweise durchsichtig: keineswegs nämlich sind Naturbilder Stimmungskulisse. »Morgenhimmel« und »Der Teiche weißer Rauch«, »der Pappeln kühles Schweben« und »Nacht« und »Wind« sind Topoi für das Spannungsverhältnis des Menschen zur Natur, zur Welt also:

»Lenz, Dich friert an dieser Welt!
Und Du weißt es und Dir graut.«

Damit aber sind es Topoi für das Spannungsverhältnis des Menschen zum Menschen, genauer gesagt: gesellschaftliche

Topoi. Jene große »Entfremdungsszene« bei Büchner, die mit dem »Wird es denn niemals wieder Nacht?« endet, ist ja pointierte Fixierung des aus der Gesellschaft ausgestoßenen Individuums, des totalen Auseinanderreißens von Ich und wir; der Autor, der dieses heute schriebe, hätte Samuel Beckett zu heißen:

»Ja, Herr Pfarrer, sehen Sie, die Langeweile! die Langeweile! o, so langweilig! Ich weiß gar nicht mehr, was ich sagen soll; ich habe schon allerlei Figuren an die Wand gezeichnet.« Oberlin sagte ihm, er möge sich zu Gott wenden; da lachte er und sagte: »Ja, wenn ich so glücklich wäre wie Sie, einen so behaglichen Zeitvertreib aufzufinden, ja, man könnte sich die Zeit schon so ausfüllen. Alles aus Müßiggang. Denn die meisten beten aus Langeweile, die andern verlieben sich aus Langeweile, die dritten sind tugendhaft, die vierten lasterhaft, und ich gar nichts, gar nichts, ich mag mich nicht einmal umbringen: es ist zu langweilig!«[7]

Dieser ganze logisch-moralische Zusammenhang stellt sich aber bei Büchner – wie bei Huchel – nicht im Kommentar her, kaum im Bericht, als einzig fixierbaren Namen gibt Huchel den Ort Fouday – wo jenes Kind starb, das makabrerweise auch Friederike hieß und an dessen Grab Lenz stellvertretend pilgerte. Er stellt sich her in Bildern – und zwar in Naturbildern. Wir erinnern den Anfang der Büchnerschen Prosa: »Den 20. Jänner ging Lenz durchs Gebirg. Die Gipfel und hohen Bergflächen im Schnee, die Täler hinunter graues Gestein, grüne Flächen, Felsen und Tannen.

Es war naßkalt; das Wasser rieselte die Felsen hinunter und sprang über den Weg. Die Äste der Tannen hingen schwer herab in die feuchte Luft. Am Himmel zogen graue Wolken, aber alles so dicht – und dann dampfte der Nebel herauf und strich schwer und feucht durch das Gesträuch, so träg, so plump.«[8]

Dieses Element des Korrespondierens äußerer und innerer Hergänge, ein dialektisches Verhältnis zwischen dem Vorgegebenen – der Natur, der Gesellschaft – und dem Bezwinger, der manchmal unterliegt, ist das Bauelement für die tragende Schönheit und Spannung von Huchels Poesie. Sein Gedicht »Lenz« endet dann auch mit der Zeile

»Und der Mensch am Menschen leidet.«

Im selben Jahr, 1927, erschien Bertolt Brechts »Hauspostille«, in der eines der ersten Gedichte einer ebenfalls »Ausgestoßenen« – der Kindermörderin Marie Farrar – galt; und es endet mit der Zeile

»denn alle Kreatur braucht Hilf von allen«.

Ohne Frage gab es eine Art literarischen Dialog zwischen Huchel und Brecht; die Ballade über »Wei Dun und die alten Meister« spielt nahezu augenzwinkernd zu Brecht hinüber:

»Bewundernd die alten Meister,
...
war ich bemüht, mit steilem Pinsel ...«[9]

Und schließlich ist auch dieser Vers eine direkte Antwort auf Brechts Frage, das Gespräch über Bäume betreffend, das zum Verbrechen wird, »weil es ein Schweigen über so viele Untaten einschließt«:

»Zarteste Kraft des Halms,
der die Erde durchstößt,
Trauriger Ölbaum, Wasser des Bachs,
darf ich euch preisen,
eh nicht der Mensch den Menschen erlöst?«[10]

Dieses Brecht-Gedicht »An die Nachgeborenen« muß Huchel immer wieder provoziert haben. Der düstere »Psalm«, mit dem er seine vorläufig letzte Gedichtveröffentlichung beschloß, ist deutlich eine artistische wie ideologische »Verlängerung«. Wo Brecht noch die Ruf-Form benutzte, den Anruf an konkrete, erfaßbare Menschen, übernimmt Huchel gleichsam das jahrtausendealte Leid des jüdischen Volkes, den alttestamentarischen Klageruf, der weiß, daß es keine Antwort gibt:

»Die Öde wird Geschichte,
Termiten schreiben sie
mit ihren Zangen in den Sand.

Und nicht erforscht wird werden
ein Geschlecht,
eifrig bemüht,
sich zu vernichten.«[11]

Das ist natürlich auch als formale Antwort zu verstehen. Brechts verschiedene Psalmgedichte lagen seit Anfang der zwanziger Jahre vor, nüchterne Prosa-Additionen von Zuständen, bewußt trivial. Die Bewegung dieser Gedichte ging absichtlich nicht auf ein Ziel zu, sie trennen statt zu verbinden, indem sie die Trennung gleichzeitig benennen:

»2. Über der Welt sind die Wolken, sie gehören zur Welt. Über den Wolken ist nichts.

3. Der einsame Baum im Steinfeld muß das Gefühl haben, daß alles umsonst ist. Er hat noch nie einen Baum gesehen. Es gibt keine Bäume.

6. Ich komme sehr vereinzelt vor. Ich habe keine Geduld. Unser armer Bruder Vergeltsgott sagte von der Welt: sie macht nichts.«[12]

Die Zukunft, die Huchel düster beschwört, sah Brecht ohne Unterschied zur Gegenwart; im »Psalm im Frühjahr«[13] ist die Eschatologie selbst verbal verbannt: obwohl die Erwartung des Sommers beschrieben wird, gibt es keine futurische Verb-Form. Die Erlösung findet bei Brecht nicht statt. Bei Huchel wird sie, einst versprochen, zurückgenommen.

Ganz fraglos auch ist Huchels großes Poem »Der Rückzug«, um 1943 entstanden, als ein derartiges poetisches Echo auf Louis Aragons berühmtes Gedicht »Les Roses et les Lilas« aus dem Jahre 1940 zu verstehen. Bis in den Rhythmus hinein, bis in die Umkehr-Metapher Frühling = Trauer – während doch Frühling sonst blütenweiß, knospend und Neues versprechend begriffen wird – finden sich Ähnlichkeiten; man höre nur etwa den Versbeginn des 8. Teils:

»O Nacht der Trauer, Nacht April,
die ich im Feuerdunst durchschwamm,
umweht vom schwarzen Wassergras,«[14]

und man hört förmlich Aragons Klagegesang:

»O Flieder unvergessen und Rosen Strauß an Strauß
und meine beiden Lieben, die ich verloren hab«[15]

Auf ähnliche Weise, eine andere – eher allgegenwärtige – Vorlage benutzend, entsteht im Winter der Kriegswende ein wichtiges politisches Gedicht: »Dezember 1942«. Die Gewalt dieses Gegenbildes ist zwingend: Maria nicht im Stall, nicht gebenedeit, sondern »erschlagen vorm Tor«; nicht drei Könige im Purpur, sondern drei vermummte Landser; sie hören keine Stimme des Gottessohns – »Nicht brennt ihr Ohr von des Kindes Schrei«; sie sehen keinen Stern; nicht Weihrauch oder Myrrhe oder Gold, nicht Esel und Ochs – sondern »kahles Gehöft, umstrichen von Krähe und Hund«; und statt »ein Kind ist geboren«, ist das »Gerippe fahl« und Öl und Ruß, Reste von Kampf und Kriegsmaschinerie bleiben – kein Friedensfürst. Das Gedicht schwingt von aggressiver Antithese zu aggressiver Antithese – bis im letzten Vers, endlich, der Name dieses negativ gewendeten Bethlehem genannt wird: Stalingrad.

Huchel versteht auch sein eigenes Werk bereits als Bestandteil aufzuarbeitender Tradition. Der Vergleich vieler Gedichtfassungen in den jetzt vorliegenden Buchausgaben mit früheren Veröffentlichungen in »Sinn und Form« zeigt, daß er vor allem verknappt, Adjektive streicht oder sich zur lyrischen Identifikation entschließt, statt durch Wie-Vergleiche zu parallelisieren. Es heißt beispielsweise nicht mehr »Nackt und blutig lag die Erde *wie* der Leib des Herrn«, sondern »Nackt und blutig lag die Erde / Der Leib des Herrn.«[16] Besonders deutlich wird diese Entwicklung zur formalen Präzision, die Hand in Hand geht mit einer gewissen moralischen Bitterkeit, beim Vergleich zweier Gedichte, die in Huchels Werk zentrale Positionen einnehmen: »Der Knabenteich«, 1932,[17] und »Wintersee«, um 1939.[18] Aus der Schilderung eines Paradieses, bewohnt von Libellen und Nixen, Unken und dem spielerischen Knaben, umflutet von Mittagshelle und Algenlicht und Wind und Teich und Krähenschrei, ist ein Anruf geworden:

»Ihr Fische, wo seid ihr
mit schimmernden Flossen?
Wer hat den Nebel,
das Eis beschossen?«

Aus »Teich«, dem gemütvollen Begriff, wurde »See«, das härtere, gläserne Wort. Dort heiß, Sommer – hier Eis, Winter.

Aus vier Achtzeilern wurden zwei Vierzeiler. Aus Versen, die sich im a-c, b-d-Wechsel reimen, wurden Verse, von den a auf c überhaupt nicht mehr antwortet. Ein »Regen aus Pfeilen«, ein feindlicher Regen, einer, der den Himmel verfinstert – Huchel wie seine Leser kennen diese Metapher: aus einer berühmten antiken Schilderung der Alexanderschlacht. Es ist der Beginn des Endes, Krieg, Schrecken, Untergang werden assoziiert. Die – moralische wie poetologische – Entwicklung des Autors ist am Ende beider Gedichte besonders deutlich ablesbar: Weiche, Traumverlorenheit, fließendes Binsenhaar. Demgegenüber:

». . . so steht das Schilf
und klirrt und zittert.«

Wozu zu sagen wäre, daß Schilf, eine bei Huchel besonders häufige Chiffre, im Sinne von Pascals »le roseau« – »ein Schilfrohr, das denkt« – als Bild für die eigene Existenz zu verstehen ist.[19]

Das muß erinnert werden, liest man sein Gedicht »Winterpsalm«, das Huchel trotzig in jenes Abschiedsheft von »Sinn und Form« einrückte und das entsprechend Furore machte. Einmal war die Prozeß-Situation, das Trugbild vom Richter, dem er sich verweigert (»Ich will nicht Zeuge sein«) einigermaßen deutlich. Zum anderen aber nimmt Huchel – hier offenbar sehr bewußt – dieses Bild vom Schilf wieder auf, um den zusammengesetzten Begriff aus zwei Dunkel-Wörtern »Winter« und »Psalm« zu einer besonders düsteren existentiellen Klage zu schließen:

»Ich stand auf der Brücke,
Allein vor der trägen Kälte des Himmels.

Atmet noch schwach,
durch die Kehle des Schilfrohrs,
der vereiste Fluß?«[20]

Hans Mayer hat dieses ihm gewidmete Gedicht analysiert: »Was aber vermag die Mulde in der allgemeinen Vereisung? Der Wind kann ihr nicht helfen. Der Dichter hat die natürlichen Vorgänge umgestellt. Nicht Wind ernährt die Flamme, sondern die Flamme vermöchte ihn zum Sprechen zu bringen. Man kann ihn hören, solange die Flamme ihn zum Erklingen bringt. Allein da ist keine Flamme. Der Gehende im Winter, der die Mulde fand, bleibt stehen. Die Meditation als Fortsetzung des Berichts. Wer vermag in der Winterlandschaft noch Stimme zu sein, so wie der Ölbaum es war im Garten des Theophrast? Der Wind kann nichts bewirken. Auch die Nacht nicht, ›denn da ist nichts als vieler Wesen stummer Angst‹. Das Licht allein kann Zeugnis ablegen. Aber da ist kein Licht.

Die Straße führt hinab zum Fluß, vorbei an der Mulde. Hier ist nun die Brücke. Träge Kälte, Windlosigkeit, Lichtlosigkeit. Der Fluß ist vereist. Aber beim Schilfrohr scheint noch nicht alles zugefroren zu sein. Da fließt noch etwas, ist noch Bewegung, atmet er noch, der Fluß. Es ist, gleichsam, die Mulde im Fluß. Noch ein Stückchen Erde, das vom Winter nicht zugedeckt wurde. Noch ein bißchen Bewegung im Wasser, während ringsum sonst alles vom Eise bedeckt wurde. Er atmet noch, der Fluß. Atmet er noch?«[21]

Liebe und Arbeit: das neue Konzept
Georg Maurer

Zwischen Huchel und Arendt steht mit einer anderen Dichtung, einem anderen dichterischen Konzept auch der 1907 in Sächsisch-Regen (einer kleinen Stadt in Siebenbürgen) geborene Georg Maurer, der von 1921 bis 1926 in Bukarest lebte – aber in einer sich merkwürdig konservierenden, auf mittelalterlich-bäuerliche Weise Kulturtraditionen pflegenden deutschen Minderheit (der Vater war Lehrer an einer jüdischen Schule). Als Maurer 1926 nach Berlin kam, war deutsch sozusagen nicht seine »Mutter«sprache, sondern seine Bildungssprache; in einem seit Jahrhunderten unverwandelten deutschen Dialekt hatten die Siebenbürger Sachsen an Sitten und Gebräuchen, vor allem an einer lutherischen Kirchengesinnung festgehalten.

Von der Voß'schen Homer-Übersetzung über Vergil und Goethe und Mörike und Hölderlin zu Rilke:[1] »Heimat« war und für den Gymnasialabsolventen Georg Maurer ein vermittelter Begriff, etwas Erlerntes, vorerst nicht Erlebtes. Die Übersiedlung zum Studium in Berlin und Leipzig war auch eher ein Schock – der sich folgerichtig literarisierte. Von Beginn an bis heute ist Maurers Ausdrucksmöglichkeit kanalisiert durch Bildungserlebnisse; das macht den hohen Reiz seiner Lyrik aus wie auch deren Gefahren.

Der erste Gedichtband (1936) hieß »Ewige Stimmen« und fand sich in Rilkescher Weltmüdigkeit: Gedanken um Gott. Noch das Nachwort eines 1968 erschienenen Reclam-Bändchens mit seinen Gedichten beginnt mit dem Satz »Georg Maurer macht es seinen Lesern nicht leicht.«[2]

Seine Entwicklung von einem in Melancholie und Feinsinnigkeit verharrenden Bildungsdichter zu einem – wie Maurer sich selber in einem Interview nannte[3] – politisch sozialistischen Lyriker scheint, verglichen mit den Wegen

Bechers oder Arendts oder auch Huchels, eher a-typisch; es ist der reine Weg der Erkenntnis, einer gleichsam »angelesenen Revolution«. Die selbstgestellte Frage »Was vermag Lyrik?«[4] versuchte Maurer mit einer Kurzformel zu beantworten, mit der er seinen großen, ursprünglich in »Sinn und Form« publizierten Aufsatz »Welt der Lyrik« einleitete:

»Epik breitet Welt aus. Dramatik konzentriert sich auf Widersacher innerhalb der Welt. Lyrik beschränkt sich auf die unmittelbare Aussage eines wovon auch immer bewegten Ichs.«[5]

Diesen eher klassischen Genre-Unterscheidungen sei aber eine andere Definition Maurers als Erweiterung entgegengestellt:

»Welt geschieht. Sie ist das Geschehen. Und Geschehen ist nach dem großen Physiker Ostwald, wo Unterschiede sind. Und so geschieht auch der Mensch, zudem offensichtlich auf etwas hin.«[6]

Als Erweiterung deshalb, weil andeutungsweise klar wird, aus welchem Welt- und Literaturverständnis Maurers spezifische Form des »langen Gedichts« entsteht: das große Weltanschauungsgedicht. Zwei Elemente nämlich bedingen diese Strukturen: das Erfassen und Schildern historischer wie individueller Entwicklungen; und dialogartiges Eingehen auf literarische Tradition. Dieses Durchsichtigmachen von Entwicklungen geschieht bei Maurer vornehmlich durch immerwährendes Einkreisen zweier Grundbegriffe: Liebe und Arbeit.[7] Beides sind, in Maurers Verständnis, Begriffe der Kommunikation, also der Menschwerdung – der Ent-Ängstigung. In diesem Sinne beispielsweise ist zu verstehen, wenn Maurer seinen vorläufig letzten Gedichtband »Gespräche«[8] nennt und ihn abhängig macht von einem Titelgedicht »Gespräche mit meinem Leib«; in einer Notiz dazu gibt er Goethes Bemerkung vom 1. September 1829 zu Eckermann als Grundgedanken des Poems an[9] und verweist auf eine Stelle in Engels' »Dialektik der Natur«, die diese neube-

griffene Beziehung des Menschen zur Natur – will sagen: des Individuums zur Gemeinschaft – umreißt:
»Und so werden wir bei jedem Schritt daran erinnert, daß wir keineswegs die Natur beherrschen, wie ein Eroberer ein fremdes Volk beherrscht, wie jemand, der außer der Natur steht – sondern daß wir mit Fleisch und Blut und Hirn ihr angehören und mitten in ihr stehn, und daß unsre ganze Herrschaft über sie darin besteht, im Vorzug vor allen anderen Geschöpfen ihre Gesetze erkennen und richtig anwenden zu können ... Je mehr dies aber geschieht, desto mehr werden sich die Menschen wieder als eins mit der Natur nicht nur fühlen, sondern auch wissen, und je unmöglicher wird jene widersinnige und widernatürliche Vorstellung von einem Gegensatz zwischen Geist und Materie, Mensch und Natur, Seele und Leib, wie sie seit dem Verfall des klassischen Altertums in Europa aufgekommen und im Christentum ihre höchste Ausbildung erhalten hat.«[10]
Ein ähnlicher Vorgang des lyrischen Sich-in-Beziehung-Setzen ist deutlich in den zuerst 1965 in »Sinn und Form«[11], dann 1967 als Band veröffentlichten »Variationen«, die mit einer Paraphrase auf die Anfangsverse aus Wolframs »Tagelied« beginnen; die trotzige Überschrift »An das All« verkündet bereits Aktivität, also gesteigertes Ich-Gefühl, und die Verse nehmen diese Möglichkeit zur Aktivität – zum »Zurückschlagen«, auch programmatisch als Prozeß der Menschwerdung:

»Schlage hindurch! Ich frage nicht, woher.
Ich frage nicht, warum du bist. Die große Kinderfrage,
ich hab sie längst mir abgewöhnt.
Dein Schlag ist mir genug, die Klaue deines Tags genug,
daß ich sie seh – und ich zurück kann schlagen.
Ich frage nicht woher, doch daß ich schlagen kann,
beweist hinlänglich mich, wie deine Klaue dich beweist.
Mehr will ich nicht!
Wenn meines Hirnes Tag mit Wolken kommt,
sind seine Klauen durch die Wolken auch geschlagen.

Schlag gegen Schlag, das ist genug für meine Landschaft.
Mehr will ich nicht!
Dein Licht, mein Licht!
Groß wächst dein Tag, mein Tag wächst auch.
Hast du mich auch geschaffen, schaff ich dich.
Nicht Teil bin ich von dir, ich nehme teil.
Kein Untertan, kein Übertan, ein Tun wie du!«[12]

Maurer ist selber auf diesen Vorgang mehrfach eingegangen, am ausführlichsten in dem erwähnten langen Essay »Welt in der Lyrik«, in dem er Francis Ponges Prosagedicht »Vom Wasser« analysiert und die Behandlung dieses Motivs bei Brecht und bei Goethe dagegensetzt. Bei Ponge ist das Wasser – um ein Marx-Wort abzuwandeln – nur mit sich identisch: »Es ist es«:

»Es ist weiß und glänzend, formlos und frisch, passiv und auf sein einziges Laster versessen: die Schwerkraft. Über außergewöhnliche Mittel verfügt es, um diesem Laster zu frönen: Umfließen, Durchdringen, Aushöhlen, Durchsickern.

Auch in ihm selbst wirkt dieses Laster: unablässig sackt es zusammen, entwindet sich augenblicklich jedweder Form, strebt nur nach Erniedrigung, legt sich auf den Boden, fast ein Kadaver, wie die Mönche bestimmter Orden.

Man könnte fast sagen, das Wasser sei wahnsinnig, auf Grund dieses hysterischen Drangs, nur seiner Schwere zu gehorchen, von der es besessen ist wie von einer Zwangsvorstellung.«[13]

Es ist ein Wesen, das sich selber frönt. Das ist dem betrachtenden Menschen einerseits Erleichterung, weil er im Stadium der Entfremdung die Identität verloren hat; auf romantische Weise wird er in die Lage versetzt, über sich nachzusinnen. Das Resultat kann aber, als Produkt dieses poetischen Kontexts, nur Sehnsucht und Melancholie sein. Hier wird die schöpferische Potenz des Menschen nicht aktiviert.

(In einem Vergleich des Werks der beiden Dichter-Diplomaten Saint-John Perse und Neruda geht Maurer ähnlichen Strukturen nach; die Preislieder des französischen Diplomaten bleiben Hymnik, allgemeiner Anruf des Seins. Seine »Anabasis« beschreibt eine Expedition des Legationsrats von Peking in die innere Mongolei, »als handele es sich um den sagenhaften Marsch eines mythischen Eroberers und Städtegründers«[14]. Neruda dagegen, in jungen Jahren chilenischer Konsul in Rangun, Ceylon, Djakarta, Buenos Aires und Madrid, bezieht in seinen großen Gesängen die Struktur seines Kontinents ein in die Kraft der geschichtlichen Gestalten und Konstellationen, er bezieht die Schönheit seiner Dichtung nicht aus Verklärung, sondern mit ihr erklärt er. Saint-John Perse spricht von den beiden Indien, Neruda von Nord- und Lateinamerika.)

Maurer setzt Ponge Brechts Gedicht »Bei der Lektüre eines sowjetischen Buches«[15] entgegen und das dort exemplifizierte Ringen des Menschen mit dem Wasser, das er sich untertan macht, das er »bearbeitet«. Die »arbeitsam« gemachte listige Wolga mit ihren siebentausend Nebenflüssen, die »schließlich mit Brot vergüten« wird die große Mühe und das erfinderische Genie, sieht Maurer als endgültigen Sieg, als Verlängerung des Faustschen

»Da faßt ich schnell im Geiste Plan auf Plan:
Erlange Dir das köstliche Genießen,
das herrische Meer vom Ufer auszuschließen,
der feuchten Breite Grenzen zu verengen
und, weit hinein, sie in sich selbst zu drängen.
...
Herrschaft gewinn ich, Eigentum!
Die Tat ist alles, nichts der Ruhm«

weil Fausts Begehren ja noch »Eigentum« war. Maurer wendet gegen die Faszination, der Ponge erlag – das Wasser, das kein Bewußtsein hat, das »seine eigene Sache betreibt«, ob es ein Rad treibt oder frei strömt oder still als See ruht –, bereits Goethes dialektisches Verständnis:

»Und so kommt Faust, den Feudalismus hinter sich lassend, die Widersprüche des Kapitalismus an sich erfahrend, zur Schlußvision, die auf unsere Zeiten übergreift:

›Da rase draußen Flut bis auf zum Rand,
und wie sie nascht, gewaltsam einzuschießen,
Gemeindrang eilt, die Lücke zu verschließen.‹

Das Wesen der Woge und das Wesen des Menschen sind unterschieden. Der Aktionsraum ist da. Mit dem ›Gemeindrang‹, der bei Brecht seine Institutionalisierung schon gefunden hat, schwang sich Goethe über die immer entsetzlicher sich auftuenden Klüfte und Grüfte, wo die Freiheit als Kampf aller gegen alle sich zu erkennen gab.

...

Das Ideal unserer bürgerlichen Klassik, das über die Zeiten hinweggreifende Bemühn, Natur und Sitte im Menschen zu versöhnen, wurde mitten durchgespalten. Es blieb die menschenfeindliche Wirklichkeit einerseits und der menschenbelügende Traum andererseits. Das reale konkrete Subjekt, das selber die Dynamik zwischen seiner Wirklichkeit und seinem Traum ist und auf diese Weise seine Bewegung begreift, war lahmgelegt in seiner Aktion, die Goethe als notwendiges Kreisen verstand:

›Des Menschen Seele
gleicht dem Wasser:
Vom Himmel kommt es
zum Himmel steigt es,
und wieder nieder
zur Erde muß es,
ewig wechselnd.‹«[16]

Und Maurer wendet, noch einen Schritt weiter, Brechts berühmte »Ballade vom Wasserrad«[17] gegen jene romantisch-melancholische »Ent-spannung«, indem er zeigt, daß Wasser gesellschaftlichen Bezug haben kann. Wobei allerdings eine dialektische Volte geschlagen wird: Brecht benutzt das Wasser hier schließlich nicht mehr »als Wasser«, es ist ihm symbolträchtige Metapher, um ein Oben-Unten-Verhältnis zu demonstrieren:

»Wenn das Wasser endlich mit befreiter
Stärke seine eigne Sach betreibt«

Das hat natürlich nichts mit Wasser mehr zu tun, sondern damit, daß »unten bewirkt« werden soll, »daß, was oben ist, nicht oben bleibt«. Maurer ist einem Bild aufgesessen, das er zwar in seinem Bezug begreift, das aber weitergreift, indem es ja nicht mehr das Verhältnis Mensch-Natur illustriert, sondern das Verhältnis Mensch-Mensch.

Interessant in diesem Zusammenhang ist, daß Maurer selber in einem großen Gedicht-Zyklus sich Jahre vor dieser essayistischen Erörterung auf dieses Thema eingelassen hatte, und zwar in jener »Poetischen Reise«[18], die für ihn erklärtermaßen ein wichtiger Punkt des Bewußtwerdens war. Seine eigene Theorie, Kompositionsgesetze der Kunst seien den Gesellschaftsgesetzen zugeordnet, wird in dem Gedicht »Die Hochzeit der Meere« manifest; das will sagen: Landschaft ist Ausdruck menschlicher Haltung, Veränderung der Landschaft ist Veränderung des Menschen – und umgekehrt.

»Das Stichblatt der Schaufel zerbrach,
das sich vor Zeiten in die Steppe grub,
den Weg der Sehnsucht zwischen den Strömen zu bahnen.
Mächtiger war der Wind als die Menschen,
und der Sand rieselte in ihr Bemühen,
und die unbarmherzige Sonne leckte den Schweiß auf,
und in das Werk der Menschen fiel zurück
der Samen vom Steppengras.
Und die Zeit feierte hier gleichmütig
und schaukelte windleicht auf unfruchtbaren Halmen.
Nur die Wolken flogen überm verwehten Graben
und brachten verhallende Botschaft
hin und wieder den Strömen,
die aneinander vorbeirauschten:
Ein Erinnern an vergebliches Bemühen,
eine Narbe am Herzen der Erde. - - -
Das Stichblatt des Wortes zerbrach, mein Bruder.
Deine Musik hörte ich nicht,
und den Text verstand ich nicht.
Du rauschtest vorbei.

Und der Graben, den die Worte graben sollten,
füllte sich nicht mit dem segenspendenden Wasser
und wurde dein Grab:
verweht, verschneit, von welken Blättern bedeckt!
Die Wünsche kamen nicht zueinander.
Mit zerbrochenem Stiel in der Hand
stand ich auf rissiger Erde
und drohte selbst im Arm der Gewalt zu verdorren.
In deinem Herzen aber brennt die Narbe, Mutter!«[19]

Dieter Schlenstedt hat das in seinem Aufsatz »Zum Werk Georg Maurers« entsprechend analysiert und, ohne Bechers Poem »Größe und Elend« zu nennen, hier wiederum ein Eingehen auf Vorgefundenes, auf akzeptierte Literatur-Tradition angedeutet:

»Der Wert der Analogie liegt darin, daß sie die Beziehung zwischen dem Verhältnis des Menschen zur Natur und zu sich, seinem gesellschaftlichen Zusammenhang anschaulich macht. Das Gedicht parallelisiert zwei Wirklichkeitsbereiche: Der Mensch beherrschte die Natur nicht, sein Werk mißlingt, was er vergeblich begonnen hat, fällt an die Natur zurück. Er beherrschte seinen Gesellschaftsprozeß nicht, er lebte neben dem Bruder her, verstand ihn nicht – das führt den Bruder in den Tod, das Ich verdorrt an der Beteiligung an der kriegerischen Gewalt.

Wenn dann im folgenden Gedicht die Gegenthese ›Nichts ist dem Menschen unmöglich‹ formuliert wird, so geht sie von diesem Bild aus, sie folgt nicht den abstrakten Illusionen und Hoffnungen, wie wir es früher fanden. Es scheint, als sei der Kern der Becherschen Pascal-Aufnahme von nun an ständig mitgedacht, jenes: ›Der Mensch übersteigt gewaltig den Menschen‹. Auch hier nun erscheint die Veränderung der Besitzverhältnisse als Voraussetzung neuer Menschenmöglichkeit. Ihr Inhalt wird in der Veränderung der Arbeit gesehen:

Von der Kabine des schreitenden Hauses aber sieht
einen Augenblick lang der Ingenieur mit angespannten Sinnen

in der flimmernden Hitze zehntausend gebräunte Nacken,
schweißbedeckte Rücken und blutig keuchende Lungen,
über das Stichblatt der Schaufel hinstürzende Leiber,
die der Sonne fluchen, ach! an die Erde
mit dem Rammbock des Schicksals geheftete Menschen,
und er blickt zum Licht mit dem Stolz des Mannes,
der zehntausend Sklaven von dem glühenden Joch befreite,
und er hört mit Ruhe das polternde Kau'n des Giganten,
den er lenkt.

Vereinigung der Ströme, die die Meere verbinden, und Vereinigung der Menschen zu ihrem eigenen Werk einer befreienden (und nicht mehr nur in ihren befreiten Aspekten erfaßten) Arbeit werden so in einem bedeutenden Bilde zusammengeführt. Für Maurer, der seine Motive entwickelt, entsteht in diesem Zusammenfall die Vorstellung von Hochzeit. Die Liebe ist die tragende Vision des Zyklus. Ausdrücklich wird sie gegen die Kriege der Vergangenheit und die Kriege der Gegenwart gestellt, von ihnen sprechen Prolog und Epilog.«[20]

Die beiden tausendfach variierten Motive Liebe und Arbeit werden bei Maurer immer wieder aus gegebenen Bezügen hochgehoben, gleichsam neu entdeckt. Damit ist nicht gemeint eine augenzwinkernde Gymnasial-Reimerei, in der »man« eben weiß, daß Dante seine »Göttliche Komödie« Can Grande della Scala widmete; Maurer versteht sich selber als »arbeitender Dichter«, also als einer, der aufzuarbeiten hat und durch das eigene Schreiben frühere Zeichen sichtbar und deutbar macht. Das wichtigste Ergebnis dabei ist, daß er sich selber erkennt, daß er sich selber deutlich macht und damit anderen deutlich wird.

Immer wieder kreisen Maurers Arbeiten um Rilkes Werk, sowohl im Versuch weltanschaulicher Interpretation als auch in Form der lyrischen Ver-wendung. Bei den Überlegungen zu Ponge notiert Maurer einen Satz Goethes: »Origines sagt, seine Zeitgenossen hielten die warmen Quellen für heiße Tränen verstoßener Engel« und des Novalis' Satz »Sollten die Weltkörper Versteinerungen sein? Vielleicht von Engeln?« und schließt daran die Bemerkung: »Das liegt nahe bei Rilke.«[21] Gedacht ist hierbei offensichtlich an Rilkes Alterswerk, an Weltanschauungsgedichte wie die »Duineser Elegien« und die »Sonette an Orpheus«. In seiner Rede vom Januar 1956 »Zur deutschen Lyrik der Gegenwart« ging Maurer immer wieder auf Rilke ein:

»Rilke mußte in seinem heißen Bestreben scheitern, die Widersprüche, an denen er tief litt, in einem neuen Ganzen aufzuheben. Er, der sich von Kind an zwischen den Engel und eine ihn beunruhigende Welt gestellt sah, hat in einer großartigen dichterischen Leistung den erst religiös gefaßten Dualismus in die moderne brennende Frage nach dem Verhältnis von Sein und Bewußtsein aufgelöst. Der Engel seiner ›Duineser Elegien‹ ist nichts als das in seiner Vollendung an den Himmel projizierte menschliche Bewußtsein mit all seinen Kräften. In diesem Bewußtsein sollte nun das ganze Sein, Zukunft und Vergangenheit, Leben und Tod, als bewältigt erscheinen. Rilke aber hat nicht gesehen, daß das menschliche Bewußtsein kein abzulösendes mythisches Etwas, sondern an die menschliche Wirklichkeit gebunden, gesellschaftlich bestimmt ist.«[22]

In der zweiten der ›Duineser Elegien‹ heißt es:

»... wie Tau von dem Frühgras
hebt sich das Unsre von uns, wie die Hitze von einem
heißen Gericht ...«[23]

Als im Jahre 1962 in der Zeitschrift »Neue Deutsche Literatur«, weitgehend unbeachtet, Georg Maurers Poem »Das Unsere« erschien, sah man nicht auf Anhieb die große Auseinandersetzung, den großen Wurf. Gleich der Beginn seines Gedichts liest sich wie eine Replik auf Tau und Frühgras:

»... Wo beginnt Welt, wo ich?
Wer ist aufgelöst in wem?
Aber meine Stimme hör ich. Welche Mischung
von Sinn und Luft?
Wie ist das Wort ein Zusammenprall,

eine Berührung von Brust und Brust?
ein Getöse vergangener Schlacht!
... Fest ist unser Fleisch und zerreißbar,
schwer sind unsere Knochen und leicht zu zerbrechen.«[24]

Wir erinnern uns aber an Maurers Konzept von Liebe und Arbeit als Kommunikationssystem. Sein aus einer Liebes-Metapher heraus entwickeltes trotziges »Und das ist das Unsere!« will verstanden sein als Bekenntnis zur Möglichkeit des neuen, des kommunizierenden, des teilhabenden Menschen. Bei Rilke hieß es:

»... Da sagt uns wohl einer:
ja, du gehst mir ins Blut, dieses Zimmer, der Frühling
füllt sich mit dir ... Was hilft's, er kann uns nicht halten,
wir schwinden in ihm und um ihn ...«[25]

Dagegen setzt Maurer:

»Wenn nicht Lüge ist der Schrei der Verunglückten,
die der Tod knebelt, daß furchtbar die Ruhe
eintritt – warum soll Lüge sein
die Liebe der Lebenden: Sie aber ist
das hohe Wort, das nicht zu ersticken ist
seit Menschengedenken. Wir geben Leben und Liebe
der Sonne, dem Mond, den Bergen, den Flüssen, den Toten,
die da sind und treiben durch uns auf ihre Weise,
in Tiefen, die unsere Lote nicht gelotet,
aus denen wir kommen, in die wir gehen.
Unsere Augen sind verzaubert wie bei Liebenden,
die sich gegenseitig nennen: Mein Leben!
Und das ist das Unsere! Und das lassen wir uns nicht nehmen,
nicht vom Unglück und nicht von den Mördern.«[26]

Diese Entgegnung auf Rilke im Begriff einer freigesetzten, humanisierenden Liebe wirkt bis hinein in die Struktur des Poems. Horst Haase hat in seiner Analyse dieses Gedichts[27] auch auf diese bewußt replizierende Bauweise hingewiesen, etwa die gleichmäßige Länge – zwei achtzeilige Strophen – der Achsenteile des Gedichts, das sonst mit unregelmäßigen

Strophen arbeitet; diese Stücke 12 und 13 aber sind Lobpreis der Liebe. Bei Rilke ist der Liebende ein vergeblich Hoffender, einer, der gleichsam »aus der Natur gefallen ist«, bei Maurer ist der Liebende gleichzeitig der vollendete Mensch, der sich erst in der Liebe mit der Natur wieder in einen Verständigungszusammenhang gebracht hat und dem, im Marx'schen Sinne, das menschliche Wesen zur Natur oder die Natur zum menschlichen Wesen des Menschen geworden ist. In Rilkes zweiter Elegie heißt es:

»Liebende könnten, verstünden sie's, in der Nachtluft
wunderlich reden ...
...
Und alles ist einig, uns zu verschweigen, halb als
Schande vielleicht und halb als unsägliche Hoffnung.«[28]

Wogegen Maurer sagt:

»Was ist dies liebliche Flüstern,
das ich immer höre.
Die Ohren täuschen mich nicht.
Es ist der Wind nicht – und ist es doch!
Es sind die Bäume nicht – und sind es doch!
Es ist eine Rede
– und sie kommt mit den Strahlen –
und eine Stille
so ganz erfüllt
wie das Sagen von Liebesleuten, die schweigen.«[29]

Der Bezugsort oder der von Becher so gerne zitierte Goethe'sche »prägnante Punkt« ist ein neuer Begriff von Arbeit. Partnerfähig – also auch liebesfähig – ist in Maurers Konzept erst der Mensch, der sich selber verstanden hat, mehr noch: der sich selber gefunden hat in der Bezwingung von Natur und Gesellschaft. Die bekannte Engels'sche These von der Menschwerdung des Affen durch Arbeit (und der Sprachwerdung durch Zwang zur Kooperation), durch die allmähliche Verwendbarkeit der Hand fand sich ja auch bereits in Benjamin Franklins Definition des Menschen als eines »toolmaking-animal« oder bei Thomas von Aquin, wenn er von der menschlichen Hand als »organum organorum« spricht und seinerseits den Menschen definiert »habet home rationem et manum«. Die klassische marxistische Gleichung »Hand = Arbeit = Verstand (weil Zwang zur Verständigung) = Bewältigung der Umwelt = Magie = Kunst liest sich bei Georg Maurer so:

»Arbeit ist die große Selbstbegegnung des Menschen.
Wüßte er sonst, wer er ist?
Sammelt er das Wasser am Staudamm,
so sammelt er sich.
Läßt er sich gehen,
so ist er nur Wasser, das verrinnt.
Facht er das Feuer an im gemauerten Ofen,
so ist er es, der wärmt.
Wütet er, ist er nur Feuer,
das Städte und Länder frißt.
Geht er nicht die Bahnen der Sterne,
bleibt er das grasende Vieh.
Fühlt er nicht die Sehnsucht der Menschheit,
ist er der Stein, der erschlägt.«[30]

Bindung: Geborgenheit oder Solidarität
Stephan Hermlin

Ganz deutlich wird bei den hier betrachteten vier Lyrikern ihre »Lehrfunktion«; ob Bechers vielfältige kulturpolitische Verpflichtungen bis hin zum ersten DDR-Kulturminister, Arendts sorgsames Einführen fremder Literaturen, Huchels Virtuosentum als Zeitschriftenredakteur oder Maurers Tätigkeit als Dozent am Johannes-R.-Becher-Literaturinstitut in Leipzig: Von der älteren Generation mußte fast unmittelbar etwas ausgehen – es gab keine Zwischengeneration. Die Architekten und Regisseure, die Chirurgen und Mathematiker, die Komponisten und Schriftsteller, die zu Kriegsende Dreißig gewesen wären, lagen in Stalingrad oder Tobruk oder in der Normandie.

Stephan Hermlin gehört zu jener seltenen »Zwischengeneration«. Bis Kriegsende hatte dieser deutsche Schriftsteller nie eine Zeile in Deutschland publiziert; als 1945 seine erste Buchpublikation, die »12 Balladen von den großen Städten«, in Zürich erschien, galt der Band als »Entdeckung«. Bei erneuter Durchsicht dieser Balladen aber stellt sich heraus, daß hier anders als bei Maurer etwas Er-lesenes im doppelten Sinne des Wortes entstanden war: Die Beziehung zu Deutschland und deutscher Literatur war auch für Hermlin eine mittelbare, durch Lektüre – also Gelesenes – hergestellte Beziehung.

Gleichzeitig waren die ersten eigenen Schreiberfahrungen, die ersten produktiven Leseerlebnisse in einer anderen Literatur. Nicht zufällig füllen den Band Nachdichtungen[1] zu großen Teilen seine Eluard-Übersetzungen, und eines seiner ersten Gedichte, die »Ballade von den Städteverteidigern«, erschien vor einer deutschsprachigen Publikation in französischer Version in der von Paul Eluard herausgegebenen illegalen Zeitschrift »Eternelle Revue«. Eine Entfernung von Sprache und Wirklichkeit, die nicht ohne Folgen blieb: dieser papierenen, nur die literarische Tradition aufarbeitenden Beziehung zur beschriebenen Realität entsprach der stilistische Gestus. Diese Städte – verbrannt, entleert, gähnend in Kohle und Asche und Hunger – hatte der Autor nie gesehen, als er sie in der Schweiz beschrieb, weder Stalingrad noch Leningrad, noch Berlin, noch Dresden, noch Warschau. Es waren weltanschaulich geprägte, aber anschauungslos entstandene Gebilde. Erstaunlich dabei, daß der literaturkundige Hermlin sich ausgerechnet der Ballade bediente, also einer Strophenform, die erzählen will, die dem Ereignis, der Begebenheit – kurz: der Realität – am engsten verbunden ist. So entstanden eigenartige Zwittergebilde, Gedichte von Stalingrad, dessen »holder Stufen erhabener Aufschwung«[2] gepriesen wurde, oder Balladen von den Macquisárden der Resistance, deren »Maschinengewehr irgendwo, aus der Seide einer taubengrauen Dämmerung«[3] schimmerte.

Der Literaturkritiker Marcel Reich-Ranicki hat sich mit dieser Geste des Ästhetisierenden bei Hermlin beschäftigt und führt bereits die Wahl des kostbar klingenden Pseudonyms darauf zurück: »Während Rudolf Leder ein unauffälliger, alltäglicher Name ist, ruft das Pseudonym Hermlin die Erinnerung an jene edlen Pelze wach, mit denen Könige traditionsgemäß ihre Mäntel schmückten. Dieser Name läßt an etwas Wertvolles und Kostbares denken, an Erlesenes und Feierliches. Und der Vorname? Stephan mag zwar ebenso gebräuchlich wie Rudolf sein, ist jedoch der Vorname von zwei bedeutenden Lyrikern der letzten hundert Jahre – von Mallarmé und George. Hermlin hatte wohl eher den Franzosen gemeint, worauf – von allen anderen Umständen abgesehen – die von ihm gewählte Schreibweise hindeutet. Gleichviel, ob Mallarmé oder George – bei beiden Namen stellen sich im ersten Augenblick ähnliche Assoziationen ein: Erhabenes und Dunkles, formale Strenge, festlicher Tonfall und priesterliche Würde, das Weihevolle und das Majestätische . . . welchem Meister Hermlin auch nacheifert, welcher stilistischen Anregung er auch folgen mag – es entstehen immer Strophen für festliche Stunden. Er liebt das edle Wort, den gewählten Ausdruck, den getragenen Tonfall, den feierlichen Rhythmus, die elegische Melodie, die dunkle Metapher, die tiefsinnige Anspielung, die strenge Form. Er bevorzugt romantische Versgebilde; die Stanze und das Triolett, die Terzine und das Sonett. Vor allem liebt er das Poetische schlechthin. Er hat offenbar das dringende Bedürfnis, das Dasein zu stilisieren. Was er schildert, wirkt malerisch und dekorativ. In Hülle und Fülle werden geboten: Kathedralen, Dome, Paläste und Türme, Brunnen, Fontänen und Schwäne, Haine, Hügel und Gestade, Fahnen, Marmor und Glocken. Alle Musikinstrumente werden für dieses poetische Universum bemüht: von der Geige bis zur Orgel und mit einer besonderen Vorliebe Blasinstrumente – es gibt Flöten, Oboen, Saxophone, Trompeten, Fanfaren und Posaunen. Und was dieser Lyriker auch sagen mag, es wirkt würdig und erhaben. Er singt und kündet, er raunt und beschwört. Das Preziöse ist sein Element.«[4]

Tatsächlich findet sich noch ein weiteres, keineswegs aufklärerisches Element in dieser Literatur für Literaten: Hermlin verklausuliert gern. Manche seiner Gedichte scheitern einfach daran, daß ein Zentralbegriff, quasi die logische wie artistische Achse des Gedichts, dunkel oder unverständlich bleibt. Historische Zitate finden sich besonders häufig in Gedichten, die dem Willen des Autors gemäß politische Belehrung transportieren sollen. In dem achtstrophigen Gedicht »Epon«[5], das eine Partisanenerschießung in Thessalien zum Inhalt hat, lautet die vierte, also zentrale, Strophe so:

»Über die Kruste weg, wie einen Reim zum Zählen,
Sagen die Kinder Grammos! wie ein Spiel, das beginnt.
Die Eltern verbieten es. Doch ihre Lippen quälen
Sich in der Stille, die wie Milch blau gerinnt.«

Wer aber nun das Zentralwort »Grammos« nicht entziffern kann, kann das ganze Gedicht nicht verstehen, merkt zwar, daß hier eine Chiffre gebraucht wird, die aber nicht de-chiffriert wird; Grammos ist der heilige Berg der griechischen

Resistance, ein historisches Symbol. Auch Zeilen wie
»O Monedas, den man Menelaos genannt«
oder
»Das Öl der Athleten siedet furchtbar in Kesseln,
es kleidet die Mädchen in Flammen ...«
bleiben unklare Beschwörungen, wenn der Leser nicht weiß, daß der Mechaniker Menelaos Monedas ein zum Tode verurteilter griechischer Widerstandskämpfer war und daß die achtzehnjährige Partisanin Maria Stefanidu in heißem Öl gesotten wurde. Epon, der Name, der dem Gedicht den Titel gab, hieß die Jugendorganisation der griechischen Partisanen.
Derlei Zeichen verkommen bei Hermlin leicht zum Augenzwinkern des Eingeweihten; statt der für einen Lyriker legitimen Möglichkeit schwieriger Metaphern wählt er die der Bildungscollage. Wenn in dem Gedicht »Epitaph für einen deutschen Soldaten«[6] vom »Land zweier Lieder« die Rede ist, dann mag noch so mancher sich klarmachen, daß Frankreich das Land der Marseillaise und der Internationale ist. Daß aber in diesem Nachruf auf den Stabsfeldwebel Fischer, der am 15. Oktober 1944 im Abschnitt Lorient ein deutsches Munitionslager sprengte, mit der Zeile »geborstene Ader blau in Ronceval« auf Roland angespielt sein soll, der der Sage nach in Ronceval sein Horn für die Freiheit blies, bis ihm die Adern platzten – das ist eher Hürde als Hilfe zur Verständigung.
Fast grotesk wird das in dem Vers aus der »Ballade von einem Städtebewohner in tiefer Not«:
»Wie mich in meinen Sinnen friert!
Die Brüder, die ich fern gekannt.
Die Toten, die mein Herz regiert
Zu jeder Zeit, sind längst verbannt,
Und Percy, Friedrich, Wolfgang sind
verschlagen in das große Wehn
Von Bannern, die im weißen Wind
Der Ewigkeiten weit vergehn.«[7]

Das Thema des modernen Höhlenmenschen, der sich in ausgebombten Stadtkellern verkriecht, bleibt hier banale Gymnasialbildung: Percy, Friedrich und Wolfgang sind Shelley, Hölderlin und Mozart.

Fast jedes der wichtigeren Gedichte enthält solche »Bedeutungsnester«. In »Die Zeit der Wunder«[8] etwa bleibt die Zeile »Hörst Du es noch: Wenn wir die Zeit der Kirschen singen«

unverständlich, wenn man nicht weiß, daß das berühmteste französische Volkslied heißt:

»Quand nous chanterons le temps des cerises«

und auch die Andeutung »Zweitausendmal begann das Alphabet mit V« muß erläutert werden: V – Zeichen für Victoire – die Losung der Widerstandsbewegung, entspricht als Morsezeichen einem Beethoven-Thema – und zwar dem, das im Kriege zum Pausenzeichen des Londoner Rundfunks bei antifaschistischen Sendungen wurde.

Festzustellen ist hier ein Vorgang von kompliziertester Dialektik: Hermlin ist ein Schriftsteller, der Gemeinschaft sucht und braucht, diese Suche aber im selben Augenblick, in der sie bemerkbar wird, denunziert. Er baut vor seine eigene Verletzlichkeit, ja Verletztheit einen Wall von Artistik und Eleganz. Er fordert dazu auf, den zu durchdringen – und hat Furcht vor jeglichem Eindringling. Ein winziger Satz aus seiner vorerst letzten Veröffentlichung, der kleinen Prosastudie »Corneliusbrücke«[9], ist wie ein Schlüssel zu dieser Überlegung. Die Erzählung beginnt mit einer rückgeblendeten Berliner Kindheitserinnerung, bis mit der Andeutung »Da unten liegt auch das Eden-Hotel . . .« das Thema anklingt: der Mord an Rosa Luxemburg und Karl Liebknecht. Der Text läuft zu erbitterter Anklage auf, ist scharf, böse, pointiert. Doch der sozusagen biographische Ausgangspunkt des Erzählers wird so angegeben: »Das Aubusson-Zimmer mit den beiden Gainsboroughs.« Der Satz schlägt aus wie ein Spitzenfächer – er faßt im Focus zusammen: Koketterie, stilisierte Biographie, Bildungsvaleurs; aus Bemühen, sich dahinter zu verstecken. Hermlins Urbanität und Zungenfertigkeit, die weitgereiste Vielsprachigkeit, ist Schutzschicht. Dahinter nämlich, das macht vor allem das schmale, aber eindringliche Prosawerk Hermlins deutlich, steckt das immer wieder aufflackernde, ironisch oder gar melancholisch zurückgenommene Bedürfnis nach Bindung und Response – so endet eines seiner gelungenen Gedichte, datiert 1947, mit den Zeilen:

»Der Worte Wunden bluten heute nur nach innen.
Die Zeit der Wunder schwand. Die Jahre sind vertan.«[10]

Und, wiederum als Verständigungskassiber gedacht für die, die Bescheid wissen, steht in der Strophe davor der Satz

»Ich weiß noch, wie im Strom das Boot der Liebe sank«,

den man als Zitat aus Majakowskis Abschiedsgedicht »An alle!« vom 12. April 1930 erkennt, wo es heißt:

»Wie man so sagt –
der Fall ist jetzt erledigt,
das Liebesboot
ist an der Welt zerschellt.
Ich bin mit dem Leben quitt
es ist nicht nötig,
daß man sich Not
und Qual
entgegenhält.«[11]

Hans Mayer hat in einer Notiz zu Stephan Hermlin[12] auf zwei Elemente hingewiesen, die in den Erzählungen sichtbar sind: sie halten zwischen den Topoi Einsamkeit-Gemeinsamkeit[13], die schon in der »Ballade von der Überwindung der Einsamkeit in den großen Städten« mit dem Satz anklingen:

». . . Einsam im Siege noch sein
War unsre Wahl. Mit wildem Willen geladen
Nach der unsäglichen Zukunft nur noch – und nie mehr
allein.«[14]

Noch in dem 1969/1970 entstandenen Hörspiel »Scardanelli« findet sich eine Szene, die dasselbe Motiv variiert –

wer einen anderen Menschen grüßt, also eine Verbindung zu ihm herstellt, ist verrückt:
»Kinderstimme: Mutter, der Herr da hat dich gegrüßt.
Frauenstimme: Nicht mich, dich hat er gegrüßt.
Hölderlin: Das ist wahr.
Kinderstimme: Warum tut er das, Mutter?
Frauenstimme: Der Herr ist närret. Komm nach Hause.«[15]
Das Bewegungsgesetz von Hermlins Prosa ist, unterwegs zu sein. Jeder der Helden »ist auf dem Wege«, keiner kommt an. Die Einsamkeit wird nicht überwunden. Selbst der literarische Identifikationsvorgang ist eher ein Wunsch: nur eine der vier Erzählungen wurde in der Ich-Form geschrieben, »Die Zeit der Gemeinsamkeit«. Sie gab der Sammlung den Titel. Und als »Hauptwort«, das die größte Belastung trägt, verbogene Hoffnung, Mäusefängertrick und Lüge entlarven soll, in dem zuchtvoll und mit Brechtscher Verve pointierten Nekrolog auf den Widerstandskämpfer Hermann R., den seine Schwester verriet, taucht auf die Vokabel »Gemeinschaft«. Es ist die Erzählung[16] von einem, der vertraute und liebte und verraten wurde und starb – und von einer, die nichts verstand und verriet und kühl blieb und von der Schutzhaft als der »neuen Gemeinschaft« spricht; sie heißt Mrs. Young.
Höhepunkt dieses von Hermlin auf verschiedenste Weise anvisierten Problems der Bindung, der falschen »Geborgenheit« oder richtigen Solidarität war dann seine 1954 in der »Neuen Deutschen Literatur« publizierte Erzählung »Die Kommandeuse«.[17] Es ist das Prosaporträt der KZ-Aufseherin Hedwig Weber, die am 17. Juni von streikenden Arbeitern befreit wird und – dies ist der Höhepunkt der Erzählung: »Es spricht zu Ihnen ein Opfer des kommunistischen Terrors, die ehemalige politische Gefangene Helga Schmidt« – eine Rede hält, die sie mit der Anrede »Volksgenossen« beginnt. Hermlin hatte den raffinierten Einfall, die epische mit der moralischen Ebene zu verwirren: er läßt die falsche Person die richtigen Sachen sagen. Auf diese Weise wird

Wahrheit gegeben und zugleich zurückgenommen, wird von Geborgenheit gesprochen, wenn Gefängnis gemeint ist, und Glockenläuten heißt nicht Friede und Freiheit, sondern Ende dessen, was auch für Hermlin »Spuk« ist; er kennt aber natürlich genau den emotionalen Stellenwert des Wortes »Glockengeläut«.

Schon kurz darauf erschien in der »Neuen Deutschen Literatur« eine Polemik gegen die Erzählung, die aggressiv davor warnte, negative Helden so differenziert darzustellen, daß man Mitleid mit ihnen empfinden könnte; eine absurde Balance wurde verlangt:

»Wer eine Erzählung beginnt: Am 17. Juni 1953 ... und einen negativen Helden wählt, der muß zu einer Fehlaussage kommen, wenn es ihm nicht gelingt, dem negativen Helden einen außerordentlich stark gestalteten positiven gegenüberzustellen.

Wo sind die positiven Kräfte (im weitesten Sinne) in Hermlins Erzählung, und was erfahren wir über sie?

1. Da wird davon berichtet, daß ›die von der Pumpenfabrik‹ sich dem Streik widersetzen. Der Kahlstirnige sagt darauf: ›Man muß mit dem roten Pack rechnen.‹ (Zugegeben, daß er so reagieren wird, aber wo zeigt uns der Dichter die vielen Parteilosen und anderen demokratischen Kräfte, die mit der Arbeiterpartei unsere demokratische Ordnung gegen die Provokateure verteidigten?)

2. Ein breitschultriger Mann sagt anläßlich einer Plünderung: ›Das kostet nur unser Geld. Lumpenpack!‹ (Und da meint man, nun gehts los! Aber nein!)

3. Da ist ein altes bartstoppeliges Gesicht in der Menge auf dem Marktplatz. Der Mann ist ärmlich gekleidet und hat blasse, ängstliche Augen! Er klatscht manchmal und manchmal schüttelt er den Kopf. (Es ist derselbe, der sich bei der Gerichtsverhandlung später mit Ekel abwendet.)

4. Auf dem Marktplatz werden die Sänger des Horst-Wessel-Liedes von den Arbeitern der Pumpenfabrik vertrieben.

Das ist alles, was andeutungsweise zeigt, daß es so etwas wie Widerstand gegeben hat. Wobei, zieht man nun noch Punkt 2 (als gar nicht zur Aktion gekommen) und Punkt 3 (als unklares, schwankendes Element) ab, nur noch die von der Pumpenfabrik übrigbleiben. Mit Recht sind viele Arbeiter verärgert und unzufrieden über eine solche Darstellung ...
Man muß sich als Leser die Kenntnis der Greueltaten einer vertierten SS-Kommandeuse ins Gedächtnis rufen, um mit dieser, die Hermlin schildert, nicht gar etwas wie Mitleid zu haben.
Das aber gerade kann Hermlin nicht gewollt haben, denn Mitleid mit einer Verbrecherin gegen die Menschlichkeit heißt an vergangenen und zukünftigen Grausamkeiten mitschuldig werden.
Die Frage der Arbeiter: was sagen die Schriftsteller zu Hermlins Kommandeuse? mahnt uns an die kollektive Verantwortung, die wir für die neue deutsche Literatur tragen.«[18]
Kennzeichnend für die Gereiztheit der kulturpolitischen Situation in der DDR nach dem 17. Juni ist, wenn man Hermlins irritierte und boshaft-schnippische Antwort im selben Heft der NDL liest, die damit schließt, daß er den Kritikern empfiehlt, vor dem Reden nachzudenken:
»1. Im Zusammenhang mit den Ereignissen des 17. Juni 1953 interessiert uns keineswegs die Seelenanalyse einer SS-Kommandeuse. – Wer ist uns? Wen interessiert was? Die Verfasserin der ›Einwände‹ gebraucht ein abgedroschenes demagogisches Mittel, indem sie vorgibt, im Namen vieler, möglichst der Arbeiterklasse zu sprechen. Sie wiederholt das mehrfach im Laufe ihrer ›Einwände‹, wodurch die Sache nicht besser wird ...
Es gibt Leute, die mit Worten gegen den Schematismus sind (zumal sie in der Zeitung gelesen haben, daß der Schematismus eine böse Sache ist) und ihn bei jeder Gelegenheit wieder in die Literatur einschmuggeln möchten. Sie können das natürlich nur mit ihren eigenen Produkten machen.
2. Der zweite Absatz der ›Einwände‹ enthält eine in perem-

torischem Ton vorgetragene Theorie, die mir völlig unbekannt ist und von der ich keinen Gebrauch zu machen beabsichtige, um so weniger, als ich keine zweite Erzählung schreiben werde, die mit den von der Verfasserin zitierten Worten beginnt.

3. Es wird die Frage nach den positiven Kräften gestellt. Dazu ist zunächst einmal zu bemerken, daß ich keinen Roman über den 17. Juni geschrieben habe, sondern, wie die Verfasserin an anderer Stelle richtig bemerkt, ein zehn Seiten langes Prosastück mit dem Titel ›Die Kommandeuse‹. Die ›positiven Kräfte‹ erscheinen in dem Prosastück differenziert, entsprechend ihrer wirklichen Differenziertheit. Nachträgliche Schönfärberei hat mit Literatur nichts zu tun ...

4. Völlig unsinnig – im besten Falle – ist der ganze Abschnitt, in dem bewiesen werden soll, daß die Weber das Mitleid des Lesers herausfordert. Zunächst werden Zitate gebracht, die Widersprüche beim Autor nachweisen sollen. Diese Widersprüche sind nicht vorhanden. Dann wird triumphierend erwähnt, daß die Weber gelegentlich etwas wie ›Geborgenheit‹ verspürt. Sie hat sogar Liebschaften gehabt. Alles das hat mit Vorstellungen, mit einer Primitivität zu tun, an der ein bestimmter, schwer lesbarer, lebloser Teil der Literatur krankt. Da bei der Schreiberin nicht einmal die Frage auftaucht, unter welchen Umständen die Weber Geborgenheit verspürt, da es ihr weder einfällt noch auffällt, daß es im Leben der Weber kein persönliches Detail gibt, das nicht vom Aspekt des Folterers und Mörders gesehen und gefühlt wird, wäre es auch vergeblich, bei ihr anzufragen, was eigentlich Mitleid, was eigentlich Haß ist. Diese Unbestimmtheit, diese ›Verwirrung der Gefühle‹ ist kennzeichnend für eine ganze Menge Menschen bei uns. Dieser Zustand selbst hat nicht wenig mit dem 17. Juni zu tun ...

6. Die Verfasserin irrt, wenn sie glaubt, daß eine gewisse Frage gewisser Leute ›uns an die kollektive Verantwortung für die neue deutsche Literatur‹ erinnert. Die kollektive Verantwortung von Schriftstellern setzt sich aus der Verantwor-

tung einzelner Schriftsteller für ihre persönliche Arbeit zusammen. Die Verantwortung für ›Die Kommandeuse‹ trägt allein der Autor.«[19]
Hier beginnt etwas, das seine Fortsetzung in schärferen und folgenreicheren Auseinandersetzungen finden sollte. Hermlin, der seitdem wenig veröffentlichte (gelegentliche Rezensionen, Übersetzungen, die kurze Prosaskizze »Corneliusbrücke«, das Hörspiel »Scardanelli«), wurde eine Art Infiltrator, eine Kommunikationsinstitution. Er wußte Bescheid, was in Italien oder Frankreich wichtig war, er kannte neue Zeitschriften aus allerlei Ländern, reiste durch ganz Europa und brachte Anregungen mit, hatte Gäste aus Holland oder USA – er war für die junge Generation das »Fenster zur Welt«. Seine politische Intelligenz, seine sprachgewandte literarische Kultur und seine Mondänität hätten ihn prädestiniert, einen Verlag zu leiten oder eine Zeitschrift herauszugeben. Neben dem schmalen lyrischen Werk – ein DDR-»Kursbuch«. Aber sein Versuch, neue Tendenzen der Literatur kraft seines Namens und seines Amtes zu schützen und zu fördern, scheiterte. Ende 1962 veranstaltete er zwei spektakuläre Akademieabende, auf denen junge Autoren lasen und diskutierten; einer sang zur Laute. Er hieß Wolf Biermann. Kurz darauf wurde Hermlin von sämtlichen Posten abgelöst und im März 1963 zu einer Selbstkritik vor dem Politbüro des ZK und dem Präsidium des Ministerrats aufgefordert. In Gegenwart zahlreicher Künstler und Schriftsteller gab er eine Erklärung ab, von der er wohl wußte, daß sie das Ende seiner Karriere und der Beginn von Vereinsamung und Vereinzelung sein mußte:
»Ich versuchte uns, die Sektion, in besseren Kontakt mit jungen Schriftstellern zu bringen, aber ich beging gleichzeitig eine Reihe von Fehlern. Der bekannteste hing mit dem Abend zusammen, an dem ich Gedichte junger Lyriker las. Ich möchte übrigens sagen, daß ich zu den Gedichten stehe, die ich selber las. Der wirkliche schwere Fehler, den ich beging, bestand darin, daß ich den zweiten Teil des Abends, die

Aussprache, schlecht leitete, daß ich diese Aussprache und weitere Gedichte, die einige Autoren vortrugen, nicht im Zusammenhang mit der Situation sah, in der der Abend stattfand.
Das hängt wohl damit zusammen, daß ich Dichtung und Kunst, die mein Leben fast ausfüllten, oft unabhängig von Zeit und Ort betrachte, da und wo sie sich äußern. Ich erkenne das als einen Fehler an, aber ich weiß auch, daß ich vor der Wiederholung dieses Fehlers nicht gefeit bin.
Ich möchte erklären, daß ich kein Anhänger der ideologischen Koexistenz bin ... Aber wir müssen uns davor hüten, Dinge durcheinanderzubringen; gerade jetzt in einer sehr angespannten Zeit, in der es darauf ankommt, müssen wir sehen, daß gerade die ideologische Auseinandersetzung nicht in der Abschließung vor sich geht, sondern in dem Zurkenntnisnehmen, in dem Gegenüberstellen verschiedener Faktoren und in der parteilichen Anteilnahme für das eine und gegen das andere ...
Genosse Hager: Darf ich eine Frage stellen. Wie ist deine Beziehung zu Wolf Biermann?
Wolf Biermann habe ich an jenem Lyrikabend in der Akademie zum ersten Mal gesehen. Ich halte ihn für ein sehr großes Talent, und ich möchte darum bitten, daß man ihn nicht aus den Augen läßt und daß sich die Partei weiter um ihn kümmert. Ich will mich auch weiter um ihn kümmern, wenn ihr es wollt.
(Zuruf vom Genossen Hager: Man muß ihm helfen, daß er wieder herauskommt.)«[20]

Die Gegen-Literatur
Kuba, Erich Weinert

Kuba begann 1948 mit dem »Gedicht vom Menschen«, eine andere Zeit nicht einzuläuten, sondern stürmisch anzukündigen: »Dies rebellierende Jahrhundert entbietet dem rebellierenden Jahrtausend Gruß«.[1] Die Verse dieses Bandes waren zur Hälfte in England entstanden; dorthin war Kuba geflohen, nachdem er anfangs in die Tschechoslowakei emigriert war. Der letzte Teil des Gedichtzyklus entstand bereits in Ostberlin.

Kuba sah seine Arbeit immer als Parteiauftrag. Hier meinte jemand, seiner Idee, seiner Partei am besten in Reimen dienen zu können – dabei hätte dasselbe in Rede und Ansprache gesagt werden können. Kuba war sicherlich ein ehrlicher Kommunist – aber, sozusagen, kein »ehrlicher« Autor: er brachte mit der wilden Zukunftsvision und den traurigen Erinnerungen an die Emigration, die er in den Gedichten »Nacht ohne Bett«[2] festhielt, allenfalls einen stürmischen Wind, keinen neuen lyrischen Ton. Als das »Gedicht vom Menschen« erschien, hielten Kritiker und Leser häufig die gebrochenen Zeilen für das forensische Pathos Majakowskis; man beachtete nicht, daß Majakowskis Rhythmus nicht metrisch ist. Der Abdruck einiger Kuba-Gedichte in divergierender Form[3] ließ erkennen, daß die metrisch gehaltenen Aufrufe Kubas sich anders leichter und richtiger lesen – allerdings ihren vage-modernen Gedicht-Charakter verlieren; statt

»Im Spiegel unserer Kunst
Im klaren Licht
erscheint die Welt von heut
mit ihren Sorgen,
mit ihrer Mühe
um die Welt von morgen.
Und schön erblüht
dies Morgenangesicht.«

war zu lesen
»Im Spiegel unsrer Kunst, im klaren Licht
erscheint die Welt von heut mit ihren Sorgen,
mit ihrer Mühe um die Welt von morgen.
Und schön erblüht dies Morgenangesicht.«[4]

Die Frage ist, wieweit hier eine herbeigewünschte, letztlich nicht eingelöste Form einer herbeigewünschten, nicht einlösbaren Wirklichkeit entspricht – ob also dieser Menschheitsoptimismus sich nicht literarisch wie ideologisch verrät; nicht etwa durch Kunstlosigkeit – die legitim wäre –, sondern durch falsche Kunstfertigkeit. Georg Maurers Vergleich der Emigrationsgedichte Kubas mit Eichendorffs Wanderliedern[5] (dem Gedanken Lukács' über den politischen Hintergrund des romantischen »Wandern ist des Müllers Lust« folgend) scheint abwegig, doch auf das zu Große, damit Allgemeine, in letzter Konsequenz gar Unpolitische dieser Kantaten und Hymnen wies Maurer bereits im selben Aufsatz hin:
»Doch entgeht auch Kuba nicht immer der Gefahr all unserer heutigen Lyrik, die befeuernd sein will bei unserem Aufbau: sie ist thematisch zu allgemein, mögen dabei auch konkrete Bilder, lebendige Wendungen und nur selten Abstrakte gebraucht werden. Sie faßt den Bauern, den Arbeiter im allgemeinen, sie besingt Grundsteinlegung und Aufbau von Riesenwerken, den gesamten Plan. Sie nimmt noch zu wenig den konkreten Menschen, das Individuum, zum Gegenstand, darin das Große, Allgemeine, Begeisternde wie in einer Brennlinse sich sammelt und seine Zündkraft um so mehr erweist.«[6]
Der Zorn vieler Literaturkundiger in der DDR, von Johannes R. Becher bis zu Kantorowicz[7] über Hoffnungs-Gereime und Irrealitäts-Zeilen wie »Thälmann ist niemals gefallen« war, genau besehen, fehl am Platze. Das wollte nicht beim Worte genommen werden, sondern bei der politischen Absicht, bei der Lehre; in der, allenfalls, lebt Thälmann. Kuba brachte nicht »die neue Lyrik«, er brachte aber eine für deutsche Lyriktraditionen unerhörte Umkehrung: weg aus der Innerlichkeit.

In gewisser Weise ist Kuba Schüler des großen Agitpropkollegen aus der AIZ – Erich Weinert. Die Faszination, die auf Tausenden von Massenversammlungen[8] von diesem Revolutions-Rezitator[9] ausging, läßt sich wohl auch nur inhaltlich definieren. Er selber hat sich in zahlreichen Äußerungen gegen die bürgerlich-kontemplativen Autoren (zu denen er sogar Kästner, Tucholsky, Mehring zählte) gewandt, gegen deren melancholischen Ecce-Homo-Gestus; seine Gedichte, die eine Werkausgabe von zehn Bänden füllen, verstanden sich als Fortsetzung der revolutionären Vormärz-Lyrik, nicht als Möglichkeit zu sagen, was ich leide, sondern jenen, die leiden, zu sagen woran. Weinerts Literaturbegriff ist zu vergleichen dem von Bredel – die ad-hoc-Auseinandersetzung, nicht die psychologische Analyse ist sein Ziel. Meist verarbeitete er ein politisches Ereignis noch am selben Tag – abends auf dem Podium trug er das Gedicht bereits vor. Da Weinert ausschließlich vor Arbeitern sprach, rechtfertigte sich seine These allabendlich: den Zuhörern fiel es wahrnehmbar schwer, die abstrakte Thesensprache eines Referats zu verstehen und die einzelnen Elemente einer Argumentationskette mitzuverfolgen; in den hämmernden, simpel gereimten, immer nahezu prä-logisch gebauten Versen seiner Gedichte, die fertige Meinungen, also abgeschlossene Denkresultate vortrugen, war dasselbe Thema konsumierbar gemacht. Kunst im bürgerlichen Begriff des Wortes wollte das nicht sein:
»Den Anspruch, Kunst zu sein, haben die meisten meiner Gedichte gar nicht gemacht; sie genügten, wenn sie aufklärten, überzeugten und dem Schwankenden Richtung gaben. Wenn sie beim Vortrag die stürmische Zustimmung: So ist es! fanden, so hatten sie ihre politische Mission erfüllt. Nicht selten trug ich ein Gedicht nur ein- bis zweimal vor, dann war sein Anlaß bereits von neuen Geschehnissen überschattet.
Hätte ich alles, was ich geschrieben und vorgetragen habe, in der nötigen Muße ausreifen lassen können, damit es als Kunstkristall vor den ›Akademikern‹ bestehen könne, so würde ich mich um tausend aktuelle, unmittelbare Wirkun-

gen gebracht haben. Und auf diese kam es ja an, weit mehr als darauf, den Hörern Kunstwerke zu präsentieren.«[10]
Dagegen hat Weinert viel artistisches Kalkül in die Art des Vortrags investiert, man muß ihn sich wohl vorstellen wie einen Ernst Busch –, nur, daß er sich seine Texte meist selber schrieb. (Und daß die Kunstlosigkeit seiner Verse ihre Vertonung verhindert hat; tatsächlich gibt es weitaus weniger vertonte »Evergreens« von Weinert als von Brecht, Becher, Tucholsky oder sogar Mühsam – dem Weinert einen fast zärtlichen Nachruf widmete.[11])
Über den Unterschied von Intensität und Stimmstärke beim öffentlichen Vortrag hat Weinert intensiver nachgedacht als über Binnen- oder Endreim; diktiert, auch hier, natürlich von der Frage nach der raschen Transportmöglichkeit eines politischen Gedankens:
»Nehmen wir als Beispiel folgende Strophe von Herwegh:
Mann der Arbeit, aufgewacht,
Und erkenne Deine Macht!
Alle Räder stehen still,
Wenn dein starker Arm es will!
Man darf nun um keinen Preis so vortragen:
Mann der Arbeit, auf*ge*wacht,
Und er*ken*ne *dei*ne Macht!
A*l*le R*ä*der st*e*hen still
Wenn d*ein* starker Arm es will!
Ein solches mechanisches, nur den Hebungen und Senkungen der Metrik folgendes Sprechen würde aber nicht nur häßlich und unnatürlich klingen, es könnte sogar den Sinn des Gedichts entstellen. Denn für die Lautkraft, die Betonung und das Maß, das den einzelnen Silben zu geben ist, gibt es nun wieder kein anderes Gesetz als das, welches der Sinn, den die Worte haben sollen, vorschreibt. Wenn wir die obige Strophe uns so zerlegen, daß wir ihre gedanklichen Teile klar vor uns sehen, so wird sich die richtige Betonung und das richtige Maß von selbst ergeben . . .
Nehmen wir die Strophe einmal auf diese Weise vor!

Was steht darin? Erstens: ein Anruf an jemanden (»Mann der Arbeit«), zweitens: ein Befehl (»Aufgewacht«), drittens: eine Forderung (»Und erkenne Deine Macht!«), viertens: eine manifestante Behauptung (»Alle Räder stehen still«), fünftens: eine Bedingung (»Wenn dein starker Arm es will!«).

Nun ist, um auf die richtige Betonung und das richtige Maß zu kommen, Voraussetzung, daß du dich intensiv in die Rolle des Anrufenden einfühlst. Was für ein Mann der Arbeit ist es, den du anrufst? Offensichtlich einer, der noch nicht zum Bewußtsein seiner Klassenkraft gekommen ist, wie der darauffolgende Befehl ergibt. Wozu willst du ihn aufwecken? Zweifellos doch zu der Erkenntnis, daß von diesem Aufwachen, dem Erkennen seiner Macht, das Ende seines Leidens unter dem kapitalistischen Joch abhängt. Du zeigst ihm im dritten und vierten Vers der Strophe bereits, mit welchen Mitteln dieses Ende schnell herbeigeführt werden kann. Die ganze Strophe trägt, wie du schon herausgefühlt haben wirst, den Charakter der Dringlichkeit.

Also stell dir den Vorgang vor, du hast jemandem etwas Dringliches zu sagen. Er hört dich noch nicht. Rufe ihn an, daß er aufhorcht, so, wie du es im Leben tätest, eindringlich, nicht ohne den leisen Unterklang des Vorwurfs für den noch Schlafenden:

3 1 3 2
Mann der Arbeit

(Die beigefügten Ziffern sollen die verschiedenen Grade der Betonungskraft bezeichnen; natürlich ist diese Differenzierung nur eine ganz grobe. In Wirklichkeit gibt es tausend Schattierungen und Färbungen, die nicht mit Zeichen wiederzugeben sind.)

Dieser Anruf erst macht ihn aufhorchen. Stell dir das im Leben vor! Der bisher Teilnahmslose schaut auf und dich an. Das erfordert eine ganz kleine Pause, da du ja nach dem ersten Anruf erst dich vergewissern willst, ob der Angerufene aufnahmebereit ist. Jetzt rufst du dein emporreißendes:

3 2 2
Auf ge wacht

Er ist erwacht und hört auf deine Worte. Jetzt rufst du ihn nicht mehr an, sondern sprichst auf ihn ein. Übersetze dir den Vers des Dichters in die Alltagssprache. Du würdest wahrscheinlich sagen: Erkennst du denn nicht, welche Macht du besitzt?! Hieraus siehst du schon, welche Wörter die Träger der stärksten Betonung sind. Also:

1 1 2 1 1 1 3
Und er ken ne dei ne Macht

Welches ist nun der Sinn des dritten Verses? Er manifestiert die triumphierenden Gedanken, welche ungeheure Macht die Arbeiterklasse besitzt. Wenn du das ganz erfühlst, so wird dieser Vers auch in deinem Vortrag die Ruhe der Kraft ausstrahlen. Dem Hörer muß gewissermaßen die Sicherheit dieses Triumphs das Herz erheben. Vor seinem Geist muß er die Räder stillstehen sehen, wenn du langsam und sieghaft sagst:

3 1 3 1 1 1 2
Al le Rä der ste hen still

Und nun die Voraussetzung deines Sieges: dein starker Arm (alle drei Worte tragen besonders Gewicht, da es dein Arm ist, da er stark ist.) Das Mittel, die Räder stillstehen zu machen, wird hier deutlich und überzeugend gezeigt. Aber es ist nichts, wenn es nicht zur Tat verwendet wird. Du mußt wollen!

2 3 3 1 3 1 3
Wenn dein star ker Arm es will!«[12]

Entsprechend diesem Konzept von der »Kunst als Waffe« hat Weinert nicht nur versucht, den Begriff der Satire neu zu fassen[13], indem er sie zu einer Art elementarer Volksdichtung herunterstilisierte und sie gegen die nur mittelbare Funktionsfähigkeit des Pathetikers (auch des revolutionären Pathetikers, gemeint ist offenbar Becher) abgrenzte; die Satire als direkter Eingriff ins Geschehen, als Fortsetzung des alten anonymen Spottgedichts und damit als Instrumentarium des

Naiven, der ohne Bildungsschranke angreift, ist das von Weinert proklamierte Kunst- und Stilmittel. Der Psychologie hat er tief mißtraut, Béranger und Glaßbrenner, ja sogar der von Wilhelm II. verfolgte Ludwig Thoma waren ihm Vorbilder.

Entsprechend diesem Konzept aber muß auch seine entpsychologisierte Kampfdichtung nach außen gewendet bleiben – Selbstreflektion, Selbstkritik gar hat da keinen Platz. Geschichte wird hier letztlich nicht als Kontinuum begriffen, sondern wird fest gemacht am Datum. Ein (erst aus dem Nachlaß gedrucktes) Gedicht wie das über das Versagen *aller* Parteien in der Weimarer Republik bleibt Einzelfall, formuliert sich auch in Fragesätzen, ist quasi nicht nur posthum, sondern auch post festum:

»Noch in der Nacht, als der Reichstag gebrannt,
Da hätte es müssen krachen!
Genossen, da hatten wir's noch in der Hand,
Die Brandstifter dingfest zu machen!
Doch warum fanden wir nicht die Kraft,
Mit der wir schon einmal vor Jahren
Uns die Kappisten vom Halse geschafft?
Weil wir nicht einig waren.
Wir fanden uns nicht zum letzten Gefecht,
Denn wir standen auf unsren Programmen.
Wir kämpften wohl beide für Freiheit und Recht,
Doch fanden wir nicht mehr zusammen.
Und alles, was kam an Entsetzen und Leid,
Wir haben es auf dem Gewissen:
Wir hatten in tödlichem Bruderstreit
Die Front auseinandergerissen.«[14]

Für Weinert war die Emigration fast ein Glück; in der Nacht des Reichstagsbrandes auf Vortragsreise in der Schweiz, kehrte er nicht mehr nach Deutschland zurück und lebte nach kurzen Visa-Schwierigkeiten in Moskau. Aber so wenig sein Name in den kulturpolitischen Debatten der Weimarer Jahre je aufgetaucht war, so wenig scheint er in der sowjetischen

Emigration zum »inneren Kreis« gehört zu haben. (Er gehörte zwar dem BPRS an und war häufig gedruckter Mitherausgeber der »Linkskurve«; es gibt aber keinerlei kritisch-analytische Auseinandersetzung mit ihm. Er hat auch an der gesamten theoretischen Debatte innerhalb des BPRS, an der Definition des Begriffs proletarisch-revolutionäre Literatur nie teilgenommen; er wie Bredel – der in der »Linkskurve« nicht gedruckt wurde –, also die beiden erfolgreichsten proletarischen Schriftsteller, haben nicht einmal in die Auseinandersetzung über die Arbeiterkorrespondentenbewegung eingegriffen.[15] Und Johannes R. Becher machte sich im privaten Kreise über ihn wie die anderen Arbeiterschriftsteller lustig.[16]) Keine der in Moskau erscheinenden Zeitschriften nahm ihn ins Redaktionskollegium auf, das von Brecht, Bredel und Feuchtwanger herausgegebene »Wort« druckte in vier Jahren elf Texte von ihm, die von Oskar Maria Graf, Wieland Herzfelde, Anna Seghers herausgegebenen »Neuen Deutschen Blätter« in zwei Jahren ein einziges Gedicht. Weinerts »große Stunde« kam, als das Wort wieder regelrecht im Kampf eingesetzt werden konnte – nachdem am 12. und 13. Juli 1943 in Krassnogorsk bei Moskau das »Nationalkomitee Freies Deutschland« gegründet worden war.

Dieser Gründung gingen mehrere organisatorische Versuche in Kriegsgefangenenlagern voraus. Als erste solche antifaschistische Sammlungsbewegung ist ein von 158 deutschen Soldaten im Dezember 1941 in einem sowjetischen Kriegsgefangenenlager verfaßter Appell »An das deutsche Volk« anzusehen, in dem es hieß: »Wenn die deutschen Soldaten Hitlers Krieg noch weiter mitmachen, so helfen sie ihm nur, diesen hoffnungslosen Krieg in die Länge zu ziehen und die Leiden unseres Volks unendlich zu vergrößern ... Es gibt zwei Deutschlands: das Deutschland der Nazischmarotzer und das Deutschland der Werktätigen.« Am 28. Juni 1942 fand im Kriegsgefangenenlager 27 auf Initiative dieses Lagers sowie der Lager 58 und 95 eine »Rundfunkkundgebung deutscher kriegsgefangener Soldaten und Offiziere in Sowjetrußland«

statt, an der sich 1900 deutsche Soldaten und Offiziere beteiligten. Die Kundgebung erließ einen Appell »An die Kameraden an der Front«. Eine Erklärung vom Juni 1943 im Lager 147 forderte bereits gemeinsames Handeln und am 20. Juni 1943 bildete sich im Lager 165 ein »Nationaler Kampfausschuß«. Im Lager 27 wurde im selben Monat eine Proklamation verabschiedet, in der es unter anderem heißt: »Wir schlagen vor, zur Organisierung des Kampfes für den Frieden, die Freiheit und Unabhängigkeit unseres Volkes ein Nationales Komitee ›Freies Deutschland‹ zu schaffen.«
Ein vorbereitender Ausschuß zur Gründung eines deutschen nationalen Komitees wurde schließlich aus kriegsgefangenen Offizieren und Soldaten und emigrierten deutschen Politikern und Schriftstellern gebildet. Diesen vorbereitenden Ausschuß unterzeichneten unter anderem Erich Weinert, Johannes R. Becher, Wilhelm Pieck und Walter Ulbricht. Im Juli 1943 fand dann die endgültige Gründung des Nationalkomitees »Freies Deutschland« statt. Auf der Gründungsversammlung wurde ein »Manifest des Nationalkomitees ›Freies Deutschland‹ an die Wehrmacht und an das deutsche Volk« verabschiedet.[17] Erich Weinerts Hauptinitiative galt dem Nationalkomitee und den vielfältigen von ihm initiierten propagandistisch-politischen Tätigkeiten. Er hatte hier – anders als Becher, der sich vor allem mit kulturpolitischen Fragen auseinandersetzte, und anders als Ulbricht, der bereits mit dem Aufbau einer Nachkriegsverwaltung im befreiten Deutschland beauftragt war – die Erfüllung seines selbst gesteckten Zieles gefunden: eine Synthese aus aufklärerischem Agitator und politischem Spruchdichter.
Weinert hat im genauen Sinne keine »Schüler« gehabt. Aber eine Generation von Lesern und Schreibern ist in der DDR aufgewachsen, die seine Gedichte kennt, in denen sie ein anderes Verständnis von Literatur und ihren politischen Möglichkeiten geweckt haben; in diesem Sinne muß Erich Weinert mitgedacht werden beim Begriff »Literarische Tradition« in der DDR.

Eine neue Subjektivität formt die neue Realität
Sarah Kirsch, Rainer Kirsch, Günter Kunert, Volker Braun, Reiner Kunze, Wolf Biermann, Johannes Bobrowski, Paul Wiens, Karl Mickel

Eine neue Schärfe der Politisierung zeigte sich dann bei den jungen Autoren, die u. a. auf Stephan Hermlins Akademie-Veranstaltung 1962 zu Worte kamen.

Zu beobachten nämlich ist, daß politisch relevante Aussagen, ein zugespitzter Zustandsbefund mehr und mehr von Lyrikern kam. Der Zwang, eng zu formulieren, und die Möglichkeit, subjektiv zu reflektieren, verleihen zahlreichen Texten der jüngeren Gedicht-Autoren spezifische Sprengkraft. Dabei will das Wort Sprengkraft nicht im subversiven Sinn verstanden werden – versucht wird, innerhalb einer Konfrontation mit gegebener Tradition Überkommenes aufzusprengen. Aber für sie, ob Kunert oder Kirsch, Mickel oder Braun, bleibt die DDR doch »dieses bessere Land«, wie Karl Mickel und Adolf Endler ihre kontroverse Anthologie der Lyrik seit 1945 nannten.[1] Ihrer Vorliebe für das lange Gedicht folgend, präsentieren die beiden Autoren eine Sammlung, die hauptsächlich besteht aus Arbeiten von Arendt, Becher, Bobrowski, Brecht, Fühmann, Fürnberg, Hermlin, Huchel, Maurer; insgesamt enthält der Band 29 Autoren. Von den zahlreichen jungen DDR-Autoren finden sich (außer Mickel selber) in dem Band drei: Volker Braun, Bernd Jentzsch, Rainer Kirsch. Gegen den Verlust an Wirklichkeit im Werk gerade dieser Autoren wendet sich die Polemik des »Forum« und des »Neuen Deutschland«:[2] »Dieser Platz aber wird dann in Frage gestellt, wenn das Verfahren zur Abstraktion von allen sozialen Realitäten dieser Welt und dieses Landes und zum Rückzug von deren gedanklich-künstlerischer Analyse führt. Solche Gefahr wird mehr als deutlich in weiten Strecken der Lyrik, wo nur zu oft anspruchsvolle ›Weltbilder‹ erdacht werden, die aller konkret-historischen sozialen und politischen Bezüglichkeiten bar sind, die keinen sozialen und politischen Boden zu haben scheint.«

Dieser Befund, hier erst warnend angedeutet, wird in der temperamentvollen Debatte des »Forum« variiert, attackiert, verteidigt, erweitert, auch anhand von Kunerts Gedicht »Notizen in Kreide«. Es war von Kunert eingesandt worden auf Bitten der »Forum«-Redaktion, die zur Beantwortung ihrer drei Fragen auch jeweils ein Gedicht des Antwortenden veröffentlichen wollte.

Die Fragen:

»1. Führt die neue Stellung des Menschen in der sozialistischen Gesellschaft, wie sie insbesondere durch die technische Revolution herbeigeführt wird, zu inhaltlichen und strukturellen Veränderungen der Lyrik?

2. Unter welchen Voraussetzungen seitens des Autors und des Lesers kann Lyrik in unserer Gesellschaft Wirkungen zeitigen, und wie können diese beschaffen sein?

3. Vor welchen hauptsächlichen Schaffensproblemen stehen Sie zur Zeit?«

Manche der Antworten fielen aus dem Rahmen des Erwarteten, so zum Beispiel Sarah Kirschs frecher Satz zu Frage 3: »Daß der Tag nur 24 Stunden enthält, es in Halle keinen guten Kognak und kein Kohlepapier gibt, es demzufolge ebenso schwer ist wie vor der technischen Revolution, gute Gedichte zu machen.«

Wogegen prompt sich Volkes Stimme erhob: es gäbe sehr guten Kognak, die Gedichte wirkten auch wie im Fuseldusel geschrieben, für »derlei« sei Kohlepapier nicht nötig, denn wer wolle davon schon Durchschläge, und die »Jugendfreunde der Seminargruppe D 1, Philosophie der Karl Marx-Universität, Leipzig« wollten sogar persönlich mit der Autorin diskutieren, »sie möge allerdings gewappnet sein«.

Ernster natürlich und empörter war die Reaktion auf Sarah

Kirschs Beantwortung der ersten Frage, die allerdings erstaunlich ist für einen sozialistischen Schriftsteller und von einiger Resignation zeugt, zumindest von ermüdeter Abwehr der steten Beprasselung mit Forderungen der Gesellschaft: »Seit wenigstens drei Jahren habe ich mir abgewöhnt, wichtige ökonomische Probleme in meinen Gedichten aus Einsicht in die Notwendigkeit zu vermissen, mir reichen die Wolkenkämme, silbernen Vögel, silbernen Haie, Werkhallensaurier (das sind Maschinen), Antennenkämme, Fernsehsiebe, Neonschwanenhälse und all diese Dinger, denen ich auch nicht zur Durchsetzung verhelfen konnte.

Jetzt lasse ich der technischen Revolution, was ihrer ist, kümmere mich (außer Zeitunglesen, Augen aufmachen wo's geht) um sie nicht, denke mir, wenn ich sie, die technische Revolution, brauchen sollte, wird sie mir schon in die Zeilen steigen, hoffentlich so verwandelt, daß die Germanisten es sofort merken und keine Gelegenheit zu abstrakten Randbemerkungen finden ... Ich bin mir auch nicht sicher, ob sich die Stellung des Menschen in der Gesellschaft durch die technische Revolution so sehr verändert, und dann gar so, daß es sich gleich auf die Lyrik auswirkt?«

Kurz zuvor, in einem Gedichtband, den sie mit ihrem Mann Rainer Kirsch gemeinsam publiziert hatte, hieß – wie eine bösartige Vorwegnahme des Anthologie-Titels – ein Gedicht von ihr bereits »Hierzulande« und klang einigermaßen unfreundlich:

»Hierzulande
gibt es Ameisen,
die wollen einem
partout beweisen,
es sei ganz normal,
sechs Beine zu haben,
denn mit dieser Zahl
liefen auch Küchenschaben.
Ähnlichen Kummer
verursachen grüne Brummer.

Sie drucken mittels Morseschrift:
Das einzig Wahre, das ist Fliegen,
das Unmodernste ist ein Lift.
Ein Regenwurm
läuft dagegen Sturm:
Nach uraltem Brauch
erfolge die Fortbewegung
sowie jegliche andere Regung
nur mit dem Bauch.
Die Fische
schwören auf Schwimmen;
andere Stimmen,
gelassen und heiter,
meinen,
durch Schleimen allein
käme man auch ganz schön weiter.
(Das sind Schnecken,
die sich notfalls verstecken.)
Ich, der Tausendfuß,
verbleibe mit kollegialem Gruß
und kann dazu nur meinen:
Es geht sich halt schwer
auf zwei Beinen.«[3]

Eigentlich aber war diese Debatte die Fortsetzung einer schon im Sommer 1963 nach dem VI. Parteitag der SED begonnenen Auseinandersetzung; in einem (wie bei »grundlegenden« oder »richtungweisenden« Aufsätzen in der DDR übrigens meist) nicht-signierten Beitrag der NDL hieß es kategorisch und warnend zugleich: »Das gegenwärtige lyrische Schaffen ist vor allem gekennzeichnet durch die Gestaltung der unmittelbaren Gegenwart und durch die Verbundenheit mit der gesellschaftlichen Praxis, wie sie besonders seit der Bitterfelder Konferenz als Aufgabe gestellt wurden. Eine hierbei anfänglich zu beobachtende Enge ist im wesentlichen überwunden. Die Entwicklung unserer Lyrik zur umfassenden Gestaltung des sozialistischen Menschenbildes und neuen Le-

bensgefühls des Menschen in der gefestigten sozialistischen Gesellschaft zeichnet sich deutlich ab. In einem Ensemble vielfältiger lyrischer Ausdrucksformen tritt die Gestaltung lyrischer Charaktere stärker hervor.
Besonders in der jüngsten Zeit machten sich jedoch auch in der Lyrik hemmende Tendenzen bemerkbar. Die gesellschaftlichen Erscheinungen in der DDR, ihre spezifische nationale Situation und die Dialektik der sozialistischen Entwicklung wurden mitunter nicht verstanden und auch gestalterisch nicht bewältigt.«[4]
Fast parodienreif wird dann der Begriff »Neues Lebensgefühl« definiert:
»...Werner Bräunig, Helmut Preißler, Adolf Endler und Rose Nyland – sie gestalten jetzt die Aufbauprobleme vertieft und konkret, sie kamen zum empfindungslyrischen Gedicht, in dem unsere Epoche und vielfältig neues Lebensgefühl Ausdruck erhält ...
Nach unserer Ansicht muß unter neuem Lebensgefühl die Fülle der primär emotionalen Reflexe der menschlichen Beziehungen unter unseren gesellschaftlichen Verhältnissen verstanden werden, die sich mit einem mehr oder weniger hohen Grad von Bewußtheit verbindet.«[5] Und dann werden – offenbar immer noch im Gefolge der Hermlin-Veranstaltung – einzelne Autoren wie in einem von einer bösen Fee verzauberten Lexikon »durchgenommen«: Bernd Jentzsch »hat an Unmittelbarkeit im Verhältnis zur Umwelt und zu den Menschen verloren«, bei Rainer Kirsch wird »eine Subjektivierung richtiger Fragestellungen« beobachtet und »in Gedichten von Wolf Biermann bleibt eigene politische und weltanschauliche Problematik unbewältigt, die Emotionalität seines Empfindungsgedichts scheint gebrochen, und das Bild unseres Lebens wird subjektivistisch geprägt.«[6]
Am ausführlichsten beschäftigt sich der Aufsatz mit Günter Kunert:
»In den letzten Jahren offenbarten sich zum Beispiel in Günter Kunerts Entwicklung starke Widersprüche. Im Unter-

schied zu früher treten die Sujets aus dem sozialistischen Aufbau in der DDR zurück, es findet sich eine eigenartige Konzentrierung auf Probleme der Klassengesellschaft bzw. ihrer Überreste in unserem Leben. Historisch berechtigte Fragestellungen aus der ersten, antifaschistischen Phase unserer Entwicklung, die auf der Grundlage eigener Erfahrungen unter dem Faschismus entstanden, werden undialektisch auf die sozialistische Gegenwart übertragen. Dort, wo unser Leben gespiegelt wird, geschieht es aus dem Blickwinkel des Noch-Nicht-Erreichten, des Noch-Bedroht-Seins, der noch nicht voll überwundenen Herrschaft alter Moralnormen (daher die für Kunert bezeichnende Attacke gegen den Spießer, den Kleinbürger). Das vollzieht sich offensichtlich auf der Grundlage einer verabsolutierten Theorie der Übergangsperiode. Kunerts Geschichts- und Menschenbild wird geprägt von Momenten eines mechanischen Materialismus. Beides führt dazu, daß Kunert in den seltensten Fällen die konkreten gesellschaftlichen Prozesse der Übergangsperiode erfaßt, die Fülle der Erscheinungen geht verloren. Vor allem in den jüngsten Gedichten treten Elemente der Mystifizierung des Geschichtsprozesses auf; dies äußert sich in Schicksalhaftigkeit und läßt die Stellung des Menschen in unserer Gesellschaft verzerrt erscheinen (diese Momente finden sich neben anderen in ›Interfragmentarium‹, ›Der Weg‹, ›Wie ich ein Fisch wurde‹). Das bei Kunert angelegte positive Ideal der Vernunft als Quelle möglicher Aktivität bleibt abstrakt.«[7]
Das Gedicht »Wie ich ein Fisch wurde« endet tatsächlich düster-melancholisch und verrät eine eher gebrochene Haltung zum »neuen Menschen«

»Denn aufs neue wieder Mensch zu werden,
Wenn man's lange Zeit nicht mehr gewesen ist,
Das ist schwer für unsereins auf Erden,
Weil das Menschliche sich zu leicht vergißt.«[8]

Und der berühmte Fünfzeiler »Unterschiede« stellt Befürchtungen fest, denen sich jemand in der neuen sozialistischen Gesellschaft ausgesetzt sieht: wer eben noch hoffte, Lob und Ruhm und Ehren zu erhalten, muß im nächsten Augenblick schon erleichtert sein, unerwähnt davonzukommen; erwähnt zu werden, kann Unheil bringen – der Namenlose, der sich nicht hervortat, hat die Chance. Die fünf Zeilen sind Stenogramm eines neuen Entfremdungsprozesses:

»Betrübt höre ich einen Namen aufrufen:
Nicht den meinigen.
Aufatmend
Höre ich einen Namen aufrufen:
Nicht den meinigen.«[9]

Nicht natürlich Kunerts Gedichte, aber alles, was ketzerisch oder »modern« schien, drohte im angedeuteten Sinne »erwähnt« zu werden; Zeitungsredaktionen wachten eifersüchtig aufeinander, ob irgendwo derartiges gedruckt wurde, und ein harmloser Parodie-Spaß der »Eulenspiegel«-Redaktion, die ein paar inkohärente Satzfetzen montierte und dem so entstandenen Gebilde die »Modernität« abfragte, führte bereits zu gereizter Gegenattacke der NDL-Mannschaft[10]. In der nun so viel später – allerdings auch anspruchsvoller und kenntnisreicher – geführten »Forum«-Debatte gönnte Kunert sich das »Aufatmen« nicht, sondern antwortete auf die drei Fragen der Redaktion: »Mir erscheint als bedeutendste technische Revolution (nicht ganz im Sinne Ihrer Frage) die Massenvernichtung von Menschen, das möglich gewordene Ende allen Lebens. Im Anfang des technischen Zeitalters steht Auschwitz, steht Hiroshima, die ich nur in bezug auf gesellschaftlich organisiert verwendete Technik hier in einem Atemzug nenne. Ich glaube, nur noch große Naivität setzt Technik mit gesellschaftlich-humanitärem Fortschreiten gleich. Auch wenn Sie mich mit dem gerade gängigen Terminus Skeptiker abstempeln: Wir können unsere Erfahrungen nicht ignorieren, erst recht nicht die Welt, in der zwischen technischem Können und menschlichem Dasein die Kluft wächst: Weltraumfahrt auf der einen, nackte Not auf der anderen Seite, Widersprüche globalen Ausmaßes nehmen eines Tages kosmische Formen an. Davor die Augen zu verschließen, bedeutet für einen Schriftsteller, der nicht erst seit Goethe zum Schauen bestellt ist, den Verzicht auf einen der wenigen Grundsätze seines Metiers.« Doch gleich unter dem Strich, etwas ängstlich wirkend, revoziert der verantwortliche Redakteur, indem er frühe, begeisterte Tagebucheintragungen Johannes R. Bechers über Kunert zitiert[11] und dagegen diese resigniert-melancholischen Zeilen aus Kunerts Gedicht »Geschichte« setzt, die er Versen Rilkes – etwa der Schlußformel des Requiems für Wolf Graf Kalckreuth – vergleicht, ein schwerer Vorwurf in der DDR:

»Geschichte sage ich und weiter noch: Wenig bleibt.
Glücklich wer am Ende mit leeren Händen dasteht
denn aufrecht und unverstümmelt dasein ist alles.
Mehr ist nicht zu gewinnen.«[12]

Die Sorgen des Redakteurs bleiben nicht ohne Aggressivität: »Das eigentlich Bestürzende ist die intellektuell hilflose spätbürgerliche Gesamthaltung des Dichters, die ich mir nur aus einer hochgradigen Isolierung nicht nur von unserer neuentstehenden sozialistischen, sondern von der Menschengemeinschaft überhaupt erklären kann. Vom Marxismus zu schweigen, scheint Kunert auch jenes geistige Werkzeug, das progressive bürgerliche Denker – wie Linus Pauling oder Günther Anders (›Der Mann auf der Brücke‹) – zu einer letztlich optimistischen Analyse unseres Zeitalters mit seinen unleugbaren tödlichen Gefahren befähigte, aufgegeben zu haben. Für meine Begriffe arbeiten solche Gedichte wie Notizen in Kreide bei aller Bescheidenheit ihres Einflusses mit an der Entmachtung, Zerstörung der Vernunft.«

Aber ebenfalls nicht ohne Aggressivität bleibt die Antwort einiger Autoren, die Kunert offenbar besser verstanden, seinen Standpunkt gar für den besseren halten. Rainer Kirsch zum Beispiel schrieb ans »Forum«: »Offenbar in Sorge über das Urteilsvermögen seiner Leser hat der stellvertretende Chefredakteur des ›Forum‹, Bahro, die Lyrikdebatte vor ihrem Beginn eröffnet und den Dichter Günter Kunert der Beihilfe an der Zerstörung der Vernunft bezichtigt. Bahro,

wie seine Zitate schließen lassen, kunstbewandert, weiß zweifelsohne, daß diesem Vorwurf etwa entspräche, über einen Bauarbeiter zu verbreiten, er sprenge Wohnhäuser in die Luft. Kennt nun Bahro die poetische Methode des Warngedichts nicht? Oder glaubt er, andere kennten sie nicht, so daß er sich für den Abdruck der Kunert-Gedichte derart entschuldigen müßte? Wie dem immer sei – nichts rechtfertigt seinen ungeheuerlichen Vorwurf. Es sei denn, man faßte Zerstörung der Vernunft sehr weit. Dann würde bereits ein mit einiger Anstrengung mißverstehbares Gedicht dazu beitragen. Dann freilich arbeitete auch der Deutsche Demokratische Rundfunk massiert an der Zerstörung von Vernunft: indem er großenteils idiotische Schlager massenhaft ausstrahlt. Daß Kunerts Warngedichte als poetische Selbstaufgabe verstanden werden, scheint mir weniger an Kunert zu liegen.
Außerhalb dieser Bedenken erschreckt mich, mit welcher Schnoddrigkeit Bahro die große Schlußzeile aus Rilkes Requiem für Kalckreuth (in dem Rilke den Selbstmord als unakzeptable Lösung verwirft) als ›alt und abgenutzt‹ abtut: Ich halte dieses Wort für in der sozialistischen Gesellschaft aufhebbar (im von Hegel gebrauchten mehrfachen Wortsinn).
In ›Notizen in Kreide‹ finde ich für Bahros Mißverständnis nicht einmal einen Ansatz. Das Gedicht behandelt die reale Bedrohung der Menschheit heute. Es wäre mir auch dann verständlich, wenn ich nicht wüßte, daß Kunerts gesamte Familie von den Nazis umgebracht worden ist.«
Kunerts Dichtung hat Bilanz-Charakter, sie sieht sich deutlich nicht als Teil einer großen Progression, sondern als Ergebnis – Summe von Erfahrungen und Reflexionen. Schon die Titel seiner Gedichtsammlungen – »Erinnerung an einen Planeten«, »Verkündigung des Wetters« – stellen den Autor »außerhalb«; er nimmt nicht teil oder ist gar Teil, sondern er konstatiert, ob nun erinnernd oder verkündend. Der Bau seiner Gedichte ist statisch – sie sind, wenn sie enden, fertig.

Wegen der gewissen Dürre, des Spruchcharakters seiner Lyrik wurde Kunert oft neben Brecht gestellt – was falsch ist. Brecht war (oder wollte sein) ein Täter; Kunert ist ein Merker. Seine Gedichte haben nicht jene unsichtbare letzte Strophe, die sich im Kopf des Lesers zur umformenden Konsequenz bildet, sie haben ein Verdikt anzusagen, das ausgesprochen wird, bis zu Ende ausformuliert. Hymnik, Heimat, Landschaft, Arbeit und Liebe – das sind keine Begriffe, mit denen sich bei Betrachtung der Kunertschen Weissagungen arbeiten ließe. Der äußeren, Block an Block, Bild an Bild setzenden Technik, die möglichst ohne Vermittlungen auszukommen sucht, entspricht eine innere Haltung der Resignation. Der Brechtschen Bitte wird bereits Antwort:

»Freundlichkeit:
immer gefordert, vergessen immer«

heißt es in einem seiner neuesten Gedichte.[13] Und das mokant-betitelte Einstein-Gedicht »Berühmtes Subjekt« – das den Begriff Subjektivismus andeutet und in die Nähe der Epitheta »verdächtig«, »verkommen« rückt – endet:

»Angesichts dieser Tatsache muß gefragt werden,
war Einstein überhaupt Optimist?«[14]

Vergeblichkeitsmetaphern durchziehen seine Arbeiten, ob vom Menschen die Rede ist, von dem nichts bleiben wird als »die Flecken auf seinen Möbeln, die ihn besaßen«[15], vom unnötigen Luxus der Lampen, die herzustellen verbot »König Tharsos von Tantos der von Geburt Blinde«[16]. Kein Halt und keine Hoffnung und kein festes Fundament finden sich bei Kunert, dessen Diagnose desto klinischer, überzeugender wirkt, desto unpathetischer sie ist. Das sind keine schwarzgewandeten Trauergesänge, keine Dramatisches festhaltenden Elektrokardiagramme, sondern eher nüchtern-logische Befunde, Enzephalogramme, Hirnmessungen:

»So rasen wir
Mit dem Pferdeschlitten über das Eis und
Um die Wette mit dem was

Rasend unter uns
Zergeht.«[17]

Sein großes Poem »Aufbruch eines bedeutenden Tieres«, die einzige lyrisch-erzählende Arbeit, fixiert nicht nur im Titel die Art des Prozesses, an den gedacht ist. Das achtteilige Gedicht liest sich wie ein kritischer Waffengang mit Georg Maurer – denn der Aufbruch des Tieres Mensch führt zu nichts, und Arbeit ist, was es entwürdigt; der Mensch ist hier das

»Erbärmliche Zoocon
Hilfloses Geschöpf
Listiges Monstrum
Maultier
Arbeitstier«[18]

Kunerts Zauberwort heißt »dennoch[19]«. Das aber ist ein Wort durchaus gebrochener Zuversicht: was man dennoch tut, tut man, wissend, daß es zu wenig oder nichts führt, quasi achselzuckend das eigene Bemühen als vergeblich denunzierend. So ist wohl auch eines von Kunerts schönsten Gedichten zu verstehen:

»Empfehlung
Sich nicht zu ducken:
Das Schiff liefe nicht vorwärts
Stünde nicht aufrecht im Wind
Das Segel.«[20]

Am schärfsten ins Gericht mit der Situation der Lyrik in der DDR ging die junge Autorin Elke Erb, die bisher nur mit Veröffentlichungen in Anthologien und Zeitschriften hervorgetreten ist; sie ist in keinem Literaturverzeichnis oder -lexikon der DDR enthalten, auch nicht in jüngsten Nachschlagewerken wie dem zweibändigen »Lexikon deutschsprachiger Schriftsteller«, das sogar Gisela Elsner behandelt. Die lyrische Fixierung der DDR-Realität beurteilte Elke Erb so: »Es fehlten reale lyrische Situationen und Beziehungen. Immer wieder traf man auf eine lehrhaft arrangierte Identität von (nicht gegenständlich und konkret faßbarem) Individuum und historischem oder gesellschaftlichem Subjekt und infolgedessen auf

1. Strukturlosigkeit und poetische Inaktivität im individuellen Subjekt – der einzelne begreift sich als Staat usw., den Staat aber als harmonisch und widerspruchslos;

2. verbal ausgedrückte Beglückung, ebenso Entlarvung (die Gegenstände sind oft abstrakte, global gesehene Kampfobjekte, so daß die Gedichte kaum tatsächlich etwas bewirken. Haß und Glücksempfinden werden bekundet, statt poetisch herbeigeführt.);

3. ebenso verbal Appell und Belehrung.

4. Die verwendeten Nomina verloren an Wirklichkeit, statt zu gewinnen, Konkreta waren nicht sie selbst, sondern standen für Abstrakta, Menschen erschienen typisiert wie in den Lustspielen der Aufklärung.

Im ganzen wurde im besten Fall ein rein gedankliches Erleben spürbar, das aber in sich nicht genügend Kraft entwickelte, kommunikativ zu werden. Man spürte nichts von der Produktivität der gesellschaftlichen Widersprüche. Das Subjekt trat poetisch nicht als Teilnehmer und Betroffener des Geschehens auf, sondern als sein Lehrer, der noch dazu eben erst Gelerntes wiederzugeben schien. Das Gelernte wurde wohl bei seinem Erscheinen im Bereich der Dichtung an nichts anderem überprüft als daran: Läßt es sich sehen im Salon der Sprache? Und das *war* dann eben schon Dichtung. Ein schönes Gefühl, ein friedlicher Gedanke wurden in einen Sang und Klang verwandelt, der aufmarschierte mit der Feierlichkeit eines Regiments im Festumzug.«[21]

Der Name dieser Autorin taucht wieder auf in dem 1968 erschienenen Band »Saison für Lyrik«[22], der neue Gedichte von 17 Autoren vorstellte – und Objekt heftigster Angriffe wurde. Unter der Überschrift »Lyrik? Wuchernde Worte« druckte das »Neue Deutschland« eine ganze Seite gegen das Taschenbuch:

»... Oder ist es nicht schlimm, wenn der bekannte Lyriker

Heinz Kahlau in dem völlig allgemein gehaltenen Gedicht ›Unausweichlich‹ von ›Existenzangst‹ spricht? Oder wenn ein Mann wie Günter Kunert, dem Johannes R. Becher ein bedeutendes Lob auf seinen Schaffensweg mitgab, in seinem Gedicht ›Prosa schreiben‹ die Zeile etabliert:
›. . . Selber in gunstlose Welt verstoßen . . .?‹ . . . Eine geradezu wehtuende, provozierende Trostlosigkeit klingt aus Heinz Kahlaus ›Wir haben gesungen‹. Er beginnt: ›Du fragst mich, / wo ich gewesen bin, / daß ich nicht heimfinde, / schon lange zuhaus.‹ Schildert dann, wo er gewesen ist, nämlich ›In den Wäldern, / zwischen den Bergen, / bin ich gewesen. / Wir haben geschuftet, geschwitzt, / gegessen, getrunken – / wir haben gesungen – / . . .‹ Und endet nach wenigen ähnlichen Worten so: ›Nun fragst du mich, / wo ich gewesen bin, / daß ich nicht heimfinde, / schon lange zuhaus.‹ Der Dichter gesteht, daß er seine Heimat unter uns nicht gefunden hat . . .
Man analysiere nur einmal das Gedicht ›Führender Kopf‹ von Bernd Jentzsch. Offensichtlich geht es hierin um Lenin. Da heißt es: ›Die Heerzunft des Kreml / Vergeude für zwar geräuschvolle Krähen / Keine Patrone, die zweifelsohne / Bestimmt sind für Menschen, wenigstens für / Gewisse Fälle.‹ Ich frage alle parteilich Denkenden, ob ihnen das gefällt und ob ihnen nicht wie mir bei der Formulierung ›Bestimmt sind für Menschen‹ eine unangenehme Empfindung hochsteigt. Der Ausdruck ›Menschen‹ paßt hier nicht her. Es entsteht ein falscher, der Sache des Kommunismus abträglicher Eindruck. Am Ende dieses Gedichts heißt es ›Vor Augen / Das beste Sechstel / Welt, um ihn / Zwei Dutzend Leute, ferner / Der historisch bedeutsame Rest / Siebenstellig / Im Land auf Achse.‹ Wiederum springt ein Begriff störend ins Auge, der Begriff ›Rest‹. Welch ein schiefes Bild, die Volksmassen, die Millionen der UdSSR, als ›historisch bedeutsamen Rest‹ zu bezeichnen! Einrangiert unter ›ferner liefen‹ . . .
Ein letztes unerfreuliches Beispiel noch: das Gedicht ›In stärkerem Maße‹, ebenfalls von Bernd Jentzsch. Es ist weder Ort noch Zeit konkret angegeben, doch an einer bestimmten Stelle

ist Ungeheuerliches, wie wir es nur aus der Nacht des Faschismus kennen, in seltsamer Weise aktualisiert, indem es heißt: ›... zu jeglicher Stunde / Erscheinen wer weiß das nicht, die kürzlich / (!! zwei Ausrufungszeichen von mir) Im Waldgrab verblichen: Erschlagene, Gehenkte.‹ Also, ich muß rundheraus sagen: So etwas schlucken wir nicht!«[23]

Kahlaus Gedicht »Unausweichlich« aber ist keineswegs Ausdruck unausweichlicher Frustrationen und Ängste, sondern eindeutig ein Bekenntnis zum Besseren; eine vergleichsweise simple Erzählung, die ihren geringfügigen Reiz und Ambivalenz-Wert aus einer Art umgekehrten Polanski-Volte bezieht: Es ist die Hoffnung, die »im Nacken sitzt«:

»Da ist ein Weg,
den du trottest.
Mit nassen Füßen,
mit Liebeskummer
mit Existenzangst,
mit Kopfschmerzen.
Nichts siehst du.
Sie
sieht dich kommen
und duckt sich.
Gähnt, reckt sich
und lauert.
Schon bist du vorüber
da springt sie
und sitzt dir schon wieder im Nacken:
Die Hoffnung.«[24]

Immerhin: festzuhalten ist, daß seit Jahren und immer wieder – ob nun banal-polemisch, bösartig-denunzierend oder kritisch-wissenschaftlich – eine emphatische Debatte über Lyrik geführt wird. Vom VI. Parteitag der SED 1963 über das 11. Plenum des ZK der SED 1965 (dessen kritisch Betroffene, in Anlehnung an die Bezeichnung ODF – Opfer des Faschismus –, nun OD 11 genannt wurden und in dessen Verlauf Franz Fühmann aus dem Vorstand des Schriftsteller-

verbandes austrat) bis zur Hauptdebatte, die im Jahre 1969 den VI. Deutschen Schriftstellerkongreß vorbereiten sollte: Die Auseinandersetzung mit der Lyrik riß nicht ab.
Die NDL[25] veröffentlichte dann auch im Zusammenhang mit dem Kongreß »Zehn Thesen zur Lyrik«, die Horst Haase, Professor an der Karl-Marx-Universität, Leipzig, ausgearbeitet hatte und die, durchaus offiziös gehalten, bewußt »die Entwicklung der Lyrik in der DDR seit der Delegiertenkonferenz des Deutschen Schriftstellerverbandes im Mai 1963« überprüfen wollten. Die Thesen, die noch einmal auf die verschiedenen früheren Debatten zurückgreifen, sie gelegentlich referieren, geben wenig Neues; sie sind im wesentlichen eine groß-angelegte Lyrikerschelte, die auf Warnung und Ermahnung hinausläuft: »... Dabei kam es zu wirklich gelungenen und vorwärtsweisenden Leistungen nur in wenigen einzelnen Werken, während die Arbeiten eines wesentlichen Teils unserer Lyriker zwar vielschichtiger und widerspruchsvoller geworden sind, sich in ihnen aber gleichzeitig angesichts der auftretenden neuen Probleme eine gewisse Ratlosigkeit zeigt ... Neben einer gesteigerten inneren Aktivität des lyrischen Ich vor allem in moralischer Hinsicht standen Tendenzen der Relativierung und Unsicherheit, die das Handlungsmoment als Bestandteil des Persönlichkeitsbildes in den Hintergrund treten ließen und die lyrische Wertung abschwächten und zum Teil ihrer Eindeutigkeit beraubten. Die Sprache vieler solcher Gedichte ist vielfältiger und differenzierter geworden, und Möglichkeiten der Verfremdung, des Phantastischen, der Geschichts- und Mythosrezeption wurden mit Erfolg eingesetzt, doch deckten formale Effekte gelegentlich auch die Schwächen der geistigen Konzeption und das Zurückweichen vor einer konsequenten Verfechtung der sozialistischen Ideologie zu.«[26]
Diese emphatisch geführte Lyrik-Diskussion zeigt Verschiedenes: einmal ein generelles Ernstnehmen der Literatur und ihrer Überbaufunktion, ein Ernstnehmen allerdings, das ihr – wie etwa im Fall Wolf Biermanns – verhängnisvoll

werden kann. Sie zeigt außerdem, daß die oft undialektisch übernommene Widerspiegelungstheorie, der ideologisch-künstlerische Überbau reflektiere nur die Entwicklung der Basis, in der literarischen wie literarkritischen Praxis widerlegt ist. Offenbar wird hier ja befürchtet, vom Überbau könnten Wirkungen rückläufig auf die Basis, also die gesellschaftlichen Verhältnisse erfolgen. Die Debatte zeigt aber drittens, daß sich auch die Autoren in ihrem Selbstverständnis als Partner einer politischen, fast tagespolitischen Diskussion begreifen. In einer geschlossenen Gesellschaft wie der der DDR – so stellt sich heraus – ist das Wort eine wichtigere, heikler zu handhabende Münze; ist vielleicht Flaschenpost; ist in jedem Fall, auf sublime Weise, Presse-Ersatz.
Das ist bis ins lyrische Detail hinein zu verfolgen: Volker Braun beispielsweise muß seinem ersten Gedichtband, der 1965 unter dem Titel »Provokation für mich« (bei Suhrkamp 1966 um 23 Gedichte ergänzt[27]) erschien, Anmerkungen beigeben. Anspielungen, lyrische Bilder, Redeweisen werden erläutert wie in einem historischen Abriß – und tatsächlich sind Arbeiten wie »Schlacht bei Fehrbellin« oder das dem verfemten Kollegen Reiner Kunze gewidmete Gedicht »R« sonst nicht verständlich. (Wobei auch hier zu berücksichtigen ist, daß es inzwischen Ostdeutsch und Westdeutsch gibt: man muß wissen, daß ein Biwa-Laden ein Spezialladen für billige Waren ist, daß VEAB Volkseigener Erfassungs- und Aufbaubetrieb heißt und daß in der DDR ein »Jugendobjekt« nicht Chiffre für Haschisch ist, sondern für eine von Jugendlichen geleitete Baustelle oder Produktionsstätte.)
Zahlreiche »innerliterarische« Anspielungen dienen als Weiterentwicklung vorgegebenen literarischen – also ideologischen? – Materials. Wenn das Gedicht »Unüberlegter Brief nach Flensburg«[28], Bericht von einer Liebe im geteilten Land, mit den Zeilen endet

»Unsere Liebe
legen wir auf Montag nach dem Krieg«

dann will das einmal als sehr bittere Hoffnung im Sinne

jener, die »im Nacken sitzt« verstanden sein; eine solche Zeile begreift sich aber auch als Variation von Schwejks »Also nachm Krieg um sechse im Kelch«[29] und schließlich als Antwort auf die Hašek paraphrasierende Verabschiedung Brechts von Lukács: »Wir verabschiedeten uns – ich kann Brechts Worte natürlich auch hier nur sinngemäß wiederholen – damit, daß wir uns eine Stunde nach Kriegsende im Café Josti, Potsdamer Platz treffen würden.«[30]

Braun, bei dem eine gewisse Abhängigkeit von Enzensberger deutlich ist, kennt natürlich dessen Gegengedicht »Weiterung« zu Brechts »An die Nachgeborenen« und hat den Drehmechanismus dieser poetischen Antwort begriffen.[31] Dieselbe lyrische Dialektik liegt Brauns Gedicht »Mitteilung an meine bedrückten Freunde« zugrunde, das mit der Zeile beginnt:

»Ihr denkt, ihr könnt euch auf mich verlassen:«

und in dessen dritter und vierter Strophe – also in der Mittelachse des Gedichts – es heißt:

»Und ihr seid auf mich angewiesen: denn ihr
Könnt ja nicht sprechen, nein, ihr,
Habt keine Worte, keinen Schweiß im Nacken, keine
Schwarzen Hände: euch kann man nicht traun.
Ich aber rede

Mit vollem Munde rede
Mit hiebharten Zähnen, mit
Künstlichem Rebellengebiß, bis mir übel wird
Sorgenschnaps in der Kehle, berauscht
Und mir selbst verdächtig.«[32]

Brauns schließliches

»Seht, ihr könnt euch auf mich nicht verlassen:«

ist mehr als eine Verlängerung, ist eine Umdrehung des Brechtschen Gedankens:[33] denn, wer sich hier für unzuverlässig erklärt, ist ja gleichsam verlassen worden – von den anderen (im Sinne von Biermanns Zeile »Ich bin der Einzelne, das Kollektiv hat sich von mir isoliert«[34]). Und mit Recht nennt Braun sein Gedicht mit der Unterzeile »Als im dritten Viertel des 20. Jahrhunderts die Gedichte entbehrlich wurden« eine »Provokation für mich«. Die ersten Zeilen und die letzten klingen wie die trotzige Kampfansage – eines Liebenden:

»Genossen, ausdauernd
Preisen wir das Positive.
...
Wir nehmen uns selbst nicht für voll.
Uns nenn ich noch: negative Dichter.«[35]

Braun kann sich nicht gewundert haben, daß das umgehend aufgegriffen und ihm bedenkliche Ermahnung zuteil wurde. Hans Koch schrieb kurz darauf in einer über drei Nummern des »Neuen Deutschland« ausgedehnten großen Artikelfolge zum Thema »Unsere soziale Wirklichkeit im Spiegel der Literatur«:

»... Dieser Platz aber wird dann in Frage gestellt, wenn das Verfahren zur Abstraktion von allen sozialen Realitäten dieser Welt und dieses Landes und zum Rückzug von deren gedanklich-künstlerischer Analyse führt.

Solche Gefahr wird mehr als deutlich in weiten Strecken der Lyrik, wo nur zu oft anspruchsvolle ›Weltbilder‹ erdacht werden, die aller konkret-historischen sozialen und politischen Bezüglichkeiten bar sind, wo ›Weltanschauung‹ geboten wird, die keinen sozialen und politischen Boden zu haben scheint ... Die Bilder beginnen sich übereinander zu schieben. Die jeweiligen ehemaligen ›Konzernleute‹, die loyalen, von Vorbehalten und Konflikten nicht freien bürgerlichen Fachleute, die am Ende zu leitender Mitarbeit über ihr spezielles Fachgebiet hinaus bereit sind, die großen Wissenschaftskanonen, die anfangs ein wenig überlegen auf die kleine DDR herabsehen und sich später ›nun ja, wohl, wohl‹ räuspern; die jungen Wissenschaftler und guten Fachleute, die nach anfänglichen Komplikationen mit der Betriebsleitung Bedeutendes leisten, oder auch die jungen Opportunisten, die ihren Mantel nach dem Wind drehen – sie gleichen sich jeweils einander recht sehr. Mit gefälligen Darstellungen in eingefahrenen Schemata sind kaum literarische Entdeckungen zu machen.«[36]

Brauns Gedicht »Gebrauchsanweisung zu einem Protokoll« liest sich wie eine Antwort darauf:

»Ich bin der Soundso, den ihr kritisiert
Weil er Worte wie MÜDIGKEIT, TRÄGHEIT
Erwähnt, die schon
Ungewohnt sind.
...
Und auch ihr hört mich so reden, Genossen, die ihr
Nichts hören wollt von Müdigkeit –
Und ich verstehe euch, die ich sehe, wie ihr
Wenig schlaft und die Flüsse bewegt
Und das Jahrhundert: und
Deshalb akzeptiere ich
Einmal nicht, was ihr sagt, und versteife mich und höre
Da nicht auf euch.«[37]

Am eigenartigsten in diesem Zusammenhang ist das Gedicht »R«, eine Warnung in hohem Ton:

»Darf auch nur *ein* Mensch
Verlorengehn?
Hier?«[38]

Auch das ist als neues Formelelement zu begreifen: quasi eine neue Form des Ruf-Gedichts. Eine der eindringlichsten Szenen in der Verfilmung von Christa Wolfs »Der geteilte Himmel« brachte verbale Übereinstimmung; es hieß da: »Und wie leicht kann ein Mensch verloren gehen.«

Brauns 1970 erschienener Gedichtband nimmt bereits im Titel den Gestus der Paraphrase auf: der Band »Wir und nicht sie«[39] beziehungsweise sein Titelgedicht ist eine Antwort auf Klopstocks La Rochefoucauld gewidmete Ode, jener Klage, daß es die Franzosen, nicht die Deutschen waren, die mit der Revolution die Freiheit zu erkämpfen versuchten:

»Ach du warest es nicht, mein Vaterland, das der Freiheit Gipfel erstieg, Beispiel strahlte den Völkern umher:
Frankreich war's! ...«[40]

Die Trauer des Ehrenbürgers der französischen Revolution Klopstock, daß auch Amerika »voranging«, endet mit dem vergeblichen Warten auf Trost: »Aber er tröstete nicht.«[41] Braun nun gibt, im selben Zeilenfall, seine Variante – Trost und Trösten sind Schlüsselworte des Gedichts, das ja in der Umkehrung der Titelpronomina ideologische, bekennerische Umkehrung vorweisen will; Klopstocks Neid, ja klagevolles »sie«, die Aufbruch und Freiheit geschafft haben, wird gewendet in anklagendes »sie«, die Unfreiheit der Menschen perpetuieren, sie, Bewohner des Westens. »Wir«, das ist Maurers »Das Unsere« – »wir haben das halbe Land frei für den Frieden ... aber es tröstet mich nicht«.[42] Klopstocks Ungenügsamkeit bleibt Brauns Ungenügsamkeit – »die Deutschen« sind es wiederum nicht, das »Wir«, positiv nun und den Autor einbeziehend, ist nur halbe Nation. Der Autor ist abermals »Ehrenbürger«. Die Spannung des Gedichts entsteht aus dem Gegenüber eines logischen und eines emotionalen Stranges: Klopstocks entpersonalisierte Form des Nicht-Trosts wird offenbar in ein Ich-Bekenntnis verwandelt: »Tröstet mich«, »tröstet mich nicht«[43] heißt es zu Beginn, in der Mitte und am Ende des Gedichts. In einer großangelegten Kritik wird auch vor diesem Einsatz des Individuums beim Erhellen historischer Prozesse gewarnt: »Doch es geht dabei natürlich nicht einfach um stilistische Fragen, sondern letztlich um Konzeption, Substanz und Haltung des lyrischen Ichs. Der Dichter, der auch in diesem neuen Band wieder Beweise seiner entwickelten Fähigkeit liefert, ein breites Publikum anzureden und anzusprechen müßte darauf bedacht sein, daß er auf keinen Fall ins Monologisieren gerät, sondern seinen Kontakt mit den Auftraggebern und Lesern (den ›Arbeitern, Bauern‹) unermüdlich (und selbst auf Kosten seiner sprachlichen Sprödigkeit) ausgebaut.«[44] Dieser Kontakt, bei Braun im gelegentlichen »Anreden« versucht – ein anderes Gedicht des Bandes heißt »Wir und ihr«, ein weiteres aber eher privates »An alle« – wird deutlich an einem Spezifikum einiger früherer Gedichte von ihm, aber auch von anderen DDR-Lyrikern.

Widmungen für Peter Huchel oder Hans Mayer oder Ernst Bloch tönen ein Gedicht in ganz bestimmter Weise ein, Leitmotivzeilen mit Worten von Majakowski oder Eluard ebenso. Reiner Kunze geht sogar einen Schritt weiter und läßt Biermann in einem Gedicht auftreten (der seinerseits in seinem Gedichtband »Mit Marx- und Engelszungen« ein Gedicht Robert Havemann und ein anderes dem seinerzeit im Harich-Prozeß zu fünf Jahren Zuchthaus verurteilten Walter Janka widmet):

»Lied vom Biermann
Wo wäre das bier ohne biermann?
Im faß
Helles bier dunkles bier
ausgeschenkt nach dort und hier
Ihr wolltet nicht trinken
Wer trinkt nun das bier dieses biermann?
Der Grass
Starkes bier dünnes bier
ausgeschenkt nach dort und hier
Ihr wolltet nicht trinken
Biermann sei ihrmann?
Achwas!
Mann ist mann bier ist bier
Biermann kam von dort nach hier
Ihr wolltet nicht trinken.«[45]

Dieses Gedicht aus Reiner Kunzes Band »Sensible Wege« muß als die gefahrvoll erneuerte Möglichkeit jener lyrischen Attitüde verstanden werden, die wir schon im Zusammenhang mit Johannes R. Becher erörterten – der künstlichen Dialoghaltung, der Zwiesprache also, innerhalb einer generellen Situation, in der Sprache Ansprache bleibt. Es ist die *gesuchte* Beziehung zu einem Partner (und sei es der Leser), die nahezu erzwungene Haltung des Einverständnisses in einem Moment, in dem man sich dieses Einverständnisses am wenigsten sicher sein kann.[46]

Dieser Entfernung wird Kunze nun auf höchst spezifische

Weise gerecht: er meldet die Dünne der Kommunikation. Das Rufgedicht reduziert sich bei ihm zur Spruchdichtung, in ihrer Sprödigkeit gelegentlich an die einsamen Worte Christa Reinigs erinnernd. Sein unveröffentlichtes Gedicht »An R. K., Dichter« aus den »Sechs Variationen über das Thema ›Die Post‹« liest sich wie Christa Reinigs Zweizeiler

»Hier ist nichts los – außer
daß alle kinder ahornnasen tragen«[47]:

»Ich bin K.
und wohne
hier
Der dichter
ist verzogen
Anschrift
unbekannt«[48]

Interessant dabei ist, daß die Zeilen der Reinig »Briefschreibenmüssen« heißen, also genau jenes Kommunikationsmittel bezeichnen wollen und seine Unmöglichkeit, zu transportieren, Verbindung – gar Verständigung – zu schaffen, das bei Kunze eine so große Rolle spielt: die Post. Nirgends kommt der Flaschenpost-Charakter, der Nachrichten-Sinn dieser Lyrik besser zum Ausdruck als in seinen »Sechs Variationen über das Thema ›Die Post‹«, wie auch in dem Band »Sensible Wege« – mit denen ja nicht gemeint ist, was das Titelgedicht sagt. Dieser Band, im März 1967 »dem tschechischen Volk, dem slowakischen Volk« gewidmet, ist Reiner Kunzes reifste Leistung.[49] Er hat hier Elemente früherer Arbeiten, Metaphern wie Vogel und Brief, Strukturen des Volks- und Kinderliedes eingeschmolzen zu wichtigen Strophen. Dabei entstanden zwei grundverschiedene Gedichtformen: jenes vielfach gekelterte Reduktionsprodukt, dessen letzte, bleibende Substanz Bitterkeit ist, und das schon erörtert wurde:

»ETHIK
Im Mittelpunkt steht
der mensch

Nicht
der einzelne«[50]

Und dann gelang etwas höchst Ungewöhnliches, auf Anhieb eher dem dadaistischen »ready made« Ähnelnden als einem Gedicht, eine Art »Dokumentargedicht« im präzisen Sinne des von Hochhuth, Weiss und Kipphardt besetzten Begriffs »Dokumentartheater«:

»Eilzustellung/Exprès
Berlin (west) 20. 1. – 13 uhr
Greiz 26. 1. – 21 uhr
Brief
Berlin (west) 1. 2. – 17 uhr
Greiz 9. 2.«[51]

Das liest sich wie ein Poststempel, wie facts, sieht aus wie Schwitters' aufgeklebte Fahrscheine und Eintrittskarten. Nur, daß hier nicht von Verdinglichung und Untergang des Menschen in der technischen Zivilisation die Rede ist: zwischen Daten und Uhrzeiten – ein Expreßbrief braucht 6 Tage, ein normaler Brief 8 – fände ein ganzer Roman Platz. Kunze gelingt hier das Aufspreizen der winzigen Form, die damit fähig ist, Maximales aufzunehmen; nicht nur Warten und Abgeschnittensein und Informationsmangel. Auch Geheimdienst, Kontrolle und Überwachung und Verhaftung. Die letzten drei Zeilen

»Was
der tochter sagen im
postmuseum?«[52]

entlassen und entlasten, ohne diesen geringen Kommentar wäre die Spannung des Gedichts nahezu unerträglich; es fordert, formal, daß der Autor es »entlädt«. Fast bieten solche lyrischen Radikalstrukturen, was in einem anderen Gedicht Kunzes »Das Ende der Kunst« genannt wird; denn die Sonne ist aus ihnen geschält:

»Du darfst nicht, sagte die eule zum auerhahn,
du darfst nicht die sonne besingen
Die sonne ist nicht wichtig

Der auerhahn nahm
die sonne aus seinem gedicht
Du bist ein künstler,
sagte die eule zum auerhahn
Und es war schön finster«[53]

Kunze hat sich dazu erst entwickelt, Ansätze sind zwar in zahlreichen seiner verstreut publizierten Arbeiten zu finden – aber der gänzliche Verzicht auf die Metapher kennzeichnet ein späteres Entwicklungsstadium. In Lubos Prihodas kleiner Studie, die er als Nachwort zur CSSR-Ausgabe des Bandes »Widmungen« publizierte, wird noch mit Recht darauf hingewiesen, daß – wie Vögel, »die Boten« – die Rose wichtiges Symbol in Kunzes Gedichten war[54]. Genau gegen diese Metapher – das Gedicht »In der Thaya« ist in der DDR gar nicht erschienen – polemisierte der Kritiker Adolf Endler in einem Weimarer Vortrag im November 1968: »Das Gedicht ›In der Thaya‹ insgesamt, spricht der Gesellschaft das Todesurteil. In ihr, will es sagen, ist kein Leben möglich. Dann ist allerdings auch die Poesie nicht mehr möglich. Der Dualismus von Rose und Ordnung muß in die Irre führen und konnte nur ein verwirrtes Gedicht hervorbringen.«[55]

Hier gilt es aber auch, einem Mißverständnis zu begegnen. Nicht nämlich, weil Kritisches formuliert wird, darf sich ein Text schon zur Literatur rechnen. Keiner dieser Autoren, ohnehin, ist ein »Feind der DDR«; auch bei Kunze heißt es:

»Eingesperrt in dieses land
das ich wieder und wieder wählen würde«.[56]

Aber entscheidend offenbar für literarische Qualität ist die existentielle Anfälligkeit, die Erfahrbarkeit von Verzweiflung oder Einsamkeit oder Dunkelheit. Nicht jedes Bänkelliedchen, das sich über den Volkspolizisten lustig macht und dabei doch einverständig zwinkert, ist schon deshalb ein großes Gedicht. Zwar definiert die DDR-Literaturkritik Satire als klassenkämpferische Pointe und sieht keineswegs eine spezifische literarische Methode in ihr[57], zwar wehrt sich in der DDR rasch eine Zeitung oder eine Arbeiterdelegation gegen satirische Verwirrgedichte – aber die Unterschiede zwischen kabarettistischen Versen und Gedichten bleiben evident.

Die Rede ist von Kurt Bartsch und Wolf Biermann. Bartsch begann im »Sonntag« Gedichte zu publizieren. Ende 1968 erschienen gleichzeitig zwei Bändchen Lyrik, »Zugluft« im Aufbau Verlag und in der höchst lebendigen Reihe »Poesiealbum« des Verlags Neues Leben ein Heftchen.[58] Auch hier entstand eine Art kritischer Feldzug, der der »Frankfurter Allgemeinen Zeitung« zu dem Mißverständnis verhalf, mit einer ganzen Wochenendbeilagenseite dieses Dichters zu gedenken.[59] Die kabarettistisch wirksamen Sentenzen Bartsch's aber sind nicht Kunstschnitzerei aus dem berühmten Elfenbein des Herrn Keuner, sie sind weit müheloser herstellbares Kunstgewerbe:

»Zustimmung
›mit gewalt‹, sagte der friseurgehilfe,
das rasiermesser an meiner kehle,
›ist der mensch nicht zu ändern.‹
mein kopfnicken beweist ihm das gegenteil.
Mut
›wenn ich meine eigene
meinung äußern darf‹,
begann er ungewohnt kraß,
›so hat schon Karl Marx gesagt, daß ...‹«[60]

Gelungene Wortwitze, nicht einmal Aphorismen; spielerisch und einfallsreich, aber doch Grenzbereich der Literatur. Dieser Grenzbereich wird gar unterschritten zum Banal-Chanson, wenn derlei verbale Harmlosigkeiten mit Bedeutung aufgeladen, ja überladen werden. Bartsch's Mauergedicht, in der DDR natürlich mit Empörung zur Kenntnis genommen, liest sich eher holperig-peinlich:

»bernauer straße
die nächtliche stadt; im stacheldraht
der posten zählt die zigaretten.

noch sind es dreizehn, sieben sind schon rauch;
und jede war ein kurzer frieden.«[61]

Bezeichnenderweise taucht die Rufform bei jenem Schriftsteller der DDR am meisten auf, der sich durch Straße und Saal verständlich gemacht hat. In Wolf Biermanns beiden Bänden[62] sind zwei Dutzend solcher Gedichte zu zählen, eine ganze Gruppe wird »Beschwichtigungen und Revisionen« genannt, und das mit Abstand wichtigste Gedicht aus dem zweiten Band heißt: »Großes Gebet der alten Kommunistin Oma Meume in Hamburg«. In diesem Gedicht legt Biermann auch die Wurzel bloß für das, womit er in den meisten seiner Lieder und Chansons ringt – für den inneren Verfall der Partei. Schlimmer natürlich als jeder Hieb gegen Bürokratie und Dummheit dieser Jahre ist das Verdikt, das im übrigen die jetzigen Herrschenden (die eben nicht im KZ starben, die eben keine Thälmanns sind) durch Nicht-Nennen nennt:

»Dann dieser Hitler, das vergeß ich nie
Wie brach unsre Partei da in die Knie
Die bestn starbn im KZ wie Fliegen«.[63]

Biermanns Arbeiten sind ein in der deutschen Literatur fast einmaliger Grenzfall. Er fällt dem eigenen Bemühen zur Formulierung stets in den Arm und überschreitet eben diese Grenze; das, was im Sinne Tucholskys, Mehrings, Kästners »gelungen« scheint, verübelt er sich gewissermaßen – am deutlichsten wird es bei den zahlreichen Brecht-Zitaten: dort verlängert er nicht im Sinne von Enzensbergers »Weiterungen« Ideologie und Poetik Bertolt Brechts, sondern langt, vergröbernd und gelegentlich höhnend, über sie hinaus. Da ist mit so dickem Strich übermalt worden, daß die erste Schrift des Palimpsests kaum noch erkennbar ist. Die »Ballade von der beißwütigen Barbara« denunziert mit der letzten Strophe Brechts »Marie A.« eher, als sie zu paraphrasieren:

»Doch wenn ich Marie im Arme halt,
Dann denk ich
Dann denk ich

Dann denk ich
nicht an
Marie.«[64]

Zahlreiche derartige Grob-Varianten, Journal-Attacken und Vulgarismen in den Liedern Biermanns verführen dazu, zu übersehen, daß hier ein sorgsam arbeitender Lyriker am Werk ist, der über Protestliteratur im Sinne Degenhardts weit hinausreicht. Dabei ist zu bemerken, daß ihm das wichtige Gedicht immer dann gelingt, wenn er den lautstark gebrüllten Protest zurückholt in eine Moll-Haltung; in Klage also. Bis in die Intonation (auch seines Gesangs) hinein taucht an *dieser* Stelle Zärtlichkeit auf in den Zeilen Biermanns, nicht etwa in den grobianischen »Dicke Margot«-Gesängen im falschen Villon-Ton. Enge Formulierungen entstehen bei Biermann immer da, wo auch ein Ton von Resignation sich bemerkbar macht, etwa in dem Peter Huchel gewidmeten Zuruf »Ermutigung«, der fast die Zartheit eines Liebesgedichts hat, und der bittere Erfahrung nicht mit krachender Faust herausbramarbasiert, sondern leise, nahezu weise, streichelnd ermahnt:

»Du, laß dich nicht verhärten
In dieser harten Zeit
Die all zu hart sind, brechen
Die all zu spitz sind, stechen
und brechen ab sogleich
Du, laß dich nicht verbittern,
In dieser bittren Zeit
Die Herrschenden erzittern
– sitzt du erst hinter Gittern –
Doch nicht vor deinem Leid.«[65]

Auch hier wird natürlich auf Bertolt Brecht verwiesen, auf dessen Gedicht gegen die Verführung in der »Hauspostille«. Schlichtweg meisterhaft ist dann seine Paraphrase der »Legende vom toten Soldaten« mit dem Lied »Die Legende vom Soldaten im dritten Weltkrieg«. Die ersten vier Zeilen, obgleich in der Silbenzahl verschieden, taktieren gleich:

»Vom Morden am Morgen begehrlich gemacht
Schlief der Soldat so schön
Er lag auf ihr, sie konnte dabei
Die Sterne der Heimat sehn.«

Man erinnert sich an Brechts Anfang:

»Und als der Krieg im fünften Lenz
Keinen Ausblick auf Frieden bot,
Da zog der Soldat seine Konsequenz
Und starb den Heldentod.«[66]

Immer wieder greift Biermann hier Wortraster und Emotionsfelder der Vorlage auf, »die Sterne der Heimat«, »vom Himmel blau und klar« (bei Brecht: »die Nacht war blau und schön«); zahllose winzige Versatzstücke der Sprache und der Sprachpausen runden sich zur selben Klage und Warnung wie bei Brecht genau ein halbes Jahrhundert zuvor. Was bei Brecht, am Ende seiner 19 Strophen, das Morgenrot ist, ist bei Biermann die Sommerzeit – die im Refrain der Vorstrophen »Winterzeit« war – in der der Schnee sich in Blütenschnee wandelt:

»Reifen die Kirschen rot
dann ist es gut.«

Biermann ist Kommunist. Seine Wut ist Zorn aus Trauer; Platz für Resignation, für Infragestellen der Existenz – wie bei Kunze – ist da nicht. Die Gefahr, aus dieser Haltung heraus zu einer gewissen Weinerlichkeit, einer litaneienhaften Larmoyanz zu kommen, hat Biermann selber gesehen und einmal präzise artikuliert:

»Die verheerende Wirkung der Prügel, die wir ständig beziehen, ist, daß wir uns an sie gewöhnen, und wenn es lange genug anhält, geben wir den Leiden ins Nachhinein sogar den Anstrich der Vernunft und schmücken uns in Ermangelung besserer Genüsse mit der Dornenkrone des Märtyrers. Anstelle der blauen Flecke auf dem Papier treten die auf dem Arsch, und wir laufen durch die muffige deutsche Landschaft und ziehen vor allen Leuten anstelle des Hutes die Hose und entblößen unser gegerbtes Fell. So kultiviert sich allmählich

die Pose des ›pomphaft weinerlichen Sozialismus‹ in uns, in mir vielmehr.
In Ermangelung von Barrikaden schleudern wir über Küchentische leere Bierflaschen unseren Frauen ins Kreuz, und der ganze kleinbürgerliche Katzenjammer entlädt sich angstschweiß-tränennaß über die nächsten Freunde, die armen!
Die ständige Revolte gegen politischen Kleinmut macht uns endlich zu deutschen Kleingärtnern, und wenn wir dabei noch Kunstverstand zeigen: zu Gartenzwergen. Neuß, der Gartenzwerg mit dem Keramik-Beilchen, Biermann, der Gartenzwerg mit der Gips-Geige – stehen sie da im Vorgarten der Weltpolitik auf tönernen Füßen und weinen sich die Farben vom gebrannten Lehm. ›Die Welt ist schlecht‹ – ›O Mensch‹ –›Deutschland, du bleiche Mutter‹ – ›Asche über uns‹ – ›Wehe uns allen‹ – ›Spickennagel, du bist schuld!‹. Mein ganzer Jammer ist lächerlich; er ist so lächerlich, wie er begründet ist. Kleinmütiges Palaver zwischen den Schlachten.
Man muß sich an den Frieden als muffigen Ausnahmezustand gewöhnen. Ich fürchte eigentlich nur, meine Furcht könnte schneller wachsen als mein Haß. Wenn mir das mal passiert, bin ich geliefert.«[67]
Biermann ist gegen den Sozialismus, wie er sich in Buckow zeigt – aber er stellt nicht den Sozialismus in Frage. Der unerhörte Skandal, den Biermann in der DDR auslöste und der zu nahezu panischer Verfolgung des Autors führte[68], ist letztlich nur zu erklären aus der extremen Unsicherheit von Funktionären; bei Biermann heißt es:

»Das kommt, weil ich mein Deutschland
So tief zerrissen seh
Ich lieg in der bessren Hälfte
Und habe doppelt Weh«.[69]

Stärker als bisher, also vom Beginn der sechziger Jahre ab, ist der Beginn einer eigenen Tradition zu erkennen; das ist eine politische wie literarische Tradition. Da sind ganz bestimmte Themen und Motive, die alternierend und variierend aufgenommen werden. Biermanns Gedicht »An die alten

Genossen« aus dem Jahre 1962 ist Rainer Kirsch natürlich bekannt gewesen, als er 1965 mit Sarah Kirsch den Band »Gespräch mit dem Saurier« publizierte, in dem sein Gedicht »Meinen Freunden, den alten Genossen«[70] (übrigens auf derselben Buchseite, auf der das Gedicht in Biermanns Buch abgedruckt war) steht. Beider Arbeiten Hauptworte sind Geduld, Ungeduld, Liebe und Glück; beide bitten um Geduld für ihre Ungeduld, um weniger Kälte für die Unbequemen.

Einverständnis aber über eine neue eigene Tradition zeigt sich auch in einem neuen Staatsbewußtsein. Der Titel von Sarah Kirschs Bändchen »Landaufenthalt« heißt ja auch Aufenthalt in diesem Lande, ähnlich dem Titel jener Anthologie: »In diesem besseren Land«. Dieses Nationalbewußtsein dringt ein bis in die Form der Naturlyrik – aus einer gesellschaftlichen Übereinstimmung resultiert eine Übereinstimmung mit der Natur, ein Vorgang, den wir schon bei Johannes R. Becher analysiert haben. Schon Anfang 1967 veröffentlichte der Lyriker und Kritiker Günther Deicke einen Aufsatz »Der Dichter und das Vaterland«, in dem er sich selber – und auf diesem Umweg seine Kollegen – zu einem neuen Ja zum Begriff Vaterland ermunterte. Deicke knüpft eben an jene Tradition des sozialistischen Vaterlandhymnus an, wie er für Johannes R. Becher typisch war:

»Wenn ich ein Trümmerland auch wiederfand,
Bist du es doch: mein Deutschland, Vaterland.«

Manchmal klingt es bei Becher wie eine Trotzvokabulatur, etwa wenn er ausgerechnet 1948 schreibt:

»Volk, Reich, Nation, Deutschland, Vaterland!
In eurem Namen führen wir das Schwert!«

Hier ist natürlich – das darf nicht übersehen werden – von einem anderen Volk, von einem anderen »wir«, einem anderen Schwert die Rede. An diese Möglichkeit einer anderen, neuen Auffüllung der böse belasteten Begriffe appelliert Deicke: »Ich begriff vor zwanzig Jahren noch nicht, was die internationale Arbeiterklasse ausgerechnet mit einem deut-

schen Nationalbewußtsein zu schaffen haben sollte. Was aber ist stärker nationalbewußt und stärker in internationalem Interesse als solch ein kollektiver Wille: ›Daß von deutschem Boden nie wieder ein Krieg ausgeht!‹«[71]
Und Chefideologe Alexander Abusch – dessen frühes Buch »Irrweg einer Nation«[72] hieß – wies auf Brechts Beziehung zu Deutschland in den Jahren der Emigration hin, die nicht weniger zwiespältig war als die all derer, die aus Sprache und Land vertrieben waren; Brechts Zeilen »O Deutschland, bleiche Mutter ...« – darin sieht Abusch den ganzen Widerspruch, den ein Autor zu formulieren hätte: jenes Deutschland, das das bestialische System ersonnen hätte, vor dem diese Autoren fliehen mußten, und Deutschland, jenes Land, das – Gespött und Furcht der Völker – für alle Emigranten doch die zugerichtete bleiche Mutter blieb. Nationaldichtung in einem sehr neuen, dialektisch gesehenen Sinn. An diese Tradition knüpfen jetzt jüngere Autoren an. Die Gedichte der Sarah Kirsch sind hervorstechende Beispiele für den Versuch, ein Amalgam aus Gesellschaft und Natur zu schaffen, auch gesellschaftliche Probleme in eine nur scheinbar idyllische Naturlyrik einzubetten. Ihr Lied »vom See der zum Fluß wurde aus Sehnsucht nach fremden Flüssen und Städten«[73] nimmt eine seit Fontanes »Stechlin« probate Möglichkeit auf, Bewegungen der Gesellschaft und Bewegungen der Natur zu synchronisieren. Kunzes Resignation und Biermanns Protest lesen sich bei Sarah Kirsch anders, der Sehnsucht »wegzugehen« begegnet sie, indem sie sich selber anschmiedet:
»Der Wald steht schwarz es kriecht
Draht übern Felsen es riecht
nach Brand da hüte ich
die vier Elemente am Rand des Lands
Meine Federn am Kleid
mein ängstlicher Schuh
seid ruhig tragt
mich nicht fort

Ich knote an Bäume mich lieg unter Steinen
streu Eis mir ins Hemd ich schneide
das Lid vom Aug da bleibe ich wach:«[74]

Doch auch hier – wie etwa in dem Gedicht »Fahrt II«[75], in dem sie, im Zug sitzend, die Grenzen ihres Landes eher mit Angst nähersausen sieht – läßt sich jene gewisse Trotz-Haltung verifizieren; Sarah Kirsch läßt dies Land nicht zurück. Schon in der Verfilmung von Christa Wolfs Roman »Der geteilte Himmel« war durch Einsetzen bestimmter Emotionalchiffren deutlich, wann von der DDR als neuer Heimat optisch oder vokabulär die Rede war. Die DDR ist gleichsam nicht nur ein Land, in dem man lebt; sie ist auch ideologisch-moralischer Zentralpunkt, zu dem man sich bekennt. Sie ist Familie, Liebe und Glück; Geborgenheit, Zärtlichkeit wollen hier wachsen. In jenem Film ist Landschaft Symbol für Glück und Sozialismus und bestimmte optische Sequenzen – Sonne, Baum, Gras – ergänzen oder interpretieren Zentralworte wie Zauber oder DU: Illustrationen zu »Mensch werden«. Sanfter, nicht mit grellem Hieb wie Biermann, sondern mit eindringlicher Hartnäckigkeit erklärt Sarah Kirsch sich immer wieder zum »Teil dieses Landes«[76] und weigert sich, »Gast« zu sein. Dabei sind viele Vorbilder ablesbar, ihre »Legende über Lilja« und deren »Liebhaber alter Theaterstücke mit Uniform Totenkopf am Kragen, dessen Hund Hamlet hieß« verdankt sich offensichtlich Celans »Todesfuge«, deren blauäugiger SS-Mann »seine Rüden herbeipfeift«. Auch Bobrowskis Einfluß ist hier schon spürbar, dessen »Bericht« über das Foto einer aus dem Ghetto geflohenen Jüdin, die als Partisanin gefangen und verhört wird von deutschen Offizieren, »junge Leute, tadellos uniformiert, mit tadellosen Gesichtern, ihre Haltung ist einwandfrei«.[77] Johannes Bobrowski, dessen dichterisches Hauptthema ja die Beziehung von Landschaft und Geschichte war, widmete Sarah Kirsch drei schöne Gedichte – Worte und Topoi Bobrowskis aufgreifend, Natur verdunkelnd und einsam machend in der Trauer um diesen Tod:

»Geh unter schöne Sonne, stirb
weniger kunstvoll, Haus zerfall
zögert nicht: mein grauer Delphin
ist hin zu anderer Küste geschwommen
Gestern noch
blies er Meer vor sich her, schwamm
voller Kunst, peitschte das Wasser
nun bleibt er fort, heißt es, unsere Küste
salzverkrustet und leer
verlor ihren Delphin. Niemand
weiß da einen Ausweg.«[78]

Dabei hatte Bobrowski, als er am 2. September 1965 mit 48 Jahren in Ostberlin starb, keinen nennenswerten Einfluß auf die Literatur der DDR ausgeübt. In einem Aufsatz in »Sinn und Form« schrieb Günter Hartung: »Wie groß der Verlust ist, den unsere Literatur durch diesen Tod erlitten hat, ist schwerlich schon erkannt worden; dazu hat sein schmales Werk bisher zu wenig Verständnis, wenn auch genügend Respekt gefunden. Vor allem gilt das für die beiden Gedichtbände ›Sarmatische Zeit‹ und ›Schattenland Ströme‹. Trotz einer schönen Besprechung durch Manfred Bieler (NDL 9/1962) und trotz einiger Hinweise sind sie bei uns kaum aufgenommen worden, am wenigsten leider von der Literaturwissenschaft.«[79] Bobrowski ist ein Anachronismus innerhalb seiner literarischen Landschaft, gehört gewissermaßen gar nicht zur Literatur der DDR. Als Peter Huchel ihn in »Sinn und Form« (4/1955) erstmals mit fünf Gedichten vorstellte, mußte eine redaktionelle Notiz erläutern, um wen es sich bei diesem neuen Namen handelte. Zu diesen Gedichten gehörte schon die 1952 entstandene »Pruzzische Elegie«, die bereits alle wesentlichen Elemente von Bobrowskis Lyrik (und Prosa) enthält: Das Lied der Märchenerzähler, die Schuld der Kolonisatoren, Sühne und historische Zeit. (Die Pruzzen bewohnten in alter Zeit Bobrowskis Heimat; Bobrowski nannte dieses Land Sarmatien: Diesen Namen gaben römische Geschichtsschreiber und Geographen dem

Land östlich der Weichsel und Karpaten, die Ostsee hieß sarmatischer Ozean.) Eine seiner wichtigsten Erzählungen, »Boehlendorff«, schrieb er, angeregt von einem »Baltischen Dichterbuch«[80]. Die Wahl seiner Themen war aber auch eine Art »Kriegsverletzung« – daß er immer wieder östliche Landschaften zurückholte in seinen Arbeiten, hängt nicht nur mit seiner Jugend in Tilsit und Königsberg zusammen: »Ich stamme aus einer Gegend, in der die Deutschen mit ihren Nachbarn durcheinander und miteinander gelebt haben, an der früheren deutsch-litauischen Grenze. Ich habe einiges an Kenntnissen und Erfahrungen mitbringen können für dieses Thema, und sonst ist die Wahl dieses Themas so etwas wie eine Kriegsverletzung. Ich bin als Soldat der Wehrmacht in der Sowjetunion gewesen. Ich habe dort das noch vor Augen geführt bekommen, was ich historisch von der Auseinandersetzung des deutschen Ritterordens mit den Völkern im Osten und von der preußischen Ostpolitik aus der Geschichte wußte. Ich habe nur wegen dieses Themas angefangen zu schreiben. Ich habe schreiben wollen seit etwa 41 und habe dann 51 damit angefangen. Dieses Thema betrachte ich als mein Thema, als ein Generalthema.«[81]
Sein frühes Gedicht »Anruf« (nicht identisch mit dem Eingangsgedicht aus »Sarmatische Zeit«) setzt bereits mit diesem Thema ein; es findet sich in keiner Sammlung, und der sonst akkurate Biograph Gerhard Wolf erwähnt es ohne Quellenangabe – es ist nämlich eines der acht Gedichte, die im März 1944 in Paul Alverdes' Zeitschrift »Das innere Reich«[82] erschienen (was im übrigen auch Bobrowskis Auskunft bestätigt »zu schreiben habe ich begonnen am Ilmensee 1941, über russische Landschaft, aber als Fremder, als Deutscher«[83]):

»Hoch überm See die schweigende Nowgorod.
Noch sinne ich das wohl, und es zieht das Herz
sich mir zusammen – und doch ist ein
Frieden bereitet in der Zerstörung.
Den aber nennen! In das zerstörte Haus

gehn nur im Traum Gedanken noch ein vom Einst –
wie Möwen überm müden Flusse,
und auch ihr Schreien zerbricht im Winde.
Noch stehen Türme, die ihrer Kuppel Last
zerbrochnen Kronen gleich, aus der Trümmer Leid
aufheben, doch es fügt der Himmel
nur das zertretene Bild zusammen.«[84]

Die Gefahr eines sehr traditionellen Lyrikverständnisses, der Bobrowski nie ganz entgangen ist, zeigt sich bereits hier: eine Sache zu benennen, deckt natürlich Zusammenhänge und Kausalitäten eher zu. Der Text ist so typisch wie der Platz, an dem er erscheinen konnte – diese Lyrik, vorläufig der strengen Odenform folgend, später in freieren Rhythmen[85], tut niemandem weh. Im Sinne dieses »Benennens« ist Bobrowski ein Spät-Impressionist, dessen Klage nicht Anklage wird (und der auch der einzige Autor ist, auf den sich Ost und West gleichermaßen einigen konnten – wie in einem neutralen Raum). Sein Hauptwort – bis in den Titel einer Gedichtsammlung hinein – ist Schatten: in beiden Bedeutungen, ob als Dämmer oder als unkonturiertes Menschen-Abbild, ein Zwischenwert.

Ein zentrales Gedicht des Nachlaßbandes »Im Windgesträuch« setzt entsprechend ihrer Bedeutung bewußt diese Vokabel ein: »Die russische Birke« ist eine schwer zu entschlüsselnde Erinnerung an Rußland, Jessenin und Majakowski werden »entziffert«

(»goldenes Gehölz wills aus dem Sinn mir reden:
mit leichter Birkenzunge sprichts.
Ich seh den Kranich, seh die Schwermut schweben,
das Herz zieht oben, hängt an nichts«[86]

heißt es bei Jessenin, aber der logische Drehpunkt des Gedichts, an dem es überleitet zur typischen Bobrowski-Fragestellung nach Schuld und Historie, heißt:

»– sie würgten,
Hauptmann und Bischof, die Räubrin
im Turm, Marjas Seele,

streicht, ein Rabe, um Oka
und Moskwa, ein großer Schatten
früh in den Nebeln –«[87]

Der Tod der Frau des ersten falschen Demetrius, Marja Mniszek, die 1613 in einem Turm an der Oka verhungerte, ist Metapher für den (beabsichtigten) Hungertod Moskaus und Leningrads; es ist der »große Schatten, früh in den Nebeln.«

Bobrowskis häufigste Redefigur ist die Frage. Zahllose Gedichte sind aus solchen Sätzen gebaut:

»Wohin ist er gegangen?«
»Wer entzündet die späten Feuer des Jahrs?«
»Wer stellt mir das Netz?«
»Lauscht ich über den Strom?«[88]

Dieses gewisse Zögern, Ausbalancieren, sich nicht Festlegen, führte zu einer bestimmten Struktur der Gedichte: sie bleiben unaufgelöst. Bobrowskis meiste Arbeiten, auch die Erzählungen, haben ein offenes, ausschwingendes Ende. Viele der Gedichte enden mit einer Bewegung, das heißt, sie enden nicht:

»Jetzt springt er ins letzte Boot.«[89]

(Bobrowskis Mickiewicz-Gedicht, von ihm deutlich abgesetzt als letztes in den Band »Schattenland Ströme« aufgenommen, hat eine ähnlich offene, auf das bekenntnishafte Subjekt konzentrierte Form.)[90]

Auch die vielen Anruf-Formeln (»Ach, daß der Schwaden Heu«), der häufig wiederkehrende Topos wandern (Auf der taurischen Straße, Die alte Heerstraße, Dorfstraße) und das viele Gedichte bestimmende Bild vom Fluß (Am Strom, Stromgedicht, Die Düna, Die Memel, Die Daubas)[91] helfen zu dem bestimmenden Gesamteindruck des Schwebenden, Unbestimmten, Nicht-Endgültigen. Der Lyrik bekommt das nicht immer, gelegentlich sind die Gedichte im schlechten Sinne »schön«. Der enge Raum eines Gedichts verträgt nicht viel Unpräzision – während es gerade dieses Schwebende, Zaghafte ist, was einige Prosaarbeiten Bobrowskis zu Meisterminiaturen macht. Die $4\frac{1}{2}$ Seiten der Erzählung »Mäusefest« schließen eben durch diese »Warteräume«, durch das unglaublich langsame Tempo alle Motive Bobrowskis zusammen – es ist, als läse man viele Stunden: das chassidische Märchen ist da, Bobrowskis »Osten« und die Geschichte der Nazis und Gläubigkeit und der Bilderbuchmond, der etwas erzählt. Das Verhaltene, Unentschiedene seiner Prosa birgt die Kraft zur Definition, zum Definitiven. Das Mißverständnis »Landschaftsdichter«[92] ist nicht mehr möglich; was Bobrowski über Landschaft sagt, sagt er über Menschen – auch über sich:

»Ein eingefahrener Sandweg. Ohne Gräben. Wie breit er ist, kann man das sagen: Er geht über in die Wiese. Oder die Wiese hört auf. Oder geht über in einen Weg. Wie ist das genau? Es gibt keine Grenze. Der Weg ist nicht zu Ende. Und die Wiese fängt nicht an. Das ist nicht ausdrückbar. Und ist der Ort, wo wir leben.«[93]

Ein Generationsgefährte Bobrowskis, der in nahezu allen seinen Gedichten dasselbe Thema umkreist, ist Paul Wiens. Nach den Bänden »Begeistert von Berlin« (1952) und »Beredte Welt« (1953) – einem Versuch, seine Vergangenheit zu bewältigen – waren seine »Neuen Harfenlieder des Oswald von Wolkenstein« (1956/57) der Beginn einer Auseinandersetzung mit sich, mit dem lyrischen Subjekt – unter geliehener Larve, gelegentlich an den lyrischen Gestus Peter Rühmkorfs erinnernd. Diese Arbeiten nahm Wiens nicht in den 1968 erschienenen Sammelband »Dienstgeheimnis« auf, der den Untertitel »Ein Nächtebuch« trägt und nach 11jähriger Pause erschien[94]; sein Bändchen »Nachrichten aus der dritten Welt«, 1957 in der von ihm mitverantworteten Volk und Welt-Reihe »Antwortet uns« erschienen, hatte besonders harte Kritik auf sich gezogen. In einem Interview erinnert Wiens daran:

»Kritik an meinen Gedichten in vergangenen Jahren hat mir nur dann Wunden geschlagen und manchmal noch wetterempfindliche Narben hinterlassen, wenn sie meiner Arbeit

öffentlich antisozialistische Wirkung und Absicht zuschrieb und gleichzeitig eine öffentliche Verteidigung meiner poetischen Position unterband.«[95]
Aber im selben, sehr aufschlußreichen Gespräch mit Horst Haase kommt Wiens auch bereits auf die eigentliche Problematik seiner Lyrik zu sprechen, nämlich jene Auseinandersetzung eines Individuums mit Natur und Gesellschaft, wobei für Wiens die moderne Naturwissenschaft, die Raumfahrt, die Kybernetik eine wesentliche Rolle spielt; seine »Natur« ist also nicht mehr See und Wald und Feld, sondern das All – sein Mond ist nicht der friedlich lächelnde und wissendweise Gesprächspartner des alten »Mäusefest«-Juden, sondern Teil des Planetariums, zu dem die Reise geht. Diese Reise, diese Anstrengung des Menschen gibt Wiens auch die Frage auf, ob es nicht ein »aus sich herauslangen« ist, eine Überanstrengung. Peter Rühmkorf hat sich in seinen Überlegungen, ob und wie man »neue« Mondgedichte schreiben kann, auf einen kritischen Waffengang mit Wiens eingelassen[96], aber das Etikett »Auftrags- und Propagandaarbeit« erfaßt das Phänomen nicht. Es geht um mehr. Wiens hat selbst offenbar einige kritische Distanz zu solchen Arbeiten gewonnen: das in der Nacht von Gagarins Flug für den Funk geschriebene Gedicht »Weltraum und Weltzeit« endete ursprünglich so:

»Kein wunder.
Der gießer mit seinen genossen
hat UNSERE zeit in den weltraum gegossen.
Ihr herzschlag
und seiner und deiner schallen
unüberhörbar
und bald hallt von allen
sternen
– als herzliches echo und telegramm –
das kommunistische programm:
FRIEDE.«[97]

In dem neuen Band »Dienstgeheimnis« sind nur noch drei Zeilen davon erhalten:

»Kein wunder.
Der gießer mit seinen genossen
hat unsere zeit in den weltraum gegossen ...«[98]

Wiens' Problem – und das seiner Arbeiten – geht darüber hinaus. Seine Frage ist, wieweit wissenschaftliche Prognostik, die Ziel- und Nützlichkeitsbindung aller emotionalen wie intellektuellen Anstrengungen der Menschen literarisch überflüssig macht oder, anders gefragt, wie das Selbstverständnis eines »Produzenten« ist, der deklariertermaßen Überflüssiges, Lyrik zum Beispiel, herstellt:

»Die Anstrengungen (die Gesellschaft wissenschaftlich zu lenken, F. J. R.) sind für alle schöpferischen Prozesse von Bedeutung. Sogar von einschneidender. Sie dirigieren das literarische Schaffen. Erstens von außen, indem sie neue Wirkungsbereiche öffnen und neue Grenzen setzen: sie steuern. Zweitens von innen, indem sie den Schreibenden zu unausgesetzender Selbstkontrolle zwingen. Beim Einatmen ist das gesund, es wird einem viel frischer Sauerstoff zugeführt, beim Ausatmen ärgert, schmerzt und hemmt mich das oft. Planung von Literatur halte ich – beim gegenwärtig gegebenen Niveau soziologischer Operationsforschung – in dem gleichen Maß für möglich, in dem man die gesellschaftliche Erscheinung Liebe regulieren kann. Siehe die ›Antibabypille‹. Im Positiven wie im Negativen. Was Liebende im Einzelfall miteinander treiben – der Akt der Zeugung und oft auch das Produkt –, das entzieht sich vorerst noch der öffentlichen Hand. Ausdrücklich bemerkt: vorerst. Die Frage, die mich in diesem Zusammenhang beschäftigt und auf die auch unsere sozialistische Praxis bisher noch keine befriedigende Antwort gegeben hat, lautet: Überflüssiges ist nicht notwendig, es ist unökonomisch, es hindert die Bündelung der Kräfte – und Lyrik ist überflüssig ... Hier möchte ich als Schriftsteller eine Schriftstelle zitieren: aus der Rede Manfred Wekwerths ›Der Künstler im Klassenkampf unserer Tage‹. Dabei erlaube ich mir ›Lyrik‹ zu sagen, wo er vom Theater spricht. Das klingt dann so: ›Das Gedicht wird da am nützlichsten sein, wo es

seinem Leser den größten Luxus des realen Spiels der Gedanken und Gefühle vermittelt. Und es wird dort am ehesten seine Effektivität finden, wo es Überflüssiges bleibt . . .‹«[99]
Wir werden dieser These bei der Erörterung der dramatischen Literatur wieder begegnen, bei Erörterungen zur Lyrik wird sie genährt von Brechts beim Lyrikwettbewerb 1927 formulierten Nützlichkeitsstandpunkt mit dem er (»Weder nützlich noch schön«) die Lyrik auf ihren Gebrauchswert untersuchte.[100] Wiens aber stellt dem immer wieder eine Situation der inneren Ambivalenz entgegen:

». . . frage und frage.
Lebenszeit – fragezeit auf der windigen brücke.«[101]

Und noch deutlicher in den Zeilen

»Warum spricht mein mund?
Warum schreibt die hand?
Was ist mein beruf?«[102]

In jenem Gespräch mit Horst Haase lehnt er auch kategorisch die obligatorische Frage »Für wen schreibe ich, wozu schreibe ich?« ab, will sie nicht beantworten, weil er sie sich nicht stelle. Auf eigenartige Weise sieht Wiens sich – den Menschen – auf dem Rückzug, kann das unendlich Freie nicht ertragen, flieht zurück zur Gemeinschaft, in die Welt des Vertrauten, der möglichen Kommunikation. Doch sonderbar – das Wort »gemeinsam« – oder irgendeines seiner Synonyma – existiert nicht in Wiens' Gedichten, und die Welt, der Mikrokosmos, in die er sich zurückzieht, ist ihm Maskenball, Ring, Rad, Kostüm. Und es ist schließlich die Natur im althergebrachten Sinne, die ihn wieder aufnimmt, nicht mehr zu verstehen als Deckbegriff für Gesellschaft: dieses Kernstück des neuen Bandes, auf der Suche nach dem Ich, endet einsam, fast in der »Sprachlosigkeit«[103]:

»Frei unendlich . . . Ich sah mich zu einem zeitpunkt,
den ich noch nicht überschritten habe, auf einer gerade
gedachten bahn. Sie berührte den erdkreis: tangente.
Ich bewegte mich auf ihr, ich suchte mich selbst
im gedächtnis. Woher ich kam, war verloren.

Wohin ich ging, war nicht aufzufinden. Schwindend nur
die erinnerung: hier – geh ich – vorüber ...
Frei unendlich und nicht zu ertragen. Ein schrecken
zerreißender als die leere: kein mensch mehr zu sein!
Ich schrie: Nein! Ich schrie: Ja! Ich brüllte: Ruckzuck!
Zurück in den Reigen zum Maskenball!
In den ring! Aufs rad! Ins kostüm, das mich kitzelt!
Auf die folter heim! Untern fittich des fleisches!
Unter die menschliche deckfarbe rot!
Wie es doch heiß macht, wie es doch guttut:
wieder zu spüren, wie aus der wunde mir zeit tropft,
wieder gefangen bei dir, wieder im wechsel der räume
zu weilen! ... Wie kurzweilig: wandern durch wälder! ...
Wir lassen uns nieder zum frühstück im moos
an der quelle.«[104]

Eine bemerkenswerte Synthese solcher Einflüsse und Traditionen ist Karl Mickel mit seinem Gedicht »Der See«[105] gelungen. Es ist das Zusammenfassen der Elemente Natur, Geschichte, Landschaft, Nation, Arbeit, Veränderung. Der See, begriffen als Gegenhimmel, als abgesplitterte Hirnschale – also etwas Irdisch-Menschliches, etwas, das ins eigene Bezugssystem einzuordnen geht – der See wird gleichsam »erarbeitet«: Die überspannte Vorstellung, einen See aussaufen zu können, heißt auch, eine überspannte Kraft dem Ich zuzutrauen. Es ist eine Aneignung der Welt, eine fast gewalttätige Inbesitznahme – die Aufhebung zwischen ich und es. Und die Berufung auf Tamerlan, den Mongolenfürsten aus dem 14. Jahrhundert, der bekanntlich Mauern aus Menschenleibern baute bei der Begründung seines asiatischen Riesenreiches, ist eine Art des lyrischen Aufarbeitens der Geschichte – will besagen: Wir, im Sozialismus, brauchen nicht mehr Menschen zu erschlagen und ihre Hirne zu verspeisen; wir haben selber Hirn genug, um die Welt zu verändern.
Das Besondere an diesem Gedicht ist, daß es auch eine Antwort auf literarische Tradition ist – daß Mickel mit diesen

vier Strophen genau das tut, was wir den Beginn einer eigenen Tradition innerhalb der DDR-Literatur nennen: die beiden wichtigsten Gedichte Peter Huchels hießen »Knabenteich« und »Wintersee«. Sie bezeichneten Entwicklungsstadien Huchels und damit der von ihm verdichteten Realität. Die findet hier ihre weitere Ausdeutung, vielleicht neue Hoffnung – bis in die Wortwahl auf Huchel eingehend. Huchels »Wintersee« evozierte Tod und Eis, entgegen der Knabenidylle. Mickel nimmt beides auf: des Sees Gesicht und sein Binsenhaar sind hier Haarstoppel und Hirnschale. Die zweite Strophe beginnt mit dem einzigen Satz, der ein Ausrufungszeichen trägt: »Totes gedeiht noch!« Und die Strophe endet, bevor sie zu Tamerlan überleitet, mit einer modernen Variante von »Stirb und werde«: »... Unersättlicher Kreislauf / Leichen und Laich.«
Als das 1963 entstandene Gedicht im Zusammenhang mit der erwähnten Lyrikdiskussion[106] im »Forum« 1966 abgedruckt wurde, nahm der Streit um diese Strophen den größten Raum ein – Hans Koch zürnte in seiner großaufgemachten Attacke: »Den 26 Zeilen wird die umfangreichste und in ihrer Art gründlichste Untersuchung gewidmet, mit der unsere Presse ein Gedicht je bedachte.«[107] Er selber verhöhnt anfangs Mickels Sprache, ruft zum Saufen »Gesegneten Appetit!« und zur Schlußzeile »Ich lieg und verdaue den Fisch« »Und was wird mit den Schuhen?« Koch, ein sorgsamer Literaturkenner sonst und keineswegs plumper Analytiker hat das Gedicht und seine Ambition ganz offensichtlich nicht verstanden. Schon ein Jahr vor diesem Gedicht hat Mickel in einer Rezension von Georg Maurers »Dreistrophenkalender« gleichsam ideologisch vorgearbeitet und Marx zitiert: »Die Arbeit ist zunächst ein Prozeß zwischen Mensch und Natur, worin der Mensch seinen Stoffwechsel mit der Natur vermittelt, regelt und kontrolliert. Er tritt dem Naturstoff selbst als eine Naturmacht gegenüber. Die seiner Leiblichkeit angehörenden Naturkräfte, Arme, Beine, Kopf und Hand, setzt er in Bewegung, um sich den Naturstoff in einer für sein

eigenes Leben brauchbaren Form anzueignen. Indem er durch diese Bewegung außer ihm einwirkt und sie verändert, verändert er seine eigene Natur.«[108]

Daß Koch diese spezifische sozialistische Haltung einfach nicht sah, hat seine Gründe; seine wütend-plumpe Polemik[109] dehnt sich nach Erscheinen des Bandes »Vita Nova Mea«[110] auf alle Arbeiten Mickels aus – Koch wittert »Subjektivismus«. Schon der Titel, von Dantes Vita Nova durch das Mea abgesetzt, scheint ihm zu selbstbewußt-ich-bezogen. Gerade jenes trotzige Ausrufen des starken Individuums – sonst heißt das »Der neue Mensch« – flößt Koch Furcht ein; im »Neuen Deutschland« erschien eine bösartige Ablehnung, die sich wie die Exkommunikation eines verlorenen Sohnes liest:

»... fast immer werden Bilder und Visionen einer kranken, buckligen, von Widersprüchen ungleich mehr zerrissenen als bewegten, wunden Welt und Wirklichkeit beschworen ... All die be- und verklemmten Gefühle können sich hier nicht im Mittun, in verantwortlicher geistiger Mitwirkung an einem großen, organisierten kollektiven Werk befreien.«[111]

Diese Überhebung des Ich gehört aber fast zum literarischen Programm Mickels; viel vermessener noch hat er sich in seinem kunstvoll die Bibel-Sprache aufgreifenden Gedicht »Lamento und Gelächter«[112] verglichen – mit Christus nämlich. Das Gedicht, das nicht nur Luthers Und-Anfänge, das »Also sprachen die Leute zu mir«, das »Wahrlich, ich sage euch« und »Herr, Dein Wille geschehe« ausbeutet, sondern auch Bedeutungsräume schafft durch alte Redeweisen: »Ich scheide ab«, »Wir kennen seiner nicht,« »Bleckt herauf über mich«, »So fahre er denn ab«: das ist Gethsemane, drei Mal bittet da einer, nicht erlöst, aber bewahrt zu werden. Das erste Mal sprechen die Leute noch zu ihm, das zweite Mal nurmehr untereinander, das dritte Mal »legten sie sich schweigend in die Betten«. Die letzte Zeile der ersten Strophe beginnt mit »ich«, der letzte Satz des ganzen Gedichts heißt »ich lachte mich tot«. Es ist aber jenes Ich, auf das Sprache,

Stil und Struktur des Gedichts hinweist, das die Sorgen *aller* auf sich nimmt – und das doch nicht geachtet wird: »Ihr habt mißachtet den geringsten eurer Brüder« heißt es bei Mikkel.

Eine sehr spöttische Antwort auf seine Kritiker – und weit mehr als das: eine blitzend-treffliche Prosastudie – wurde der 1968 in »Sinn und Form« veröffentlichte Beginn seines Romans[113]. Dieses glanzvoll parodistische, vielfach facettierte Romankapitel setzt sich nicht nur mit der Pflichtlektüre des klassischen Erbes auseinander; wenn Mickel seinen Mittelgewichtsboxer Lachmund in einer »trainingsbedingten längeren Krankheitspause« boshafte Goetheaufsätze niederschreiben läßt, denkt man nicht nur an jenen Boxer Samson-Körner, Brechts Freund, sondern weiß man natürlich, daß hier wieder ein »Großes Ich«, ein Olympier, Ziel und Objekt ist. Das Ganze ist eine Etude über realistische oder nicht-realistische Schreibweise. Die zwei Nummern später in »Sinn und Form« veröffentlichte Kurzgeschichte »Der Sohn der Scheuerfrau«[114] ist allerdings schon blanker Hohn. Mit leichter Hand hat Mickel hier, ganz spielerisch, alle Versatzstücke durcheinandergewirbelt, auf die man Prosaschreiben in der DDR einschwören will: Scheuerfrau und Schulung, böser Westen und Republikflucht, Volkssolidarität und Parteisekretär: Elfriede Tierlich bleibt 1945 mit dem Sproß eines farbigen Sergeanten aus Minnesota sitzen und geht, als sie nach zehn Jahren den heiratswilligen Kellner findet, diesem nach ins Rheinland, wo er sie prompt sitzenläßt. Die in der bildungsbeflissenen DDR aber zu volkswirtschaftlichen Kenntnissen gekommene Elfriede wird Scheuerfrau beim alten Herrn Schneeweiß, Inhaber eines Bankhauses, und darf bald nicht nur den Schreibtisch ordnen, sondern mittels dieses Aktenordnens unmerklich, aber spürbar die Geschicke des Geschäfts zum Besseren korrigieren. Die Bank floriert dank der ökonomie-gelernten Hände Elfriede Tierlichs – ein wilder Sproß am Baume sozialistischer Wirtschaftswissenschaft. Des Herrn Schneeweiß Erben fürchten die überlegene Raumpflegerin, die nun, mit einer wahrnehmbaren Abfindung versehen, älter werdend, ein Lotterleben im Lande der Papagallos lebt. Der sächselnde Neger Raoul aber entsinnt sich seiner Herkunft, womit natürlich nicht Minnesota gemeint ist, sondern die DDR und kehrt dem Playboytum den Rücken, will sagen: »kehrt heim«. Und so endet die possierliche Parabel, die wir als Indiz zu verstehen haben, daß die jüngste Literatur der DDR sich quasi selber spöttisch über die Schulter sieht und in der Lage ist, Verordnungsklischees satirisch umzuwenden, sie in gewissem Sinne lächelnd zurückzureichen, als nicht verwendungsfähig:

»›Ja‹, sagte der Parteisekretär am anderen Vormittag, ›er hat wirklich Fuß gefaßt. Er besucht die Abendoberschule, und wir werden ihn zum Studium delegieren. Einmal konnten wir ihn bereits mit dem Titel Aktivist ehren, auch sonst ist er in ordentlichen Verhältnissen. In W . . . wartet ein ruhiges, sauberes Erzgebirgsmädel auf ihn, und wenn er übers Wochenende hinkommt, zünden sie die Lichter an. Und außerdem hat er für die Rentnerweihnachtsfeier, die der Frauenbund durchführt, eine neue Pyramide geschnitzt, Junge-junge, eine Wucht ist die, die mußt du dir ansehen.‹«[115]

Prosa

Der ambivalente Sozialismus
Anna Seghers

Charakteristikum der Prosa von Anna Seghers ist ihre Ambivalenz. Obwohl sie – ein ziemlich einmaliger Vorgang – ihr Pseudonym einer eigenen Erzählung entnahm[1], sind ihre frühen Erzählungen nichts weniger als autobiographisch; mehr noch: die zögernden, gelegentlich vagen, immer mit Leerräumen arbeitenden Prosaetüden bleiben hinter dem Bewußtseinsstand der Autorin zurück. Hier ist, im Sinne der klassischen marxistischen Konzeption, ein umgekehrter Fall Balzac zu beobachten: der Erfahrungs- und Erlebnisbereich, den die Arbeiten von Anna Seghers vermitteln, ist unter dem des Schöpfers. Nicht wird der Schriftsteller von seinem Werk überholt, sondern ein Autor überholt, außerhalb des Bereichs seiner Arbeiten, dieses Werk.

Als 1928 die Offizin Haag-Drugulin A. G. Leipzig (die 31 Jahre später, jetzt VEB Offizin Andersen Nexö genannt, den Roman »Die Entscheidung« druckte) einen kleinen gelben Band »Aufstand der Fischer von St. Barbara« druckte, wußte außer dem Lektor Hermann Kesten kaum jemand, wer der Autor Seghers war. Hans Sahl, Kritiker des »Berliner Börsen-Courier« schrieb:

»Seghers, ein neuer Autor, der vom Verlag Kiepenheuer, Potsdam, mit einer Novelle ›Aufstand der Fischer von St. Barbara‹ herausgebracht wird, ist eine sensationelle Begabung . . . Seine erste Novelle ist ein Meisterwerk, seine Sprache hat den dramatischen Rhythmus, die hinreißende Prägnanz Kleistischer Erzählungen . . . Ein neuer Erzähler, dessen Namen überraschend auf dem deutschen Büchermarkt erschien, hat sich mit diesem kleinen Werk schlagend eingeführt. Wer ist Seghers? Seine Personalien sind überflüssig. Ihn legitimiert eine Leistung.«[2]

Man wußte noch nicht, daß die Erzählung »Grubetsch«, die die »Frankfurter Zeitung« in Fortsetzungen vom 10. bis

23. März 1927 abgedruckt hatte, denselben Verfasser hatte: Netty Reiling, 1900 in Mainz geborene Tochter eines rheinischen Antiquitätenhändlers, die 1924 mit einer Arbeit »Jude und Judentum im Werke Rembrandts« in Heidelberg promoviert hatte. Ins Licht der öffentlichen Aufmerksamkeit geriet Anna Seghers durch die Verleihung des renommierten Kleist-Preises, die Hans Henny Jahnn so begründete:

»Ich habe den Preis der jetzt achtundzwanzigjährigen Anna Seghers zuerkannt, weil ich eine starke Begabung im Formalen gespürt habe. Bei großer Klarheit und Einfachheit der Satz- und Wortprägung findet sich in den beiden Novellen ein mitschwingender Unterton sinnlicher Vieldeutigkeit, der den Ablauf des Geschehens zu einer spannenden Handlung macht. Die Funktionen des Lebens erscheinen weniger wichtig als die Tatsache seiner Existenz. Die Gestalten sind nicht so sehr Träger einer Handlung, als Äußerung in ihnen wirksamer Kräfte. Darum verbrennt alles, was als Tendenz erscheinen könnte, in einer leuchtenden Flamme der Menschlichkeit. Ich fand in diesen Novellen unter allen Einsendungen nicht den umfassendsten, aber vielleicht den reinsten Beitrag zur Wiederentdeckung des Daseins ohne Apotheose.«[3]

In dieser Begründung und der daran anschließenden Auseinandersetzung[4] sind aber bereits typische Klassifizierungen enthalten; man könnte keiner dieser Kritiken, deren Vokabular mit »Flamme der Menschlichkeit«, »Auferstehung« und »Sinnlicher Vieldeutigkeit« arbeitet, entnehmen, daß es sich um eine Autorin handelt, die im selben Jahr der KPD beigetreten war. Zahlreiche Interpreten, auch Paul Rilla, nehmen sie von diesem biographischen Datum her für das, was sie als Erzählerin schlichtweg nicht liefert: für eine Vorkämpferin des sozialen Fortschritts, eine klassenbewußte Sozialistin, eine Rosa Luxemburg der Literatur.

Rilla überinterpretiert in seinem Aufsatz[5] erheblich, wenn er Anna Seghers neben Becher, der schon seit 17 Jahren, und Brecht, der seit 10 Jahren publizierte, stellt, und sie von allen »Reizungen der spätbürgerlichen Literaturanarchie« frei-

spricht[6]; er vergißt typischerweise zu erwähnen, daß die Verleihung des Kleist-Preises expressis verbis unter Einbeziehung von »Grubetsch« geschah.
Dies ist nun aber eine vollkommen kafkaeske, düstere, schattenhafte Erzählung, ein Alp, der keine historische, nicht einmal eine geographische Determinante hat: nur die Namen der Personen weisen auf Deutschland hin, und die Situation der Arbeitslosigkeit läßt Assoziationen zu (obwohl die Weltwirtschaftskrise erst vom New Yorker Börsenkrach am 29. Oktober 1929 datiert und diese Zeit von 1926 bis 1928 als Jahre relativer wirtschaftlicher Stabilität gelten). Die schmale Erzählung ist keineswegs als Kollwitz'scher sozialer Protest zu verstehen, sondern als Parabel finsterster, eher unabänderlicher Existenznöte; der Floßschiffer Grubetsch, nur im Winter unter der Treppe der Mietskaserne hausend, ist »eigentlich« gut. Aber wer mit ihm in Berührung kommt, geht unter. Diese krakenhafte Präzision, das völlige Ineinanderübergehen von Gut und Böse, von Güte und Bosheit gibt es sonst nur in der Malerei – selten gelingt ein Wortkunstwerk, das so exakt und zugleich hintergrundlos ist, in dem Wortabfolgen keine Kausalabfolgen herstellen, sondern nur einen Zustand plastisch machen – den Zustand der Vereinzelung. In Anna Seghers' »Grubetsch« ist jede Berührung, jede Geste der Annäherung gleichbedeutend mit Untergang und Vernichtung. Die Sexualität, sonst Möglichkeit des Beieinander, ist Beginn von Verderb und Trennung, ob bei Marie, die ihren Mann verläßt, bei der Witwe Sebald oder bei Grubetsch, der Anna vernichtet, indem er sie nimmt. Verführt aber hat er sie, indem er Menschliches in ihr weckte, indem er ihr etwas Lebendiges, einen Vogel schenkte:
»›Da ist etwas für dich!‹, sagte er, nahm das Papier ab und hielt es ihr hin. Anna hörte auf zu blinzeln und sah ihn fest und ernst an.
›So nimm doch.‹
›Was ist das?‹, fragte Anna erschrocken.
›Nimm doch, das ist für dich!‹

›Für mich? Warum denn?‹
›Nur so, nimm doch!‹ Er nahm das Papier weg.
›Der war mit mir, was andres hab ich nicht.‹
Es war ein kleiner, zerrupfter Vogel, ein paar schmierige, gelbe, zerzauste Federchen, zwei Stecknadelköpfe als Augen.
Anna dachte: Das soll mir gehören. Etwas Lebendes soll mir gehören. Ich habe falsch gehört, das ist für Marie; alle Geschenke sind für Marie. Sie machen sich über mich lustig. – Sie riß ihm den Käfig aus der Hand, stellte ihn auf die Bank und kniete sich davor. Der Vogel blähte sich auf, sträubte sich und zitterte. ›Das soll für mich sein?‹, fragte Anna und schaute furchtsam auf. Aber der Grubetsch war schon weg. Anna hüpfte von einem Fuß auf den andern, ihr Zöpfchen spreizte vom Kopf ab. ›Mir hat er was geschenkt, Marie, was Lebendes.‹ Marie lachte laut auf. Anna drehte sich weg, legte ihren Kopf an den Käfig.«[7]
Aber die Unheimlichkeit dieser Welt, aus der es weder Erlösung noch Entrinnen gibt, besteht eben darin, daß diese Gesten vergiftet sind – wer ein Fünkchen Leben, Liebe, gar Glück gekostet hat, der ist schon verurteilt; Liebe ist Vernichtung – Anna, vermeintlich im Glück, wird gleichsam ausgesogen:
»Dieser Grubetsch versteht es doch besser als die anderen, dachte Anna. Auf und ab ging es. Jetzt hol ich das Letzte heraus. Gleich wird es zu Ende sein.
Anna kniff die Augen zusammen, aber sie erkannte nichts, weit weg war das Gesicht, tausend Meilen weit. Nebel war dazwischen, undeutlich und verschwommen darin dies und jenes, glitzerndes Wasser, Wolken, Häuser am Ufer.
Da ist noch was an ihrer Stirn, das muß ich haben, und da ist noch was in ihrem Leib, das muß weg, das gehört mir.«[8]
Diese irrwitzige Identität von Bosheit und Güte durchzieht den Text; Sebalds Junge, den noch nie jemand gestreichelt hat und der, als Grubetsch seinen Kopf berührt, »ganz stumm vor Schreck«[9] ist, bittet später: »Mach nochmals so

wie neulich«[10] – und es wird ihm feierlich gelobt: »Einen wilden Teufel, einen gerissenen Lumpen will ich aus dir machen.«[11] Diese Menschen leben verurteilt, aus der Gnade gewiesen und in hoffnungsloser Gier, Lemuren, Lurche und Kraken; sie leben jenseits soziologischer Determinanten, ihre Tätigkeiten oder Untätigkeiten allenfalls angedeutet, ihr Schöpfer – der Autor – führt sie vor, deutet nicht. Wenn sie sich berühren, sterben sie: »Paul legte den Arm um Grubetschs Rücken. Grubetsch dachte, er hätte zwölf Arme haben und sie alle zwölf um seinen Rücken legen können. Pauls Arm strich sogar langsam seinen Rücken herunter. Seine Hand fuhr leise nach Grubetschs Stiefel, zog das Messer heraus und setzte es unter Grubetschs Schulterblatt an und drehte es doppelt um sich selbst. Die anderen bückten sich über den Tisch, schleiften Grubetsch darüber und stopften ihn schnell weg, irgendwohin.«[12]
Keineswegs nun ist Anna Seghers', vom Titel her als aufsässig mißzuverstehende erste Buchpublikation »Der Aufstand der Fischer von St. Barbara« als revolutionäre Literatur zu begreifen. In Otto Bihas programmatischem Aufsatz »Die proletarische Literatur in Deutschland«, der in der Literatur gemeinhin als offizielles Dokument des Bundes proletarisch-revolutionärer Schriftsteller angesehen wird, hieß es auch schon 1931:
»Wenn wir zum Beispiel die Frage stellen, ist das Buch der Genossin Anna Seghers ›Der Aufruhr der Fischer von Santa Barbara‹ ein Werk im Sinne unserer Idee, im Sinne der Aufgaben unserer Literatur? Ja und nein! (–) Das Buch ist kein Bestandteil der proletarischen revolutionären Literatur, wie wir sie in ihrem besten Sinne zu schaffen versuchen, einer Literatur von Marxisten geschrieben.«[13]
Im selben Zusammenhang ist auch zu sehen, daß Piscators erster Film, den er nach dieser Erzählung drehte[14], Stoff und Fabel vollständig veränderte und damit den Intentionen des Textes eher entgegensteht. Paul Rilla hat aber auch diesen Text in bemerkenswerter Weise interpretatorisch über-

zogen – seine gesamte Anna Seghers-Studie zeichnet sich dadurch aus, daß er nicht einen sorgfältig gelesenen Text nachzieht, sondern daß er Belege für eigene Behauptungen sucht; angesichts des Renommées dieses Kritikers hat es viele Jahre gedauert, bis eine andere sorgfältigere Sicht der Strukturen von Anna Seghers' Prosa möglich war.[15]

Die Erzählung – wie übrigens später auch der Roman »Die Gefährten«[16] – beginnt mit dem negativen Ende. Der berühmt gewordene Satz des ersten Abschnitts heißt:

»Aber längst, nachdem die Soldaten zurückgezogen, die Fischer auf der See waren, saß der Aufstand noch auf dem leeren, weißen, sommerlich kahlen Marktplatz und dachte ruhig an die Seinigen, die er geboren, aufgezogen, gepflegt und behütet hatte für das, was für sie am besten war.«[17]

Selbst die »Rote Fahne«[18] war in ihrem Lob der Erzählung differenzierter als Rilla, der dazu schreibt:

»Hier ist in einem grandiosen Sprachbild schon das Motiv angeschlagen, von dem man sagen kann, daß es das Leitmotiv der Erzählerin bleiben wird. Denn was immer sie zu berichten hat, so wird es der Bericht von Kämpfen sein, die trächtig gehen mit einer Entscheidung, welche unabhängig ist von den Scheintriumphen der alten Gewalt. Ein niedergeschlagener Aufruhr ist die Gewähr der besseren revolutionären Aktion von morgen. Eine gelungene wirtschaftliche Erpressung an den Besitzlosen ist die Gewähr der reiferen revolutionären Einsicht in den korrumpierenden Mechanismus der Besitzlosigkeit. Die Lethargie, das Paktieren in den eignen proletarischen Reihen ist die Gewähr der wachsameren und beweglicheren proletarischen Taktik. Das heroische Opfer des Einzelnen ist die Gewähr des zu weckenden Heroismus der Massen. Und alles zusammen findet in den Exzessen der taumelnden Zeit die Gewähr, daß sich der Abgrund längst geöffnet hat, in den eine Gesellschaft, deren Rechtsanspruch nur noch ein historisches Unrecht ist, hinabtaumeln wird.«[19]

Dies alles aber gibt nicht der Satz, nicht die Erzählung her, im Gegenteil: jener großartig eliptische Satz, der Ton und

Sinn der Novelle angibt, spricht genau genommen von einer Naturkatastrophe. Das biologische Vokabular reicht gerade nicht weiter, nicht über den geschilderten Zustand hinaus – der Aufstand wird episch personalisiert, aber nicht historisch konkretisiert. Die Kulisse ist bewußt fremd gemacht, ohne eine genaue Lokalisierung zuzulassen. Die Insel gibt es nicht, die Akteure tragen englische, holländische, deutsche Namen (Hull, Kerdhuis, Kedennek), Spekulationen anhand winziger Schlüsselworte wie »Dampfer«, »Neufundland«, »Algier«, daß es sich also ums 20. Jahrhundert und vermutlich die bretonische Küste handele, wurden von Anna Seghers selber decouragiert.[20] Der von ihr benutzte Ausdruck »Sage« trifft auch den Ton der Erzählung, der einerseits chronikhaft berichtend, andererseits lyrisch-symbolisch ist. Diese gewisse Unentschiedenheit – oder Ambivalenz – macht, wiederum, den Reiz dieser Prosa aus; sie entzieht sich damit aber auch allzu zugespitzter Festlegungen. Es entsteht eben nicht ein Bild von Klassenkampf, Proletariat und geführter Revolution – sondern ein oft in den Konturen verschwimmendes Pastell. Hull, der von irgendwoher kommt, zu einem Zeitpunkt, zu dem »der Aufstand eigentlich schon zuende war«[21], ist kein Abgesandter einer Partei. Nicht einmal der Gegner ist ganz klar – die Gesellschaft bleibt anonym, auch in den Besitzverhältnissen. Der anarchistische Einzelgänger Andreas wird im doppelten Sinne Schüler und Nachfolger Hulls: er muß sein sinnloses Attentat auf das Blockadebrecherschiff mit dem Leben bezahlen, ein sinnloser Tod wie der von Hull, und, fast höhnisch, heißt es zum Ende der Erzählung:

»Als erstes Schiff verließ die ›Marie Farère‹ den Hafen.«[22]

Nirgends gibt der Text einen Anhalt für die These, hier sei der Wert von Solidarität begriffen worden, hier sei der Keim für Umwälzung und Klassenkampf gelegt; im Gegenteil – weniger surreal, aber mit derselben Gleichteilung von Freundlichkeit, Teilnahmslosigkeit und Finsternis wird ein Prosatext erarbeitet, der Resignation hinterläßt: Marie, die Hure, geht mit den Soldaten in dieselben Dünen, hinter denen sich Andreas versteckt hält und wohin sie ihm heimlich Nahrung bringt. Und mit derselben seelischen Apathie ölt Marie Kedennek das Seemannszeug ihres toten Mannes für Andreas, schwieg auch später wie die graue Steinkugel über dem Eingang, nach ihm befragt: »Aber mit ihrer Liebe zu ihm war's vorbei. So einen wie ihn liebte man nicht mehr.«[23] Und ausgerechnet die Auswärtigen, die ja den Aufstand tragen sollten, die im langen Zug über die Insel sich vereint hatten im Marsch auf St. Barbara, verrieten ihn schließlich:

»Auf dem Markt in St. Barbara und auf dem ersten Teil des Weges hatten sie beständig von der Versammlung gesprochen, dann waren sie immer einsilbiger geworden, und denen, die in Elnor ankamen, erschien schließlich die Versammlung als etwas weit Zurückliegendes und nicht so schrecklich Bindendes. Dann hatten sich die Leute von Elnor nochmals verteilt, sie gingen in ihre Hütten, die lagen nicht an einem Weg wie in St. Barbara, sondern einzeln in die Dünen geklemmt, dann aßen sie, waren noch nicht recht satt, dann war es am besten zu schlafen. Dann kamen Sturmtage, es war eine Mühe, vor die Tür zu kommen, nach Blé zu gehen, das war ganz zwecklos, dunkel und stickig dumpf die Stube, dreimal am Tag duckte einen der Hunger vor den kahl gescheuerten Tisch. Die letzten Winter waren immer einer schlechter als der andre gewesen, dieser war am schlechtesten, der nächste würde noch schlechter sein, da war nichts zu machen, der Speck schrumpfte immer mehr, der langte nicht mal bis Neujahr, das war wie es war. Der Sturm stemmte einem die Tür ins Haus, vor der Tür lag die Düne, und dahinter wieder eine Düne und dann kamen nichts als Dünen, bis nach Wyk; ganz weit hinten lag St. Barbara, wozu sich versammeln?«[24]

An dieser Stelle ist ein Element zu untersuchen, das sich in vielfacher Variation durch das gesamte Werk der Anna Seghers zieht und auf seltsame Weise das artistische Gelingen bestimmt: die Sehnsucht des Individuums, in einer Gemeinschaft aufzugehen. Dies ist gleichsam die »Unruhe«, von der ihre Prosa lebt – eine der ideologischen Erkenntnis zuwiderlaufende Bewegung. Wann immer diese Sehnsucht im Debakel endet, gelingt der Seghers ein Werk; wann immer sie »aufgeht«, endet es im künstlerischen Debakel. Dabei muß diese Hoffnung nicht jedesmal so denunziert werden wie in »Grubetsch«. Immer aber bleibt es ein eher mystischer, gar erotischer Vorgang. Die Kommunikation durch Aufruhr, die beispielsweise Andreas erfährt, ist deutlich Liebesersatz. Die beiden Augenblicke, die mit denselben Worten – Lust und Freude[25] – charakterisiert werden, sind nicht nur Augenblicke des (scheinbaren) Einverständnisses mit seiner Umwelt, sondern auch ausdrückliche Momente erotischer Sehnsucht beziehungsweise (Schein-) Erfüllung.

Deutlicher noch wird das in der Titelerzählung des 1930 erschienenen Bandes »Auf dem Wege zur amerikanischen Botschaft«, die wiederum »irgendwo«[26] spielt. Sie setzt ein mit einer Trotz-Paraphrase auf jenen Aufbruch ins »Fremdartige und Bezugslose«[27], das wir aus einer anderen Meistererzählung kennen und die die belesene Bürgerstochter natürlich gegenwärtig hatte – Thomas Manns »Tod in Venedig«: »Was ich in dieser Stadt mache, wird einfach nicht mitgerechnet. Das kann ich. Das geht.«[28]

Durchaus als Versuch einer nicht-bürgerlichen Antwort liest sich die Erzählung der Anna Seghers, die sie in einer späteren Auto-Kritik als unbefriedigend verwarf[29]: hier der sensible »verirrte Bürger«, spätgeadelt, hochberühmt, letztmögliche Ausformung des Individuums – dort »der Fremde«. Hier ausgeschmücktes Lokalkolorit verführerischer tödlicher Morbidität – dort eine ortlose Stadt. Hier das Sich-Verlieren an außerordentliche Eros-Varianten – dort die Demonstration anläßlich eines historischen ›cause celèbre‹. Hier Spiel und Verlockung und Luxus und Sumpf – dort der Mann, die Frau, der Kleine: Namenlose, Mürrischkeit, Abtreibung und Groschendrehen. Aber hier wie dort: Tod als Ende.

Das ist das ent-schmückte Grauraster; was stellt es her? Etwas Rückläufiges, gewissermaßen. Im Sinne des Rätselhaften, Unheimlichen, der »Eingebung«, die der österreichische Schriftsteller Bruno Frei in einer späteren laudatio auf Anna Seghers hervorhob[30], entsteht hier ein Eingehen ins Kollektiv – ging der Zug der Demonstranten auseinander, dann war der Fremde wieder allein. Marcel Reich-Ranicki hat in einer Studie gesagt:

»Anna Seghers ist nicht Rationalistin, sondern Fideistin – und fideistisch ist das geistige Fundament ihres Werks, zumal ihre Konzeption des Helden.«[31]

Und tatsächlich ist dieses Moment des Irrationalismus an Details der Handlung wie an Charakteristika der Figuren zu bemerken. Ähnlich jenen »hellen« Momenten der Freude ist die einzige Möglichkeit zur Individuation auch in diesem Kontext wieder das Erfahren der Einsamkeit in der Sexualität:

»Es war ihr warm zwischen den Beinen, und sie hätte gern mal nachgesehen. Sie hoffte so, es war aber überhaupt noch gar nicht möglich. Sie fing wieder zu zählen an, Montag vor Montag vor Montag. Jetzt war Montag zwölf Uhr. Bis zum Abend waren es noch gewöhnliche Stunden, dann war es erst schlimm. Nachts immer aufwachen und nachsehen. Wenn es erst nächsten Montag ist, dann ist man eine ganze Woche frei, kann man denken, woran man will. Unnütz ist's, lohnt nicht, schlecht ist es, man denkt ja schon immer währenddem an das Spitze, Scharfe, was nachher kommt an dieselbe Stelle. Er hat nicht mal besondere Lust gehabt, bloß herumgespielt und herumgetrudelt, und sie hat auch keine besondere Lust gehabt, hat sich bloß gefreut, daß das noch von ihr jemand will, was aber gar nichts zum Freuen ist. So ist sie, wie sie ist, alles Süße hat man aus ihr herausgequetscht, Tag und Nacht, fertig ab, aber in ihrem Kopf drin ist es fest und klar geworden, und Schenkel und Bauch, die hängen doch bloß dumm außen an einem herum, ob so einer noch was dran findet, das ist für so eine wie sie nichts zum Freuen und nichts zum Grämen.«[32]

In dieser Szene, einer hochartifiziellen Mischung aus Bericht und innerem Monolog, wird deutlich, was Anna Seghers an

Hoffnungslosigkeit evozieren will, wird eben die Vergeblichkeit jener Kommunikation zwischen Menschen evident, die sie gleichzeitig beschwört; auf somnambule Weise widerruft Anna Seghers unentwegt ihre eigene Proklamation, schafft damit eine gelegentlich fast preziöse, immer aber hochwirksame stilistische Spannung – schafft aber deutlich eines nicht: Porträts klassenbewußter Kämpfer oder solidarischer Genossen.[33] Dieser Zug der Irrationalität, der Über-Vernunft, ist durch das ganze Werk der Seghers zu verfolgen, auch an einigen Motivvariationen. Die Figur des »Führers« nämlich, des Lehrers, des Überlegenen, Älteren, spielt eine große Rolle. Dieses »Staffettenmotiv«, dessen Gesetz zufolge der Jüngere schließlich über den Älteren hinausreicht, ist aber keineswegs immer das »Weiterreichen von Klassenkampferfahrungen«, wie Inge Diersen[34] sagt. Vielmehr, von der Beziehung Hull – Andreas über die Solonjenko – Janek bis zu der Georg Heisler – Franz Marnet ist ein eigenartiger Erbvorgang zu registrieren; oft ist es ein »Weiterreichen« fast im eschatologischen Sinne, im Sinne des Opfertodes. In der frühen Erzählung »Der Führerschein«, die die »Linkskurve« 1932 druckte, heißt der Schlußsatz: »Er fuhr das Auto mit den zwei Generalstäblern und ihrer Ordonnanz und den zwei Zivilpersonen und sich selbst in einem kühnen, dem Gedächtnis des Volkes für immer eingebrannten Bogen in den Fluß.«[35] Und es ist gewiß kein Zufall, daß gerade Stephan Hermlin, dessen Problem von Bindung und Gemeinschaft wir erörterten[36], von sich sagt, dieser Satz habe ihn sein Leben lang begleitet. Er taucht fast wort- und bedeutungsgleich im Roman »Die Toten bleiben jung«[37] auf, jenem Buch, das schon vom Titel her das Staffettenmotiv aufnimmt, und findet sich schließlich, 1966, peinlich koloriert in jener Erzählung »Der Führer« aus dem Band »Die Kraft der Schwachen«, in der von einem abessinischen Knaben die Rede ist, ». . . beinah vollkommen. Ein Schimmer Gold aus der Haut heraus, aus dem Haar, aus den Augen«[38], dessen Opfertod in einen Farbrausch getaucht wird:

»Die Steinklötze, die auf der Wüste lagen, blindlings hingeschleudert, verfärbten sich und lösten sich auf, sie wurden im Abenddunst so weich wie Wolken. Er sah durch all die Schleier durch, die die Nacht vom Tag trennen. Es glühte noch einmal auf in Goldrot und Goldgrün und Violett, in Haß und Verzweiflung und auch in Triumph. Das Ende fing an zu rauschen. Die Sterne sprangen in den Himmel. Er hatte kaum gestaunt, da war ihr Glanz schon wieder matt, sie fielen zurück in den unermeßlichen Himmel. Es ward Morgen. Der letzte Tag.«[39]
Und eine der fast leitmotivisch das ganze Buch durchziehenden und zusammenhaltenden Szenen im 1968 erschienenen Roman »Das Vertrauen« nimmt dieses Motiv noch einmal auf, wenn die schwangere Ella Busch am 17. Juni 1953 die Arbeiter am Besetzen der Kossin-Werke hindert, indem sie sie den falschen Weg führt – und zu Tode getrampelt wird. In einem Gespräch mit dem Cheflektor ihres Verlages, Günter Caspar, gab Anna Seghers zu: »Ella Busch wird für mich zu einer großen Figur.«[40]
Große Figur ist also für die Seghers immer der Schwache, Hilflose, Gepeinigte, sich Opfernde schließlich. Interessanterweise wird selbst in ihrem berühmtesten Buch, dem Roman »Das siebte Kreuz«, das 1942 in englischer Sprache erschien und 1944 in Hollywood mit Spencer Tracy verfilmt wurde, eine religiöse Konfrontation zur Kernszene: der letzte der sieben ausgebrochenen KZ-Häftlinge, für die sieben Kreuze geschlagen wurden und dessen letztes, siebentes frei bleibt, weil ihm als einzigem die Flucht gelingt, findet das erste sichere Versteck in einer Kirche:
»Fünf Meter von ihm entfernt, vom nächsten Pfeiler, traf ihn der Blick eines Mannes, der dort mit Stab und Mitra an seiner Grabplatte lehnte. Die Dämmerung löste den Prunk seiner Kleider auf, die von ihm wegflossen, aber nicht seine Züge, die klar, einfach und böse waren. Seine Augen verfolgten Georg, der an ihm vorbeikroch . . .
An dem Pfeiler, vor dem er jetzt hockte, lehnte, gleichmütig

aus seiner Grabplatte über ihn hinwegsehend, ein runder, gesunder Mann, auf seinem vollen Gesicht das dreiste Lächeln der Macht. In jeder Hand eine Krone, unbemerkt von Georg, krönte er unablässig zwei Zwerge, die Gegenkönige des Interregnums. Georg sprang in einem Satz, als seien die Zwischenräume belauert, zu dem nächsten Pfeiler. Er sah an dem Mann hinauf, dessen Kleider so reich waren, daß er sich hätte hineinwickeln können. Er fuhr zusammen. Ein menschliches Angesicht, das sich über ihn beugte voll Trauer und Besorgnis. Was willst du denn noch, mein Sohn, gib auf, du bist schon am Anfang zu Ende. Dein Herz klopft, Deine kranke Hand klopft ...

Ja, das müssen die beiden sein, dachte Georg, die aus dem Paradies verjagt wurden. Ja, das müssen die Köpfe der Kühe sein, die in die Krippe sehen, in der das Kind liegt, für das es sonst keinen Raum gab. Ja, das muß das Abendmahl sein, als er schon wußte, daß er verraten wurde, ja, das muß der Soldat sein, der mit dem Speer stieß, als er schon am Kreuz hing ... Er, Georg, kannte längst nicht mehr alle Bilder. Viele hatte er nie gekannt, denn bei ihm daheim hat es das alles nicht mehr gegeben. Alles, was das Alleinsein aufhebt, kann einen trösten. Nicht nur, was von andern gleichzeitig durchgelitten wird, kann einen trösten, sondern auch was von andern früher durchlitten wurde.«[41]

Und so, bezeichnenderweise fast im Ton der Hymne, endet auch dieses Buch, still, einfältig, demütig fast und Sieg – also Erlösung? – erst aus dieser schlafwandlerisch kühnen, kämpferischen Demut kelternd, die vom Innersten spricht, das unangreifbar und unverletzlich sei, als spräche ein Priester von Glaube, Hoffnung und Hostie: »Wir fühlten alle, wie tief und fruchtbar die äußeren Mächte in den Menschen hineingreifen können, bis in sein Innerstes, aber wir fühlten auch, daß es im Innersten etwas gab, was unangreifbar war und unverletzbar.«[42]

Gerade dieser Roman, der gemeinhin als Anna Seghers' Meisterwerk gilt, ist vielfältiger Beleg für die bisher skizzierten

Besonderheiten der Seghers'schen Prosa. Anna Seghers begann die Arbeit an ihm noch im französischen Exil, kurz bevor sie durch Jeanne Sterns Hilfe aus dem besetzten Paris in das unbesetzte Südfrankreich entkam, in dem sie alle möglichen Nachrichten und Materialien aus Nazi-Deutschland sammelte.[43] Nach dem bitteren, völlig pessimistischen Roman »Der Kopflohn«[44] war dies ihr zweites Buch in der Emigration, quasi die Fortsetzung der »Gefährten«, ihrem dritten und letzten Buch in Deutschland, dem ersten Roman. Es war eine Art Warnung und Summe zugleich, nahm den revolutionären Kampf und Illegalität voraus. Dieses Moment der Hoffnung auf Gemeinsamkeit (wissend, es ist nur eine Hoffnung), eines gewünschten Einverständnisses, schlägt hier, im »Siebten Kreuz«, eine spezifische Volte: es wird ein Heimatroman. In keinem ihrer anderen Bücher spielt Landschaft eine so hervorragende, bedeutsame Rolle wie in diesem Buch der Seghers; was bei Thomas Mann die Flucht in Historie und Kulturtradition (Joseph, Faustus), bei Brecht zum Überprüfen rationaler und sittlicher – also politischer – Positionen wurde (Galilei), wurde bei der jüdischen Rheinländerin ein Beschwören der alten Heimat: »Der KZ-Roman ist der Roman einer deutschen Landschaft.«[45] Im Sinne des Hegel'schen »umso schlimmer für die Tatsachen« ging Anna Seghers hier mit einer fiktiven Realität gegen die schlechte Wirklichkeit an und rief etwas herauf, auf was die Nazis sich mit Blut und Boden und Weihesprüchen fälschlich und vergebens beriefen: Dorf und Strom und Land als Menschenlandschaft. Dieses große Buch zerstörte Idylle; aber die große Kraft des Romans liegt, wiederum, in einer heimlichen »Gegenkraft«: es haßt nicht. Es ist eben nicht nur das Hohelied der proletarischen Solidarität – dann wäre es ein »Nackt unter Wölfen« *außerhalb* des KZ; erschütternd, aber ein bloßer Bericht. So aber entstand ein Buch, in dem alle Potenzen einer hochbegabten Autorin zusammenspielten, in dem sie alle Elemente zusammenfassen konnte, die hier zur Rede standen: eine irisierende, gelegentlich religiöse Topoi

nicht scheuende Irrationalität; ein politisch nicht anzweifelbares Bündnis; ein Moment von Bindung und Gemeinschaft, das hier im Postulat sich nicht erschöpfte, sondern als Forderung realistisch blieb; eine Hoffnung, die jeder teilte.
Der große Roman dann, den Anna Seghers aus der Emigration zurückbrachte, »Die Toten bleiben jung«[46], zerbrach, hatte sich offenbar nicht mehr in diese große, überzeugende Einheitlichkeit zusammenfassen lassen. Das Bemühen der Seghers, einen historischen Überblick zu geben, Deutschlands unheilvolle Entwicklung durch zwei Kriege zu parabolisieren, zerrann zum historischen Bilderbogen. Belehrung, Kommentar, Erörterung und politische Diskussionspartikel, ganz unangemessen oft dem Bewußtseinsstand der Figuren, überwältigten die epische Wahrheit; sie wurde verdrängt von der geschichtlichen Wirklichkeit – die aber war anderswo nachzulesen, ob Kapp-Putsch, Fememorde, Ruhrbesetzung oder erste SA. Das braucht keinen Roman. Die unendlich kunstvolle, fein ziselierte Vielfalt epischer Mittel, der Wechsel von Erzählhaltungen auf engstem Raum, der die Meisterschaft früher Erzählungen ausmachte, wurde hier auseinandergebröselt – ein Fresko, dessen Gesichter und Charaktere unwandelbar zum Grinsen oder zur Güte, zu Verschlagenheit, Verrat oder Treue verurteilt sind. Nur ganz selten gelingen in diesem umfangreichen Roman Szenen, die auch künstlerisch überzeugen, nicht nur moralisch. Ein dünner Abglanz des Grubetsch etwa liegt noch auf dem hinkenden, bös-listigen Schuster Christian, der gerissen ist, aber ein klein wenig mehr als das, der – als einzige Figur des Buches – nicht übersehbar ist in jeder Reaktion und Verhaltensweise von vornherein. Anders als bei dem schmalen Band »Die Gefährten«, der ja als Porträtzyklus konzipiert war, mißrät hier eine als epische Einheit gedachte Komposition in auseinanderfallende Handlungsstränge; diese Personen, ob Lieven, von Klemm oder der Kommerzienrat Castricius, ob von Wenzlow oder von Malzahn oder Wilhelm Nadler haben miteinander nichts zu tun, sie gehen sich im unmittelbaren Sinne

des Wortes nichts an.[47] Typen, gelegentlich mit treffenden Charakteristika behangen – keine Schicksale.

Mit einer Ausnahme: nämlich der großen, tragisch-pathetischen und sehr schönen Novelle von Erwin, Marie und Hans. Der fälschlich all-umfassende Roman zeigt, daß Anna Seghers eine große Erzählerin der kleinen Form ist, daß sie keine Romanschriftstellerin ist. Vielleicht hängt das mit einem besonders eigenartigen Phänomen zusammen, das diese Autorin von den meisten unterscheidet: ihrer evidenten Scheu vor allem Autobiographischen. Es gibt in den Büchern der Seghers nichts Autobiographisches, nichts von ihr selbst. Ein Indiz, das sich möglicherweise erst auf den zweiten Blick erkennen läßt, unterstreicht das: auf eine in der modernen deutschen Prosa unvergleichliche Weise sind die Bücher von Anna Seghers ohne Eros, ja sogar ohne Sexualität. Es gibt in ihrem Werk kein großes Liebespaar, keine liebende, erfüllende, erfüllte Frau. Es gibt, immer wieder, den moralischen, fast intellektuellen Anspruch: Liebe. Sie selber gibt es nicht. Diese Skelettierung, die eine Autorin ihrem Werk angedeihen läßt, geht bis ins Detail. Alle ihre Frauengestalten sind fast zum Verwechseln ähnlich charakterisiert. Meist heißen sie Marie – ob in »Die Ziegler«, »Aufstand der Fischer von St. Barbara« oder »Die Toten bleiben jung« (oder Anna in »Grubetsch«, was Teil desselben Namens ist). Alle, ausnahmslos, sind körperlich kümmerlich, vogelhaft, kärglich. Mit dürren Armen, Kinderfiguren, dünnen Brüsten. Es sind demütige Wesen – als solche erkennbar durch Namensgebung, zu kurz gekommene Körperlichkeit, geistige Unentwickeltheit. Rausch und Wahn, Leidenschaft, Lust und Raserei, solche Begriffe assoziieren sich mit keiner der Seghers'schen Frauengestalten. Selbst die der gehobenen Stände, gelegentlich emanzipatorische Schritte vom rechten Wege ab wagend, sind schmale Silhouetten wie Lenore v. Klemm oder Elisabeth Lieven; diese dürfen allenfalls Zigaretten rauchen oder Auto fahren. Alle heißen sie aber eigentlich Ditte Menschenkind.

Diese Galerie schweigender Dulderinnen, grau, ergeben, dürr,

nur in den Applikationen verschieden, je nach Kurfürstendamm- oder Hinterhof-Adresse, der inneren Struktur nach aber alles dieselben passiven Kreaturen (nicht einmal zu Courage- oder Frau Flinz-Listen begabt), die gebären und warten und nichts verstehen, Leben nur weitergeben, keines selber haben – diese entweibten Frauen der Anna Seghers verraten etwas: hier hat eine Schriftstellerin ihre Prosa durch einen Ent-Identifikationsprozeß getrieben, der nicht nur alles Autobiographische weitestgehend aussiebt, sondern auch ganz bestimmte künstlerische Konsequenzen haben muß. Sich herauszunehmen – das gelingt vielleicht in der kleinen Form. Die vollständige artistische Konstruktion kann aber nicht viele hundert Seiten hindurch tragen. Jenes Staffettensystem degeneriert dann zur Farce wie in »Die Toten bleiben jung«, wo der ermordete Erwin im Sohn Hans fortlebt, der dann, kurz vor seinem Tod beim letzten Fronturlaub noch ein Kind zeugt. Die Idee – der Bauer Algeier im »Kopflohn« grüßt den abgeführten Johann wie »einen Toten oder einen Täufling«[48] – des Kontinuums wird gerade da ausgedörrt, wo sie literarisch fruchtbar gemacht werden könnte; es bleibt Solidarität anstelle von Sexualität. (Die Identität beider Begriffe macht Anna Seghers durch eine für beide gleichbleibende Metapher deutlich, die sich in allen Büchern immer wieder findet: die Fünkchen oder Pünktchen in den Augen. Sie sind Symbol für »sie erkannten einander«, aber auch für »auf den kann man sich im Kampf verlassen«.)
Ohne jede Mühe und mit wenigen Eingriffen könnte der Marie-Erwin-Hans-Handlungsstrang aus »Die Toten bleiben jung« herausgelöst und in eine kunstvolle, eindringliche Erzählung von parabolischer Schönheit und Strenge verwandelt werden; der geredete Roman mit all seinen Kunstfiguren, den von Lievens und von Malzahns und von Wenzlows wäre darin gleichsam mitgedacht.
Die Spannung zwischen einem zutiefst irrationalen Ausgangspunkt und einer rationalen Überinstrumentation hat Anna Seghers künstlerisch nie ganz auflösen können. Es mag sogar

damit zusammenhängen, daß sie zwar zum großen Vorbild ausgerufen wurde für die jungen Schriftsteller in der DDR, daß sie aber keinerlei ablesbaren literarischen Einfluß hatte. Wenn Kuba seinen Lehrer in Fürnberg sah, Strittmatter seinen in Brecht – niemand beruft sich auf Anna Seghers, die zwar Hermann Kant entdeckt hat[49], der aber nicht in ihrer literarischen Nachfolge zu sehen ist. Sie selber hat sich verschiedene Male programmatisch zu der Frage geäußert, wem sie sich literarisch verpflichtet fühlt. In einem Interview mit Christa Wolf[50] nennt sie noch 1965 dieselben Namen, die auch in ihrer Rede auf dem Pariser Kongreß zur Verteidigung der Kultur 1935 fielen und schließlich eine Rolle spielten in der Auseinandersetzung mit Lukács aus dem Jahre 1938 (die erst nach dem Krieg veröffentlicht wurde): Büchner, Günderode, Kleist, Lenz, Bürger, Lessing, Schiller. Die Tradition, in die sich Anna Seghers damals bewußt, fast aggressiv stellte und mit der sie Lukács' Harmonie-Konzeption abwehrte[51], hat sie später nicht weitergereicht; im Gegenteil: der ziemlich bohrenden Frage der um 30 Jahre jüngeren Christa Wolf biegt sie eher aus ins Literarhistorisch-Anekdotische:

»Diese Schriftsteller habe ich auf dem Pariser Kongreß hauptsächlich zitiert, weil es mir als kein Zufall erschienen ist und auch heute noch nicht als ein Zufall erscheint, daß so viele begabte deutsche Schriftsteller in der Vergangenheit jung und verzweifelt umgekommen sind.«[52]

Diese Antworten aber, die sich – auch durch die Bezugnahme auf Kafka und Dos Passos als literarische Vorbilder[53] – durchaus als unausgesprochenes Anknüpfen an jene heftige Debatte der dreißiger Jahre lesen[54], haben eben dadurch gewissermaßen doppelten Boden. Viele der theoretischen Postulate von Anna Seghers lesen sich wie Lukács' berühmte »Linkskurve«-Kritik an Willi Bredel – und damit wie eine Autokritik; denn viele der Schematismen, die Lukács damals Bredel vorwarf (und damit der gesamten proletarisch-fortschrittlichen Arbeiterliteratur) sind auch angebracht als An-

merkung zu den epischen Plakatierungen der Anna Seghers: »... es besteht ein künstlerisch ungelöster Widerspruch zwischen den breiten, alles Wesentliche umfassenden epischen Rahmen seiner Fabel und zwischen seiner Erzählungsweise, die teils eine Art von Reportage, teils eine Art von Versammlungsbericht ist. Das Skelett der Handlung ist richtig, aber es bleibt ein bloßes Skelett. Was es lebendig machen könnte: lebende Menschen und lebendige, wechselnde, sich im Prozeß befindliche Beziehungen zwischen den Menschen fehlen so gut wie vollständig. Bredel gibt zwar von seinen Gestalten eine gewisse Charakteristik, er beschreibt sie äußerlich (mitunter sogar ganz gut), er hebt gewisse Charakterzüge scharf hervor usw. All dies bleibt jedoch starr. Seine Menschen haben keine Entwicklung. Höchstens verwandeln sie sich mit einem Ruck. Das ist an und für sich zwar möglich, aber nur, wenn es künstlerisch vorbereitet wird, wenn es ein Umschlagen der Quantität (der kleinen, für den betreffenden Menschen selbst eventuell unbemerkt gebliebenen Veränderungen) in Qualität und nicht der plötzliche Schuß aus einer Pistole ist. Die unvorbereitete plötzliche Wandlung wirkt künstlerisch auch dann unwahr, wenn sie inhaltlich – abstrakt – möglich ist. So sind Bredels Gestalten fast durchgehends das, was man früher in der Theatersprache ›Chargen‹ nannte: sie besitzen einen starren Charakterzug (eventuell mehrere), der bei jeder möglichen und unmöglichen Gelegenheit wiederholt und unterstrichen wird. Dadurch kommt aber in die Gestalten – selbst wenn diese Charakterzüge an sich richtig beobachtet sind – kein Leben. Ein Roman erfordert eben andere Gestaltungsmittel als eine Reportage; eine Charakterisierungsweise, die für diese ausreicht, ist für jenen durchaus ungenügend.«[55]
Gleichzeitig aber, und das ist das merkwürdig Doppelbödige, gibt es zahllose theoretische oder zumindest Schreibpraktiken erörternde Äußerungen der Seghers, die genau diese Gefahr des Unlebendigen, literarisch Unglaubwürdigen zu definieren suchen. Schon 1932 sagte sie in ihrem wohl fiktiven »Linkskurve«-Interview:

»Meistens erzählt man deutlicher als man schreibt. Knüpft im Erzählen an Gesehenes und Gehörtes an, während man schreibend leicht an Geschriebenes anknüpft, statt an die sichtbare Wirklichkeit. Deshalb ist es gut, was man schreiben will, zuerst einem imaginären Zuhörer zu erzählen. Du würdest dich dann bestimmt schämen, mit einem solch fadenscheinigen Satz loszulegen: Wir kamen in einer engen, schmutzigen Straße zusammen, in einem armseligen Zimmer der Genossin Yoji. Denn dieser imaginäre Zuhörer wird dir antworten: Ich ginge um keinen Preis mit dir in ein schlecht gebautes Haus, um dort deiner Versammlung beizuwohnen. Ich gehe nicht mit dir hinein, in diese schlecht gebaute, fadenscheinige Wirklichkeit, auch wenn ich darin wichtige Dinge erfahren kann. Ich verlasse dich beim ersten Satz, höre nicht mehr mit zu und denke an andere Sachen.«[56]
Das genau aber geschieht dann mit dem jüngsten Buch der Anna Seghers: man folgt ihr nicht mehr. Was nun entstand, liest sich pathetisiert; die peinlich-banale Lesebuchgeschichte vom golden schimmernden abessinischen Knaben, der die Faschisten in die Irre führt und dafür stirbt – das war in alten deutschen Schulbüchern der blonde Bauernbursch, der die bösen Polen in die masurischen Sümpfe lockte und dort starb. Im selben Kolorit schreibt nun die Autorin von »Grubetsch«, »Die Ziegler« und »Das siebte Kreuz«; Gefahr und Bedrohung, Zweifel, Angst oder Mißtrauen werden stets »malerisch« deutlich gemacht: todgrau und todviolett, grauviolett, golden und violett, grünlich und silbrig, verblaßte Sterne, unermeßlicher Himmel und eine Sonne, strahlend wie durch ein Kristall – ein Regenbogen an Hilflosigkeit.[57]
Pathos verunreinigt: ein Beginn, der in falscher Bescheidenheit daherkommt, der Emotionen, politische Erkenntnis und Geschichte zusammenraffen will, statt sich auf konkrete Beobachtung zu stützen, statt Vision und Begreifen nicht aus dem Begriff, aber aus Tasten, Sehen und Schmecken zu filtern, so ein Beginn endet dann: »Es ward morgen. Der letzte Tag.«[58] Anna Seghers, deren Sympathie immer mit der

»Kraft der Schwachen« war, hat ihre eigene Kraft geschwächt, sie ist jenem Prinzip untreu geworden, von dem sie noch in der »Linkskurve« sprach.
Nun hat sich Anna Seghers – zu Zeiten mit Recht, und zu diesen Zeiten dann mit großem Erfolg – meist ihrer eigenen Realität entzogen. Die beiden wichtigen Erzählungen, die ein Nachkriegsdatum tragen, nämlich »Die Hochzeit auf Haiti« (1948) und »Wiedereinführung der Sklaverei in Guadeloupe« (1948), bedienen sich fremder Kulisse. Was bei Brecht China oder das Mittelalter waren, sind bei der Seghers Mexiko oder Haiti. Es ist Literatur aus der Erinnerung an das Abenteuer und aus der Phantasie einer Demokratie. Typischerweise spielt auch eine der besten Erzählungen der Seghers überhaupt, »Der Ausflug der toten Mädchen«, in ihrem Exilland Mexiko, obwohl es ihre einzige Ich-Erzählung ist.[59] Ihre Helden in all diesen Prosatexten, auch in »Das Ende« (1945) und »Crisanta« (1950) heißen nicht Schmidt oder Lehmann oder Schulz, sondern Debuisson oder Sasportas oder Toussaint, und sie reiten und liegen in einer Hängematte, statt S-Bahn zu fahren oder in einem Mietshaus zu wohnen. Das alles war legitim und künstlerisch fruchtbar, solange Hoffnung, Gläubigkeit und Optimismus auf das, was da ersehnt wurde – den Sozialismus also – notwendig im Fremden als Allegorie und Bild, als Wunschwirklichkeit zu Worte kam, weil es anderswo nicht existierte. (Und umgekehrt das Fürchterliche – der Faschismus also – in einem Land begriffen sein wollte, das man zwar kannte, dem man aber glücklicherweise entronnen war.) Seit zweieinhalb Jahrzehnten aber lebt Anna Seghers in einem Land, das den Sozialismus aufbauen will. Nur eine der neun Erzählungen des Bandes »Die Kraft der Schwachen« spielt in der DDR (ihren allerersten Anfängen, ihren ersten Schul- und Umschulversuchen), eine zweite aus der Zeit des Zweiten Weltkriegs ragt in die Nachkriegszeit hinein. Vier dagegen handeln vom Antifaschismus, von der Zeit, da es Solidarität, Kampf, Opfermut gab. Begann bei Anna Seghers eine neue, umgekehrte Projektion (also Anver-

wandlung des Gestaltbaren) in die Historie, wie zuvor in die Zukunft? Eine Müdigkeit, wenn man schon nicht von Resignation sprechen mag, zeigt jedenfalls das Sorglose, gar Fahrlässige in Konstruktion und Sprache dieser Prosa: »Auf Susis Gesicht lagen die Schatten dichter Wimpern«;[60] »Darum, dachte sie, ist er so hart und so trocken, und sie nahm seine Hand. Da war sein Lächeln gut. Sie wurden bald Mann und Frau«;[61] »Sie wurde bald seine Frau und seinem Kind eine gute Mutter. Sie lebten friedlich, einer Meinung, was die äußere Welt betraf und ihre eigene Arbeit und ihre kleine Familie.«[62] Die Achtlosigkeit dringt überall ein – ausgerechnet Anna Seghers benutzt den legitimierend-harmlosen Ausdruck von Hitlers »Machtantritt«[63], als habe da jemand nach erfolgreicher Bewerbung eine ihm zustehende Stellung angetreten. So glänzend, wie früher ihre kurzen Prosastücke begannen und endeten, so unbedacht, lieblos dem Stil der true-story magazine entsprechend wird jetzt der Federhalter aus der Hand gelegt: »Ich weiß nicht, ob sie noch lebt. Hier steht, was ich von ihr weiß«[64] oder »Was hätte man andres sagen können, da man nichts anderes wußte?«[65] Die Antwort auf diese groteske Frage einer Erzählerin hätte nur in einem bestehen können: in einer gelungenen Erzählung.

Der große sozialistische Roman, den man von der Seghers erwartete, blieb jedenfalls aus, gerade jetzt, wo Biographie ihres Landes und Autobiographie zusammenfielen: Die zwei umfangreichen Prosabände »Die Entscheidung«[66] (1959) und »Das Vertrauen« (1968) wurden eine epische Fibel von fast 1000 Seiten. Das hat wohl drei Hauptgründe: Auch hier der Versuch, vom deutschen Bildungsroman, der seine Subjektbezogenheit schon in der Titelgebung verrät – Simplizissimus, Wilhelm Meister, Grüner Heinrich, Buddenbrooks – zum europäischen Gesellschaftsroman; damit verbunden ist ein neuer Begriff der Fabel, wie ihn Arnold Zweig einmal formulierte: »In naiver Selbstüberschätzung sind sie nicht selten der Meinung, die Tatsache, daß ihr Held geboren wurde, lebte, liebte und starb, sei eminent genug, um einem

Kunstwerk als Fabel zu dienen; manchmal erstrecken sie diese Wichtigkeit auch auf Vorväter, und so entsteht der Entwicklungs- und der Familienroman. Aber diese Art Fabel teilt der Mensch mit jedem Lebewesen, ob Fisch oder Baum, und sie reicht selbst bei Künstlern wie Gottfried Keller zur Achse eines Kunstwerkes nicht aus. Was nämlich die Fabel leisten muß, ist die Verknüpfung so wesentlicher Ereignisse und auf so wesentliche und aufschlußreiche Art, daß durch diese Verknüpfung die Transparenz des Lebens erreicht wird; daß der Leser erschüttert oder entzückt ausruft: ›Ja, so ist's, es ist wirklich so ...‹«[67]

Dieser Variation des Engels'schen Realismus-Begriffs konnte die Seghers auf Grund ihrer besonderen schriftstellerischen Grundkonzeption nicht gerecht werden: Sie hatte mit Stärke und Intensität immer Hoffnung gestaltet, vorweggenommene Realität, überholte Wirklichkeit gleichsam – nie eingeholte. Die Erlösungsideologie, die wir bis in einzelne Topoi hineinverfolgen konnten, gab ihrer Prosa Geheimnis, Spannung, vokabuläre Intensität. Nun sich aber die herbeigesehnte Realität eingestellt hat, versagt sie sich dem Zugriff der Autorin.

Das ist der zweite Grund für das Scheitern des DDR-Zyklus. Den dritten hat sie selber einmal auf dem Tauwetter-Schriftstellerkongreß 1956 formuliert: »Die scholastische Schreibart ist Gift, wie marxistisch sie sich auch gebärdet ... Denn sie bewirkt Erstarrung statt Bewegung, sie bewirkt Faulheit statt Initiative. Keine Erregung erschüttert den Leser solcher Bücher. Mit Nachdenken braucht er sich gar nicht erst anzustrengen. Er kennt ja das Thema, nach dem das Buch montiert ist, so gut wie der Autor.«[68]

Die Geschichte der Bentheim-Werke, die mit Unterstützung der Amerikaner im Ruhrgebiet als AG wiedererstehen und in der DDR als VEB Kossin-Werke sehr verwandelt, anfangs auch sehr mühsam weiterbestehen, bietet zwar die von Zweig geforderte Ent-Individualisierung (früher hätte so ein Buch »Die Bentheims« geheißen) –, aber sie bietet, im Konzept der

Seghers, auch keinerlei Möglichkeit der Subjekt-Bindung, der Identifikation oder der hassenden Ablehnung. Das Buch fließt wie ein endloser, zäher Brei dahin, ohne jede Stilvariante, auf *einer* Sprachhöhe, grau und nuancenlos.
Daß die hier angestrengte Reduktion auf den Arbeitsprozeß den Menschen gänzlich zur Funktion degradiert, zeigt zum Beispiel das kleine Indiz, daß es in diesen Büchern der Seghers keine Landschaft mehr gibt. Stephan Hermlin hat in dem erwähnten Brief über Anna Seghers[69] einmal hervorgehoben, daß es bei der Seghers keine Menschen ohne Landschaft gäbe und daß bei den Schriftstellern, bei denen es keine Landschaft mehr gibt, auch alles andere nicht stimmt. Und wir erinnern uns an das »Siebte Kreuz«, jenen Roman, der aus der Entfernung von Deutschland geschrieben wurde und in dem die Landschaft eine so mächtige, fast bekenntnishafte, jedenfalls humanisierende Rolle spielte. Nichts mehr davon in diesen beiden Büchern, deren Titel ja auch programmatisch leer klingen. Das Vertrauen in die Macht und Weisheit der Partei, Grundthema des zweiten Buches, das die bekannten Personen fortführt (beide Bände führen locker einige Handlungsstränge aus »Die Toten bleiben jung« fort), wird hier ausgerechnet an einem Kasus abgehandelt, der zur Unaufrichtigkeit zwingt: der 17. Juni 1953. Die innere Unwahrhaftigkeit jeder einzelnen Szene erstickt Sprache und Gestus; jenes schwer definierbare Luftpolster, das aus Rede Sprache macht und aus Sätzen Prosa, ist herausgedrängt, die ständige historische Lüge nimmt den Sätzen den Atem, erlaubt auch innerhalb der Logik der Erzählung keine epische Vorbereitung. Bei Anna Seghers geschieht der 17. Juni wie ein Naturereignis, allenfalls wie ein vom bösen Feind zusammengebrauter künstlicher Regen. Aus ein bißchen Kollegenspott und freundlicher Nörgelei wird die Katastrophe. Das Unverständliche findet sogar bis zur Deppenhaftigkeit der Figuren Eingang in die Wortwahl – Erstaunen, Unverständnis, nicht geahnt: sonderbare Vokabeln für Arbeiter, die acht Jahre Parteischule hinter sich haben; so wird der Streik auch – wie sonst

ein beliebiger Streit – »vom Zaune gebrochen«, also unvermittelt und unbegründet provoziert: »Weber stand aufrecht abwartend da. Als alle beisammen waren, sagte Weber so ruhig, als gäbe er seine erste Arbeitsanweisung: ›Generalstreik. Kommt mit. Wir gehen zuerst durchs Rohrwerk II.‹ Drei, vier folgten durch die offene Tür in die nächste Halle, mit Weber im Einverständnis oder ihm einfach gehorchend. Die übrigen sahen sich an, sie ahnten nicht, was hier vor sich ging. Um mehr zu verstehen, drängten sie schließlich dem Weber nach. Nur ein paar, darunter Ernst, Thomas, Irma und Breganz, blieben an ihren Arbeitsplätzen. ›He, du, bist du übergeschnappt?‹ rief Ernst. Er sprang Weber nach. Er packte ihn am Arm. ›Was soll denn das heißen?‹ ›Wirst's merken‹, erwiderte Weber barsch. Er schüttelte Ernst ab. In der Halle war ein Tumult entstanden . . .

›Du hast ja gehört‹, erwiderte Thomas, ›die wollen, so kommt's mir vor, 'nen Streik vom Zaune brechen. Guck nur auf die Fresse von so 'nem Uhlig. Hör nur auf dem sein Gebelle. So einer für uns? Nein. Also. Daß auch der Weber derartig gegen uns ist, das hab ich nicht geahnt.‹ . . .

›Meinst du? Warum meinst du, so etwas sei es?‹

›Weil. Das merkt man. Das ist so. Es war so im Bürgerkrieg. Und du und ich, wir sind gegen den Koltschak.‹«[70]

Dieses Buch ist nicht nur schlecht. Es ist schamlos. Ein solcher Satz wie dieser:

»Als die Arbeit wieder lief, wurden noch ein paar verhaftet, teils daheim, teils im Betrieb«[71] ist unverzeihlich in seiner bemäntelnden Lakonie. Er ist schamlos auch, weil Anna Seghers weiß, daß Kollegen in der DDR erhebliche Schwierigkeiten hatten und haben, als sie dieses Thema weniger konform anpackten. Stefan Heym zum Beispiel, der mit seinem Kriegsroman »Kreuzfahrer von heute« in USA wie in Europa großen Erfolg hatte und nach seiner Rückkehr aus der amerikanischen Emigration sein US-Offizierspatent an Eisenhower zurückschickte, durfte seinen großen Roman über den 17. Juni, der seit 1958 abgeschlossen vorliegt, bis zur Stunde nicht veröffentlichen. Dieses Buch aus der Schule des amerikanischen Reportage-Romans zeigt nämlich wesentliche Fehler auch auf seiten der SED-Führung, vor allem Ulbrichts und der DDR-Regierung, und gibt Enttäuschung und Verbitterung eines Sozialisten etwa so wieder, wie Brechts berühmtes Gedicht, in dem es heißt:

»Nach dem Aufstand des 17. Juni
Ließ der Sekretär des Schriftstellerverbandes
In der Stalinallee Flugblätter verteilen
Auf denen zu lesen war, daß das Volk
Das Vertrauen der Regierung verscherzt habe
Und es nur durch verdoppelte Arbeit
Zurückerobern könne. Wäre es da
Nicht einfacher, die Regierung
Löste das Volk auf und
Wählte ein anderes?«[72]

Protokoll einer sterbenden Kaste
Ludwig Renn

Ein nicht-exemplarisches Leben: Ludwig Renn, der eigentlich Arnold Vieth von Golssenau heißt, aus hochherrschaftlichem Hause, Sohn des sächsischen Prinzenerziehers und einer großbürgerlichen russischen Mutter, hat diese Tradition des Strengen, Pädagogischen, Unbestechlichen sehr eigenwillig weitergeführt. Er wurde ein kommunistischer Schriftsteller.
Als 1928[1] (4 Jahre nach seiner Vollendung) in der Frankfurter Sozietätsdruckerei das Buch »Krieg« erschien, war es nicht nur ein erbarmungslos unheldischer Bericht von den Grabenschlachten vor Chailly und an der Somme; es war auch das preußische Gegenstück zum psychologischen Entwicklungsroman – eine kühle, nahezu leidenschaftslose Analyse der eigenen Entwicklung. Ernst Fischer hat in einem Aufsatz[2] auf das Scheinbare dieser Unbewegtheit hingewiesen, auf den großen Unterschied zu Flauberts »Impassibilité«; Renns Geschichten-Schreiben erinnert an die unerbittliche Präzision der Geschichtsschreibung des Thukydides. Schon 1910 war Renn Fahnenjunker im ersten Leibgrenadierregiment N. 100 in Dresden gewesen, hatte den ersten Weltkrieg als Regimentsadjutant an der Westfront mitgemacht und mitten im Krieg mit Aufzeichnungen begonnen, die anfangs den Charakter des Dialogs mit sich selber hatten, keineswegs zur Veröffentlichung gedacht waren, schließlich waren es 3000 Seiten. (Ein Freund kürzte das Mammutresultat zehnjähriger Arbeit »energisch« auf 300 Seiten.[3])
In einem anderen Teil seines Lebensberichts, dem 1947 erschienenen »Adel im Untergang«, berichtet er von einem frühen »Stilideal« des jungen Leutnants, das tatsächlich mit allen Charakteristika – kühl und sachlich, aber mit allem, was menschlich ist – eingelöst wurde:
»An den Nachmittagen war ich frei, lernte Russisch und las

ein Buch, das uns vom Großen Generalstab empfohlen war. Das hieß ›Rasplata‹, das heißt ›Die Vergeltung‹ von Kapitänleutnant Semenov. Es war eine Darstellung der Seeschlachten des Russisch-Japanischen Krieges und der Belagerung von Port Arthur. Semenov verurteilte scharf die Unfähigkeit der russischen Generale und Admirale und auch ihr falsches System. Mich interessierte außer dem Inhalt auch der Stil. Da waren alle Zeitangaben auf die Minute genau gemacht und dazu wurden alle Geschehnisse dem Leser sichtbar. – So müßte man Kriegsgeschichte schreiben. Wer weiß, ob ich nicht im kommenden Kriege, sagen wir, das Kriegstagebuch der Kompagnie werde führen müssen? So ähnlich wollte ich das machen, ganz kühl und sachlich, aber mit allem, was menschlich ist, und nicht wie die früheren Militärschriftsteller, die man ja nicht lesen kann.«[4]

Jahrzehnte später, 1969, nahm Renn noch einmal ausführlich zum Konzept seiner literarischen, genauer gesagt: seiner eigenen literarischen Produktionsmethode in einem ausführlichen Interview[5] Stellung und nannte als eines seiner meist bewunderten Stilideale Sven Hedin, verwarf Proust und Dostojewskij und Kafkas nächtliche Arbeitszeit, weil die Gefahr, daß man nachts übersteigerte, überkünstliche Dinge macht, zu groß sei.[6] Sein Stil, meinte Renn, käme eben nicht vom literarischen, sondern vom militärischen Bericht her:

»Marcel Proust habe ich niemals gelesen. Maeterlinck habe ich versucht zu lesen, er war mir unverdaulich. Solche Leute wie den italienischen Expressionisten und späteren Faschisten, d'Annunzio, habe ich ebenfalls versucht zu lesen, doch ich konnte damit nichts anfangen. Ich ging nach dem Kriege daran, meine eigenen Kriegserlebnisse darzustellen, die zum Teil sehr gefühlsgeladen waren. Wenn man so viel Schreckliches um sich gesehen hat und so viel Tod, da ist man geladen, bewegt. Ich versuchte, diese Bewegtheit, diese wirklich starken Gefühle darzustellen. Ich versuchte es zunächst nach der damaligen stilistischen Mode, also im Stil der Offiziersmemoiren, das mißlang aber völlig, bis ich eines Tages durch einen Zufall dazu kam, einfach das aufzuschreiben, was geschehen war, und zwar ganz nüchtern. Da erlebte ich das Merkwürdige, daß das absolut Nüchterne, was mir zunächst als literarisch völlig unmöglich erschienen war, eine gewisse Wirkung hatte. Und das bestärkte mich in meinen Absichten und bestimmte dann auch meinen Stil ... Von den sowjetischen frühen Schriftstellern sagte mir später nur einer zu, nämlich Makarenko, speziell dessen ›Weg ins Leben‹. Wieder bestach mich die genaue Menschen- und Lebenskenntnis; ich dachte, das ist doch überhaupt der Erste, der etwas von Pädagogik versteht. Tolstoi sah ich übrigens im Gegensatz zu Dostojewskij. An Dostojewskij bestach mich zwar die Präzision der Schilderung, aber das Neurotische seiner Figuren, die konstruierten Handlungen, seine ganze mystische Weltanschauung lehnte ich ab. Dagegen Tolstoi, gesund, ein gewaltiger Gestalter, eine reiche Lebenskenntnis. Ich las auch von Tolstoi die hier wenig bekannten Novellen aus der Zeit, als Tolstoi Artillerieoffizier in Sewastopol im Krimkrieg war. Diese Novellen schätzte ich sehr.«[7]

In dem berühmten Aufsatz in der ersten Nummer der »Linkskurve«, mit dem er auf die Frage eines »Jungdeutschen« antwortete, ob er tatsächlich Kommunist sei, zeichnet Renn die Motive und Voraussetzungen seines Buches nach: »Es entstand in der Zeit, in der ich hoffnungslos suchte, in der ich keinen Ausweg sah, in der mir der Sozialismus durch die Sozialdemokratie zum Ekel gemacht war und ich doch nicht mehr zu den Bürgerlichen zurückkonnte. Ich schrieb, um wenigstens etwas zu tun. Eine wirkliche Tendenz konnte ich da nicht haben, ja nicht einmal verstehen. So entwurzelt war ich, da ich den Krieg nicht mehr schildern mochte, wie ich ihn erlebt hatte, als Offizier. Was hatte ich noch mit den Offizieren zu tun, wenn ich mit der Sense durchs Gras fuhr? Ein einfaches ehrliches Leben wollte ich führen. Und ich wollte den Krieg so schildern, wie ihn mein vielleicht etwas romantisches Ideal eines einfachen ehrlichen Menschen erleben müßte. Dazu legte ich die Erzählung einem meiner ehemaligen Untergebenen in den Mund, dem Gefreiten Degenkolb. Das konnte ich um so leichter, als ich von seinem wirklichen Leben sehr wenig wußte und ihm daher alles unterschieben konnte, was mir in meinen Plan paßte. Nirgends ist es ausgesprochen, aber überall ist eine Bindung zwischen den Menschen da. Es konnte nicht ausgesprochen werden, weil es nur eine Gefühlsbindung war. An einer Verstandesbindung, an einem Ziel, das man in Worten ausdrücken könnte, hatte ich ja verzweifelt. Mein ›Krieg‹ ist also ein Übergangswerk, wie seine Auffassungen Übergangsauffassungen sind.«[8]

Hier sind, ohne daß sie analysiert würden, verschiedenste typische Strukturteile von Renns Prosa referiert: für den Offizierssohn und adligen Adjutanten ist der Krieg plötzlich nicht nur Grauen und Fratze wie für Barbusse oder Remarque oder Arnold Zweig, er ist auch nicht reinigendes Stahlbad wie für Jünger, sondern er bringt den endgültigen Verlust der Identität (bis hin zum »Verlust« des Namens). Schon der Knabe, der im großen Familienaufgebot sonntags jenes einem venezianischen Palast nachgebaute Haus an der Elbe neben der Carolabrücke mit geschwungenen Fensterrahmen und Balkons auf Löwenrücken besuchte, in dem die fremdartige russische Großmutter und der majestätisch-professorale Großvater mit Vollbart und goldener Brille residierten, in dem die Gespräche um den einst leibeigenen Koch, das Öl in der ewigen Lampe und die Tee kredenzende Dienerschaft kreisten – schon der Knabe hatte eine aus Scheu und Furcht gemischte Neugier für das ihm unbekannte »Volk«: »Einmal ging ich mit dem Älteren den Berg hinauf, als wir einen Jungen trafen, der nur ein weißes Hemd und eine kurze Hose trug. Er lehnte an einem Holzgeländer und grüßte. Mein Begleiter sprach ein paar Worte mit ihm. Dann aber kamen seine Freunde vorbei, die rauchten und ihn mitnahmen. Ich blieb stehen.

›Willst du nicht mitgehen?‹ fragte der Barfüßige.

Ich sah ihn genauer an. Er war sehr kräftig und hatte ganz ruhige dunkelblaue Augen.

›Nein, die gefallen mir nicht!‹
›Nicht?‹ Er sah mich immer noch an.
›Nein – weißt du, die sind – bei uns in der Stadt gibt's auch solche. Die wollen so was sein!‹
›Und das gefällt dir nicht? Aber du bist doch der Sohn von dem Baron.‹
›Woher weißt du das?‹
›Ich hab dich ein paarmal mit dem Jungen da gesehen und hab gedacht, du magst ihn.‹ Er setzte sich bequem auf das Geländer. Dabei fiel mir auf, wie sauber sein Hemd war und wie kräftig die Hände und Füße.
›Der Lahme gefällt mir besser.‹
Da lachte er: ›Ja, das ist ein guter Junge. – Aber der Ältere – was mal aus dem wird? – Ich bin von da oben. Wir sind sehr arm. Ich würde ja gern Lehrer werden.‹
›Lehrer?‹ rief ich. ›Nein, lieber Holzfäller.‹
Er sah mich wieder so gerade an: ›Warum?‹
›Mein Vater ist Lehrer!‹ sagte ich und fand auf einmal nicht weiter.
Da sagte er ganz still: ›Mein Vater ist Holzfäller!‹
Ich war furchtbar betroffen. Warum habe ich das eigentlich gesagt! Ich setzte zum Sprechen an und fühlte mich erniedrigt. Aber er erzählte ganz ruhig weiter, wie gut er es zu Hause hätte, trotz ihrer Armut, und wie sein Vater wäre, wenn er müde aus dem Wald nach Hause käme, nie fiele ein schlechtes Wort! Mein Schrecken stieg. Das ganze Leben bei uns zu Hause erschien mir auf einmal krank, so verächtlich. Ich konnte kein Wort mehr sagen.«[9]
Nun, im Krieg, lernte er die Holzfäller kennen, es waren seine »Leute«. Und Renn merkte allmählich, daß er zu ihnen gehörte, daß hier Freundschaft, Kameradschaft, Anstand zu finden waren. Es war ein langsamer Prozeß, eben noch keine »Verstandesbindung«, sondern erst eine Gefühlsbindung, eine Übergangsauffassung. Nach einem halben Jahr als Offizier bei der Dresdner Sicherheitspolizei im Jahre 1920 begann er in Göttingen und München Russisch, Jura, Ökonomie zu

studieren, wanderte durch Italien, Griechenland und die Türkei, studierte noch einmal in Wien Kunstgeschichte – Jahre des Umherirrens. In einem späteren Nachwort aus dem Jahre 1955 zu den beiden Bänden »Krieg« und »Nachkrieg« (dem 1930 erschienenen Folgeband) sagte Renn: »Ich bin in den Jahren 1919, 1920 nur Leuten begegnet, die ich als negativ empfand.«[10]

1928 – übrigens auch noch unter dem Eindruck des Blutbades, das am 15. Juli 1927 die Polizei bei den Arbeiterunruhen in Wien anrichtete – trat Ludwig Renn der KPD und dem Roten Frontkämpferbund, gleich darauf auch dem Bund proletarisch-revolutionärer Schriftsteller bei und wurde Mitherausgeber der »Linkskurve«. Sein »Nachkrieg« hatte begonnen. Das Spezifische aber beider Bücher, die Entwicklungsberichte sind, ist, daß sie eben auf jedes Element der Psychologisierung verzichten; sein Held, den er zwar Ludwig Renn nennt, den er aber zum Feldwebel »degradiert«, quasi aus »verlorener Perspektive« – ist ein »Mensch ohne Voraussetzungen«, wie Renn ihn später selber einmal nannte, ein Mensch ohne Vergangenheit, ohne Liebe oder Gewerkschaft oder Familie. Arnold Zweig hat in einem Aufsatz aus dem Jahre 1929 sehr behutsam auf diese Schwächen hingewiesen: »Aber dem Gestalter eines ersten Buches wird man diese und ähnliche Schwächen des Schreibens nachsehen. Denn es selbst ist sonst von mächtiger Sachlichkeit der Wiedergabe und bringt mit männlicher Haltung die Chronik der durchlittenen Erlebnisse und der millionenfach bewiesenen Tüchtigkeit des Kriegssoldaten an den Leser. Sein nachhaltiger, wenn vielleicht auch langsamer Erfolg ist eine Ehrensache für uns alle. Hier fehlen zum großen Kunstwerk zwar noch zwei oder drei Voraussetzungen; vielleicht ist auch nur eine an viel Wesentlichem vorbeizielende Vorstellung von dem, was epische Gestaltung sei und verlange, die Ursache dieses und jenes Mangels. Aber was trotz dessen als schöpferische Erzählung eines neuen Mannes, als Schlachtbericht ausgestandener Gefahren, Leid und Erregungen Gestalt gewonnen hat, ist so bezwingend, so reif und mit so phrasenloser Deutlichkeit gegeben, daß man auf das zweite Buch dieses Ludwig Renn gespannter sehen muß als selbst auf das von Ernst Glaeser. Denn dieses zweite Buch wird darüber entscheiden, ob hier ein bedeutender Erzähler bleibende Kraft erlangt hat.«[11]

Dieser eigenartige Bericht-Effekt bei Renn, der keine Gestalten schafft, sondern die »Voraussetzungen« für Gestalten, dessen Bücher wie Lageberichte heißen, vergleicht man die Titel etwa mit dem episch-kulinarischen »Streit um den Sergeanten Grischa«, des Freud-Verehrers Zweig oder der Schlagzeilenkraft Remarques – diese diskrete Offiziersprosa hat Protokollqualitäten. Spiel und Rausch und Wortfindequalen sind Renn gänzlich fremd – wenn Worte schon keine Befehle mehr sind, so sind sie doch erzieherische Rufe. Sein Stilideal ist puritanisch-didaktisch:

»An den Schriftstellern fiel mir auf, wie willkürlich sie die Worte setzten, obwohl es doch eine ganz klare Notwendigkeit gab, wie man die Worte setzen muß, daß nämlich die Worte immer in der Reihenfolge stehen, wie sie der Leser erleben soll, zum Beispiel nicht: eine grüne, über mehrere Kuppen ansteigende Wiese; denn zuerst muß man doch wissen, daß es eine Wiese ist, und daher muß das Wort vorn im Satze stehen. Um mir über das Wichtige klar zu werden, stellte ich mir stets das ganze Bild mit allen Einzelheiten vor, mit Beleuchtung, jedem Geräusch und jeder seelischen Regung. Dann schrieb ich erst und ließ alles weg, was nicht unbedingt notwendig war. Aber dieses Schema nützte für die Darstellung der wichtigsten Dinge gar nichts. Dafür fehlten mir stets die Worte. Ich versuchte, ungewöhnliche Worte zu gebrauchen. Es nützte nichts. Das beschäftigte mich dann den ganzen Tag.«[12]

Carl v. Ossietzky hielt in seiner Besprechung des Buches in der »Weltbühne« den Autor für einen Tischler, der sich selber nicht als Autor im engeren Sinne verstünde; diese Rezension ist nicht nur deshalb bemerkenswert, weil Ossietzky sonst kaum Bücher rezensierte, sondern auch, weil er noch im März

1929 offensichtlich ahnungslos war, um wen es sich handelte. Er hält Renn für einen Provinzfunktionär. Immerhin war der inzwischen schon Mitglied des BRPS und Mitherausgeber der »Linkskurve« – ein eindringliches Beispiel für das kommunikationslose Nebeneinander linker Gruppen in der Weimarer Republik, für die Isoliertheit der Kommunisten auch:

»Wenn hier dem ›Krieg‹ von Ludwig Renn einige Bemerkungen gewidmet werden, so geschieht es, weil der Verfasser sich eigentlich in allem von dem alltäglichen Typ des Schriftstellers unterscheidet und weil seine Leistung von ihm selbst höchstwahrscheinlich nur als eine einmalige gedacht ist. Es müßte schon ein Wunder geschehen, wenn der Mann, der sich Ludwig Renn nennt, ein zweites Mal den Antrieb fühlte, seine Gestaltungskraft zu spannen ...

Wenn wir Ludwig Renn mit dem Helden seines Buches identifizieren wollen, so ist er Kleinstädter mit dörflichem Einschlag, von Beruf Tischler. Das Schreiben ist bei ihm nicht als freundliches Geschenk mitgegeben worden; er hat es sich mühsam erarbeitet. Heute ist er Kommunist, vielleicht Funktionär in einem süddeutschen Nest. Man weiß es nicht ...

Aber ist er auch nicht mit Intuition begnadet, so eignet er sich doch eine Ausdrucksform an, in deren holzschnitthafter Härte nichts Visionäres zuckt, die aber ein Gesamtbild von erschütternder Eindringlichkeit schafft ...

Ludwig Renn ist heute Kommunist und Soldat der Weltrevolution. Mit einer im Trommelfeuer gestählten Stimme wird er in Versammlungen die apokalyptischen Schrecken der großen Mammondämmerung verkünden. Sein individuelles Werk ist vollbracht, jetzt gehört er wieder der namenlosen Masse an. Er hat, wie Millionen, den Weg durch die gleiche Hölle genommen, aber er hat sie nicht vergessen. Er hat sie klar und scharf, ohne daß ihn das Grauen durcheinandergerüttelt hätte, vermessen und aufgezeichnet. Er ist ihr Geometer, ihr Topograph geworden.«[13]

Gerade deshalb transportieren viele seiner Bücher sehr viel

Unverfälschtes an Zeit und Geschichte, und vielleicht auch deshalb wurde zum Beispiel »Krieg« ein solcher Welterfolg (dessen Honorare Renn übrigens fast sämtlich der Kampforganisation der KP stiftete). »Möchten wir nicht auch die Gewehre unbrauchbar machen, Herr Leutnant?« – So, auf dem Rückzug, hat man wirklich gesprochen, mehr noch, so hat man gedacht. »Wissen Herr Leutnant etwas von den Franzosen?« – »Also, zweihundertdreißig Patronen hatte ich heute verschossen! Ja, da konnte die Schulter weh tun!« – Und eine lange Schlachtenschilderung voller Blut und Dreck und Schreie endet mit einem Satz, der von der Gouvernante aus dem venezianischen Palast stammen könnte: »Was war das alles häßlich.«[14]

Das, besonders im Sterbeprotokoll einer Kaste, in dem 1944 im mexikanischen Exil erschienenen »Adel im Untergang«, liest sich altmodisch und authentisch, wie sich eine alte Wochenschau ansieht; es stimmt.[15] Es ist gelegentlich sogar von enthüllender Pointensicherheit. Der »Proteststurm« einer sozialdemokratischen Versammlung kann man nicht besser beschreiben, als Renn es im »Nachkrieg« tat:

»›Kameraden! Vor einigen Tagen stand in allen Zeitungen‹, er las einen Ausschnitt vor: ›Gestern abend sind die beiden Hauptführer der Spartakusbewegung ums Leben gekommen. Karl Liebknecht wurde nach seiner Verhaftung bei einem Fluchtversuch im Tiergarten von Regierungssoldaten erschossen, während Rosa Luxemburg von der wütenden Menge durch Schläge über den Kopf und einen Revolverschuß am Kurfürstendamm in der Nähe der Nürnberger Straße getötet wurde.‹ Er hob den Kopf. ›Das steht auch so in der Volkszeitung. Aber in Wirklichkeit sind sie ermordet worden! Ermordet im Auftrag von Ebert und Noske! Das ist die Wahrheit! Aber die Volkszeitung schreibt die Lügen! Sie deckt die Lügen! Und da wundert ihr euch, wenn die Arbeiter gegen dieses Lügenblatt demonstrieren! Und der Kamerad Prochaska schießt die Demonstranten zusammen!‹

›Und was sollte er machen?‹ rief einer. Schon vorher war es

unruhig gewesen. Jetzt sprach alles durcheinander. Der Beauftragte klingelte und rief: ›Zur Debatte steht die Familienfürsorge!‹«[16]

Und da immer nur die Familienfürsorge auf dem Programm stand, kamen die, auf deren Programm das dann »Volkswohlfahrt« hieß: Renn, der 1931/32 an der marxistischen Arbeiterschule in Berlin Vorträge über Kriegsgeschichte und militärische Theorie gehalten hatte, saß 1932 wegen »literarischen Hochverrats« zwei Monate im Gefängnis. Das geschah wegen eines Artikels in der kommunistischen militärisch-politischen Zeitschrift »Aufbruch«, die der ehemalige Reichswehrleutnant und spätere Kommunist Richard Scheringer[17] seit 1931 herausgegeben und an der unter anderen Beppo Römer, Bodo Uhse, Graf Stenbock-Fermor mitgearbeitet hatten. Der Artikel handelte von der Form der Soldatenwerbung und der Taktik unter Friedrich dem Großen.

Renn wurde vorgeworfen, »für die ideologische Zersetzung der Reichswehr und Polizei« eingetreten zu sein. Der Prozeß, ähnlich dem Fall Ossietzky, wurde überrollt von einem Prozeß größeren Ausmaßes: In der Nacht des Reichstagsbrandes wurde Ludwig Renn verhaftet und zweieinhalb Jahre gefangengehalten. Alfred Rosenberg, auf besonderen Wunsch Hitlers, versuchte, ihn in der Haftanstalt auf die Seite der Nazis zu ziehen, und noch nach der Entlassung machte Goebbels mit Hilfe eines Berliner Industriellen, dessen Limousine mit livriertem Chauffeur den Entlassenen am Gefängnistor abholte, den letzten Versuch, Renn »heimzuholen«.[18] Im Frühjahr 1936 floh er in die Schweiz. Im Sommer war er in Spanien – als Führer des Thälmann-Bataillons, später Chef des Stabes der XI. Internationalen Brigade und Direktor einer Kriegsschule kämpfte er nun den »Krieg« der republikanischen Spanier gegen Franco. Renns serbischer Übersetzer hütet noch heute stolz eine Karte aus dem belagerten Madrid, die unterschrieben ist von Ernest Hemingway, John Dos Passos und Ludwig Renn.[19]

Alfred Kantorowicz, der als Offizier des Tschapajew-Bataillons am spanischen Bürgerkrieg teilnahm, berichtet in seinem schon 1951 in der DDR verbotenen »Spanischen Kriegstagebuch« über einen Presseempfang des Thälmann-Bataillons im Schloß Moraleja: »Auch Renn war anwesend. Er ist gestern aus dem Hospital zurückgekommen und übernimmt nun wieder die Funktion des Stabschefs der XI. Brigade ... Er war nicht zu bewegen, ebenfalls zu sprechen. Er entschuldigte sich verlegen damit, daß er die letzten Wochen durch seine Krankheit von der Brigade getrennt gewesen sei. Der wahre Grund ist aber seine Bescheidenheit. Er verabscheut die Publizität ... Seine Verhaltenheit löste sich, als wir nachher noch im engen Kreis von Genossen mit ihm zusammensaßen. Er schloß sich auf, als wir ihn (ich sah ihn zum erstenmal seit 1932 wieder) nach seinen Eindrücken und Erlebnissen während seiner Gefangenschaft in Nazideutschland befragten. Er macht nichts her von den Prüfungen, vor die er gestellt war. Kaum, daß er von sich selbst spricht. Wüßten wir nicht durch die Weltpresse und durch unsere Informationen von seiner charaktervollen, beispielgebenden antifaschistischen Haltung vor dem Nazigericht und wüßten wir nicht, was zwei und ein halbes Jahr Zuchthaus in Nazideutschland zu bedeuten haben – von ihm erführen wir es nicht. Dafür erzählt er uns von vielen Begegnungen mit Genossen im Lande, die ungebrochen weiterkämpfen, selbst im Zuchthaus. Er ist voll von Nachklängen dieser Gespräche, die er im Lande geführt, durch die Zuchthausmauern hindurch und später in den Monaten seines Zwangsaufenthaltes, dem er unter Lebensgefahr kühn entwich – kurze Zeit bevor er hier in Spanien der erste Kommandant des Bataillons wurde, das den Namen Thälmann in Ehren trägt. Es ist eine Erquickung, mit ihm zusammen zu sein; er ist so sauber, so uneitel, so fern jeglicher Intrige und jeglicher Mache.«[20] Renn, der bald als Militärsachverständiger durch die USA reiste, um die Hintergründe und Konsequenzen des spanischen Bürgerkriegs in Amerika zu erläutern, gab gleich nach seiner Ankunft im Hafen von New York im Oktober 1937 ein Interview, in dem er davor warnte, Deutschland würde als nächstes seine Kriegsmaschinerie gegen England, Frankreich und die Sowjetunion führen. Das Interview, das als Aufmachung der Titelseite erschien, hatte ein damals 24jähriger deutsch-amerikanischer Schriftsteller gemacht: Stefan Heym.[21]

Renns neuer »Krieg« hieß Spanien, sein neuer »Nachkrieg« seit 1940 hieß Mexiko, wo er die ersten zwei Jahre eine Professur für moderne europäische Geschichte an der Universität Morelia innehatte (ein Buch gleichen Titels erschien 1950), und wo er gemeinsam mit Anna Seghers, Bodo Uhse und anderen deutschen Emigranten die Gruppe »Freies Deutschland in Mexiko« ins Leben rief. Seinem Konzept von der pädagogischen Funktion des Wortes blieb Renn auf sehr neue Weise treu: Nach seiner Rückkehr 1947 nach Ostberlin schrieb er nur Kinderbücher; und die haben einen großen Fehler – sie wollen Ideen künden. Das aber kann der redliche, nüchterne Sachse aus Mexiko, der adlige Kommunist, nicht. Was er konnte, war Auskunft zu geben über die Zeit, die ihn prägte und der er sich entgegenzustellen suchte. Renn hat diesen späten Neubeginn – er fing mit 65 Jahren an, Kindergeschichten zu erfinden – gelegentlich selber reflektiert und seinen früheren Standpunkt, er könne und wolle nicht »erfinden«, als Irrtum deklariert. Er hat sogar der freien Phantasie gegenüber dem bloßen Fixieren des Vorhandenen das Wort geredet:

»Der kritische Realismus ist vor der proletarischen Revolution eine Notwendigkeit und führt zu einer erbarmungslosen und sehr genauen Darstellung der Wirklichkeit, die wenig Raum für die Phantasie läßt. Er kann dem Schriftsteller die Fähigkeit nehmen, frei zu erfinden. Dadurch nähert sich der Schriftsteller dem Reporter . . .«[22]

Plötzlich hat hier also jemand, der nie Interpret sein wollte und immer dem Nachtgeschöpf Phantasie mißtraute, Angst, Reporter sein zu müssen. Das kann nichts anderes heißen, als daß Renn einen Rückzug angetreten hat aus der akuten Wirklichkeit und ausgewichen ist ins Reich der pädagogischen

Märchen – daß er die Erwachsenen aufgab. Aber die Fabeln von Land und Freiheit und vom großen Bauernführer Lenin, nach dem sich Trini, der Indianerjunge, erkundigt und dem er in sein großes Land einen Brief schreiben will, lesen sich so tot und banal und von fern her ausgedacht, wie es die Bleisoldatengeschichten oder das Zählen der Kasernenfenster gewesen sein mögen, die der Gymnasialprofessor und Prinzenerzieher Johann Vieth von Golssenau zur Langeweile seiner Zöglinge den Kindern erzählt hat.

Von der Arbeiterkorrespondenz zur Literatur
Willi Bredel, F. C. Weiskopf

An Ludwig Renn, der ihm als der »berühmteste kommunistische Schriftsteller«[1] galt, schickte der damals knapp dreißigjährige Hamburger Metalldreher Willi Bredel seinen ersten Roman »Maschinenfabrik N. & K.«, der 1930 in der Reihe »Rote-Eine-Mark-Romane[2]« im internationalen Arbeiterverlag in Berlin erschien und dem überraschten Autor ein erstes Honorar von 1840 Mark einbrachte:
»Als ich das Buch in meinen Händen hielt, fragte ich mich: ›Bist du nun ein Schriftsteller?‹ Die Antwort blieb offen, aber mit dem Schreiben fuhr ich fort.«[3]
Allerdings waren andere Schreiberfahrungen dem vorausgegangen. Nach dem Schulabgang mit 15 Jahren hatte der Metalldreherlehrling nicht nur in endlosen Nächten Dickens, Jules Verne, Balzac, Tolstoi, Shakespeare, Ibsen, Strindberg und Gerstäcker verschlungen, sondern sich auch mit den großen Gestalten der französischen Revolution beschäftigt; das Ergebnis waren drei (verschollene) Dramen »Septembersturm über Paris«, »Lazare Carnot« und »Gracchus Babeuf«. Schon 1919 zeichnete Bredel, der seit 1917 dem Spartakus-Bund und seit ihrer Gründung der KPD angehörte, als Schriftleiter mit seiner Privatadresse Glashüttenstr. 113, Haus 1, für die illegal vertriebene »Freie proletarische Jugend« verantwortlich. Als er wegen seiner Teilnahme an dem von Thälmann geführten Hamburger Streikaufstand vom Oktober 1923 zu zwei Jahren Gefängnis verurteilt wurde, arbeitete er in der Zelle über Marat – und seine erste größere Publikation erschien 1924 im Neuen Verlag für Revolutionäre Literatur in Hamburg: »Marat – der Volksfreund«. Nach seiner Amnestie 1925 schrieb er gelegentlich für kommunistische Zeitungen wie »Magdeburger Tribüne« und »Bremer Arbeiterzeitung«, wurde vorübergehend Redakteur des »Ruhr-Echo«, wo ihn der leitende Redakteur Alexander Abusch nach kur-

zer Probezeit entließ. Arbeit, Arbeitslosigkeit und zahlreiche Reisen als Schiffsmaschinist (auf der »Barbara« leitete er die KP-Zelle) und später die Anstellung in der Hamburger Maschinenfabrik Nagel & Kaemp gaben ihm jeweils die Möglichkeit, als Arbeiterkorrespondent vor allem für das KP-Blatt »Hamburger Volkszeitung« zu arbeiten. Die Arbeiterkorrespondenten waren eine »Erfindung« der kommunistischen Tagespresse und hatten eine doppelte Funktion: sie brachten Detail-Informationen aus den Betrieben, und sie brachten einen direkten, aktiven Kontakt mit den Lesern. Vor allem Willi Münzenberg hatte seine Blätter auf Mitarbeit derer, an die seine Blätter sich wandten, aufgebaut und später, als Parallelfunktion, die Arbeiterphotographie in der AIZ entwickelt. In einem Aufsatz der »Linkskurve« wurde die Funktion der Arbeiterkorrespondenten definiert:

»Die Anfänge der (organisierten) AK-Bewegung gehen bis in das Jahr 1923 zurück. Sie begann um diese Zeit ihre damals vorerst illegale Tätigkeit. Die erste Betriebszeitung in Berlin, die ›Schwartzkopff-Lokomotive‹, geht aus den Reihen der ersten AK hervor. Aber noch reagiert die proletarische Öffentlichkeit und auch die revolutionäre Partei des Proletariats schwach auf diese an sich eminent wichtige Tatsache. Im Jahre 1925 erfolgt eine gewisse Belebung der Bewegung, 1927 reorganisiert, wächst sie in schnellem Tempo, im Jahre 1929 wird der Kurs auf die Betriebe stärkstens forciert; Ergebnis: stürmischer Fortschritt in ideologischer und organisatorischer Hinsicht.

Hier sind einige Zahlen aus dem letzten Halbjahresbericht über den Stand der Bewegung: im Jahre 1930 sind allein im Betriebsteil der ›Roten Fahne‹ 946 Arbeiterkorrespondenzen erschienen.

Sie verteilen sich: 628 von Arbeitern, 92 von Arbeiterinnen, 97 von Angestellten, 11 von weiblichen Angestellten, 74 von Beamten, 8 von Beamtinnen, 36 von Jungarbeitern und Arbeiterkindern.

In sämtlichen Großbetrieben und großen Mittelbetrieben gibt es heute Arbeiterkorrespondenten ...
Ist der Arbeiterkorrespondent Schriftsteller? Dazu ist zu sagen: Der Arbeiterkorrespondent schreibt für die Öffentlichkeit – er ist dadurch natürlich in gewissem Sinne Schriftsteller, in vorerst reporterähnlichem Sinne. Der Arbeiterkorrespondent selbst hält sich natürlich nicht nur für einen Schriftsteller im weiteren Sinne des Wortes, er lehnt es sogar berechtigt ab, als Berufsschriftsteller betrachtet zu werden. Er zeigt an ganz konkreten Beispielen die Zustände, die Ausbeutung im Betrieb, und er nimmt mit allgemeinen dazu politisch Stellung. Es ist klar, daß diese schriftstellerische Tätigkeit politisch, kulturell und agitatorisch in höchstem Maße wichtig ist. Die Arbeiterkorrespondenzen wühlen die Belegschaft zutiefst auf, zeigen ganz deutlich den großen und schonungslosen Klassenkampf. Sie erfüllen also eine Aufgabe ersten Ranges ...
Der Arbeiterkorrespondent schreibt, daß der Meister Kunze in dem und dem Betrieb ein ganz brutaler Kerl ist. Er regt nicht die Phantasie des Lesers durch psychologische Erklärung dieses Meisters Kunze an. Er berichtet nur und fordert auf, Mißstände durch Kampf zu beseitigen. Das Feld des revolutionären Schriftstellers zeichnet sich hier ganz deutlich ab, es beginnt ungefähr dort, wo die Tätigkeit des Korrespondenten aufhört.«[4]
1925 hatte die KPD die erste Reichsagitpropkonferenz veranstaltet und eine systematische Schulungsarbeit mit den Arbeiterkorrespondenten begonnen; die im selben Jahr gegründete »Arbeitsgemeinschaft der Rote-Fahne-Korrespondenten« hatte diverse Sektionen, darunter die kurz »Litdram« genannte literarisch-dramatische. Bis Mitte 1929 wurden 3300 mit der kommunistischen Presse fest verbundene Arbeiterkorrespondenten gezählt.[5]
Ernst Thälmann holte den jungen Reporter schließlich als Redakteur an die »Hamburger Volkszeitung,« sein erster großer Aufsatz dort war eine Rezension von Heinrich Manns

»Untertan«; die bis zu den Initialen hin autobiographisch angelegte Figur des Walter Brenten aus der Romantrilogie »Verwandte und Bekannte« (die ihren Titel einer Anregung von Hugo Huppert und Friedrich Wolf verdankt[6]), läßt Bredel das so erleben: »Und dann erlebte er einen denkwürdigen Tag – einen Festtag. In der Zeitung stand in fetten Buchstaben:
›Der deutsche Untertan‹ – darunter: ›Eine Betrachtung von Walter Brenten über den Roman ›Der Untertan‹ von Heinrich Mann.‹ Er konnte es gar nicht fassen, daß dieser große Beitrag von ihm geschrieben sein sollte, daß es sein Name war, der da stand. Immer wieder las er das von ihm Geschriebene. Er fand es wunderbar.
Walter zeigte der Mutter die Zeitung, auch dem Vater, und besonders der erstarrte vor Bewunderung. Mit seinen kranken Augen betrachtete er immer wieder die Überschrift und den Namen seines Sohnes.
›Hm, hm‹, machte er und hob zum wiederholten Male das Zeitungsblatt vor seine Augen ...
Walter mußte ihm seine Arbeit vorlesen. Er tat es gern und mit klopfendem Herzen, und es tat ihm wohl, daß sein Vater ihn voll Stolz und Hochachtung ansah ...
Vierzig Mark! ... Vierzig Mark für einen einzigen Artikel! Der Arbeitslosenunterstützungssatz für fünf Wochen! ... Walter war verblüfft über die Höhe dieses Honorars. Ha! Jede Woche wollte er einen Aufsatz schreiben, und die ganze Arbeitslosenunterstützung sollte ihm gestohlen bleiben.
Auch Carl Brenten war sprachlos. Vierzig Mark? Ein normaler Wochenlohn? Vierzig Mark für eine Handvoll Geschriebenes? Wie kam es nur, daß man so was brotlose Kunst nannte?
›Dann schreib man fix was Neues‹, ermunterte er seinen Sohn.«[7]
Ein Artikel über den berüchtigten Blut-Mai 1929 des Berliner Polizeipräsidenten Zörgiebel und eine von Bredel verantwortete Arbeiterkorrespondenz über geheime Kriegsrüstung

im Draegerwerk Lübeck brachte ihm einen ähnlichen Prozeß wegen literarischen Hoch- und Landesverrats ein wie seinem prominenten Kollegen Carl von Ossietzky. In der Anklageschrift hieß es: »Ubd. Bl. 12, 37 Die Nachrichten über die genannten Lieferungen an die Reichswehr, die der Angeschuldigte veröffentlicht hat, waren zum Wohle des Reiches geheim zu halten.« Zu zwei Jahren Festungshaft verurteilt, begann Bredel für seine Zeitung einen Erlebnisbericht über seine Arbeit in der Maschinenfabrik niederzuschreiben, ursprünglich als lose Folge einer Arbeiterkorrespondenz konzipiert. Es wurde sein erster Roman, dem schon wenige Monate später ein zweiter, »Rosenhofstraße« als 6. Band der »Roten-Eine-Mark-Romane« folgte, eine Art Fortsetzung der Arbeiter-Schilderung, nun nicht mehr im Werk, sondern zu Hause. Ein drittes Buch, »Der Eigentumsparagraph«, konnte nicht mehr in Deutschland erscheinen und wurde erst 1961 für die Ostberliner Ausgabe aus dem Russischen rückübersetzt.

Bredels Arbeiten führten zu einer theoretischen Kontroverse, die niemals gänzlich ausgetragen wurde. Er selber sah sich deutlich – bis an das Ende seines Lebens – nicht als Schriftsteller im engeren Begriff des Wortes, sondern als Parteiarbeiter und kommunistischer Propagandist; schreiben war Propaganda, kein künstlerischer, gar artifizieller oder individuell-einsamer Vorgang. Noch aus der Festungshaft schreibt er am 20. Dezember 1931 in einem Brief an die Internationale Vereinigung Revolutionärer Schriftsteller (IVRS, ihr gehörten RAPP wie BPRS an): »Auch denke ich, daß in der gegenwärtigen Situation in Deutschland ein bolschewistischer Funktionär wohl anderes zu tun hat, als Romane zu schreiben.«[9] Die Enthüllungstechnik der Arbeiterkorrespondenzen, die Wahrheitsfindung prägten so eine der Reportage verwandte Mischform, die in der Tradition der sozialistischen deutschen Literatur eine bestimmte Inhaltsbetonung schuf. Georg Lukács wandte sich in der »Linkskurve« mit einer Rezension der beiden ersten Bücher gegen das episch Unausgeführte der Bredelschen Romanentwürfe:

»Aber hier wie dort – leider – nur ein Rahmen, nur ein Schema, nur ein Umriß. Die Ausführung der Bredelschen Romane steht nicht entfernt auf der Konzeption. Wenn wir den Grundmangel der künstlerischen Gestaltung Bredels auf eine knappe Form bringen wollen, so müssen wir sagen: es besteht ein künstlerisch ungelöster Widerspruch zwischen dem breiten, alles Wesentliche umfassenden epischen Rahmen seiner Fabel und zwischen seiner Erzählungsweise, die teils eine Art von Reportage, teils eine Art von Versammlungsbericht ist. Das Skelett der Handlung ist richtig, aber es bleibt ein bloßes Skelett. Was es lebendig machen könnte: lebende Menschen und lebendige, wechselnde, sich im Prozeß befindliche Beziehungen zwischen den Menschen fehlen so gut wie vollständig. Bredel gibt zwar von seinen Gestalten eine gewisse Charakteristik, er beschreibt sie äußerlich (mitunter sogar ganz gut), er hebt gewisse Charakterzüge scharf hervor usw. All dies bleibt jedoch starr. Seine Menschen haben keine Entwicklung. Höchstens verwandeln sie sich mit einem Ruck. Das ist an und für sich zwar möglich, aber nur, wenn es künstlerisch vorbereitet wird, wenn es ein Umschlagen der Quantität (der kleinen, für den betreffenden Menschen selbst eventuell unbemerkt gebliebenen Veränderungen) in Qualität und nicht der plötzliche Schuß aus einer Pistole ist. Die unvorbereitete, plötzliche Wandlung wirkt künstlerisch auch dann unwahr, wenn sie inhaltlich – abstrakt – möglich ist. So sind Bredels Gestalten fast durchgehends das, was man früher in der Theatersprache ›Chargen‹ nannte, sie besitzen einen starren Charakterzug (eventuell mehrere), der bei jeder möglichen und unmöglichen Gelegenheit wiederholt und unterstrichen wird. Dadurch aber kommt in die Gestalten – selbst wenn diese Charakterzüge an sich richtig beobachtet sind – kein Leben. Ein Roman erfordert eben andere Gestaltungsmittel als eine Reportage; eine Charakterisierungsweise, die für diese ausreicht, ist für jenen durchaus ungenügend. Die Unzulänglichkeit der Gestaltung zeigt sich am krassesten in der Sprache. Sie ist bei Bredel – seltene Aus-

nahmefälle abgerechnet – fast durchgehends die der Presseberichterstattung.«[10]
Bredel antwortete schon wenige Nummern später darauf einigermaßen selbstkritisch und gibt zu, daß Nuancen, ideologische Schwankungen, Zweifel und Hemmungen in der proletarischen Literatur zu kurz gekommen sind; sein Nachteil ist sein Vorteil: da Bredel die Menschen, Dinge und Verhältnisse kennt, über die er – zu plakatierend nahe – schreibt, weiß er auch, daß sie anders sind, als sie im eigenen Abziehbild widerscheinen: »Alle Einzelheiten, die der Genosse Lukács in seinem Artikel anführt – mangelnden oder gar keinen dialektischen Entwicklungsprozeß in den Handlungen und Personen meiner und der meisten anderer proletarischen Romane – primitive Arbeiterkorrespondentensprache und keine lebendige, abgestufte, künstlerisch gestaltende Sprache – die ›chargenhafte‹ Steifheit und Unlebendigkeit der dargestellten Personen – alles, das muß jeder Genosse, der unsere Literaturzeugnisse kritisch prüft, zugeben, entspricht den Tatsachen.«[11]
Otto Gotsche dagegen, Bredel mangelnde »Verteidigungsstellung« vorwerfend, attackiert Lukács im April-Heft 1932, wirft ihm zersetzende Kritik vor und befragt den Kritiker, ob er denn selber »Besseres« vorzuweisen habe; sein Angriff summiert sich in der Feststellung, Bredels Romane wirkten nicht »gemacht«, sondern wie das Leben – also genau, was Lukács ihnen vorwarf. Gotsche, selber Arbeiterkorrespondent, Mitglied des BPRS und Autor mehrerer proletarischer Romane, nach dem Krieg erst als Ulbrichts persönlicher Referent, dann als Sekretär des Staatsrats der DDR einer der Hauptinitiatoren der »Bewegung schreibender Arbeiter«, benutzte bereits in dieser Polemik ein noch heute in der DDR probates Mittel der literarischen, genauer gesagt der ideologischen Kritik:[12] er mobilisiert Leser. Die von Gotsche zitierten positiven Stimmen bewegen sich nun genau auf diesem Reflektionsniveau »Nicht gemacht – das echte Leben«:

»Lukács ... hat aber eine zersetzende Methode der Kritik bei den Schwächen in Bredels Büchern angewandt ... seine Romane wirken nicht gemacht, sie sind Leben ... Der Artikelschreiber soll selbst Besseres leisten. ... ›In der Rosenhofstraße‹ ist alles so geschrieben, wie es wirklich ist. ... es kommt für uns nicht nur auf ›künstlerische‹ Gestaltung an, sondern auch auf den Wert des Buches im Klassenkampf! ... Und so sind die Leute ja auch wirklich. Unsere Milchoolsch drüben ist genau so eine Tratschtante.‹ ... Bredel hat sie ordentlich abgemalt. ... Solche Gespräche, wie da stehen, kannst du jeden Tag in der Bude hören. ...«[13]

Natürlich ging Lukács in seiner recht kühlen und Gotsche zurechtweisenden Antwort darauf sofort ein, indem er diese Spontaneitätstheorie[14] in der Literatur als eine mögliche spontan-rückständige Schönfärberei analysiert:

»Ihm scheint, Kritik ist gleich: Massenkritik. Das ist der Standpunkt der Spontaneität. ... Endlich ist es ebenfalls eine Verbeugung vor der Spontaneität, wenn Gen. Gotsche sich darauf beruft, daß die Arbeiterleser sagen: ›So sind die Leute auch wirklich‹; ›Bredel hat sie alle ordentlich abgemalt‹ usw. Damit wird die Diskussion in eine falsche Bahn gelenkt. Ich habe in meiner Kritik Bredel vorgeworfen, daß er, statt zu gestalten, teils Reportagen, teils Versammlungsbericht schreibt. Das ist eine Frage der schöpferischen Methode. Daß die Hamburger Genossen sich in Bredels Schilderungen erkennen, beweist gegen diese Feststellung rein gar nichts. Denn sie würden sich selbstredend auch in Reportagen, in Versammlungsberichten, die ihre Betriebe, ihre Straßen behandeln, erkennen, sogar dann, wenn diese Berichte auch als Berichte mangelhaft wären. Wäre bloß dadurch aus einem schlechten Versammlungsbericht ein guter oder gar aus einem Versammlungsbericht eine Gestaltung geworden? Natürlich nicht. Ebensowenig wie aus einer Photographie ein malerisches Kunstwerk wird, weil der Aufgenommene sich in ihr erkennt. Worüber diskutiert werden müßte, ist dies: kann Bericht oder Reportage die Gestaltung ersetzen? Ist etwa

Reportage, wie sowohl in der Sowjetunion, wie bei uns einige proletarische Schriftsteller behaupten, die richtige ›zeitgemäße‹ Methode unserer Literatur? Oder ist sie eine niedrigere (in der Sowjetunion überholte, bei uns) zu überwindende schöpferische Methode? Darüber wäre es sehr nützlich zu diskutieren. Aber mit der spontanen Methode des Gen. Gotsche kommen wir nicht einmal zu einer richtigen Fragestellung.«[15] Gleichzeitig aber ist diese Debatte weit über den Anlaß der Bredelschen Romane hinaus zu sehen als Teil der großen kunsttheoretischen Auseinandersetzung, auf die an anderer Stelle dieses Buches eingegangen wurde.[16] Lukács' Plädoyer für den warmherzigen Menschen im Rahmen einer geschlossenen Romanhandlung, mit dem der Leser sich identifizieren kann, war gleichzeitig reaktionär als realistisches Verordnungsmodell und entgegengesetzt der von Brecht zur gleichen Zeit geforderten Möglichkeit von Sprüngen.[17] Das Ideal der harmonisierenden Kunst gegenüber einer entharmonisierten Realität, damit das Ablehnen disharmonischer »demonstrierender« Kunstformen wie Reportage, Collage, Montage gegenüber der favorisierten Form des traditionellen Entwicklungsromans, führt hier bereits Lukács' Feder. Seine Aufforderung an Bredel war schließlich eine Quantifizierung (mehr Psychologie innerhalb derselben Konstruktion), keine Qualifizierung, kein Hinführen zu anderen Formen. Helga Gallas[18] wirft Lukács in diesem Zusammenhang das Aufnehmen des RAPP-Vokabulars vor. Tatsächlich spielte auch die Debatte hinein in die Auseinandersetzung auf dem Unionskongreß der Sowjetschriftsteller in Moskau 1934, an der Bredel teilnahm.

Eine Sonderstellung in diesem Zusammenhang hatte sowohl literarisch als auch literaturpolitisch der seit 1928 in Berlin lebende, zweisprachig aufgewachsene tschechoslowakische Schriftsteller F. C. Weiskopf. Kisch hat einmal die Atmosphäre charakterisiert, aus der viele Autoren der Prager deutschen Literatur kamen:

»Das waren fast ausschließlich Großbürger, Besitzer der

Braunkohlengruben, Verwaltungsräte der Montanunternehmungen der Skodaschen Waffenfabrik, Hopfenhändler, die zwischen Saaz und Nordamerika hin- und herfuhren, Zukker-, Textil- und Papierfabrikanten sowie Bankdirektoren; in ihrem Kreis verkehrten Professoren, höhere Offiziere und Staatsbeamte. Ein deutsches Proletariat gab es kaum. Die 25 000 Deutschen, nur 5 Prozent der Bewohnerschaft Prags, besaßen zwei prunkvolle Theater, ein riesiges Konzertgebäude, zwei Hochschulen, fünf Gymnasien und vier Oberschulen, zwei Tageszeitungen, die morgens und abends erschienen, große Vereinsgebäude und ein reges Gesellschaftsleben.«[19]
Weiskopf, dessen Name schon im Protokoll des ersten Parteitags der tschechoslowakischen KP aus dem Jahre 1923 vermerkt ist und der abenteuerlicherweise in einem ungarischen Regiment als einjährig Freiwilliger des letzten Kriegsjahrs bei seinem Vorgesetzten, einem Leutnant Buxbaum, Unterricht in Marxismus erhalten hatte,[20] war Delegierter auf der Zweiten Internationalen Konferenz Revolutionärer Schriftsteller in Charkow gewesen und hatte dort im Mittelpunkt einer literaturtheoretischen Debatte gestanden. Diese Debatte[21] bezog sich auf eine Polemik zwischen ihm und der »Roten Fahne« aus dem Sommer 1930; die »Rote Fahne« hatte am 15. Juni 1930 unter der Rubrik »Rundfunkkritik der Arbeiter« eine Hausfrauenkorrespondenz zum Thema »Gibt es einen proletarischen Roman?« veröffentlicht, die sich kritisch mit einem Vortrag Weiskopfs auf einer Mitgliederversammlung des BPRS am 9. Mai und einer Rundfunksendung von ihm am 13. Juni 1930 beschäftigte.
In dieser Funkdiskussion mit dem Leiter der literarischen Abteilung des Berliner Rundfunks, Kurt Hirschfeld[22], hatte Weiskopf sich u. a. kritisch mit Alfred Döblins »Alexanderplatz« auseinandergesetzt.[23] Für Weiskopf war das Neue des proletarischen Romans auch ein Formneues, und interessanterweise sah er jene dann von Lukács inkriminierten Elemente von Reportage, Protokoll und Montage als wesentliches Novum:

»Der Aufbau des proletarischen Romans dürfte ein anderer als der des bürgerlichen Romans sein. Es ist schon jetzt eine Sprengung der strengen Romanform zu konstatieren, starke Anklänge an das Chronikhafte, an die Selbstbiographie, an den Bericht, an die Rede.
Turek: halb Roman, halb Biographie.
Kläber: halb Protokoll, halb Roman.
Knauf: halb Reportage, halb Roman.
Diese Erscheinungen gehen auf die bürgerliche Zerfallsform zurück (Dos Passos, Nathan Asch in Amerika,
Ralph Mottram in England, in Deutschland Holitscher, der frühe Leonhard Frank«[24]).
Trotzdem faßte die »Rote Fahne« diese Diskussion, die wiederum den Begriff proletarische Literatur – Literatur von Proletariern oder Literatur für Proletarier? – aufgriff, als eine Attacke gegen den proletarischen Roman überhaupt auf. Dieser Angriff setzte sich auf dem Charkower Kongreß fort durch einen Artikel in der »Komsomolskaja Prawda«. Weiskopf wehrte sich aber und erklärte, daß er weder die Existenz einer proletarischen Romanliteratur noch die einer proletarisch-revolutionären Literatur überhaupt in Frage gestellt, sondern Formprobleme erörtert habe und daß man seine kritischen Äußerungen zu Unrecht als Beispiele rechter Abweichungen im BPRS herangezogen habe. Tatsächlich erschien in der »Komsomolskaja Prawda« sowie in der »Literaturnaja Gaseta« eine Richtigstellung, die von Béla Illés im Auftrage des Präsidiums des Erweiterten Plenums unterschrieben war und die, ein sehr seltener Vorgang, mit dem Satz schloß: »Das Präsidium des Plenums des Interbüros bedauert, daß in der ›Komsomolskaja Prawda‹ die erwähnten Zeilen erschienen.«[25]
Das war insofern von Bedeutung, als Weiskopf ein typischer Vertreter der »Reportageliteratur« war. Seine schriftstellerische Laufbahn hatte mit der Mitarbeit für kommunistische Tageszeitungen in Prag begonnen, unter anderem mit Julius Fučik in der »Avantgarda« und der CKK (Tsche-

choslowakische Kommunistische Pressekonferenz). Schon Oktober bis Dezember 1926, also noch vor seiner Übersiedlung nach Berlin, hatte Weiskopf eine ausgedehnte Reise durch die Sowjetunion unternommen und ein Jahr darauf einen Reportageband »Umsteigen ins 20. Jahrhundert« veröffentlicht. Noch Jahrzehnte später faßte Weiskopf sein Konzept von Reportage in seinem Tagebuch so:

»Wie denn überhaupt journalistische Arbeit, von einem Schriftsteller geleistet, nie mit dem Tag, für den sie angeblich bestimmt ist, vergeht, sondern weitreichende Folgen hat.«[26]

Noch in Berlin wurde er Redakteur an Münzenbergs »Berlin am Morgen«, und seine erste große schriftstellerische Leistung war im engen Sinn des Wortes wieder eine journalistische, ein Bericht über Zörgiebels Blutmai 1929. Ein Mitarbeiter der »BAM«, der österreichische Schriftsteller Bruno Frei, berichtet von diesem schriftstellerischen Stück Zeitgeschichte:

»Am Abend des zweiten Tages erschien Franz in der Redaktion. Sein sonst immer freundliches Lächeln war wie weggeblasen. Eine harte Gespanntheit lag in seinen Gesichtszügen. Blaue Ringe unter den Augen zeugten von durchwachter Nacht. Er sprach zurückhaltend. ›Hier‹, sagte er zu mir gewandt, ›bringe ich dir mein Manuskript. Es ist eigentlich kein Feuilleton geworden ... Es ist eher ein Zeugenprotokoll.‹ ... Wir lasen sein ›Zeugenprotokoll‹ und stellten erschüttert fest, daß Franz die Nacht vom 1. zum 2. Mai im Kampfgebiet von Neukölln verbracht hatte. Was er niedergeschrieben hatte, war eine flammende Anklage gegen die schießwütige Zörgiebelpolizei. Mit genauen Angaben, unter Anführung von Namen und Adressen, genauen Zeiten und persönlichen Beobachtungen, war das Manuskript von FC W der erste Originalbericht eines Augenzeugen von den Brutalitäten der Polizei, deren Tanks friedliche Berliner niedermähten. Unsere Zeitung erschien am nächsten Morgen unter dem pathetischen, aber gerechtfertigten Titel ›Wir klagen an‹ ...«[27]

Diese Reportage verdient auch deshalb festgehalten zu werden, weil einer der kommunistischen Arbeiterschriftsteller, Klaus Neukrantz, sich in seinem Tatsachenromen »Barrikaden am Wedding« (der in der Reihe der »Roten-Eine-Mark-Romane« erschien) expressis verbis auf diese Reportagenfolge bezog. Weiskopf – der seit 1931 in Berlin die Leitung des Schutzverbandes Deutscher Schriftsteller innehatte – begriff dann auch seinen ersten Roman »Das Slawenlied« (1931) als eine Art Tatsachenroman[28] und entwickelte eine sehr eigenständige, literarisch höchst ambitionierte und Traditionen verarbeitende Form: die Anekdote. Als Weiskopf 1933 nach Prag remigrierte, begründete er dort die Exil-»Arbeiter-Illustrirte-Zeitung«, deren Chefredakteur er bis 1938 in Prag und später in Paris war und die er gemeinsam mit Hermann Leupold und Fritz Erpenbeck leitete. In dieser Zeit entstand seine erste Anekdotensammlung unter dem Titel »Die Stärkeren«, die in Heft 2 der »Neuen Deutschen Blätter« erschien, der von September 1933 bis August 1935 von Oskar Maria Graf, Wieland Herzfelde und Anna Seghers herausgegebenen Zeitschrift. Dieser Band, den ein Goebbels-Zitat aus dem »Angriff« eröffnete, in dem von der Tätigkeit der illegalen KPD die Rede war, begründete Weiskopfs Ruhm als Fortführer einer von Kleist und Hebel geprägten Anekdotenform, die er, statt Mittelding zwischen Schwank und Witz und unterhaltsamen Histörchen zu bleiben, in ihrer ursprünglichen Bedeutung wieder herstellte:

»... als pointiert vorgetragene, merkwürdige (das ist des Merkens würdige) Kurzgeschichte, die Vorgänge, Verhaltensweisen und Charaktere gewissermaßen blitzartig erhellt, dergestalt, daß die Mit- und Nachwelt den Kern eines Menschen, die Quintessenz einer Situation, den Herzpunkt eines gesellschaftlichen oder historischen Zustandes präsentiert bekommt.«[29]

Dem mit einem eindrucksvollen Holzschnitt von Frans Masereel als Titelbild publizierten Buch, das sich im Untertitel nennt »Episoden aus einem unterirdischen Krieg«, folgte dann in der Emigration der bezeichnenderweise mit einem

stärkeren Titel versehene, heute als Klassiker geltende schmale Band »Die Unbesiegbaren«; das Buch erschien in derselben Ausstattung, in der sich die erste Ausgabe von Brechts »Furcht und Elend des Dritten Reiches« im New Yorker Aurora-Verlag präsentierte, den Wieland Herzfelde als Malik-Nachfolge in der Emigration gegründet hatte. Weiskopf hatte das Buch Heinrich Mann gewidmet und seine bestechend ausgewogenen, böse pointierten Prosastücke in einer kleinen Vorbemerkung charakterisiert:
»Sie stellen einen Versuch dar, die seit Kleist und Hebel als ernste Kunstform in Vergessenheit geratene Anekdote wieder zu Ehren und literarischem Gebrauch zu bringen.«[30]
Die Ähnlichkeit zu Brechts »24 Szenen aus dem Dritten Reich« (die Aurora-Verlag-Erstausgabe von 1945 zeigt übrigens noch, daß Brecht diese Szenenfolge ursprünglich als Filmskript konzipiert hatte) ist keineswegs auf diese verlagstechnischen Äußerlichkeiten beschränkt; das szenisch Pointierte, das Nachrichtenhafte, der Charakter des scheinbar unbeteiligten Berichts, zeigt erstaunliche Gemeinsamkeiten. Fast jede der Anekdoten Weiskopfs beginnt mit einem zeitbeschwörenden, chronikhaften Wort – während, als, nach, im Spätherbst, zu derselben Zeit, nachdem, ein ganzes Leben lang, im Sommer 38 usw. Aber mehr noch: auch das Verleihen einer Art politischen Moral an Sachen statt Menschen läßt an Brechts »Pappel vom Karlsplatz« oder das die Menschen bemitleidende Pferd denken.[31]
Nicht zufällig wohl auch trägt dann die Zusammenfassung seiner Anekdoten vom Jahre 1950 den Titel »Elend und Größe unserer Tage«. Heinrich Manns Brief vom 2. März 1945, mit dem er der ihm zugedachten Widmung zustimmt, charakterisiert mit einem einzigen Satz das stenographisch Protokollhafte von Weiskopfs Anekdotenkunst:
»Armes deutsches Volk, das seine Taten einmal in diesen unerbittlichen Abkürzungen kennenlernen wird.«[32]

Tatsächlich muß man wohl Weiskopfs besondere Stellung mit einem Begriff der französischen Literatur, dem »homme des lettres« bezeichnen. Seine Bedeutung liegt nicht so sehr etwa in den verschiedenen Romanen, nicht einmal in den Kurzgeschichten, sondern darin, ein unentwegter Anreger, Korrektor, literarischer Inszenator und Vermittler gewesen zu sein.[33]

Weiskopf blieb im Mai 1939, als er mit seiner Frau, der Jugendbuchautorin Grete Alex-Wedding, auf Einladung der American Writers League dort Vorträge hielt, in New York; auch da wurde er nach Auskunft zahlreicher Emigranten das Zentrum nicht nur weitverzweigter Hilfsorganisationen, sondern auch publizistischer Aktivitäten. Neben journalistischen Arbeiten und zahlreichen Übersetzungen entstand in USA sein umfangreiches Romanwerk, die Trilogie, der Weiskopf den Titel »Kinder ihrer Zeit« geben wollte.[34] Diese Bücher, wie sein gesamtes Romanwerk, tragen deutlich und wohl auch nicht unbeabsichtigt, reportagehafte Züge. Weiskopfs inszenatorische Begabung führte dann zu dem eigenartigen diplomatischen Zwischenspiel seiner Botschaftertätigkeit in Washington, Stockholm und China.

»Seine Frau erinnert sich an den Beginn seiner diplomatischen Tätigkeit: ›Ich sehe ihn noch vor mir, als er zum ersten Mal zu einem diplomatischen Empfang gehen mußte: in einem neuen dunklen Mantel, einem Homburg, dem obligaten Seidenschal und Handschuhen. Er blieb vor dem mannshohen Spiegel in der Botschaft stehen, schüttelte verwundert den Kopf und streckte der neugebackenen Exzellenz die Zunge heraus: ein Knabe, der sich verkleidet hat, um die Rolle eines Erwachsenen zu spielen.‹«[35]

Obwohl Weiskopf große Erfolge, vor allem als Gesandter in Stockholm und Botschafter in Peking hatte, notiert sein Tagebuch am 8. Februar 1952 doch einigermaßen erleichtert:

»Ach, wie schön ist es doch, einfach Romanschriftsteller zu sein.«[36]

Im selben Jahr wird der Plan zur Übersiedlung nach Berlin

gefaßt. Der Beschluß der zweiten Parteikonferenz der SED, zum Aufbau des Sozialismus in der DDR zu schreiten, und vor allem der III. Schriftstellerkongreß bestärkten Weiskopfs Entschluß. Im kommenden Jahr wird Weiskopf, der inzwischen Vorstandsmitglied des deutschen Schriftstellerverbandes ist, bereits gemeinsam mit Willi Bredel die Herausgabe der »Neuen Deutschen Literatur« übertragen, die von nun an eine Art eigene Plattform für seine sprachkritischen Essays wird. Schon 1938 hatte die Moskauer Literaturzeitschrift »Das Wort« einen ersten Aufsatz dieses Themas publiziert, und tatsächlich wurde für Weiskopf diese selbstgestellte Aufgabe offenbar wichtiger als jede seiner anderen weitverzweigten literarischen Aktivitäten. Das im Auftrage der Deutschen Akademie der Künste zu Berlin, 1960, fünf Jahre nach seinem Tod, herausgegebene Buch »Verteidigung der deutschen Sprache«, faßt die wichtigsten Aufsätze zu diesem Thema, wie »Bemerkungen über die Verrottung von Sprache und Stil« und die wohl erste Untersuchung zum Thema der sprachlichen Auseinanderentwicklung beider Deutschland »›Ostdeutsch‹ und ›Westdeutsch‹ oder über die Gefahr der Sprachentfremdung« zusammen.[37]

Wie bei seinen Landsleuten Kisch oder Fürnberg, so ist auch bei F. C. Weiskopf eine literarische Sonderentwicklung zu beobachten; einerseits wird das Wort besonders sach- und realitätsbezogen eingesetzt im Sinne der Arbeiterkorrespondentenbewegung oder des von Lukács kritisierten Reportagegenres und eine »außerkünstlerische« Literatur favorisiert. Andererseits wird aber gelegentlich eine an Karl Kraus[38] erinnernde höchste Empfindlichkeit der Waffe Wort gegenüber an den Tag gelegt. Nicht »Kunst als Waffe«, sozusagen, sondern: das Wort als Waffe.

Bredel und Becher hatten ein gemeinsames Konzept – und, erstaunlicherweise, eines, das dem von Georg Lukács entsprach. Lukács' Kritik an Bredel war von diesem nicht nur formal akzeptiert worden – es war eine Kritik gewesen, die im Grunde nur das Literaturverständnis Bredels auszog.

Nicht nur Artikel in der Moskauer »Deutschen Zentral-Zeitung« in der ersten Emigrationszeit zeigen das; sein Roman »Die Prüfung«, erster Bericht von den Grauen deutscher KZ's (Bredel war 1933 verhaftet und elf Monate in Dunkelhaft gequält worden), erschien in Münzenbergs Prager Exil-AIZ ab Juli 1934. Und ab Juli 1936 – zuvor war er Redaktionsmitglied von Bechers »Internationaler Literatur« gewesen – war er Mitherausgeber der von Brecht und Feuchtwanger mitverantworteten Moskauer Exil-Zeitschrift »Das Wort«. Hugo Huppert, ein anderer Moskauer Emigrationsgefährte, charakterisiert Bredels Literaturauffassung sehr benachbart denen von Lukács:

»... im Urteilen knüpfte er gern an Lehrmeinungen der ›Linkskurven‹-Zeit an ... W. B. beharrte auf der extremen Zurückweisung der Thesen des ›Bewußtseinsstroms‹ und ›inneren Monologs‹, die damals in unserer Sphäre den heftigsten Streit auslösten. Er blieb gegenüber James-Joyce-Anfälligen immerzu Fontane-treu. In Gestaltungsfragen glaubte er fest an die ausschließliche Brauchbarkeit der griffig-realistischen Erzählhandlungen. Damals durchpflügte er Stendhal, Balzac, Flaubert, freundete sich mit Tschechow an. Unerschüttert blieb seine Bewunderung für Zola, Gorki, Dreiser und auch Upton Sinclair, den Verzauberer und Abgott seiner Jungarbeiterzeit. Als ich ihn einmal fragte, was er von Dos Pasos halte, erwiderte er: ›Soso, mehr Flick als Stück.‹«[39]

Jener große Romanzyklus dann, der in der sowjetischen Emigration mit dem ersten Band »Die Väter« entstand und dessen Keimzelle eine in der Prawda 1939 erschienene Skizze »Erinnerung an die Augusttage 1914«[40] war, hat »die vertraute Form des Familienromans, klassisches Erbe der bürgerlichen Literatur«, wie der langjährige Cheflektor des Aufbau-Verlages, Max Schroeder, bemerkte, »ein Gesellschaftsroman der deutschen Arbeiterklasse«[41]. Nicht »Verfall einer Familie« also, sondern »Aufstieg einer Klasse«? Nicht »Buddenbrooks«, sondern »Groblebens« vielleicht (wie der Speicherarbeiter des Lübecker Konsuls hieß)? Ja und nein.

Bredels Prosa nämlich bleibt ein Zwitter – nicht faktenvermittelnde Reportage, nicht Psychogramm. Lion Feuchtwangers Lob dieser »ersten Darstellung des deutschen Arbeiters«[42] läßt eigenartigerweise einen Umstand außer acht – wie alle anderen kritischen Betrachtungen des Bredelschen Werks: Arbeit kommt in den Büchern nicht vor. Der eigentliche Arbeitsprozeß degeneriert zur Kulisse, zum Hintergrund für Reflektionen. Die wenigen Szenen etwa, die Walter Brenten an seiner Metall-Drehmaschine zeigen, sind von genre-hafter Oberflächlichkeit, bleiben gänzlich unspezifisch:

»In drei langen Reihen standen Werkbank neben Werkbank: Drehbänke, Hobelbänke, Stanz- und Bohrmaschinen, und an jeder hantierte ein Arbeiter. Das monotone Getöse der Motoren, die quietschenden schrillen Töne der Stähle und Bohrer, das klopfende Hämmern der Stanzmaschinen – das war seine Welt, daraus gab es keine Flucht. Und wieso Flucht? Die anderen zurückzulassen, feige fliehen? Nein, das war auch nicht nach seinem Sinn.

Vorsichtig schob er den Support zurück, spannte eine neue Spindel ein. Gierig, fast lautlos schabte der hohlgeschliffene Stahl eine Schicht Eisen herunter.

Ein Arbeitsstück folgte dem andern. Walter hatte sich wieder in der Gewalt; mechanisch tat er die notwendigen Handgriffe. Er sah nach der Werkhallenuhr. Noch eine Stunde, dann war auch dieser Tag so weit, daß er ihm gehörte. Auf den Abend freute er sich; Dr. Eupert sollte einen Vortrag über Fichtes Freiheitsbegriff und seine Verteidigung der Französischen Revolution halten . . .«[43]

Der Arbeitsvorgang wird nicht Teil der Prosa, nicht Darstellungsziel, sondern Fliehpunkt: er löst nur Bewußtseinsvorgänge aus, Denkmechanismen, Meinungen. Damit bleiben in dieser Prosa Leerstellen. Gleichzeitig werden genau diese nicht aufgefüllt durch psychologisch ausgeführte epische Geschöpfe des Autors; wie die Titel – und die entsprechenden Erzählstrukturen – seiner ersten beiden Romane es annon-

cierten: Arbeitswelt und Lebenswelt werden getrennt. Für Bredels epische Versuche heißt das, die Ebene der Arbeiterkorrespondenten wurde verlassen, die Ebene der Prosa nicht erreicht. Thomas Mann, natürlich, blieb alles schuldig, was ökonomische Gesetzmäßigkeiten hätte erläutern können, der Sieg der Hagenströms ist eine bloße bedauernde Hypothese, nirgends strukturell auch nur verdeutlicht (weniger als bei Balzac oder Stendhal); aber er schuf eine psychologisch ziselierte Gemme. Bredels Trilogie dagegen transportiert, von diesem unspezifischen Ausgangspunkt her gesteuert, etwas wider Willen und Wissen: Kleinbürgerlichkeit. Da der Bewußtseinsgrad seiner Gestalten diktiert ist von der Zielbewegung »weg« (nämlich von der Drehbank, von der proletarischen Arbeit) statt von einer Zielbewegung »hin« (nämlich zu einem neuen gesellschaftlichen Konzept von Arbeit), bleibt das Resultat ein ideologisch wie künstlerischer Kompromiß.
Sprache nicht nur als soziales Kommunikationssystem, sondern auch als Evidenz politischer Bewegungseinheiten findet bei Bredel nicht statt. Der bestimmende Wunsch von Arbeitern, nicht mehr Arbeiter sein zu wollen und die entfremdete Existenz gleichsam mit Hilfe einer entfremdeten, also illusionären Hoffnung überwinden zu können – der Traum vom besseren Leben durch den Aufstieg in der Hierarchie – wird nicht analysiert. Daß Bildungsinhalte abhängig sind von bestimmten Mechanismen des Wahrnehmens und diese wiederum von spezifischer Fähigkeit zu sprechen, zu lesen oder zu sehen, dieses Problem minimalisiert sich in Bredels Büchern auf die simple Formel: wer sich der richtigen Partei anschließt, hat die Lösung.
Natürlich sind sprachsoziologische Überlegungen nicht in Romanen zu erwarten. Den Romanen Bredels wäre es aber gut bekommen, wenn das Problem der Lernbarrieren und der sprachlichen Voraussetzungen bei Arbeitern und Arbeiterkindern (und damit der Verhinderung von Erkenntnismöglichkeiten) als reflektierter Hintergrund seine Bücher

getragen hätte. Eine jüngere Untersuchung formuliert das Thema, durch dessen Berücksichtigung Bredels Prosa Tiefe und Differenziertheit gewonnen hätte:

»Dagegen ist die ›öffentliche‹ Sprache, auf deren Gebrauch die Angehörigen der Arbeiterklasse im wesentlichen angewiesen sind, in ihrer Begriffsbildung, Wortwahl und ihrem Satzbau durch einen Mangel an logischer Komplexität und differenzierter Objektivierung individueller Gefühle gekennzeichnet. ... Diese Mängel werden, wie sich bereits in der Behandlung der sozialen Topik zeigte, durch die Maximierung der sozialen Solidarität, durch die Bindung der Gefühle an gesellschaftliche Redensarten und Etiketten, traditionelle Symbole und Sprachformeln ausgeglichen, sozialpsychologisch neutralisiert ...

Im Unterschied zur formalen Sprache ist die öffentliche, ... in ihrer bevorzugten Verwendung von Substantiven, ihrer repetitiven Anwendung von Ausdrücken wie ›so‹, ›und‹, ›dann‹, ›weil‹, von idiomatischen Sätzen und expressiven Symbolen wesentlich auf die deskriptive Erfassung des Gehalts und der Grenzen der Objekte eingeschränkt. ... Der funktional vollständige, aber strukturell unvollständige, grammatisch einfache Satz, die typische Einheit der öffentlichen Sprache, kommt der Verdinglichung des Denkens entgegen und führt zu Ausdrucksschwierigkeiten selbst in der Beschreibung unmittelbar wahrnehmbarer Vorgänge, – eine Schwierigkeit, die in dem Maße zunimmt, wie die dem Arbeiter unmittelbar erfaßbaren technischen Arbeitsabläufe komplexer werden und durch akkumulierte Erfahrung nicht mehr nach und nach verbalisiert werden können.«[44]

Die Kleinbürgerlichkeit ist nicht mehr nur Darstellungsziel, etwa bei SPD-Bonzen oder verlogenen Zollinspektorsverwandten, sie ist Mittel der Darstellung geworden. Zahllose Dialoge, aber auch Beschreibungsdetails, in denen man »sich ein Stündchen aufs Ohr legt«, ein »Mittagsschläfchen« hält oder ein »Pfeifchen schmaucht« lesen sich buchstäblich wie von Bengta Bischoff. Ganze Passagen erinnern an beliebte

Fortsetzungs-Fernsehsendungen à la Familie Hesselbach, deren Humor so lebensnah und deren Realitätswert gleich Null ist:
»Das Ernst-Drucker-Theater am Spielbudenplatz auf Sankt Pauli, ein ausgesprochenes Volkstheater, hatte als Publikum Seeleute, Hafenarbeiter, Fischhändler, Straßenverkäufer, Huren, und die dargebotenen Schauspiele waren Burlesken und Possen, meistens im hamburgischen Platt, derb, urwüchsig, gesund; der Schubbejack auf der Bühne bekam am Ende Prügel, und die arme Unschuld wurde erlöst und erhöht. So gefiel es diesem Publikum, das mit Beifall nicht geizte und oft am Schluß der Vorführungen den Schauspielern statt Blumen eine Runde Bier spendierte oder einen dicken Räucheraal hinaufreichte. Nun, einer der Dramaturgen dieses Volkstheaters war vor Jahren auf den Gedanken gekommen, die Gretchentragödie aus dem ›Faust‹ herauszuschälen und zur Aufführung zu bringen. . . . Laute Klagen erschollen aus den Reihen des Publikums, als Gretchen sich in Gewissensqualen wand. Und beim Klatsch der Mädchen am Brunnen schrien einige Männer erregt: ›Jojo, so is dat! Düsse verdammten Klatschwiewer!‹ Am Schluß aber gab's einen so mörderischen Skandal, wie ihn das altehrwürdige Theater noch niemals erlebt hatte, und in dessen Verlauf das entrüstete biedere Hamburger Publikum einen vollständigen Sieg über Goethe davontrug. Als Doktor Faust sein Gretchen im Kerker zurücklassen und sich mit seinem Teufelsbegleiter aus dem Staube machen wollte, half es absolut nichts, daß eine Stimme vom Himmel rief, sie sei gerettet. Das war den Hamburgern, in denen noch ein Gefühl für Recht und Gerechtigkeit lebte und deren Herz für die Unschuld schlug, nun doch ein zu mystischer und unsicherer Trost . . . Männer wie Frauen erhoben sich, aufs höchste empört, und schrien: ›Watt heet hier gerettet? . . . Datt is Mumpitz! Heiroden sall he se! Heiroden sall he se! Her mit dem Doktor! He sall se heiroden!‹
Das Publikum schrie im Chor: ›Heiroden! Heiroden! Hei-

roden!‹ Schreckensbleich stürzte der Regisseur auf die Bühne und bat um Ruhe. Er wies darauf hin, daß dieser Schluß nicht von ihm stamme, und daß ihn vielmehr Goethe nun einmal so gedichtet habe.
Er wurde niedergeschrien. ›Watt heet hier Goethe! Datt sünd nur Utreden! Heiroden sall he se! Heiroden! Heiroden!‹
Endlich traten Gretchen und Doktor Faust, letzterer wie ein zerknirschter, reuiger Sünder, vor den Vorhang. Als es im Zuhörerraum still geworden war, begann der Doktor:
›Verzeih mir Gretchen, ich habe schlecht an dir gehandelt. Ich will es gutmachen, darum frage ich dich: Willst du mich heiraten?‹
Und Gretchen antwortete leise: ›Ja, Heinrich!‹
Darauf gaben sie sich die Hand und küßten sich.
Die korrigierte Schlußszene wurde mit unbeschreiblichem Jubel aufgenommen. Mehrere Male mußten Faust und Gretchen vor den Vorhang und sich vom Beifall des nun vollkommen zufriedengestellten Publikums überschütten lassen.
Der Gastwirt vom ›Roten Finken‹ in der Finkenstraße auf St. Pauli lud alle Schauspieler zum Freibier ein. Gretchen bekam einen Blumenstrauß und Faust eine Handvoll Zigarren auf die Bühne gereicht.«[45]
Das ist nun ganz witzig und pointenreich, aber nicht mehr. Es bleibt unanalysiert, also in der Darstellung flach. Warum nämlich Arbeiter ihre Kinder so gerne nach den Helden von Kitschromanen nennen – auch Edmund Hardekopf in den »Vätern« heißt ja nach Edmond Dantes, dem Romangrafen von Monte Christo, und Friedrich Wolf berichtet aus seinen Erfahrungen als Arzt der Mütterberatungsstelle in einer linkssozialistischen Wohngegend, daß zahlreiche Kinder Karlheinz oder Wilja hießen, wenn ein Jahr zuvor »Alt-Heidelberg« mit seinem Karlheinz oder »Die lustige Witwe« mit ihrer Wilja gespielt worden waren[46] – welche Vorbildbedürfnisse hier also kanalisiert werden, welcher falsche Bildungsbegriff sich verankert und wie man das zu ändern hätte: nichts davon bei Bredel. Hier wären, beispielsweise,

Nuancen zu setzen, wären sozialpsychologische Folgerungen zu ziehen – und damit letztlich poetische.

Bredel selber war ein gebildeter, belesener Mann.[47] (Bis zu seinem 15. Lebensjahr hatte er übrigens am Hamburger Stadttheater als Chorknabe Geld verdient und sogar einmal »unter« Caruso gesungen.) Im KZ Fuhlsbüttel stellte er sich, in der Dunkelhaft, eigene Opernprogramme zusammen – einmal aus Offenbach, Strauss und Lortzing, dann wieder ein »ernstes« Programm aus den »Meistersingern«, »Zauberflöte« und »Fidelio«. Aus dem Anfang der Florestan-Arie im 2. Akt stammt offenbar auch der Titel des KZ-Romans »Die Prüfung«:

»O Gott, welch Dunkel hier!
O grauenvolle Stille!
Öd ist es um mich her.
Nichts lebt außer mir.
O schwere Prüfung ...«

Bredels politische Konsequenzen aber, seine Bücher betreffend, wirken eher wie ein Mißverständnis: als Walter Brenten dem dichtenden Kollegen Peter die Meinung gesagt hat, daß seine Dichtung Lüge und Traum sei (»Du träumst! Aber mit deinen Träumen belügst und betrügst du dich und uns! Komm zu dir! Wach auf! Sieh dir die Wirklichkeit an!«[48]), ist es ein »krankes Lächeln«, mit dem der versponnene Jung-Dichter davon geht. Und im Disput mit einem anderen Literaturnarren, der sich auf Dostojewski bezieht, heißt es:

»Walter zuckte zusammen. Da war das Wort. Dostojewski, der war schuld.«[49]

Der politische Auftrag wird nicht darin gesehen, falscher Innerlichkeit eine echte entgegenzusetzen, der Wirklichkeit die Wahrheit folgen, sie also von Erkenntnis formen zu lassen, sondern die banale Wirklichkeit dem Stand der jeweiligen Erkenntnis anzupassen. Als Band zwei, »Die Söhne«, 1950 in Moskau erschien, zog das Buch heftige Kritik auf sich – und Bredel schrieb es um, im ganzen dreimal. Ein Bericht des sowjetischen Literaturkritikers Ilja Fradkin, der 1957 in Moskau erschien, gibt einige Details:

»Bredel schrieb drei neue Kapitel und fügte eine Anzahl von Episoden in die alten Kapitel ein. Die Januarereignisse 1919 in Berlin – der Spartakusaufstand, die Kämpfe im Marstall, die Ermordung von Karl Liebknecht und Rosa Luxemburg – fanden jetzt ihren Platz im Roman ... Weiter ist in der zweiten Fassung der im Gefängnis spielende Teil des Romans bedeutend erweitert worden. Walter Brenten trifft mit den fortschrittlichsten Vertretern der Arbeiterklasse zusammen. Das Gefängnis wird für Walter zu einer Schule der politischen Reife und der revolutionären Stählung ... Im Gefängnis hört Walter von der Verjagung der Arbeiterregierung in Sachsen durch die Reichswehr und von dem heldenhaften Aufstand des Hamburger Proletariats. Von diesen wichtigen Ereignissen in der Geschichte der deutschen Revolution erfährt er durch einen Aufseher sowie durch die Zeitungen, die ihm zufällig unter die Finger geraten und durch Erzählungen neuer Gefangener, die Teilnehmer des Hamburger Aufstandes waren. Diese Methode der Schilderung von Ereignissen aus zweiter Hand, wenn auch unvermeidlich durch die Situation bedingt, ist nur ein Hilfsmittel, aber trotzdem kann Bredel damit den Bericht über den ruhmreichen Hamburger Aufstand, der von Ernst Thälmann geleitet wurde, ergänzen. Die revolutionär-historische Linie im Roman wurde verstärkt. Dieser Aufgabe dient auch die Einbeziehung von Ernst Thälmann, den Walter an der Spitze des mächtigen Demonstrationszuges der Hamburger Dockarbeiter marschieren sieht. ... In der zweiten Fassung des Romans war Bredel außerdem bestrebt, den Einfluß der Großen Sozialistischen Oktoberrevolution auf die Entwicklung der Revolution in Deutschland vollständiger darzustellen.«[50]

Was hier also geschehen ist, sind kosmetische Eingriffe, eine additive Veränderung – nicht vergleichbar etwa Gottfried Kellers Neufassung des »Grünen Heinrich« unter dem Einfluß Feuerbachs. Nicht grundlegend neue philosophische Erkenntnisse haben zum Neuformen eines Kunstwerks geführt, sondern taktische Überlegungen zum Neuschreiben von Geschichte. Angewandte Kunst, sozusagen. Lukács' Kritik, prima vista progressiv argumentierend und kunstfeindliche Standpunkte abwehrend, in Wahrheit aber ästhetisch reaktionär und sich gegen das Neue in der Kunst wehrend, entsprach auf parabolische Weise ihrem Gegenstand, ging letztlich vom selben Identitätsbegriff von Kunst und Leben aus. Daß ein Autor, der sich umgekehrt vom hermetisch-ästhetizistischen Literaturverständnis zu einem Konzept sozialer Relevanz entwickelt hatte und längst politisch zu Bredels Welt gehörte, trotzdem nach eigener Aussage noch im Jahre 1936 nichts von ihm wußte, als daß er einen Roman über die KZ-Haft geschrieben haben sollte, zeigte nicht nur eine erstaunliche Ungleichzeitigkeit der literarischen Entwicklung, sondern auch die Begrenztheit von Bredels Wirkung. Dieser Autor hieß Arnold Zweig.[51]

Zwischen Freud und Marx
Arnold Zweig

Arnold Zweig, Generationsgefährte Ludwig Renns, also dreizehn Jahre älter als Anna Seghers, nimmt in gewisser Weise literarische wie ideologische Elemente beider Erzähler auf. Anna Seghers betont ihre Faktentreue und Quellenstudien bis hin zum Verwischen der Genre-Grenzen in »›Der Weg durch den Februar‹ und der Reportage ›Der letzte Weg des Kolomann Wallisch‹«[1]. Renns Prosa kann generell als Fakten-Protokoll eingestuft werden. Arnold Zweig, gemeinhin als Chronist des Ersten Weltkriegs angesehen, gibt eher Psychogramme als Protokolle; noch 1966 in einem Brief wehrt er entgeistert ab: »Natürlich habe ich niemals Quellenmaterial benutzt ...«[2]

Das Jüdische, bei Anna Seghers als Thema und Motiv offenbar mit der Dissertation erschöpft, und das Preußische, bei Renn bis in den stilistischen Gestus hinein vorhanden, mischen sich bei Arnold Zweig (Marcel Reich-Ranicki widmete diesem Sujet eine Studie[3]). Geht man dem Lebensweg und der Werkentwicklung Zweigs nach, so scheint sein Ruf nach sozialer Gerechtigkeit tatsächlich gegründet in dem Wunsch nach *menschlicher* Gerechtigkeit, vor allem für Minoritäten. Grischa ist eigentlich der gedemütigte Jude. Die erste Empörung gegen moralisches und damit soziales Fehlverhalten entsteht, als der Vater, Fuhr- und Getreideunternehmer in Glogau, seine Aufträge verlor; Zweig summiert diese Haltung später kritisch:

»Und zwar hatte die antisemitische Fraktion im Landtag vom Preußischen Kriegsministerium den Boykott jüdischer Getreidehändler verlangt und durchgesetzt. Mein Vater verlor seine Existenz (als Nachfolger seines Schwiegervaters) beim Liefern von Getreide und Stroh an das in Glogau stationierte Regiment der leichten Artillerie. Dadurch kam eine Überschätzung des jüdischen Problems und der jüdischen

Problematik in meine Entwicklung hinein, so daß ich mich als zionistischer Sozialist auch in der Weimarer Republik für den Aufbau einer jüdischen Heimstätte in Palästina einsetzte, Redakteur an der zionistischen Jüdischen Rundschau wurde und schließlich 1932 mich bereits zur Auswanderung nach Palästina entschloß, als die antisemitische NSDAP auf dem Wege zur Macht in Deutschland war. So verließ ich am 14. März 1933 Berlin und meine Heimat Deutschland, um auf einem längeren Wege über die Schweiz, die Provence und Paris nach Palästina überzusiedeln und die Ideale meiner Jugend verwirklichen zu helfen: den Aufbau einer wirtschaftlich gerechten, unkapitalistischen Heimstätte für diejenigen Juden, die sich in ihren Geburtsländern nicht assimilieren konnten oder wollten. (Das zionistische Baseler Programm von 1897.)
Erst durch mein Leben als Emigrant in Palästina wurde diese irrige Lebensplanung korrigiert. Ich sah, daß der Grundsatz des utopischen Sozialismus falsch ist: ›Es ist der Geist, der sich den Körper baut‹, und daß vielmehr richtig ist der Satz von Marx/Engels: ›Das gesellschaftliche Sein bestimmt das Bewußtsein.‹«[4]
Verschiedene Details dieses Berichts scheinen korrigierbar, anderswo[5] zum Beispiel erzählt Zweig, daß es sich lediglich um einen Befehl des Kriegsministeriums gehandelt habe, die landwirtschaftlichen Zwischenhändler auszuschalten – also eine rein ökonomische Maßnahme; sogar sein Emigrationsentschluß scheint keineswegs so spontan und eindeutig gewesen, sondern eher auf den dringenden Rat des befreundeten Sigmund Freud zurückzuführen zu sein[6]; gleichviel – entscheidend ist, wie Zweigs Bewußtsein bestimmte Daten registrierte beziehungsweise künstlerisch umsetzte. Arnold Zweig erlebt seine Jugend als kontinuierliche Denunziation des Juden: sämtliche Veröffentlichungen des jungen Autors kreisen um dieses Thema, ob die »Aufzeichnungen über eine Familie Klopfer« von 1909 (eine offenbar an den »Buddenbrooks« geschulte Geschichte vom Verfall einer jüdischen

Familie) oder die erzkonservative Schrift »Die Demokratie und die Seele der Juden« von 1913[7], in der er die Demokratie als Ausgeburt der Französischen Revolution sieht, die gegen das »Naturrecht« der Verschiedenheit der Menschen verstößt und ihre instinktive Werthaltung jeder Rangordnung verletzt. Aus zahlreichen journalistischen Publikationen bis zur Emigration ist deutlich, daß Zweig, der 1926 schließlich als Redakteur der »Jüdischen Rundschau« erst aus dem pekuniär bedingten »Exil« am Starnberger See nach Berlin zieht, zum Hauptthema die jüdische Frage erkoren hat.[8] Entscheidend sind aber zwei Grundmuster, die sich früh abzeichnen, und die mit dem Schauspiel aus dem Jahre 1914, »Ritualmord in Ungarn«, das die Begebenheiten des Prozesses von Tisza Eszlar aus den Jahren 1882/83 verwendet[9], deutlich werden. Das Stück, das 1920 unter dem Titel »Die Sendung Semaels. Jüdische Tragödie in 5 Aufzügen« gedruckt wurde, erhielt mitten im Krieg, 1915, den Kleist-Preis. Es ist quasi die Vorform des »Grischa« – es ist die immer wieder variierte Klage vom mißachteten, geschmähten, durch Pogrom oder mißratene Justiz vergewaltigten Einzelnen. Diese drei Elemente: jüdisch, Prozeß, Rettung des Individuums durchziehen ausnahmslos Zweigs Werk. Keiner der Romane des Zyklus »Der große Krieg der weißen Männer«, der nicht auf solchen Motiven aufgebaut wäre. Die erste Äußerung, die bei dem bisher nicht als Romancier hervorgetretenen Arnold Zweig überhaupt auf den »Grischa« hinweist, fällt im Zusammenhang mit Justizverbrechen; am Schluß eines Artikels in der »Weltbühne«[10] erklärt er, zur Schaffung einer echten Gerechtigkeit »das Unsere zur rechten Zeit beitragen« zu wollen. Und mit dem Mann, der die politische Justiz der Weimarer Republik besonders vehement angriff und daraufhin fast sein Lehramt an der Universität Heidelberg verlor, E. J. Gumbel[11], verband ihn persönliche Freundschaft.[12] Ernst Tollers »Justiz« und Max Hölz' »Zuchthausbriefe«[13] nennt er im »Tagebuch« vom 3. Dezember 1927 seine stärksten Bucherlebnisse. Und schließlich gab Kurt

Tucholskys in der »Weltbühne« vom 2. Juni 1925 veröffentlichtes Gedicht »Prolet vor Gericht« seinem großen Roman den Titel: das Gedicht steigert die hilflose Situation eines Arbeiters im Gerichtssaal mit den Schlußzeilen

»Dreie gegen einen!
Fünfe gegen einen!
Alle gegen einen –!«[14]

»Alle gegen einen« hieß die erste Folge des »Grischa«-Romans, als die »Frankfurter Zeitung« ihn 1927 in Fortsetzungen abzudrucken begann.[15]

All diese Hinweise zeigen, daß Zweig bis hin zum »Grischa« eher Seelendramen, Menschheitsschicksale deuten wollte als etwa ein System entlarven; Johannes R. Bechers schon 1926 erschienener Antikriegsroman »$(CHCl - CH)_3$ As (Levisite) oder Der einzig gerechte Krieg« und auch seine Erzählung »Der Bankier reitet über das Schlachtfeld«, beide schon im Titel das Verbundsystem von Krieg und Kommerz benennend, waren deutlicher. Georg Lukács' Lob des ganzen Zyklus (trotz seiner Vorbehalte gegen den »Grischa«[16]) ist dann auch daher zu verstehen; nicht zufällig steht das Wort »Totalität« im Vordergrund seiner Analyse, die sich zu Teilen bereits liest wie eine Vorwegnahme seiner späteren Einwände gegen Ottwalts Justizroman »Denn sie wissen, was sie tun.«:[17]

»Das Anderswerden einzelner Menschen, einer ganzen Generation, einer ganzen Gesellschaftsschicht, des besten Teils der deutschen Intelligenz durch Erfahrungen am eigenen Leibe und an der eigenen Seele im Krieg, durch den Krieg ist ja – abstrakt gesprochen – das Thema all dieser Romane, das geistig-künstlerische Band des Zyklus. Aber eine solche Verallgemeinerung entsteht nur als Ergebnis des Gesamtprozesses aller Handlungen, die in diesen Romanen gestaltet sind, keineswegs als abstrakter Ausgangspunkt, als abstrakte Grundlage der einzelnen Teile. Die ›Erziehung‹ als zentrales ideologisches Thema bedeutet vor allem die künstlerische Einheit des Inneren und des Äußeren. Das heißt die Maschi-

nerie des Krieges, deren umfassende, möglichst allseitige Darstellung ein Hauptziel Zweigs ist, erscheint nie als totes Milieu; die ihre Unmenschlichkeit enthüllenden Tatsachen werden uns nie als bloße Dokumente vorgelegt. Sie sind im Gegenteil durchweg organische Teile von Begebenheiten, welche die Einzelschicksale bestimmter Menschen positiv oder negativ bestimmen . . . Die universelle Bedeutung dieses Krieges für das deutsche Volk äußert sich gerade darin, daß wir dieses Einmünden jeder persönlichen Leidenschaft, jedes egoistischen oder erhabenen Interesses in die soziale Totalität des Krieges miterleben; daß Zweig nicht vom abstrakten Begriff des Krieges zu den Menschen hinabsteigt, sie ihm als Beispiele unterordnet, sondern aus der bewegten Ganzheit der Einzelleben – von unten herauf – das Gesamtbild des Krieges allmählich in uns entstehen läßt . . .
Diese Beziehung des Krieges zu den individuellen Fabeln, zu den individuellen Leidenschaften, die in ihnen exponiert werden, ermöglicht einerseits streng abgeschlossene Handlungen in den einzelnen Romanen und fügt sie andererseits ohne Zwang und ohne Künstelei zu einem einheitlichen Zyklus zusammen, dessen Hauptheld das unter dem Krieg leidende deutsche Volk und dessen Gegenspieler Imperialismus und Militarismus der in Deutschland herrschenden Klasse sind. Die Gliederung des Ganzen muß notwendig den wichtigsten historischen Etappen des Weltkriegs selbst folgen; sonst könnte der Zyklus keine Totalität, Einheit und Wahrheit haben.«[18]

Nun waren die mehreren hundert Seiten des Buches zwar, wie Tucholsky noch ungläubig-staunend vermerkte[19], in wenigen Wochen herunterdiktiert worden, der Roman aber eben doch sehr langsam und stetig entstanden: »Ich habe den Roman seit zehn Jahren im Kopf getragen, ihn schon einmal als Drama niedergeschrieben und jetzt im Roman endgültig Ausdruck dafür gefunden.«[20] Tatsächlich war ja eine Vorform des Buches Zweigs »Spiel vom Sergeanten Grischa«, das vier Jahre nach einer Unterhaltung entstanden war, die Zweig später so referierte:

»Im Herbst 1917 hatte der in der Justizabteilung des Stabes Ober-Ost beschäftigte Unteroffizier Hirschfeld dem Dichter im Café Conrad in Kowno die Geschichte eines entwichenen und wieder aufgegriffenen russischen Kriegsgefangenen erzählt, ›der erschossen wurde, obwohl der kommandierende General eines Armeekorps sich dafür einsetzte, daß Recht und Gerechtigkeit im deutschen Heer keinerlei politischen Erwägungen untergeordnet würden, auch nicht der damals gerade aufkommenden Angst vor dem Bolschewismus, der soldatischen Revolution gegen die Fortdauer des Krieges‹. Diese Begebenheit, die ›Erschießung eines entflohenen und wieder eingebrachten Kriegsgefangenen auf Grund der und der Verordnung gegen die Verbreitung revolutionärer Gesinnungen‹ hatte nicht nur den Erzähler Hirschfeld und seine ganze Abteilung bewegt, sondern auch Arnold Zweig tief beeindruckt.«[21]
Zweig schickte das Stück, das ursprünglich »Der Bjuschew« heißen sollte wie auch der Roman (was ihm erst die Redakteure der »Frankfurter Zeitung« ausredeten), erfolglos umher; erst neun Jahre nach dem Romanerfolg, führte die Reinhardt-Bühne es 1930 auf. Es wurde trotzdem ein Mißerfolg; der kommunistische Kritiker Béla Balázs[22] attackierte das Stück ebenso heftig wie Herbert Ihering, bei dem es hieß:
»Nehmen wir Arnold Zweig. Wie geschickt sind im ›Grischa‹-Roman die Partien eines allgemeinen und verschwommenen Gefühls in den bedachten Sinn einer radikalen Weltanschauung eingeordnet. Aber in dem Theaterstück – gleichgültig, welche Stellen darin vor oder nach dem Roman geschrieben sind – werden die Einzelzüge bestimmend für die geistige Haltung. Was im Roman noch Wille oder Weltanschauung zu sein scheint, wird auf der Bühne zufällige Gefühlswallung. In jedem Moment bedrängt sie den Zuschauer. In jedem Moment belästigt sie ihn. Edelmut trieft hernieder. Die Tränen fließen. So viele gute Menschen hat es seit Wildenbruch in keinem Drama gegeben. Arnold Zweig fügt sich ein. Arnold

Zweig schmiegt sich an die Personen an. Die Distanz war nur eine dünne Intellektualität, nur Klugheit, nicht Geist. Sie dämmert sofort in die neue Illusion hinüber. In die Illusion vom braven Haudegen. In die Illusion von der rauhen Schale und dem weichen Kern. Wer auszog, den ersten pazifistischen Kriegsroman in deutscher Sprache zu schreiben, endet beim ersten gefühlsschmetternden Kriegsdrama. Der pazifistische Intellektuelle ist der erste Gemütsmilitarist.«[23]

Die Wellen der Empörung – es war sogar von »militaristischer Propaganda und Bejahung des Krieges«[24] die Rede – schlugen so hoch, daß auch der im allgemeinen hochgelobte Roman von einigen linksstehenden Kritikern in die Ablehnung miteinbezogen wurde; nicht nur die »Rote Fahne«[25], sondern auch Bertolt Brecht warf dem Buch die Vordergründigkeit eben jenes Justizmechanismus vor, den er rasch als Kern der Fabel und Hauptimpuls für den Autor erkannte: »Mein Haupteinwand gegen das Buch ist, daß jene Partien, die den Apparat arbeitend zeigen, die den eigentlichen Wert des Buches ausmachen, zugunsten der wertloseren und leider sogar schädlicheren Partien zu kurz kommen, nämlich durch jene Partien, in denen Gerechtigkeit angewendet wird. Diese schädlichen Partien zeigen das rührende Schicksal des in den Apparat geratenen russischen Sergeanten Grischa. Dieses rührende Schicksal ist merkwürdigerweise absolut uninteressant. Ich meine dies direkt. Uninteressant heißt: Ich habe kein Interesse daran. Offen und brutal: Ich halte es nicht für der Mühe wert, die Gefühle und Stimmungen eines zum Tode Verurteilten kennenzulernen. Und es liegt mir daran, alle Diskussionen darüber abzuschneiden mit der Behauptung, daß es keinem antiken Schriftsteller von Rang eingefallen wäre, die Gedanken des Vercingetorix seinen Lesern mitzuteilen. Es ist dies ein sogenanntes Foul oder Kunstfehler. Und man kann ihn soziologisch analysieren. Dieses Buch beweist, daß beinahe nichts der Zertrümmerung des bourgeoisen Staatsapparates mehr im Wege steht als die bourgeoise Gerechtigkeit. Siehe Fall Sacco-Vanzetti. Gerade diese bourgeoise ›Menschlichkeit‹ ermöglicht jene Zustände, in denen wir leben. Alle Gerechten dieses Buches sind Schwächlinge. Das Buch ist deshalb abzulehnen.«[26]

Anzunehmen ist zweierlei: einmal lief der Vorabdruck des Romans in der »Frankfurter Zeitung« genau während der höchsten Erregung über den Fall Sacco und Vanzetti, der ja nicht zufällig von Brecht erwähnt wird (und von der eineinhalb Jahrzehnte jüngeren Anna Seghers zu einer wichtigen ideologischen Parabel benutzt wurde) und der die gesamte literarische Öffentlichkeit beschäftigte[27]; offenbar wurde dieser Justizskandal nicht nur für wichtiger, sondern auch für politisch entlarvender gehalten. Zweitens aber werden sich viele Kritiker und Kollegen des Autors Arnold Zweig an frühere, kriegsbegeisterte und ultrareaktionäre Aufsätze dieses Schriftstellers erinnert haben; ihr Urteil »ergänzte« sich gleichsam.

Zweig war zu Beginn des Krieges durchaus im Chor der Chauvinisten zu vernehmen gewesen. Seine Erzählungen im »Simplizissimus«[28], über dessen Schwenkung zum kriegsbegeisterten Nationalismus es bissige Kommentare von Kurt Tucholsky gibt[29], sprechen vom perfiden Albion und deutscher Opferfreude. Auch seine Beiträge zu Siegfried Jacobsohns »Schaubühne« lesen sich wie Zeilen von Lissauer oder Kerr: Hurrapatriotismus verklärt die Reinheit der Heimat und eint die Klassen, während der welsche Erbfeind frevelt. Die Erzählung »Die Bestie«[30] berichtet von einem vertierten belgischen Bauern, der drei harmlose deutsche Soldaten betrunken macht, umbringt, sie ausbluten läßt und ihnen die Eingeweide herausnimmt. Noch im Dezember 1915 schreibt Zweig in den »Süddeutschen Monatsheften«:

»Wir brauchen diesen Krieg nicht auch noch um die Frage zu führen, was ›Recht‹ und ›Unrecht‹ unter dem Gesichtspunkt jeder möglichen juristischen und ethischen Weltanschauung ist. . . . Um Tatsachen-Fragen handelt es sich und um nichts weiter. Um unsern wohlverstandenen Vorteil, um unsere harten sachlichen Interessen . . . Unsre eigene Selbstbehauptung mit den Mitteln und den Zielen, die der Krieg erlaubt, das ist unser einziges Kriegsziel. Fremde Interessen haben uns jetzt nichts zu kümmern. Denn wenn die Waffen sprechen, hat Gott die Entscheidung zwischen den Völkern übernommen: Wem er die Macht gibt, der muß sie gebrauchen.«[31]

Eva Kaufmann nennt den Namen Jünger nicht, meint aber zweifelsfrei diese Literatur, wenn sie hier von Zweig mit Blick auf seine frühen Erzählungen und gemünzt auf diese Militärgloriolen sagt:

»Mit ihrer Mischung von Blutrünstigkeit und gepflegtem Erzählstil ist ›Die Bestie‹ ein klassisches Beispiel für den Umschlag des Ästhetizismus in Barbarei.«[32]

Typisch, daß die Ernüchterung sich dann, 1917, an der vom Preußischen Kriegsministerium verordneten Judenzählung entzündet – »Judenzählung vor Verdun«[33] heißt ein kleiner Prosatext, der jedenfalls die Phrase von der Volksgemeinschaft durchschaut.

Das fand natürlich nicht Eingang in den »Grischa«-Roman. Aber auch das war einmal Arnold Zweig gewesen. Reste davon blieben immer in dem Fontane-Bewunderer und Preußenliebhaber (von dem sich sogar Ernst von Salomon in seiner Preußenliebe in den Schatten gestellt fühlte[34]). Zweig war inzwischen kein Revolutionär geworden. Im Gegenteil: Revolutionäres, also Gewaltsames, war ihm durchaus zuwider. Sein Nachruf auf Rosa Luxemburg und Karl Liebknecht in der »Weltbühne« heißt bezeichnenderweise »Grabrede auf Spartacus«[35], in der er diesen »Bastard aus Idee und Gewalt« betrauert und eine der Ursachen für das Scheitern darin sieht, daß beide der »Leidenschaft des Geistes« untreu wurden, die eher irregeleitet wurde:

». . . und in diesem Augenblick naht sich ihr die Verführung – ihr naht sich die Gewalt, ihr Antipode, ihr Gegengeist und Gegenungeist, ihr Versucher und beständiger Feind, und zeigt ihr das Mittel, welches ihr, der reifen Erkenntnis, legitim zukomme: sie habe das Recht, die Menschen vorwärtszupeitschen, aus der allgemeinen Katastrophe der Gewalttaten durch noch ein wenig Gewalttat mehr wenigstens die Grundlinien bessern Lebens zu retten, hervorzuzwingen. Dieser hohe Zweck heilige selbst die Gewalt – sagt die Gewalt.«[36]

Diese Idee des reinen Geistes und der Gewaltlosigkeit (selbst der neugegründete Staat Israel sollte ja seiner Meinung nach den Arabern Grund und Boden abkaufen und einen friedfertigen Sozialismus vorexerzieren) wird auch die Ursache sein, daß es kein einziges Wort Zweigs zur Münchner Räterepublik gibt, obwohl er wenige Kilometer vor den Toren Münchens lebte. Sein Ideal einer ungestörten Harmonie ohne Ungerechtigkeit (= Justizverbrechen), Minoritätenunterdrückung (= Antisemitismus) und Gewalt (= Militarismus) ist ein unkämpferisches; und so, wie aus seinem Widerwillen gegen den Antisemitismus erst sein Antimilitarismus[37] erwuchs, so ist seine Weltvorstellung noch bis zur Emigration eher rousseauistisch; in einem langen Brief an den bewunderten Sigmund Freud geht er noch über seine Verurteilung der Moskauer Prozesse[38] hinaus und charakterisiert dabei seinen eigenen Lebensrhythmus: »Wie ich über das stalinistische Rußland denke, können Sie, wenn Sie wollen, zwei Aufsätzen entnehmen, die ich anläßlich der letzten Hinrichtungen in der Weltbühne publiziert habe. Eine Fülle Für und Wider ist dadurch entfesselt worden, die jungtuenden Literaten schäumen auf, weil für sie alles, was mit Rußland zusammenhängt, Tabu ist. Der kapitalistische Wirtschaftswirrwarr wird aber dadurch nicht schöner, daß der kommunistische Gewaltakt so fürchterliche Folgen zeitigt oder daß bei Ihnen in Wien die breite, behagliche Lebensgrundlage für den bürgerlichen Menschen, eingeschrumpft durch den unseligen Krieg, nun durch sozialistische Verwaltungsmaßnahmen noch verringert wird. Wir leben in schweren Übergangsjahren, niemand weiß, wohin dieser Übergang gehen will, der Kampfcharakter unserer Gesellschaft, Klasse gegen Klasse, wird immer unverhüllter. Früher halfen wir uns durch unsere Ideologie der Flucht – Flucht in die Zukunft gleich Sozialismus, Flucht aus der modernen Gesellschaft, deren Unbehagen Sie so herrlich durchleuchtet haben, in rousseauistischen Zionismus. Allgemach ergibt sich, daß es eine Flucht nicht gibt und daß die Gegensätze ausgefochten werden müssen, ich fürchte, noch in unserer Zeit. Ich bin nicht entzückt davon; als Künstler brauche ich eine ruhige Atmosphäre ohne einen anderen Druck als den der Formprobleme und Gestaltungsaufgaben meiner Bücher. Aber Sie sehen, wir werden nicht gefragt.«[39]

Diese 1968 veröffentlichte Korrespondenz ist sensationell nicht nur, weil sie zwei große Stilisten in mühelosem Gedankenaustausch zeigt, zwei »leidende Illusionslose und denkende Männer«[40], sondern auch, weil sie tatsächlich viele sozialistische Interpreten – auch Lukács, auch Rilla – zu guten Teilen widerlegt. Schon 1927, im ersten Brief[41], mit dem Zweig die Bitte vorträgt, dem »verehrten Herrn Professor Freud« sein Buch »Caliban oder Politik und Leidenschaft« widmen zu dürfen, auf die der 31 Jahre ältere aus Wien huldvoll eingeht:

»Ich nehme das Anerbieten des Dichters der ›Novellen um Claudia‹, mir eines seiner neuen Werke zu widmen, mit Dank und voller Schätzung der mir erwiesenen Ehre an.«[42]

– schon dieser erste Brief gibt Auskunft, daß Zweig sein eigenes Werk nicht sehen kann ohne den wichtigen Einfluß Freuds.[43] Aber aufschlußreicher noch: Zweig fühlt sich durchaus als Patient, er hat selber eine jahrelange Analyse durchlaufen; und hier hat er »Befreiung« gefunden, ist er zur längst gesuchten Ruhe gekommen, zu einem bestimmten Selbstverständnis – nicht durch die Erkenntnis sozio-ökonomischer Strukturen, nicht etwa durch ein marxistisches Studium. Ein Jahr nach Aufnahme dieser Korrespondenz erscheint der »Grischa« – entstanden also durchaus in dem geistigen Spannungsfeld, das die Briefe kennzeichnet. Ins israelische Exil – nach dem Verlust der Bibliothek in Berlin[44] – läßt er sich die große Freud-Ausgabe schicken.[45] Von einer Marx- oder Engels- oder Lenin-Ausgabe ist nirgends die Rede. Nie auch merkt Zweig mit einer kritischen Vokabel an, daß Zeit und Zeitläufte beim »lieben Vater Freud« eigentlich nicht vorkommen. Fast grotesk-irritiert tut Freud – ein Senator Buddenbrook aus Wien IX – den antisozialistischen Kampf des österreichischen Bundeskanzlers Dollfuß (der sich immerhin auf mehreren Geheimtreffen mit Mussolini verbündete[46]) als »unser gar nicht schönes Stückchen Bürgerkrieg« ab, in dessen Verlauf die Elektrizität versagte und »die Vorstellung, das Wasser könnte ausbleiben, sehr unbehaglich«[47] war. Was Zweig dann von eigenen Arbeiten berichtet, von den Problemen seines großen Romanzyklus (hier ist »Erziehung vor Verdun« gemeint), liest sich wiederum milde-resigniert, fast gesellschafts-fatalistisch:

». . . das Grundproblem ist so wichtig: der gebildete Mensch, der die Wirklichkeit nicht anerkennen will und seine Kinderwelt festhalten möchte: im Kriege! In eine Mörderhöhle gefallen, die er für eine Ritterhöhle hält und halten möchte, coûte que coûte! Und der durch ein mechanisches Abrollen gleichsam so lange geschliffen wird, bis er zugeben muß: ja, die Welt ist, wie sie ist, die Deutschen, wie Deutsche nun mal sind, mein Ich, wie ich eben bin . . . Seit 1928 drehe und wende ich den Stoff da, aber jetzt kriege ich ihn. Und da ich den Krieg nur als verschärftestes Exemplar der menschlichen Gesellschaft nehme, aber ganz konkret, werden wir hoffentlich vor Winteranfang ein lesbares Buch in Händen haben.«[48]

Das ist, in der Tat, literarischer Clausewitz: der Krieg als Fortsetzung der Gesellschaft mit anderen Mitteln. Aber hingenommen als eine Art, wenn auch deprimierender, Naturzustand, nicht »die Waffen nieder« oder »Nie wieder Krieg«, sondern: die Welt wie sie ist, das Ich wie es eben ist. Da wird dem Gedanken an Veränderung, an Fortschritt gar, nicht viel Platz eingeräumt.

Das genau ist wohl auch die Ursache für jene eigenartige »planetarische« Distanz, die Kritiker des »Grischa«-Romans, von Kurt Tucholsky bis Hans Mayer, schon immer irritierte. Zu fragen ist, ob der Nachteil nicht gleichzeitig ein Vorteil

ist: das Element des klassischen deutschen »Erziehungsromans«, schließlich bis hinein in den Titel eines der Bände fixiert, wird von Zweig auf sehr generelle Weise verwendet; Erziehung zum besseren Menschen – nicht weniger, aber auch nicht mehr. Selbst die DDR-Verfilmung des »Grischa« unterlag noch diesem Zwang der humanitären, gar nicht exakt klassenmäßig determinierten »Besserung«: einer ganz und gar konventionellen Kameraführung und lediglich untermalenden, aber nicht dramaturgisch funktional im Eisler'schen Sinne eingesetzten Kinomusik entsprach das Porträt eines »guten Menschen von Kowno«. Der Film – wie das Buch – evoziert vielerlei Emotionen wie Mitleid, Trauer, Verzweiflung, Erschütterung: kaum provoziert er intellektuell-politische Energien wie Zorn, Kampf, gar Klassenkampf. Der internationale Erfolg des Romans, der zwei Jahre nach Erscheinen in acht europäischen Sprachen vorlag, mag damit zusammenhängen (auch, daß er erst elf Jahre später in russischer Übersetzung erschien) – die Fabel, entwickelt zwar aus realen Vorgängen und angesiedelt in realistischem, überprüfbarem Milieu, ist gleichzeitig abgelöst davon, ist in einen Roman des Überrealismus eingegangen. Wie ja schon jenes frühe Schauspiel »Ritualmord in Ungarn« eine Art »Vorspiel im Himmel« hatte, in dem Semael, der Satan, mit Ehohim, dem Herrn, um die Bestimmung des Menschengeschlechts ringt und den Betrachter somit darauf einstimmt, daß die weltlich-reale Handlung gedacht ist als Symbol für den Streit von Moralprinzipien – so hebt auch jener eigenartige Anfang des »Grischa« das Buch aus einem zu »niederen« Koordinatensystem. Kurt Tucholsky wies als erster darauf hin:
»Bei Zweig liegt die exakteste Beobachtungsgabe zugrunde: sie ist aber häufig in eine Sphäre heraufgehoben, die mir zu ›edel‹ erscheint. Das Buch fängt so an:
›Es steht ein Mann im dicken Schnee, unten am Fuße eines schwarz angekohlten Baumes, der spitzwinklig in gute Höhe ragt mitten im verbrannten Walde, schwarz auf vielfach zertretener Weiße. Der Mensch, gekleidet in viele Hüllen, ver-

senkt die Hände in die Taschen –‹ Nein, so fängt es leider nicht an. Sondern so:
›Die Erde, Tellus, ein kleiner Planet, strudelt emsig durch den kohlschwarzen, atemlos eisigen Raum, der durchspült wird von Hunderten von Wellen, Schwingungen, Bewegungen eines Unbekannten, des Äthers, und die, wenn sie Festes treffen und Widerstand sie aufflammen läßt, Licht werden ...‹ O du mein Deutschland! Aber könnt ihr denn nicht begreifen, daß der liebe Gott benebst anhängendem Kosmos im Zwiebelmuster einer Kaffeekanne zu finden ist und nicht in dem, was ihr als ›Relativität‹ ausgebt? Wozu das? Entehrt Naturalismus? Erscheint er euch zu niedrig, wenn ihr ihn nicht durch pathetische Beziehungen zum ›All‹ adelt? Ein neuer Adel. Taugt nicht viel.‹
Und hier ist das Manko des Buches ...
Natürlich ist er viel zu klug, nun das umgekehrte Militär-Buch zu schreiben: der pechrabenschwarze General und der gute Muschkot; das wäre ja kindisch. Diese Rangordnung hat man nicht umzukehren, sondern zu ignorieren. Das tut er. Er zieht seinen Leuten Zivil an. Aber diese Offiziere sind, Zweig, seien Sie mir nicht böse, sie sind von unten gesehen. Auch Exzellenz von Lychow, geb. Fontane. Sie sind mit den feinsten Mitteln psychologisch erklärt. So waren sie auch – so waren sie nicht.
Der Generalmajor Schieffenzahn wird sondiert; er schlummert, wie dargetan, am Schreibtisch ein, nachdem er sich seiner Kadettenjugend erinnert hat, er wird biologisch expliziert, es ist alles in schönster Ordnung. Aber es fehlt das Einfach-Kräftige, das diese Burschen bei aller Schlauheit hatten – Schieffenzahn ist jüdisch gesehen, er ist ganz durchtränkt mit Judentum, und er trägt Schläfenlocken, sozusagen Gardepeies.
Es ist zunächst das jüdische Element, das sich hier hindernd einschiebt. Ich spreche gar nicht von der Zuneigung Zweigs zu seiner Figur Posnanski, dem ironischen und Gutes wirkenden Kriegsgerichtsrat, und von meiner Abneigung gegen

solche Männer: ja, sie waren so witzig und haben es alles durchschaut und die stumpfsinnige Brutalität der Preußen gemildert, wo sie nur konnten, und sie hatten die herrlichsten Talmudworte für alles und waren schnell in der Auffassung und blendend. Und haben mitgemacht.«[49]

Hier sind alle Elemente der Zweig'schen Prosa angedeutet: das »Planetarische«[50]; das Psychologisieren; der Antimilitarismus aus Ressentiment gegen Antisemitismus; Kleist und Fontane. Die attackierende Brisanz etwa von Barbusse' »Le Feu« – an das Zweig in »Einsetzung eines Königs« seinen Schipper, Gerichtsschreiber und jetzt Mitglied der Presseabteilung Ober-Ost geraten läßt – kann und will ein Buch nicht haben, dessen Obertitel dann »Der große Krieg der weißen Männer« heißt. Das suggeriert historische Distanz, reserviert dem Autor eine fiktive Historikerrolle, fast die eines Archäologen – der Wortwert »Weiße Männer« evoziert ja nicht nur Las Casas, Westindien oder jedenfalls Ausrottung anderer Rassen und Völkerstämme, sondern nimmt auch eine mögliche spätere Gerechtigkeit Andersfarbiger vorweg. Der Begriff minimalisiert auch, bekommt etwas Winnetouhaftes, Spielzeugcharakter.[51] Dieses Historisieren zeigt sich im sprachlichen Detail an vorgeblichen Erinnerungsvokabeln wie »damals« oder »... jener Physiker Einstein«. Zweigs Bewunderung für Kleist[52], dessen Werke er herausgab, und der proklamierte Wunsch, in der Nachfolge Fontanes gesehen zu werden[53], haben aber nicht zu einer künstlerischen »Verlängerung« geführt, gar zu einem Sichtbarmachen von Evidenzen im Sinne etwa von Hartmut Langes Kleist-Bearbeitung. Zweigs Bewußtsein blieb auf der Höhe seiner Vorbilder. Diese Bewußtseinsgleichheit mit kritischen bürgerlichen Schriftstellern zeigt sich am deutlichsten an Zweigs Beziehung zu Thomas Mann, dessen Werk er von Beginn an verehrte und zu dem er sich immer wieder hingezogen fühlte – trotz der schnöden Ablehnung seiner Erzählung »Das Kind«, die Thomas Mann als Jury-Mitglied eines »Simplizissimus«-Ausschreibens 1910 als »für das bürgerliche

Publikum ungeeignet« zurücksandte.[54] Zahlreiche Motivstränge ähneln sich, die »seelische Disposition« etwa von Walter Rohme und Claudia ist durchaus vergleichbar der des Liebespaares aus »Königliche Hoheit« – in Zweigs Augen ein Meisterwerk.[55] Interessant ist, daß Zweig dieses Verharren in bürgerlicher Denkweise offenbar selber wahrnahm und durch ständige Eingriffe in sein eigenes Werk zu retuschieren suchte – der später formulierten Einsicht von der Fabel als ideologischem Transportmittel folgend:
»Der Roman ist eine mehr oder weniger umfangreiche Erzählung in Prosa und behandelt am Schicksal eines Helden oder eines Liebespaares, welches die Fabel ausmacht, auf spannende Art die gesellschaftsbildenden oder gesellschaftszerstörenden Kräfte einer Epoche, der Gegenwart oder einer vergegenwärtigten Vergangenheit.«[56] Das Ehepaar Blohm taucht nämlich sehr viel später im »Beil von Wandsbek« noch einmal auf, als faschistische Aktien kaufende und Hitlers Zuchtrasse bewundernde Strohköpfe – eine Ästhetizismuskritik post festum. Und sonderbar: das Buch, eine ausgewogene, psychologisch differenzierte und nahezu »faire« Auseinandersetzung mit dem Faschismus und dem, was er in Deutschland angerichtet hat[57], ist auf andere Art »planetarisch« – es sieht von außen, fast ohne Haß, es weist nicht den SA-Mann Teetjen als Schuldigen vor, sondern die Diktatur. Der geradezu umgekehrte »Grischa«-Vorgang, nämlich nicht den Einzelfall psychologisierend hochzuheben, sondern ihn als Beispiel eines Mechanismus vorzuführen, erreicht dasselbe: der Roman wird von jener gewissen Sanftheit getragen, die eher entpolitisiert. Der DEFA-Film nach dem in der DDR ungeliebten Buch wurde sofort nach der Premiere verboten, Regisseur Falk Harnack, prominenter Antifaschist, ging nach Westdeutschland.
Arnold Zweig hat wohl wie kaum irgendein Autor seine Arbeiten ständigen Korrekturen unterzogen, Teile früherer Bücher in spätere integriert, Figuren durch Aufnahme in andere Romane »umerzogen« und durch diesen Prozeß des Selbst-

zitats und der epischen Korrektur den eigenen Entwicklungsweg einzufangen versucht. Die Hilflosigkeit – und artistische Fragwürdigkeit – dieser Manipulation läßt eben jenen Entwicklungsprozeß, der damit angedeutet sein soll, fragwürdig erscheinen. Schon der kleine, unvollendete Roman »Versunkene Tage« (der später »Verklungene Tage« heißt) aus der Zeit vor den »Novellen um Claudia« und als Fortsetzung des Romans »Esmonds gute Zeit« gedacht, erfährt solche eher groteske Korrektur; Eva Kaufmann schildert das:
»Dem ursprünglich negativ bewerteten ›Fehltritt‹ mit der Polin Josia wird nun eine überaus positive Funktion eingeräumt. Das setzte voraus, daß der Charakter des Mädchens verändert wurde. In der Umarbeitung ist sie eine Russin, die mit dem Zarismus und der Armut des Volkes bittere Erfahrungen gemacht hat und in die Revolution von 1905 verwickelt war. Sie gilt nicht mehr als ein verächtlich primitives Geschöpf; ihre Lebenslust, Sinnenfreude und Weltklugheit verwandeln den idealistisch verklemmten Steinitz von Grund auf. Unter Nadjas wohltätigem Einfluß gibt Steinitz seinen blutleeren Ästhetizismus und die vornehme Philosophie der Todesverherrlichung preis; er fängt an, sich im praktischen Leben zurechtzufinden und seine literarischen Versuche auf eine reale Grundlage zu stellen. Am Ende des Romans hat er eine halbwegs gesunde Lebensauffassung und ein normales Verhältnis zur Welt gefunden. Als gereifter, gewandelter Mensch wird er ins Berufsleben und zu der inzwischen vernünftig gewordenen Hermine Altmeier entlassen. Damit findet das Werkchen einen sinnvollen Abschluß, der den ehemals geplanten zweiten Band überflüssig macht.«[58]
Auch seine frühen essayistischen Arbeiten werden nun einer Schönheitsoperation unterzogen, der Aufsatz über George aus den dreißiger Jahren wird 1957 mit dem Zusatz versehen, daß die »Heimstätte des Georgeschen Theaterplunders und seiner gefährlichen Auserwähltheitphantastik der angelsächsische Hochkapitalismus diesseits und jenseits des Ozeans ist«[59]. Und im Nachwort zu dem Roman »Die Feuer-

pause« erzählt Zweig, wie und mit wessen Hilfe solche eigenartigen Neufassungen gelegentlich entstehen:
»Es (das Manuskript, F. J. R.) trug an verschiedenen Stellen Striche und Fragezeichen, welche bewiesen, daß die beauftragten Leser mit Aufmerksamkeit an das Problem herangegangen waren, ein zum größten Teil 1930 diktiertes Buch einer neuen Generation verständlich zu erhalten ... Die Hinweise der mitarbeitenden Lektoren gaben mir Anlaß, die Gestaltung zu vertiefen und durch Einzelzüge zu bereichern, die anfangs beiseite bleiben mußten. Ich ... prüfte mein Weltbild von 1930 an dem heutigen und hob viele seiner Bereicherungen ins gestaltete Bewußtsein.«[60]
Das umschreibt den Vorgang, daß das Lektorat des Aufbau-Verlages die erste Fassung abgelehnt hatte; nun wurde der Kern des Buches, die 1930 entstandene Ich-Fassung des Romans »Erziehung vor Verdun«, den Erfahrungen und Kenntnissen der fünfziger Jahre entgegengesetzt. Für einen Romancier ein merkwürdiges Verfahren – üblicherweise werden ja neue Erfahrungen in ein neues Buch eingebracht und nicht zum Korrekturkommentar eines alten Werkes degeneriert. Sogar die DDR-Kritik war einigermaßen kühl. Johanna Rudolph schreibt zu dieser Operation:
»Stellt man die Frage nach der künstlerischen Geschlossenheit des Romans ›Die Feuerpause‹, so wird man bemerken, wie sich in ihm trotz der ›Kontrapunktik‹, von der Zweig spricht, trotz der Verschränkung, zwei divergierende Linien abzeichnen. Die Verbindung der von Bertin in der Ichform berichteten Tafelrunde-Erzählung, welcher Zweigs erste Fassung der Verdunerzählung zugrunde liegt, zum Gesamtgeschehen, ist nicht in *allen* Fällen durch innere Beweggründe diktiert; bisweilen wird sie mit äußeren Mitteln herbeigeführt, wodurch streckenweise ein retardierendes Moment eintritt.«[61]
Auch beim nächsten Buch ist der epische Bruch deutlich – in »Die Zeit ist reif« begnügt sich der Erzähler mit wenigen Episoden, der Kommentator kritisiert eben die. Doch wieder gerät die Erörterung eher zur Glosse:

»So unterläuft Zweig etwas, was er als Kenner der Psychoanalyse sicher selber am besten erklären kann. Ganz im Gegensatz zu den politischen Thesen und Kommentaren im Buch, sie überstrahlend und widerlegend, funkelt aus den Reisen und Romanzen der Liebespaare der ganze betörende Glanz des alten Europa. Das Buch ist gewissermaßen ein Baedeker der Vorkriegswelt, ein Panorama der guten, alten Zeit, an deren schönsten Stellen, denen mit drei Sternchen, der Dichter genußvoll verweilt. Im Pankower Arbeitszimmer Arnold Zweigs entstand nicht die posthume Geißelung einer Epoche, die den ersten großen Krieg gebar, sondern der schmerzliche süße Abgesang einer Zeit, in der der Mensch sich noch als Individuum fühlen konnte, in der man junge Liebe, goldenen Wein und die Schönheiten anderer Länder mit Muße genießen konnte. Der Beginn des Krieges erscheint so nicht als Ausbruch einer lange vorbereiteten und verdienten Katastrophe, sondern als grausame Zerstörung eines goldüberglänzten Lebens in einer besseren Zeit.«[62]

Die Selbstzensur hat nicht funktioniert, keine neue Erzählmöglichkeit geschaffen; die Selbstkontrolle allerdings hat Zweig verloren in einem Akt fast hemmungslosen Einbeziehens von Realität – seine Prosa ist daran gleichsam erstickt.

Zweig – der sich in den zwanziger Jahren im Grunewald ein Haus ohne Fenster hatte bauen lassen – hat nun die Fenster zu weit geöffnet, hat keinen Kern unzerstört bewahrt, sondern sich allem ausgesetzt, was er für »bewegende Kräfte unserer Zeit« hielt, was aber seine künstlerische Potenz zerstörte. »Traum ist teuer« heißt sein letzter Roman. Es ist wiederum eine Paraphrase geworden, eine Rückkehr zur bewährten Konstruktion: der »Streit um den Leutnant Kephalides.«

Die Fabel ist Vorwand für Abhandlung und Belehrung. Ein nach Israel ausgewanderter deutscher Jude wird, da zuvor in Berlin als Psychotherapeut tätig, »medical orderly« der britischen Armee in Israel. Zur Betreuung, eher Bewachung

übergibt man ihm einen Fall: Der griechische Leutnant Kephalides hat Vorgesetzte geohrfeigt und muß entweder vors Kriegsgericht oder ins Irrenhaus. Die bewährte (bewährt als Roman-Apparatur im »Grischa«) Maschinerie eines militärischen Verwaltungsapparates setzt sich in Bewegung.
Zweig wollte offenbar das Geschick der Emigration, diese Belastung bis in Ehe und Liebe hinein schildern und gleichzeitig ein Exempel vom »Überleben« statuieren. Zwar hat der Autor jedem Kapitel pathetische Rührverse vorangestellt, aber das melomelo, mit dem das Buch schließt, mit der Eindringlichkeit eines politischen Abzählreims, läßt nur einen verwunderten Leser zurück – es hat nichts »ans Herz geschnitten«:

»Ihr, die ihr dieses lest, daß niemand schriebe
Dürft er nicht hoffen, daß man sein Geschriebenes liebe.
Drum, wenn, was ich erzählt, ans Herz euch schneidet.
Es ist ein Hauch nur des, was unser Jahrgang leidet.
Das Grausige, das unsere Zeit erfüllt, berichte
Ein jüngeres Geschlecht, wenn es erzähl und dichte.
Hier schließ ich dieses Buch, damit ist viel gesagt –
Es hat mich manches Jahr gefesselt und geplagt.
Und dennoch, wenn ich's mit mir selber schlichte,
's ist das, was immer wirkt: Erfindung und Geschichte.«[63]

Das Rezept hat versagt – es wirkt nicht »immer«; wenn schon »Geschichte«, wenn schon Israel, Griechenland und ferne Länder, dann muß es stimmen und plastisch werden. Dieser Mühe unterzog sich Zweig nicht. Wieso trugen Israeli englische Uniform? Wie kamen sie ins Land – trotz englischer Blockade? Gab es nicht gerade auf Cypern große englische Sammellager für die auf See abgefangenen Emigranten, die nach Israel hinein wollten? Welche Haltung nahm das damalige Königreich Ägypten ein? – Die Konstruktion, die Planquadrate stimmen hier nicht, existieren gar nicht, in denen Zweig seine Figuren agieren läßt: Er vermittelt überhaupt nichts außer Gefühlen, Ressentiments und, leider, Klischees. Selbstverständlich, daß sich »über die Riviera der glorreichste Frühling ergoß«, es einen »silbernen Badestrand am lichtgrünen Wasser« gibt, das »Jeannes geliebte Gestalt najadisch verklärt«. Es gibt in diesem Roman viele »wohlgebildete lange Hände, die durch fensterhelle Luft wehen«, »naturgewachsenen Tabak«, »persönliche Berufe«, Wimpern, die man »überrascht aufschlagen« kann und Augen, die man rechts »hinaufgleiten lassen kann zum Arc de Triomphe«. Arnold Zweig hat schlechterdings darauf verzichtet, dieses Buch zu schreiben:

»Ich besitze die Eigentümlichkeit, mehr zu vertragen als die meisten robuster Wirkenden, behalte einen kühlen Kopf auf den Schultern, der sich genußvoll heller Gedankenreihen erfreut, mochte sie auch mal Alkohol beschwingen ... Ich zog sie fester an mich, und wir schritten und drehten uns auf unsere Plätze, in hohem Lebensgefühl, beschwingt von innen her und wohl auch vom Sekt.«[64]

Ohne gedankliche und sprachliche Disziplin plaudert hier ein Mann, der ein langes Leben hinter sich hat, voller Träume und Enttäuschungen, voller Kompromisse auch, plaudert manchmal behaglich, manchmal mit Liebe zum Klatsch, gelegentlich etwas keifend. Aber Arnold Zweig hat sich, seine künstlerische Existenz aufgegeben – er hat geduldet, daß man eine politische Galionsfigur aus ihm machte, obwohl er ein stiller, behaglicher Narrateur war. 1954, ein Jahr nach dem 17. Juni, hat er bei einer Rede in Dresden aufbegehrt:

»Es muß also, glaube ich, eine Warnung ausgesprochen werden, vor der zu großen Inanspruchnahme des Einzelnen und vor dem Ausradieren der Freiheit, der Muße im Zusammenleben unserer Landsleute ... Humanismus und stramme Organisation haben sich immer widersprochen. Selbst die Jesuiten, welche uns eine sehr große geistige Potenz hinterlassen haben, waren in ihrer Organisation nicht so angespannt wie wir im Aufbau der DDR ...«[65]

Und dann hat er geduldet, daß diese Rede unterdrückt und verboten wurde. Wer erkennt, sogar formuliert, daß die Freiheit bedroht ist und sich dennoch damit abfindet, verliert an schriftstellerischer Substanz. Ein anderer, sehr militanter Schriftsteller des Sozialismus, Aragon, hat nicht hingenommen, nicht geschwiegen – und hat mit seiner »Karwoche« noch einmal ein bewundernswertes Spätwerk geschaffen. Man erinnere sich nur einer, vielleicht der zentralen Szene, in der das Grundthema – Verrat – durch einen artistischen Kunstgriff von höchster Raffinesse aus allen realen Bezügen herausgehoben wird: Gericaults Begegnung mit jenen »anderen«, die Sartre die Hölle nannte, findet bei Aragon gar nicht statt. Es ist ein Traum, ja ein Doppeltraum. Diese Szene – in toto wiederum ein collagenhaft einmontiertes Stück Literatur innerhalb der Literatur, weil dem »Martin Chuzzlewitt« des Charles Dickens entnommen – ist ein virtuoses Stück moderner Prosa. Arnold Zweig hatte vergessen, mit welchen Worten er 1930 seinen Essay über Oscar Wilde schloß:

»Immer, immer werden Künstler aufstehen, die die Einsamkeit brauchen, rund um sich einen abgesperrten Bezirk, in dem sie schweigend oder redend ihre Welt zeugen, mit ihren Gestalten Umgang pflegen können. Und immer bis zur völligen Bewältigung all der Lebensprobleme, die wir Sozialismus nennen, wird die Gesellschaft der Menschen geneigt sein, diesem Künstler, wenn er unbesonnen genug sein sollte, sich zu verraten, zwischen jenen drei Arten des Alleinseins die Wahl zu lassen: zwischen Irrenhaus, Einzelhaft oder dem Grabe.«[66]

Zeitgenosse und Weggefährte
Louis Fürnberg

Auf bemerkenswerte Weise finden sich Parallelen zu Arnold Zweig, wenn zwar nicht im Werk, so doch in der Verbindung von Œuvre und Vita bei Louis Fürnberg.

Der 1909 in Böhmen als Sohn einer »doppelten Minderheit«, nämlich deutsch-jüdischer Eltern Geborene, mußte sich nicht von einem literarischen Snob-Ästhetizismus im eigenen Werk befreien, doch ein früher Aufenthalt in Berlin 1929, wo er als Ullstein-Lektor arbeitete und mit Klavierspielen Geld verdiente, hatte ihn mit dem Kreis um Klaus Mann in Berührung gebracht.[1] Seine wichtigste Erzählung, die er 1937 verfaßte und die 1939 bei Oprecht, Zürich und New York, erschien, wollte er gegen Ende seines Lebens umarbeiten. Kuba, dem Schriftstellerkollegen seit seiner tschechoslowakischen Emigration freundschaftlich verbunden (und durch dessen Anregung nach einem Besuch 1934 in der Redaktion der von Fürnberg, F. C. Weiskopf, Fritz Erpenbeck und Hermann Leupold weitergeführten Exil-»Arbeiter-Illustrirten-Zeitung« selber zum Schreiben ermuntert), verfaßte den Klappentext.[2] Und genau 20 Jahre danach ist auch wieder Kuba derjenige, der offenbar eine kulturpolitische Fehde mit dem Dietz-Verlag austrägt, als er sich im Nachwort zu dem Band »Das Jahr des vierblättrigen Klees« über das Verbot empört, diesen angeblich zu verschlüsselten Text in die Sammlung aufzunehmen:

»Louis wußte, er würde es schwer haben, diese in lauter Symbolen und literarischen Bilderrätseln verschlüsselte Autobiographie unterzubringen. Er entschloß sich, hie und da zu entschlüsseln, um dem rationellen Verstand Eselsbrücken zu bauen. Trotzdem machte er sich auf heftige Kritik gefaßt.

Wie gesagt, es kam nicht mehr zur Veränderung dieser Arbeit. Nur auf sehr wenigen Seiten hatte der Dichter mit Handkorrekturen begonnen, die indes so geringfügig sind,

daß sie keinen Aufschluß darüber geben, wie die Veränderungen im Ganzen aussehen sollten.
Aus den gleichen Bedenken, die den Dichter bewogen, Striche und Veränderungen am ›Fest des Lebens‹ vorzunehmen, beschlossen wir Betreuer seines Nachlasses schweren Herzens, diese heißgeliebte und heißumstrittene Arbeit aus dem Band herauszunehmen. Unsere vergeblichen Versuche, seitdem das Büchlein im eigenen Gewande herauszubringen, haben bewiesen, daß unsere Vorsicht nicht unbegründet war. Das Manuskript wurde, wenn nicht strikt abgelehnt, so doch liegenlassen. Zu Unrecht!«[3]

Aber nicht nur diese Bereitschaft, im Auftrage der »Partei, der geliebten, größten, ewigen«[4] eigene Arbeiten zu ändern, erinnert an Arnold Zweig. Beide Autoren haben sich nie freigemacht von einem bürgerlichen Bildungsfonds, der nicht nur stets präsent ist und in vielerlei Weise variiert wurde, sondern der gleichzeitig wie eine unliebsame Umarmung abgewehrt wird: Als Arnold Zweig 1943 in jenem von Fürnberg gegründeten »Jerusalem Book Club«, den auch der keineswegs kommunistenfreundliche englische Kulturoffizier besuchte, seine Rede über Thomas Mann hielt, waren die beiden Schriftsteller schon Freunde. Zweig hatte Fürnberg gewisse Einreiseerleichterungen zu verdanken. Seit 1941 verband sie ein Briefwechsel. Zweig, unter dessen Herausgeberschaft (gemeinsam mit Wolfgang Yourgrau) die Zeitschrift »Orient« Aufsätze von Fürnberg gedruckt hatte, leitete den 1943 erschienenen Gedichtband »Hölle, Haß und Liebe« ein und Fürnberg schrieb ihm dazu:

»Ich zweifelte daran, ob meine Verse, ob alles, was ich machte, Sinn hatte, hervorgebracht zu sein, ich ängstigte mich über mein ganzes vergangenes Leben, das ja das Selbe war wie mein Schreiben, also nicht davon zu trennen, und so mußte ich – auf jede Gefahr hin – die letzte und höchste Instanz anrufen, und die sind Sie. Wenn man einmal 34 Jahre alt ist wie ich, dann wiegen solche Marterstunden der Verzweiflung schon ...«[5]

Es waren Gedichte, die Fürnberg im Anzugfutter versteckt aus den Gestapo-Gefängnissen geschmuggelt hatte: beim Einmarsch der deutschen Truppen in Prag am 15. März 1939 war Fürnberg noch nicht geflohen und mußte bis April illegal leben. Beim Versuch, nach Polen zu entkommen, wurde er verhaftet und unter unvorstellbaren Qualen durch 13 Gefängnisse geschleppt; er wird auf LKWs durch die Straßen gefahren, mit gestohlenen Büchern beworfen, muß sein eigenes Grab schaufeln und wird »zum Spaß« mit leeren Gewehren erschossen. Bei den Verhören wird er fast taub geschlagen (die stille Insichgekehrtheit, die jeden, dem Fürnberg begegnete, so beeindruckt hat, hing auch mit dieser Schwerhörigkeit zusammen). Bestechung eines Gestapo-Beamten und eine gefälschte Fahrkarte nach Peking retten ihn schließlich.
Wer aber dort in der Emigration dem schon seh-behinderten Arnold Zweig begegnet, das ist ein Schriftsteller eigenartiger Couleur: seine Arbeiten widersprechen sich, gelegentlich sogar aggressiv. Als etwa 1939 in der Erzählung »Fest des Lebens« jene Phantasiewelt eines Fiebernden entsteht, die sich zwischen müder Resignation und optimistischer Sehnsucht bewegt, an der Fürnberg wie ein ›Wahnsinniger, richtig besessen von Einfällen und Bildern‹«[6] gearbeitet hatte, war der Autor bereits 11 Jahre Mitglied der deutschen Sektion der KPC. Und 1937 bereits war jenes Lied entstanden, das viele Jahre später zum Vorzugsrepertoire der FDJ gehören sollte: »Du hast ja ein Ziel vor den Augen.« In der zweiten Strophe heißt es:

»Und hast du dich einmal entschlossen,
dann darfst du nicht mehr rückwärts gehn,
dann mußt du deinen Genossen
als Fahne vor dem Herzen stehn.
Denn sie brauchen dich genau wie du sie,
du bist Quelle und sie schöpfen aus dir Kraft.
Darum geh voran und erquicke sie,
Kamerad, dann wird's geschafft.«[7]

Hier ist dieselbe eigenartige und zwiespältige, wenn nicht gar zwiegesichtige literarisch-moralische Situation zu diagnostizieren: der bürgerliche Schriftsteller, der sich Rilke verbunden fühlt[8] und dessen frühe Erzählung »Fest des Lebens« Rudolf Fuchs zu dem Epitheton »Sudetendeutscher Kafka« verführte, wehrt sich anfangs auf parodistisch-attackierende Weise gegen die Welt, aus der er kommt; 1932 gründet Fürnberg mit fünf Genossen die Agitprop-Spielgruppe »Echo von links«, von derem spektakulärem Programm »Der Radio-Papst« er sogar sein späteres Pseudonym »Nuntius« übernimmt.[9] Die Spannung zwischen guter und schlechter Wirklichkeit, zwischen Postulat und Realität wird in einer anderen Lebensetappe Fürnbergs besonders eklatant: während 1933 sein Hymnus auf »Marx« noch eher gemäßigt, jedenfalls nicht gläubig-eifervoll klingt, ist das Lied »Die Partei«, das er auch selber komponierte, religiös – wahnhaft:

»Sie hat uns alles gegeben,
Sonne und Wind, und sie geizte nie
und wo sie war, war das Leben,
und was wir sind, sind wir durch sie.
Sie hat uns niemals geschmeichelt.
Sank uns im Kampf aber einmal der Mut,
so hat sie uns leis nur gestreichelt:
Zagt nicht! – und gleich war uns gut.«[10]

Kurz darauf aber, Ende 1952, beginnen die Slansky-Prozesse in Prag, und Fürnberg, der 1946 nach Prag zurückgekehrt war, aber seit 1949 als 1. Botschaftsrat der Diplomatischen Mission der ČSSR in Berlin lebte, wurde am 20. Dezember 1952 abberufen und mußte innerhalb von drei Tagen die DDR verlassen. In einem Gedicht, dessen Titel »Schwere Stunde«, das wohl nicht unabsichtlich an Thomas Manns melancholische Schiller-Erzählung erinnert, heißt es:

»Der Regen fällt, die Zeit wird immer trüber,
ein Licht erlöscht, dann löscht ein zweites aus,
man treibt uns wieder in die Nacht hinaus,
– ach, wär es schon vorüber . . .«[11]

Davongekommen dann, seit 1954 als stellvertretender Leiter

der »Nationalen Forschungs- und Gedenkstätten der klassischen deutschen Literatur« in Weimar beamtet, sozusagen in ein Literaturmuseum gerettet (im selben Jahr gründet er auch die heute wohl bedeutendste deutschsprachige Zeitschrift für Literaturwissenschaft »Weimarer Beiträge«), ist Fürnberg rasch wieder fähig, den Mord an seinen Freunden und ehemaligen Mitkämpfern als »taktischen Irrtum« abzutun. In einem Brief schreibt er 1956 zu seinem Parteigedicht: »Es tut mir leid, daß Ihnen mein Lied nicht gefällt, aber es ändert nichts an meiner Überzeugung, daß die Partei immer Recht hat, auch wenn gewisse Ereignisse der letzten Zeit Fehler und Irrtümer Einzelner, mit der Partei verbundener Persönlichkeiten offenbarten. Ohne Zweifel können taktische Irrtümer entstehen. In meinem Lied wird aber deutlich ausgesprochen, daß es um das Grundsätzliche geht, um das, was man als die Generallinie bezeichnen möchte, und an dieser Generallinie hat sich nichts geändert und wird sich nichts ändern.«[12]

Gelegentlich an Georg Maurer erinnernd – nur ohne dessen Energie und Intensität –, produziert dieser deutschsprachige Jude aus Böhmen Bildungsprosa. Mit großer Anschmiegfähigkeit bedient sich Fürnberg alter Motive und Personen; gelegentlich lesen sich seine Prosaskizzen und Erzählungen wie Arbeiten von Nelly Sachs oder Hilde Domin. »Lessing und Spira«, »Mozart-Novelle«, »Die Begegnung in Weimar« und »Der arme Dr. Eckermann« lauten die Titel. Fürnbergs gebildete Antwort auf Tradition ist der auferlegte Zwang, diese Tradition zu negieren. Sein Apropos zu Marcel Proust[13] beispielsweise erbitterte den Frankreich-Liebhaber Hermlin derart, daß er sogar bei der Leichenrede einen posthumen Tadel nicht unterdrücken konnte: »Aber Louis, hätte ich ihm gern gesagt, Du hast ja nun keine Ahnung von Proust!«[14]

Fürnberg mag diese Regression in Bildungsassoziation, in eine Kunst-Heimat manchmal selber gespürt haben; in einem Brief an Christa Wolf vom 8. September 1956 heißt es beispielsweise als selbstkritische Erläuterung:

»Man hat die KPD verboten, Herr Adenauer will uns be-

freien, die Engländer richten ihre Kanonen auf die Ägypter, und ich erzähle auf sage und schreibe vier Manuskriptseiten ein preziöses Geschichtchen, wenn es auch schon zehn Jahre her sein mögen, seit ichs erzählte. Der Held ist ein englischer Maler und Schriftsteller, Aubrey Beardsley, der 1898, mit 24 Jahren, an der Lunge starb, im Süden Frankreichs. Berühmt wurde er durch seine obszönen Illustrationen zu den englischen 1890ern, die im ›Salon‹ und was weiß ich noch wo erschienen. Warum er mich rührte, weiß ich nicht. Vielleicht, weil er so jung war. Die Geschichte ist aus den Fingern gesogen, aber spätere historische Konfrontierung erwies sie wieder einmal als höchst plausibel und wahrscheinlich. Die letzte Lebensperiode Beardsleys war voll schelmischer Bigotterie, und dieses Doppelspielchen, seines Versuchs, den Priester zur Welt zu bekehren, aus dem er sterbend zur grausamen Wahrheit, daß die Kirche wieder einmal obsiegte, erwachte – es hat schon seinen wahrscheinlichen Reiz ...«[15]
Auch eine seiner wichtigsten Arbeiten, die zwischen Dezember 1944 und April 1945 entstandene »Spanische Hochzeit«, von ihm im Untertitel und in einer Bemerkung des Vorworts zur 1. Auflage als »Lange Ballade« bezeichnet, stellt sich bewußt in einen bildungstraditionellen Zusammenhang. Von Heines »Atta Troll« oder »Deutschland, ein Wintermärchen« oder Weerths »Die hundert Männer von Haswell« oder Goethe und Bürger bis zu Bechers »Kinderschuhen von Lublin« und Brechts »Kinderkreuzzug« – Fürnberg zwingt bewußt seine Leser, diese Literatur mitzudenken, wenn er seinen höchst unregelmäßigen Strophenbau präsentiert. (Im klassischen Sinne wären die Gesänge, deren kürzester 18 und deren längster 159 Verszeilen umfaßt, nicht »Ballade« zu nennen; die literarische Kritik in der DDR hat diese Debatte auch ausführlich geführt[16]). Aber gerade die probate Mischung der Formen, die Keime von Lyrik, Epos und Drama, die auch Goethe die Ballade als »lebendiges Ur-Ei« bezeichnen ließ, mag den belesenen Fürnberg verführt haben; denn das mögliche Einbeziehen aller erdenklichen

tradierten Formen, der folkloristischen Romanzen, der Chronik, des historischen Zeugenberichts, der Kindererzählung und der Schuldsprechung, erlauben ihm vergleichsweise mühelos, über zwei scheinbar divergierende Nachrichten einen großen moralisch-historischen Bogen zu spannen. Fürnberg hat dem Poem zwei Zeitungsmeldungen vorangestellt: am 14. Dezember 1944 berichtet die Agentur Reuter aus Lissabon von der glanzvollen Hochzeit des spanischen Thronfolgers und der märchenhaft reichen Ausstattung. Im Dezember desselben Jahres berichtet Konstantin Simonow als Augenzeuge über das KZ Auschwitz. Daß gerade diese widerwärtige Parallelität Fürnberg ergriff, hängt wohl wiederum mit der literarischen »Verwertbarkeit« des Hochzeitsmotivs zusammen; mit der Federico García Lorca gewidmeten Ballade ist sicherlich an dessen »Bluthochzeit« gedacht – aber möglicherweise auch an Heine, bei dem es in den »Elementargeistern«, in der Erinnerung an Goethes »Braut von Korinth« heißt:

»Es ist den Volkssagen eigentümlich, daß ihre furchtbarsten Katastrophen gewöhnlich bei Hochzeitsfesten ausbrechen. Das plötzlich eintretende Schrecknis kontrastiert dann desto grausig-schroffer mit der heiteren Umgebung, mit der Vorbereitung zur Freude, mit der lustigen Musik. Solange der Rand des Bechers noch nicht die Lippen berührt, kann der kostbare Trank noch immer verschüttet werden. Ein düsterer Hochzeitgast kann eintreten, den niemand gebeten hat und den doch keiner den Mut hat fortzuweisen. Er sagt der Braut ein Wort ins Ohr, und sie erbleicht. Er gibt dem Bräutigam einen leisen Wink, und dieser folgt ihm aus dem Saale, wandelt mit ihm weit hinaus in die wehende Nacht und kehrt nimmermehr heim. Gewöhnlich ist es ein früheres Liebesversprechen, weshalb plötzlich eine kalte Geisterhand die Braut und den Bräutigam trennt.«[17]

Immer wieder vom 1942 begonnenen, Fragment gebliebenen Roman »Der Urlaub«[18] bis zur ebenfalls unvollendeten Skizze »Krankengeschichte« am Ende seines Lebens, findet sich die Paraphrasierung Thomas Manns. Fürnberg – schon als junger Mann interviewte er, an Tuberkulose erkrankt[19], Ludwig Renn am Luganer See – sah zu Recht seine gesamte Existenz als ein »Leben zum Tode hin« und war zeitlebens überzeugt davon, früh zu sterben (er starb, knapp 48jährig, in Weimar). Und ganz im Vokabular Thomas Manns sah er in der Krankheit gleichzeitig eine »Desertion vor dem Leben« – sein Franz Kassner aus »Urlaub« ähnelt nicht nur im Vokal- und Silbengleichklang Hans Castorp. Das Buch ist der literarisch vergleichsweise hilflose Versuch, den »Zauberberg« aufzuheben und – statt ihn zurückzunehmen – »vorwärtszustoßen«: Kassner, wie sein Vorbild »zu Besuch« im Sanatorium und zur Behandlung bei Dr. Maag statt Dr. Behrens, geht nicht in den Weltkrieg, sondern zur Arbeiterspielgruppe »Das neue Leben«, um im nordböhmischen Grenzgebiet die antifaschistische Volksfront organisieren zu helfen. Die »Krankengeschichte« nun ist ganz unverhohlen autobiographisch, sollte eher »Krankenbericht« heißen, ein Zwitterding zwischen Tagebuch, Erinnerung, Brief, Erzählung und dankbarer Widmung (sie sollte ursprünglich dem Personal des Krankenhauses in Krč bei Prag als Dank für liebevolle Betreuung gewidmet werden). Anfangs ist noch von F. C. Weiskopf und Bodo Uhse und Ahrenshoop die Rede; dann schalten sich Reflexionen über Mickiewicz, Don Quijote und Stifter ein, bis – fast wie eine Entlassung »nach Hause« – der Seufzer kommt: »Welch gnadenreicher Einfall, um den Zauberberg zu bitten.«[20] Eingeschaltet sind dann wieder kleine Bosheiten gegen Bechers Superlative für Thomas Mann in Weimar und Gustav Seitz' Thomas-Mann-Büste.[21] Es hätte allenfalls zu einer reizvollen Collage werden können – der gelesene »Zauberberg« und der im Radio gehörte, vom Autor gelesene »Tonio Kröger« und die Nachricht des Bettnachbarn:

»›Achtzig Jahre sind schließlich ein schönes Alter – meinen Sie nicht auch?‹ sagte er.

›Natürlich‹ erwiderte ich und wußte nicht, wovon er sprach.

›Sehen Sie‹, sagte er, ›das ist wieder so ein Fall, den ein Tscheche nicht versteht. Der größte deutsche Dichter, und man begräbt ihn in Schweizer Erde, weil man fürchtet, er würde nicht einmal im Tode Frieden haben, daheim.‹
›Von wem sprechen Sie?‹ fragte ich leise und wußte, daß Thomas Mann gestorben war.«[22]
Es ist dann doch nur eine eher banale, weder Tod noch Leben wirklich schauende, epische Überlegung geworden; das Korrektiv an Thomas Mann klingt wie der abermalige Versuch, die eigene Position in der Überprüfung zu klären:
»... und wer weiß, ob es nicht der Hochmut, die pädagogische Impotenz der ausgewachsenen, abgeklärten Tonio Kröger war, die sie so tragisch entmündigte, nicht in den gewaltigen Debatten mitsprechen zu sollen, in denen sich die Entscheidung über Zeit und Ewigkeit vorbereitete. Mitsprachen aber die *Halben*, die geistige *demi-monde*, die sich für die Große Welt hielt. So erweist es sich ja nirgends deutlicher als an Hans Castorp: Was fruchten ihm denn die ihm mit beiden Händen aus dem Vollen gespendeten Güter des Geistes der humanistischen Bildung? Welch wunderbare Fülle Wissen und Weisheit wird bemüht, aus dem ›bequem und nicht ohne Würde die Zivilisation auf seinen Schultern tragenden Kind der herrschenden Oberschicht der handeltreibenden Stadtdemokratie‹ einen Mann zu machen, einen, wenn auch dezimierten Repräsentanten der in Schönheit zerfallenden Bourgeoisie? Das ›Sorgenkind des Lebens‹ entpuppt sich als viel zu ungeeignet zum Renegaten an seiner Klasse, zur Voraussetzung also, sie zu überwinden. Die Bemühungen sind umsonst und vergebens. Die Zeit und eine Kameraderie, die ihm und uns solche bizarre Wunder des Intellekts bereitet – er schlägt sie schließlich mit einer dämonischen Patience tot. Freilich ist es die Größe Thomas Manns, daß hier die Parodie endet und es wie im Leben auch im Roman bitterernst wird. Wo aber ist er, der Dichter, der zweifellos Leidende, die ganze Zeit über mit seiner Liebe gewesen? Sollen wir nicht fragen dürfen? Er selbst hat dem bürgerlichen Humanitäts-,

Demokratie- und Zivilisationsdünkel ein Begräbnis erster Klasse bereitet und ging dennoch als ein wahrhaft Leidtragender im Kondukt. Es war nicht herabgesetzte Ehrfurcht, wenn ich Thomas Mann mit solchen Gedanken für sein zauberhaftes Werk dankte. War es Undank, wenn ich Thomas Manns Zauberberg-Kritik an der Gesellschaft bezweifelte und mich mit ihren Resultaten nicht abfinden konnte? Wurde er, der Magier ohnegleichen, mir weniger wunderbar, da sich auch an seinem berühmten, gelehrten und sehr erregenden Werke erwies, daß es in seiner pädagogischen Mission scheitern mußte, weil der Standort falsch gewählt war, von welchem aus er das Zauberberg-Phänomen der bürgerlichen Gesellschaft darstellte, und zwar mit widerstreitenden Empfindungen? Gelingt es überhaupt noch ohne Applikation der analytischen Methoden des Marxismus, gültige Gesellschaftskritik zu betreiben? Natürlich nicht, auch wenn ein so überragender Kritiker wie Thomas Mann ein großartiges Gleichnis wählt – wie den Berg der Moribunden. Wußte er es nicht selbst? Blieb er stehen, weil ihn Scheu anwandelte, den Fuß über die Schwelle der Welt des rücksichtslosen, radikalen Ergründens zu setzen, auch wenn er zu hellsichtig war, sie nicht wenigstens höflich zu komplimentieren?«[23]

Aber diese ständige Überprüfung der eigenen Bildungsposition – also des ideologischen Haltepunkts – hat gewissermaßen verhindert, daß aus Louis Fürnberg mehr als ein literarischer Zeitgenosse wurde; wer ihn kannte, bestätigt seine Integrität, Güte und hilfsbereite Freundlichkeit. Er war ein Kamerad, offenbar, todesgezeichnet von jung an – aber die »feuchte Stelle« hat keinen großen Künstler aus ihm gemacht.

Märchen-Irrationalität
Franz Fühmann

Das eigenartige Phänomen der Inbesitznahme bürgerlicher Kulturtradition zum Zweck der eigenen Neuorientierung, die Veränderung des eigenen bürgerlichen Bewußtseins hin zu einem sozialistischen Bewußtsein durch Adaption vorgegebener Literatur-Formen zeigt sich auch bei dem 1922 geborenen Franz Fühmann. Literarisch geschieht das aber nicht durch die Aufnahme sozialistischer Literatur, was ja immerhin denkbar wäre – vielmehr durch Adaption von Märchen und Ballade. Auch bei Fühmann – ähnlich Bobrowskis Hitlersoldaten, der in die Sowjetunion einfiel – ist der Versuch zu verzeichnen, ein neues Selbstverständnis aus Schuld und Anklage zu finden. Der ehemals begeisterte SA-Mann, der auch in Nazideutschland publizierte[1], begann mit Gedichten durchaus divergierenden Wertes. Sein erster Band »Die Nelke Nikos«[2] gibt die einigermaßen hurtige neue Begeisterung des frisch im Antifa-Lager umgeschulten Kriegsgefangenen für die Sowjetunion wieder:

»...
Wir sind die harten Männer:
Die Kindheit, die Jugend
verbracht im Krieg, hinter Stacheldraht,
ohne Frauen, Kriegsgefangene; –
mit verbrannten Herzen
waren wir durchs Lagertor geschritten
ohne Glauben, ohne Hoffnung
und ohne Deutschland,
nur das Finster vor den Augen ...
Nun kehren wir heim,
Beginnende, Auferstandene,
die wir werden, was wir sein können
für unser, für unser Deutschland ...
Du hast uns Deutschland gegeben, Sowjetunion ...«[3]

Dabei muß man konzedieren, daß sich hier nicht abgefragte Konjunkturfertigkeit äußert, sondern daß alles, was Fühmann schreibt, den unmißverständlichen Stempel subjektiver Ehrlichkeit trägt, daß Irrtümer und Irrläufe seines Lebens sogar gewissermaßen trotzig eingestanden werden:
»›Wojennoplennyi Fjumann!‹ schrie der Dolmetscher, die Hände vorm Mund gehöhlt, und mechanisch trat ich auf ihn zu, und der Dolmetscher sagte ›Vernehmung!‹ und wies mit einer trägen Kopfwendung nach dem Zelt. Jetzt! dachte ich und sah noch einmal nach den Bergen, ach, Riesengebirge, blaues Gebirge, dann fühlte ich einen Stoß im Rücken und trat ins Zelt. Dann sah ich nichts mehr, ich sah nur Dunkel und hörte Fragen, und ich stand ganz ohne Bewußtsein, und ein Unbekannter in mir sagte mechanisch meinen Namen und meinen Geburtsort und den Beruf meines Vaters und die Nummer des Luftnachrichtenregiments, in dem ich gedient hatte und die Städte Rußlands, in denen ich stationiert gewesen war. Dann hörte ich die Stimme fragen: ›Waren Sie in der NSDAP oder einer Gliederung?‹ ... Ich hob den Kopf und sagte laut: ›Ja, ich war in der SA!‹«[4]
Derselbe frühe Band formuliert aber auch noch wägende Zweifel – »Im Nebel« heißt eines dieser Gedichte der Unsicherheit:
»Nebel, Gespenster,
ach, wenn der Himmel zerbricht,
wenn der milchige Eimer
durch die Bläue bricht;
es gibt noch Stunden der Angst,
und es pocht eine Hand an das Fenster,
es rast der todkündende Reiter
über das bangende Land.
Was du lange vergangen gewähnt:
Im Herzen, in den Sinnen
nistet sein Schatten noch. Grau
wogt es heran. Was beginnen?
Wenn der Nebel fällt,

wenn die Höhen unkenntlich werden –
Das Leben, wie geht es weiter
heut auf der Welt?
Was an Gestern ist noch zu durchschreiten,
um daheim im Heute zu sein!«[5]

Und innerhalb dieser schwankenden Versuche, aus Erinnerung und neuer Erkenntnis einen festen Punkt zu gewinnen, spielt das Märchen, seine Motive, seine Möglichkeiten des »Weiterfabulierens« und damit seinen Stoff zu verändern, eine wesentliche Rolle. Der Spiegel der Wahrheit, dessen Objekt – also Schneewittchen – getötet werden soll, damit das Unangenehme verborgen bleiben soll, ist für Fühmann jetzt Fenster der Erkenntnis:

»O du mein Volk, ich weiß es, du kannst nicht sterben! . . .
. . . und alles, was du durchlitten hast,
es wird hinweggenommen werden
in der Stunde des Sieges, des Anbeginns
der Zeit, da der Arglose nicht mehr gefährdet ist
und da der Schönheit, der Wahrheit nicht mehr nachgestellt wird,
da die Kämme nur Kämme, die Gürtel nur Gürtel sein werden
und die Äpfel nur bäuerische Äpfel
ohne das Dahintersein
des Todes, der Vernichtung –«[6]

In dem Gedicht »Im Museum von Lidice«[7] wird das vieltausendfach reproduzierte Bild der Schuhberge aufgenommen – es sind aber plötzlich die Schuhe der Mörder, auf deren Photographie der Blick fällt; und der Freier und die falsche Braut mit dem goldenen Schuh, aus dem das Blut quoll, und Aschenputtel mit den Holzschuhen und dem Pantoffel, der ihr paßte (»rucke di guh, kein Blut ist im Schuh«) – das alles wird hier nicht nur transportiert, sondern auch umgedacht. Die prächtigen Juchtenstiefel der Verfluchten[8], an denen soviel Blut klebte, sind nicht die Schuhe der »richtigen Braut«, sie siegen nicht:

»Hier ist alles schon entschieden:
die Schuhe sind blumenumschmiegt:
Freiheit und Frieden
haben Knechtschaft und Krieg besiegt.«[9]

Nun weiß man aber auch, daß die Hoffnung oder Brutalität, Liebe und Graus des Märchens eben Motive des Irrationalen sind – daß es sogar zum Wesen faschistischer Literatur gehört, diese Märchen-Irrationalität immer wieder aufzugreifen. Fühmanns Auseinandersetzung mit der Vergangenheit ist also sehr oft eine Auseinandersetzung *innerhalb* der Vergangenheit, was die ideologische Balance betrifft. Er wendet um – aber oft ist es dieselbe Uniform, sichtbar, geblieben. Nur selten gelingt es ihm – wie etwa in seinem Gedicht »Der Nibelungen Not«[10] –, einen Prozeß gleichsam einzubauen und damit den Gedanken über die Ideenwelt des Märchens hinaus zu verlängern, statt sich mit der bloßen Gegenbehauptung zu begnügen. Die simple Anwendung der Märchenunterscheidung gut–böse statt einer echten Dialektik verrät einmal den Geschwindschritt des Umlernkurses, zum anderen aber auch eine eigene (gelegentlich an den soldatischen Biedersinn Ludwig Renns erinnernde) Simplizität. Die biederen Verse vom »rauschenden Fahnentuch« und dem »Heilig Vaterland« und vom »Kampf und Sieg – wir bauen das Deutschland von morgen« sind eher verräterisch. Im »Porträt eines Angehörigen der FDJ« heißt es:
»Wir begreifen es selbst nicht, wenn wir ein Planjahr des Lebens schon in Wochen vollziehn – doch warum auch begreifen – wir tun es.«[11] Franz Fühmann hat es wohl seiner großen formalen Begabung zu verdanken, wenn er immer wieder, vor allem in der Prosa, solche Niederungen verlassen konnte. Erzählungen wie »Kameraden«[12] oder »Das Judenauto«[13] sind meisterhaft und tauchen zu Recht immer wieder in Anthologien auf.[14] Auf grandiose Weise etwa bringt Fühmann in »Kameraden« die Märchenmotive von Taube und Blut und dem unschuldig getöteten Fräulein aus dem Walde ein und konstruiert eine Novelle, die klassischen Vor-

bildern standhält[15]: drei blutgierige deutsche Soldaten erschießen beim Zielen nach Vögeln des Majors Tochter. Einer hat nicht mitgeschossen und wird »zwangssolidarisiert«; mit Morddrohungen (und einem fast gelungenen Totschlag im Suff) wird er auch zum Schweigen gebracht. Es ist der Vortag des deutschen Überfalls auf die Sowjetunion – keiner korrigiert des Majors irrige Annahme, Russen seien die Mörder, und erst, als nach der Grenzüberschreitung der Major als Sühnemaßnahme zwei russische Mädchen hinrichten lassen will, geht einer der Soldaten – der »Unschuldige«, der Jüngste übrigens auch – zu ihm. Ihm wird nicht geglaubt, er wird niedergeschlagen und schließlich »auf der Flucht erschossen«.

Hier ist nun wirklich jene Überhöhung gelungen. Aus bewährten Motiven, die immer wieder variiert und angedeutet werden (dieser jüngste Soldat mag das Mädchen sogar geliebt haben), wird Klischee (deutsch sein heißt Zusammenstehen auf Gedeih und Verderb) und Brutalität (der Mordversuch am Kameraden) und Kriminalität (der SS-Vater des einen Soldaten deckt die Affäre und die Geisel-Erschießung, weil sie dem Wesen der nationalsozialistischen Idee entsprechend »nützlich« ist) – wird all das ausgefädelt, was Deutschland böse und seine Nachbarn angsterstarrt macht und was in den Sadismen deutscher Märchen vorgeprägt ist. Bis in den Titel hinein, dessen Ironie und Trauer und Skepsis, ist hier ein präzises Stück Prosa entstanden.

Fühmann, inzwischen mit verschiedenen Preisen hochgeehrt und Mitglied der Akademie, hat aber immer nur dann überzeugende Intensität, wenn er sein »Hauptmotiv« – Schuld der Vergangenheit und Rechenschaft – behandelt. Als einziger prominenter DDR-Autor folgte er dem Ruf der Ersten Bitterfelder Konferenz 1959 und ging in eine vom FDGB ausgezeichnete Schiffswerft – das Ergebnis, der Band »Kabelkran und blauer Peter«, lag 1961 vor wie auch der Band mit Polizeigeschichten »Spuk«. Beides sind unerhebliche Protokolle – und bezeichnenderweise fand in dem 1968 erschienenen Sammelband seiner Erzählungen[16] nur die Titelerzählung des zweiten Aufnahme. Dem Zyklus der 14 autobiographischen Skizzen mit dem glanzvollen Titelstück »Das Judenauto« hat Fühmann in der Schweizer Ausgabe von 1968 eine sehr merkwürdige, gleichzeitig kritische und trotzige Erklärung beigefügt:

»Diese Erzählungen, die keine Selbstbiographie darstellen, sind in den Jahren 1959 bis 1961 geschrieben.

Dem Leser wird nicht entgangen sein, daß mit der letzten Geschichte ein Stilbruch eingetreten ist. Sie verläßt auffällig das in allen anderen Geschichten gewählte und gewahrte Prinzip der Selbstironie zugunsten einer Haltung absoluter Übereinstimmung zwischen dem Individuum und der von ihm zur Lebenssphäre gewählten Gesellschaft. Solch eine absolute Übereinstimmung aber tritt, dann allerdings überwältigend, nur in den glücklichsten Momenten auf und ist nicht auf den Alltag übertragbar.

Mir widerstrebt es, im nachhinein zu ändern. So habe ich es nun einmal geschrieben und *so* ist es ja schließlich nun auch einmal gewesen.«[17]

Das aber heißt, daß diese einzige »Jasage«-Erzählung mit dem Titel »Zum ersten Mal: Deutschland«[18], dieser Text, der mit dem 7. Oktober 1949 den Gründungstag der DDR feiern soll, als ein im nachhinein eigentlich zu ändernder aufgefaßt wird.

Sozialistischer Biedermeier
Rolf Schneider, Hermann Kant, Werner Bräunig, Günter de Bruyn, Dieter Noll

Rolf Schneider

Diese Autoren, alle miteinander lange, zum Teil Jahrzehnte, im politischen Kampf verbunden, kommunizieren oft kaum miteinander. Das muß nicht immer so brüsk formuliert werden, wie Ludwig Renn es in einem Interview tat:
»Frage: Welchen Tendenzen und Autoren des gegenwärtigen Literaturschaffens in unserer Republik fühlen Sie sich besonders verbunden?
Antwort: Leider fast niemandem. Mit der Belletristik kann ich sowieso wenig anfangen. Außerdem fehlt unserer Belletristik etwas, schwer zu sagen, was es ist, aber ich glaube, daß es das starke, mitreißende Sujet und die bewegende Gestaltung ist....
Frage: Helfen Ihnen literaturwissenschaftliche Abhandlungen bei Ihrer Arbeit als Schriftsteller?
Antwort: Nein, Ästhetik und Literaturwissenschaft geben mir nichts, obwohl ich doch sonst eine ganze Menge wissenschaftlicher und historischer Literatur lese. Aber Ästhetik ist mir zu verschwommen und abstrakt und langweilt mich ungemein.«[1]
Aber der unter Aufgebot und gelegentlich Verlust aller künstlerischen Energien geführte Kampf gegen die eigene Vergangenheit, sei sie nun großbürgerlich, preußisch, jüdisch oder nazistisch – diese Überanstrengung eines Ich, sich aus Koordinaten zu befreien, die doch immer wieder stärker sind:[2] das findet sich bei der jüngeren Erzählergeneration der DDR nicht. Hader und Zorn und Zweifel und Verzweiflung an sich – literarisch gesehen also eine mehr oder weniger starke Komponente der Autobiographie – sind selten. Mit einer Ausnahme, Anna Seghers, haben alle hier erörterten

Autoren der früheren Generation auch Lyrik publiziert, also Neigung zu der subjektiveren Ausdrucksform dieses Selbstfindungsprozesses gezeigt (bei anderen behandelten Autoren – Hermlin, Kunert, Bobrowski – hält sich lyrisches und episches Werk quantitativ sogar die Waage); mit einer Ausnahme, Rolf Schneider, hat bisher keiner von den jüngeren Erzählern Lyrik vorgelegt – seine Gedichte sind eher Beweis von Fingerfertigkeit.

Die Arbeiten Rolf Schneiders sind Beleg für unsere These: die jüngste Prosaliteratur der DDR hat keine Vorbilder in der eigenen sozialistischen Kulturvergangenheit, hat ein allenfalls parodistisches Verhältnis zur überkommenen Literatur. Fällt das elegante, manchmal modische, immer einfallsreiche Schlupfwinkelspiel des gebildeten Rolf Schneider weg, der sozusagen sechshändig auf mehreren Klavieren zugleich spielt – dann ist die Prosa der DDR Nachricht und Disput.

Anknüpfungen sind oft eher respektvolle Verbeugungen, etwa wenn Paul Wiens in seinem Film »Das Lied der Matrosen«, der von Kurt Maetzig inszeniert und mit Hilmar Thate, Raimund Schelcher, Wolf Beneckendorff, Ekkehard Schall und Wolfgang Langhoff besonders glanzvoll besetzt war, in einer Szene den Grischa auftreten läßt und Zweigs moralische Szenerie wohl etwas spöttisch verändert.[3]

Auch Erwin Strittmatters Almanach-Bemerkung »Von Meister Zweig ›mauste‹ ich auf meiner Wanderschaft durch unsere Klassik, wie man eine Fabel lebendig führt und ›verzahnt‹. Der Grischa-Zyklus war mir eine gute Weile Lehrbuch«[4] entsprang wohl eher der Gratulier-Verlegenheit; tatsächlich gibt es keinerlei Ähnlichkeiten in den Erzählstrukturen beider Autoren. Rolf Schneider, im Festbuch zu Arnold Zweigs 70. Geburtstag, anekdotisiert bereits mehr literarischhistorisch – von einem Bezug zur eigenen Arbeit ist keine Rede.[5] Eine echte Huldigung an ein literarisches Vor- und Leitbild, vergleichbar der Rede Günter Grass' über Döblin oder Martin Walsers Buch über Kafka[6] gibt es in der DDR nicht. Das Element der subjektiven Tragik großer Figuren wie Anna Seghers oder Arnold Zweig, des tapferen Umwegs und untadeligen Irrwegs der Renn, Fürnberg oder Fühmann fehlt. Schillerndes Spiel, Spaß, Verführung – das existiert nur noch in der Verwendeform.

Rolf Schneiders erstes Bändchen heißt nicht zufällig »Aus zweiter Hand«[7] – es sind gelungene Parodien und erstaunlich ist die belesene Behendigkeit des damals 26jährigen, mit der er in Sprachgewänder Kafkas oder Benns, Hemingways oder Brechts hinein- und wieder herausschlüpft, die kecke Bosheit auch, mit der er typischer Gebärden Bechers spottet. Schneider ist aber über diese erste Publikation eigentlich nie hinausgewachsen, nur perfekter geworden. Er gehört heute zu den erfolgreichsten der jüngeren DDR-Schriftsteller, seine Bücher werden regelmäßig gleichzeitig in der Bundesrepublik und der DDR veröffentlicht (wie in zahlreichen Übersetzungen), seine Stücke gespielt, der renommierte westdeutsche Hörspielpreis der Kriegsblinden ging 1967 für die Fassung des Bayerischen Rundfunks von »Zwielicht«[8] an ihn. Übersetzungen, Aufsätze, Fernseharbeiten weisen ihn als bewundernswert vielseitig aus: Nur: zweierlei gibt es in diesen Texten nicht – Rolf Schneider und die DDR. Der Autor und sein Land kommen nicht vor. Der Musil-Kenner, Aragon-Übersetzer und Verfasser eines Aragon-Porträts ist hinter zahllosen Masken und Schminken nicht mehr zu erkennen. Es gibt keine typische Rolf-Schneider-Prosa, es gibt nur diese kennerischen Gesten literarischer Mondänität. Ein Gedicht über Robert Musil liest sich streckenweise wie die Parodie eines Hermlin-Gedichts:

»Welt aus barockem Geflecht, samtig bestaubte,
Gebrochene Lächeln ins Adagio der Brunnen streuende,
Vom Gaslicht geschminkte, buntglasige
Welt, entblöße dich:
Dein Schoß wird geöffnet vom Zirkel Zeit.
Deine Roben zerfallen im Schaum des Flusses.
Deine Feste gerinnen auf dem Reißbrett Entleerung
Zu verkümmerter Formel.«[9]

Zuweilen wird da die Mode des vergangenen Jahrs aufgetragen; 1968 zum Beispiel ein »Dokumentarstück« »Prozeß in Nürnberg« vorzulegen, das nun ganz und gar in sklavischer Abhängigkeit steht von Hochhuth, Weiss und Kipphardt, aber eben 5 1/2 Jahre nach dem »Stellvertreter« erscheint, zeigt arge Verlegenheit um eine eigene Form. Das Stück hat nur Aktenwert. Auch eine Komödie »Dieb und König«[10], schelmisch Friedrich II. und seine »Kuh«, die Königin vorführend, bleibt eher Kostümscherz – jedenfalls werden keine Kausalitäten im Sinne des historischen Materialismus evident, die nicht seit Franz Mehring allgemeines Bildungsgut sind –; es wird Zutageliegendes zutage gefördert.
Schneiders Prosa führt diese vorgegebenen Einflußstrukturen besonders eindringlich vor, er gibt sie auf fast parodistisch-spielerische Weise zu; in seinem Erzählungsband »Brücken und Gitter«[11] sind sie von Text zu Text ablesbar, vom Brecht'schen »Vorspruch« über Musil, Kafka und die F. C. Weiskopf-Anekdote zur durchaus eindrucksvollen, nüchtern komponierten Geschichte »Brücken«, die große emotionale Spannung hat. Auf nahezu tückische Weise wird hier die neblig-unheimliche Kulisse von Camus' Amsterdam beschworen – und umgewendet: kein fingierter Dialog zur Selbstfindung findet statt, sondern eine einsame Wanderung in die Nicht-Identität. Ein deutscher Wirtschaftsemissär verliert sich in der nazibesetzten Grachtenstadt, geht mit einer Hure (von deren Wortlosigkeit man versteht, daß sie wohl zum Widerstand gehört), die ihm die Papiere stiehlt, so daß er, in eine Razzia der eigenen Leute geratend, mit jenen, die er verabscheut, auf fast gemütlich-brutale Weise (»Komm schon, Itzig«) auf die wartenden Lastwagen verladen wird.
Schneider gibt aber noch mehr: Wenn sich sein Weltverständnis zwischen Gittern und Brücken begreift, so muß man die Brücken-Metapher genau abhorchen. Brücken nämlich sind ja gemeinhin verbindend, Menschen zueinander führend. Hier trennen sie, treiben ab: je mehr überbrückte Kanäle dieser »Fremde« überquert, je unwiederbringlich weiter

treibt er fort. Und hinter einer Brücke, endlich, kam er zur Rast mit der vermeintlichen Hure – eine Rast ohne Umkehr:

»In dieser Stunde standen die Brücken auf. Es war ein phantastischer Anblick: die Brücke, über die er erst vor ein paar Minuten gegangen war, erhob sich, um sich langsam und schräg in die Luft zu stellen, mit einem schnarrenden kreischenden Geräusch, und dieses Geräusch schien auch anderswoher zu kommen, und er drehte den Kopf und sah, auf der anderen Seite, sehr viel entfernter, eine andere Brücke aufstehen, aber das Geräusch schien von allen Seiten zu kommen, überall schienen Brücken aufzustehen und die schnarrenden, kreischenden Geräusche von sich zu geben.«[12]

Schneider hat natürlich auch gemerkt, daß seine Vexierfabeln Ausweichen einerseits in literarische Bezüge, andererseits in fremde gesellschaftliche Kulisse sind; der »Vorspruch« klingt wie eine mühsam Brecht zu Hilfe bittende Entschuldigung:

». . .
fast alle beschriebenen handlungen sind
wenig empfehlenswert
doch
berichtend von vergangenen zuständen
nennen sie
deren eigenart
unter benutzung der zugehörigen namen
dabei abwägend zwischen stärke und feigheit
wir selbst
kinder des gewandelten zeitalters
möchten
zu erkennen ziel und ausmaß der wandlung
beiläufig
den blick kehren ins befremdlich andere
als unserem ausgangsort«[13]

Sein Ausgangsort ist und bleibt aber Literatur; gelegentlich die eigene, wenn der Roman »Tage in W.« in der Skizze »W. zum Beispiel« paraphrasiert wird und es heißt:

»Die Beschreibung ist Zitat. Es entschuldigt nicht viel, daß sie ein Selbstzitat ist.«[14]

Es dringt aber diese Bindung an vorher Formuliertes in Bild und Stil: das Wort »repressiv« ist nicht nur Marcuse'sche Konterbande in der DDR – also einigermaßen schick und »weitgereist« –, sondern sitzt auch als Charakteristikum einer mitteldeutschen Kleinstadt der dreißiger Jahre schief.[15] Ebenso verzerrt die Eingangssentenz, die schlechterdings jeden Belesenen, zumal in der DDR, an den berühmten Auftakt von Anna Seghers' »Aufstand der Fischer von St. Barbara« erinnern muß, ihr episches Klima – »Der Markt liegt leblos und hell unter dem heftigen Mittagslicht. Die Wärme hockt breitgesäßig auf den Dächern«[16] –; es wird etwas angetönt, was nicht eingelöst wird.

Nicht mehr perfekt, sondern routiniert, liest sich Rolf Schneiders jüngster Roman »Der Tod des Nibelungen«. Es beginnt auf der Titelseite mit dem Untertitel, der nicht nur in Klanggleichheit und nahezu identischer Wortzahl (elf Worte Thomas Manns ergeben zehn bei Rolf Schneider) den Untertitel zum »Dr. Faustus« aufnimmt, sondern damit natürlich die Konstruktion des Buches, der von einem Freunde edierte Lebensbericht.

Der Klappentext der westdeutschen Ausgabe, bei einem so apparatbewußten Autor zweifellos mit dessen Genehmigung formuliert, will das Künstliche des Buches ins Kunstvolle wenden:

»Die Figur des Bildhauers Wruck ist synthetisch, in ihr brechen sich mehrere andere Biographien. Doch der Autor wollte keinen Schlüsselroman schreiben, sondern die Frage stellen, ob der Künstler nicht überhaupt synthetisch sei. Bei Wruck jedenfalls ist dies der Fall. Daraus erwächst sein Opportunismus – ein weiteres Thema dieses neuen Romans: der Künstler als Opportunist und der Opportunist als Künstler. Aber nicht nur die Biographie des Helden ist synthetisch, auch der Roman selbst arbeitet mit Mitteln des künstlichen ›Zusammensetzens‹. Er tut dies auf höchst virtuose Art, indem er

Fiktives und Reales montiert, damit eines das andere bestätigt und zugleich ironisiert.«[17]
Entstanden ist aber ein ganz und gar synthetisches Buch: der Eingangsbrief an den Rowohlt Verlag, der offen läßt, ob das Schneider'sche Manuskript nicht tatsächlich der Piper-Konkurrenz vorgelegen habe; die kecke »Enteignung« von Ernst v. Salomons damals origineller, sogar ehrlicher Idee, einen Roman durch überdimensionales Ausfüllen eines Fragebogens entstehen zu lassen, quasi durch Auswuchern und Antwortsüchtigkeit; die rigorose Summierung vorhandener Typen – ob Heinz v. Cramers Kunstfigur, Siegfried Lenz' Nansen oder eben auch dem v. Salomon'schen Ich, immerhin auch ein »Künstler«, der sich stellt; die eklatante Abwehrmaßnahme schließlich, den »Lieferanten« Ernst v. Salomon als Romanfigur, vornehmlich den erfolgreichen Autor eines Buches »Der Fragebogen« einzuführen – zu viel geborgt. Von Seite zu Seite gibt das Buch nicht mehr her als jenen »Aha-Effekt« literarischer Quizsendungen; die an den Leser gestellte Frage ist nicht mehr »Erkennst du etwas von dir?«, sondern »Erkennst du etwas wieder?«; hier muß einem natürlich »Tonio Kröger« einfallen:
»Ich bin auf der Grenze zwischen zwei Orten geboren und auf der Grenze zwischen zwei Tagen. Mein Nachname ist slawisch oder germanisch deutbar. Mein erster Taufname ist heidnischen Ursprungs wie der zweite katholische Frömmigkeit enthält. Schon meine Namen legen einschlägige Polaritäten fest. Namen sind Schicksal, das wird aber noch von den zeugend-empfangenden Eltern bestimmt.«[18]
Hier fällt durch, wer Sächsisch nicht aus dem Ostpreußischen übersetzt und wer aus einem blinden Knaben nicht einen verwachsenen machen kann:
»Ich hatte auf einem Stuhl zu sitzen, dessen Sitzfläche mein Kleinjungenarsch nicht bedeckte. Meine Mutter sagte schließlich Siggi gomm und ergriff erneut meine Hand. . . . Sie sagte: Na, was fehldn? beim erstenmal und: Na, wie gehdsn heide? später. Ich fühlte fleischige Finger an Lidern, Ohren, Kiefer-

knochen: Finger, die tasteten, die rieben. Gewaltige Stimme sagte: soso und: Eja. ... Mein Vater mußte von Lotterie-Kollekten zwischen Bernsdorf und Hilbersdorf Schafsdung mitbringen, der wurde mit Milch verrührt und mir breiigwarm über die Lider gelegt. Er gerann, wurde kalt und trocken. Er zerfraß meine Haut, daß Risse entstanden und juckende Pusteln Eiter von sich gaben. Meine Augen blieben blöde. Meine Mutter führte mich zu einem anderen Naturheilkundigen, Pillchen-Müller, der mich mit zuckerigen Tabletten fütterte. Ich wurde vom Schafsdung verursachte Ekzeme los, blieb aber blind.«[19]

Und mit dieser Passage hat Gisela Elsner einen Schüler gefunden:

»Ich nahm die Nähnadel und stieß sie in die Mitte der Verfärbung. Die Nadel erwies sich als stumpf, die Haut als zähe. Ich mußte mehrmals drücken und stoßen, ehe ich ein dünnes Hautläppchen aufreißen konnte, das mir besseren Ansatz bot. Ich wühlte mit der Nadel in der entstandenen Öffnung, förderte winzigste Bräunlichkeit zutage, dazwischen quoll Lymphe. Blut erschien überhaupt nicht, am Anfang. Ich nahm die Schere und versuchte, die aufgewühlten Hautstücke abzutrennen. Sie entzogen sich biegsam der Scherenschneide. Ich versuchte die Hautläppchen mit den Vorderzähnen zu erfassen, wölbte ihnen mit den Fingern der rechten Hand die Haut entgegen, biß und nagte, riß an den Hauthaaren, faßte endlich die Haut und zog. Ein winziger Schmerz entstand, dem sofort Antwort wurde in Gedärm und Steißnerven. Als ich abließ, blutete die Haut. Ich leckte das Blut fort und wühlte weiter mit der Nadel, biß und nagte wiederholt, dann hatte ich den Leberfleck getilgt.«[20]

Es gibt natürlich noch verborgenere Anspielungen wie die lange Katzenmordpassage[21], die an Christa Wolf erinnert oder der eigenartige, vom einflußreichen Anwalt »hingebogene« Schülerdoppelmord; wer erinnert sich schon, daß der junge Johannes R. Becher nur mit Hilfe seines ungeliebten Vaters und des § 51 freikam, als er bei einem Selbstmord-

und Mordversuch überlebte, die Geliebte aber tot war?[22] Das Ergebnis ist ein Buch, das in nichts überzeugt. Das Rätselspiel der literarischen Anspielungen erschöpft sich rasch. Die gelegentlich konkreten Details stimmen nicht oder langweilen; so ein Absatz ist in jedem Kulturfahrplan zu finden:
»Es war das Jahr 1908. Fürst Bernhard von Bülow regierte im vorletzten Jahr als deutscher Reichskanzler. Der eiserne Kanzler Bismarck faulte seit zehn Jahren im Sachsenwald. Österreich-Ungarn und Rußland hatten es miteinander in der bosnischen Annexionskrise. Ernst Hardt warf den künstlerischen Roman ›Tantris der Narr‹ auf den Markt. Die kaiserliche Regierung in Berlin erließ die letzten Flottengesetze. Freiherr von Schön war Staatssekretär im Auswärtigen Amt statt von Tschirschky und Bögendorff. Im Reichstag ging es um die große Finanzreform. Im Küchenwaldkrankenhaus wurden Siegfried Amadeus Wrucks Augen geheilt.«[23]
Und stilistisch hat Rolf Schneider den Roman einem Trick geopfert, der die eigene Sprache beiseiteschiebt, hinein in bemalte Kulissen – es ist alles »Rollenprosa«. Da der verkitschte, kriecherische homosexuelle Nazibildhauer Wruck spricht, der Goebbels und Hitler und Speer bediente und duldet, daß sein zu früh fett gewordener Zigeunergeliebter von der Gestapo geholt wird, ist jede Sprache erlaubt. *Er* ist es ja, der den Fragebogen der Amerikaner im Internierungslager Natternberg (!) ausfüllt, quäkend, sich exkulpierend, gelegentlich trotzig. *Er* antwortet auf die Frage nach der Augenfarbe kokett »grau, mit limonenfarbenen Einsprengseln«[24] – nicht etwa Rolf Schneider; »da trat der halbnackte Leib ins Frühlicht, der dem Grafen Plettenberg gehörte«[25] – das beobachtet ja nicht ein Schriftsteller, sondern ein Gips-Kunstgewerbler; und von einem Gesicht in »Boxcalf-Färbung« zu sprechen, als sei Boxcalf nicht eine Lederqualität, sondern eine Farbe – das darf eben nicht der Sprachungenauigkeit eines Autors angelastet werden, es geht auf das Konto der Schreibunsicherheit eines bildhauerischen Möchtegerns.

Schneider, in offenbarer Angst, eigene Sprache könnte zu enthüllend sein, hat sich selber vollständig aufgegeben, sich auf technisches Können zurückgezogen. Fast sieht es so aus, als würde Eleganz neues Charakteristikum einiger ausbiegender DDR-Autoren; Peter Hacks' jüngste Bearbeitung des Herkules-Stoffes, der er den Namen jener lydischen Königin – Omphale – gab, zu der Herakles strafversetzt wurde, war bereits als Singspiel mit Musik von Hans Werner Henze gedacht. Der Kritiker Joachim Kaiser summierte den Premiereneindruck verstimmt:

»Doch bei Hacks steht hier auf beklemmende Weise die allzu rasch, allzu schön, allzu kunstgewerblich-kalligraphisch fixierende Formel und Formulierung vor der Eigenbewegung, dem Gewicht und der Wahrheit des Auszudrückenden. Während man sonst, bei dumpfdummen Dramatikern, auf erlösende Worte hofft, wünscht man hier: Feinsinn, Kontrolle, Niveau – alles das möchte doch für einen Augenblick verstummen, möchte doch irgendwann einmal dem Atmen und dem Gewicht der Affekte und Gefühle Platz machen. ...
Eleganz, zur Haltung gemacht, wirkt schal.«[26]

Schneider nennt Namen, aber er benennt nichts. Seine Zungenfertigkeit hat ihn erstickt. Von Josefine Mutzenbacher bis Beardsley, von Kapfinger bis Kiesinger (natürlich mit Tocqueville), von Alexandra Kollontai bis Harry Domela – kaum ein Name, den Schneider uns erspart. Und er weiß natürlich, daß mit dem Namen Radziwill der Name Kennedy gefallen ist. Auf wenig mehr als zehn Seiten[27] wird ein »Who is who?« des deutschen Theaters geboten, von Gründgens bis zu den Rotters, 34 Namen insgesamt. Auskunft wird nicht gegeben.

Diese selbstauferlegte Degeneration zum Ansager, der mit dem Zeigestock stumme Flimmerfiguren in ihren künstlichen Bewegungen erläutert, die »wie Menschen« wirken, aber eben keine sind – das ist eine Extremvariation der Informationsverweigerung. Und damit Information in sich. Schneiders Charaktere sind Pseudonyme.

Hermann Kant, Werner Bräunig, Günter de Bruyn, Dieter Noll

Das Konstruktionsprinzip des nicht auf den Helden, sondern auf eine Entwicklungsetappe konzentrierten Erziehungsromans hat ein anderer junger Autor erfolgreich zu handhaben verstanden. Hermann Kant, der mit seinem Erstlingsroman »Die Aula«[1] einen fast sensationellen Erfolg in der DDR hatte.

Kant nahm in sowjetisch-polnischer Kriegsgefangenschaft an den ersten Umschulungskursen teil und begegnete in Warschau zum ersten Mal Anna Seghers, die ihm nach einer Diskussion sagte: »Weißt Du, Elektriker, Du sollst studieren.«[2] Nicht solltest, müßtest, könntest – der Imperativ war für Kant überzeugend: Er ging 1949 an die Arbeiter- und Bauernfakultät nach Greifswald, studierte dann Germanistik in Berlin, blieb als Assistent an der Humboldt-Universität, gab die gut redigierte Studentenzeitung »tua res« heraus, begann eigene Geschichten zu publizieren, zuerst 1957 »Die kleine Schachgeschichte« und »Krönungstag«, die 1962 in seinem Erzählungsband »Ein bißchen Südsee«[3] zusammengefaßt wurden. Für die eigens für diesen Band verfaßte Geschichte »Ein Krankenbesuch« erhielt er 1963 den Literaturpreis des FDGB, nachdem er 1962 schon für vielerlei Arbeiten – unter anderem die im »Neuen Deutschland« veröffentlichten KKK-Glossen (Kants Keller-Kinder) – den Heinrich-Heine-Preis erhalten hatte. Eine Filmbearbeitung von Pavel Kohouts Erfolgsstück »Und das am Heilig Abend ...« ermutigte ihn zu einem eigenen Fernsehfilm über die Hamburger Hochwasser-Katastrophe – aus diesem Plan entstand der Roman »Die Aula«. Über den Anstoß zu diesem Buch sagte er in einem Interview:

»Ich hatte einen ganz persönlichen Anlaß, es zu schreiben. In einem verregneten Urlaub nämlich las ich alles mögliche, unter anderem auch eine Festschrift über meine ehemalige Arbeiter- und Bauern-Fakultät. Und darin stand ein Artikel, der so haarsträubend ledern war und leer von Leben, daß er mich mächtig aufregte und daß er mich dann eben zum Schreiben getrieben hat, weil ich mir sagte, wenn das alles sein soll, was von jener Sache bleibt, dann wäre das ein Jammer, und dagegen muß man was tun. Woraus man vielleicht ableiten kann, daß ein verregneter Urlaub und ein daraus entstehender Zorn Quellen produktiver Arbeit sein können.«[4]

Hier findet also zum ersten Mal – und damit bezeichnet das Buch zweifellos eine Zäsur, einen Wendepunkt – die Auseinandersetzung mit der eigenen sozialistischen Vergangenheit statt. Kriegs- und Nazizeit, gar Emigration spielen keine Rolle mehr im Bewußtsein des Protagonisten, alte Kämpfer der KPD, Hoffnungen und Enttäuschungen existieren allenfalls als Lernstoff. Die hier agieren, kennen nichts als zwei deutsche Staaten, die DDR ist weniger etwas Gewordenes, mühsam Erschaffenes – als vielmehr etwas schlechterdings Vorhandenes. Das heißt nicht, daß keine Entwicklung stattfindet oder angestrebt wird, ein Weiterbauen, Konsolidieren; aber es ist nicht mehr ein Entwickeln auf etwas zu, sondern ein *Weiter*entwickeln *innerhalb* einer vorgegebenen geschichtlichen Situation, damit auch psychologisch existent. Wirklichkeit muß nicht mehr eingeholt, sie muß nur noch eingelöst werden. Diese Realperspektive macht der Studienkollege Trullesand zum Beispiel deutlich. Er sieht aus dem Fenster des kasernenartigen Wohngebäudes der ABF, dessen Aussicht mit Kohlenhaufen, Bunkertrümmern und verregnetem Dreck verstellt ist. »Robert stellte sich neben ihn und suchte vergebens nach Schönheit . . . Aber Trullesand sah das anders: ›Na, jetzt nicht so sehr, Mann, Oktober und Regen, da kannst du nicht viel verlangen. Aber nun denk dir mal den Bunker weg und statt der Ödnis denk dir mal einen Fußballplatz, und auf die Straße denk dir mal lauter hübsche Mädchen, die immer so rauflinsen, und dann die Bäume, denk dir mal Birnen und alle diese Dinger – na, wat sahst du, ist die Aussicht schlecht?‹«[5] Dies ist nicht mehr die Hoffnung auf eine ferne Welt, der wir bei vielen Gestalten der Seghers etwa begegneten, sondern eine reale Phantasie; dieses ›denk dir mal‹ tritt ja notwendig ein, und jeder weiß es.

Damit ist ein Schreib-Problem aufgegeben, das Kant nicht löst; die große Sicherheit, fast Manipulierbarkeit des Stoffs kann zu einer Obenhin-Leichtigkeit beim Schreiben, zu einer beliebigen Herstellbarkeit von Situationen, Problemen oder Auflösungen führen. Das Material ist derart gleichgültig, daß auch Stile oder Literaturmodelle wechselweise ausprobiert werden können. Kant ist ein geschickter, gebildeter, belesener Arrangeur – ein großer Schriftsteller ist er nicht. Ambivalentes, Zwischen- oder Hohltöne gibt es nicht; da die Welt quasi fertig ist, ist auch dieses Prosa-Gebäude fertig, seltsam glatt, klug, aber aus Fertigteilen erbaut. Es wirkt schließlich unglaubwürdig.

Die gelegentliche Eilfertigkeit und jongleurhafte Beliebigkeit, mit der er über seinen Stoff gebietet, hat auch negative Stimmen in der sonst übereinstimmend positiven DDR-Literaturkritik laut werden lassen; Sylvia und Dieter Schlenstedt schreiben in ihrem ausführlichen und sorgfältig analysierenden Aufsatz »Modern erzählt – Zu Strukturen in Hermann Kants Roman ›Die Aula‹«:

»Die Figurenanlage jedenfalls gibt die Chance, aber sie scheint uns vom Autor nicht voll genutzt. Das steht mit einer im Buch vorgetragenen Polemik in Beziehung: An mehreren Stellen ironisiert Iswall die Vorliebe von Romanautoren für programmatische Titel, er spottet über Geschichten, die anspruchsvoll und herausfordernd verkünden: ›Doch ewig bleiben die Steine‹ oder ›Das bläst der Wind nicht fort‹ oder ›sonst etwas mit einer progressiven Luftbewegung‹. Iswalls Initiative gegen problemgeladene Titel ist Kants Polemik gegen problemgeladenes Schreiben, gegen ein Erzählen, in dem die Weltanschauungsdebatte und das philosophierende Gespräch über der erzählten Geschichte liegt. Damit mag es nun zusammenhängen, daß Hermann Kant die direkte, weltanschauliche Erörterung meidet, selbst da, wo sie eigentlich angelegt ist. So werden zum Beispiel gravierende und einen solchen Charakter und eine solche Entwicklung von 1949 bis 1962 bestimmende Daten durch den Zeitsprung ausgespart, werden die Überlegungen des Erzählers über die Funktion des Teufels und seinen Charakter in einer Geschichte der Übergangsperiode eigentlich verschenkt. Damit hängt auch zusammen, daß verschiedentlich, sei es durch den Erzähler, oder in den Überlegungen und Gesprächen der Figuren, die Debatte über ein Problem begonnen, dann aber abgebrochen und in neue, das Problem umspielende oder mit einem anderen Gedanken einsetzende Episoden überführt wird, unter anderem in Reflexionen über das Komische oder in das wenig zündende Gespräch mit dem Hamburger Kaufmann. Es scheint fast, als sei dies alles nicht nur ein Sich-Zurückhalten von direkt weltanschaulicher Diskussion, sondern auch mangelnde Kraft, sie durchzuhalten, ...«[6]

Ein zentraler Satz in dem Buch – der sich, alles Modische hurtig verarbeitend, auch der Reflexion über die Reflexion, des Schreibens über das Schreiben bedient – heißt: »Der eigenartige Mechanismus der großen Aufschlüsse hatte immer zuverlässig gearbeitet, immer wieder hatten sich Hauptsachen durch Beiwerk dargetan ...«[7].

Hier liegt wohl der Haupt-Irrtum Kants. Das nach außen geschlossene Milieu des Buches setzt ja vergleichbar dem Modell »Menschen im Hotel« oder »Das Narrenschiff« – mannigfache Beziehungen nach innen frei. Die Gefahr so vieler Betriebsromane der DDR, in denen Privates reduziert wird auf greinendes Stullenschmieren der un-emanzipierten Kumpelfrau oder betretenes Fremdgehen des Gewerkschaftsvorsitzenden, wird hier natürlich vermieden – die ABF ist ein zu »großer Betrieb«, dieses Konstruktionsschema bietet Privatstränge an, die gleichsam »dazu gehören«.

Aber innerhalb dieses gewählten »Großbetriebs« bewegt sich der Autor mit derart selbstverständlicher Sicherheit, daß Haken und Widerhaken nicht mehr erkennbar sind. In einer ausführlichen kritischen Erörterung des Buches im

»Sonntag« wurde das als besonderes Positivum hervorgehoben und typischerweise auch jener Kernsatz benutzt: »Hermann Kants Modernität, die das Erzählen wiederherstellt, ist im Grunde etwas, das es von jeher gab (und was wir in klassischer Ausprägung in den bürgerlich-demokratischen Romanen anglo-amerikanischer Literatur vorfinden): naiv und essentiell bewegt sich der Erzähler im Raume des Vorgestellten und Gedachten und nimmt sich das Recht heraus, in freier Assoziation an Personen, Zeiten und Aspekten herbeizuziehen, was immer er will und benötigt – im vollen Vertrauen auf das, was Kant programmatisch dahin formuliert: daß der ›Mechanismus der großen Aufschlüsse zuverlässig‹ im ›Beiwerk‹ die ›Hauptsachen‹ zutage fördere.«[8] Kant selber hat, wenn auch klüger und zögernder, in einem Rundgespräch, an dem unter anderem Fritz Selbmann und die beiden Chefredakteure von »Neue Deutsche Literatur« teilnahmen, diese Position des Autors noch einmal erläutert:
»Ich glaube, mit der Totalität ist es so: ob sie erreicht oder nicht erreicht wird, entscheidet sich zunächst schon einmal durch Stoff- und Heldenwahl. Du kannst, sagen wir mal, an einem kleinstädtischen Steuerberater aus Pinnewitz nun wirklich keine gesellschaftliche Totalität erhalten, weil einfach seine Lebenswege, Lebensziele und Lebensanschübe weitgehend nicht identisch sind mit dem, was die Gesellschaft erzielen will. Genau so ist es eben entsprechend mit dem Stoff. Nun glaube ich aber, daß die sogenannte Totalität eher unterläuft, als daß sie absichtsvoll erreicht werden kann. Ich glaube, sie unterläuft in dem Maße, in dem man einen Stoff, den man frei gewählt hat, von frei erwählten Figuren so intensiv wie möglich durchschreiten läßt. In dem Maße, in dem du das, was innerhalb dieses Bereiches geschieht, genau siehst, in dem Maße siehst du mehr als das, was in diesem Bereich allein geschieht. Andernfalls fängst du an, die Ebenen zu schieben, die Helden um die Ecken zu hauen, damit sie bloß dahin kommen, wo du wiederum deine Nase hineinstecken möchtest, damit es auch ja total genug wird. Das

alles führt zu nichts. Ich glaube, daß die intensive Ausschreitung eines Bereiches, der zumindest mit Maßen berührt wird von den wichtigen Kraftlinien unserer Gesellschaft, eher zu einer solchen Totalität führt als der Versuch, eine Art literarischen Atlas herzustellen.«[9]
Es fragt sich, ob dieses ästhetische Konzept stimmt. Kant, der in Gesprächen gern erwähnt, daß über seinem Schreibtisch ein Bild von Hemingway und in seinem Regal vor allem Thomas-Mann-Bände stehen, bleibt in seinen Romanen undurchlässig für jedes ernsthaft kritische Element, für Zweifel oder gar Verzweiflung. Seine Kritik verkommt zu kritischen Mätzchen, zu einer Art marktkonformer Nörgelei: die bekannte Szene, in der Hauptheld Robert Iswall am Bahnhof Friedrichstraße den Chemiefachmann trifft, der gerade von einer Tagung aus Bombay kommt und sich von dort, um die halbe Welt, ein Netz voll Zwiebeln mitbrachte, ist Applikation. (Bezeichnenderweise stimmen in dieser Szene auch die Details nicht – wer auf dem Flugplatz Schönefeld aus Bombay landet und einen Dienstwagen hat, wird am S-Bahnhof Friedrichstraße besagtes Netz nicht mehr in der Hand tragen.) Und der auf kritische Ironie als Stilmittel so erpichte Hermann Kant merkt nicht: der Mut seines Robert Iswall, mit dem er Zensurversuche des Rektors abwehrt, als der ihm den Festvortrag zur Schließung der ABF vorab lektorieren will,[10] wirkt läppisch angesichts der Tatsache, daß noch heute jede Visitenkarte und jeder bedruckte Briefbogen in der DDR eine Kontrollnummer trägt und daß noch immer Buchveröffentlichungen von Hermann Kants Kollegen unterbunden werden – sogar von Hermann Kant selber, inzwischen.
In einem Interview kurz nach Erscheinen des Romans machte Kant die Wahrnehmbarkeit seiner kritischen Observanz zum Kriterium für die künstlerische Wirkung des Buches. Wobei selbstverständlich mit »kritischer Observanz« weder verstanden noch etwa verlangt werden soll, daß ein Autor wie Kant sich vom Sozialismus distanziere. Die entscheidende Frage ist, ob eine Phänomenkritik angedeutet wird

oder Strukturen grundsätzlich kritisch erörtert werden. Kant schien sich gelegentlich der Glätte seiner Andeutungen bewußt zu sein:
»Ich bin, offengestanden, ein wenig mißtrauisch, denn wenn man so will, habe ich zur Zeit nur freundliche Echos, und das macht mich wirklich stutzig. Das macht mich deshalb stutzig, weil ich ja in diesem Buch, wie ich glaube, doch auch etwas kritisch gewesen bin und manches darin aufgepickt habe, das mich und sicher auch andere kratzt. Also, ich glaube Wert legen zu dürfen auf den kritischen Ton dieses Buches. Das Merkwürdige aber ist, daß sich bisher niemand zu Worte gemeldet hat, der sich von dieser Kritik getroffen fühlt. Sollte es dabei bleiben, werde ich doch für mich mit diesem Buch nicht zufrieden sein.«[11]
Diese eher schlaue als kluge Listigkeit, derer man sich bei Lektüre des Buches keinen Augenblick erwehren kann, hängt mit einem fundamentalen literatur-theoretischen Irrtum zusammen; Kunst wird in einem von oben geleiteten oder gelenkten Kulturbetrieb – gleichgültig ob kapitalistisch oder sozialistisch – automatisch Ingredienz des Kultur- (oder Propaganda-)betriebs. Prosa, als auf Kommunikation ausgerichtete Sprache, die den gesellschaftlichen Alltag bestenfalls interpretieren, also »verzieren«, aber keinesfalls unterhöhlen darf, steht ständig in der Gefahr, Konsumartikel zu werden – als »ein Gespinst schön kommunizierter schöner Inhalte«[12] integriert zu werden. Nur Prosa, die sich ständig gegen diesen Zugriff wehrt, kann Kunst sein. Sich dagegen wehren heißt aber nicht, gesellschaftliche Mißstände durch Worte zu entkleiden suchen, die ihrerseits nicht entkleidet sind, sondern eben jene Mißstände nur benennen; die Kritik muß in die Sprache selber getragen werden. So, wie westliche Literatur bis hin zu Grass, wenn sie so tut, als sei unser geschichtlicher Ort noch der Storms oder Fontanes, von vornherein eher – mag sein, unbewußt – Verschleierungsfunktionen ausübt, zur Unwahrheit verdammt ist und sich damit selber zum Teil der Kulturindustrie macht, so hat auch

ein Buch wie Kants »Aula« einen konservierenden, also konservativen Charakter: es trägt bei zur Illustration, also Aufrechterhaltung des Bestehenden.[13] Es ist neu, aber nicht jung – ein altes Buch.

Nicht zuletzt Kants Begriff vom schriftstellerischen Instrumentarium ist Ursache für diese gewisse Glätte seiner Bücher. In einem Fernsehinterview mit dem Kritiker Dieter Hildebrandt sagte Kant auf die Frage nach der »Materialprüfung«, also nach dem artistisch abwägenden Umgang mit dem Wort:

»Ich verstehe schon, daß hier viele Leute sozusagen den Spaß haben oder auch es oft als eine Möglichkeit, ein literarisches Bedürfnis zu befriedigen, finden. Aber umgekehrt verstehe ich sehr gut, daß die Haltung unserer Schreibenden so ist, wie sie ist, weil es für uns doch eher darauf ankommt, das präzise Wort an den Mann zu bringen, und nicht eine blanke Selbstentäußerung allein schon das Wichtige ist.«

Hildebrandt: »Heißt das, daß die Figur des Schriftstellers eine andre wird und geworden ist, daß der Schriftsteller vielleicht eine öffentliche Figur in einem anderen Sinne als hier ist?«

Kant: »Ja, in einem anderen Sinne ist er es sehr. Ich meine, hier können sich ja einige Kollegen ja keineswegs über einen Mangel an Öffentlichkeit beklagen, aber das ist eine andere Art von Öffentlichkeit. Genau das, was ich vorhin versuchte zu beschreiben: Dieses Einbezogensein in Vorgänge, dieses ›Du, komm mal rüber, Du könntest uns mal helfen‹, das ist eine Haltung, glaube ich, die in Deutschland, bei uns in der DDR neu ist und eingeführt worden ist. Und das hat natürlich mit Sozialismus zu tun.«

Der Autor also als in die Gesellschaft integriertes Individuum, als »Du«. Was sich an rhetorischer Sprache zeigt, am Konzept von Sender und Empfänger, also eines Wirkungszirkels – das wird hier auch deutlich in der Argumentation. Das Experiment ist die nichtöffentliche Instrumentenschmiede; Literatur beginnt erst danach – nämlich, wenn das »präzise

Wort an den Mann« gebracht wird, nicht die »blanke Selbstentäußerung«. Eine verräterische Definition, Mischung aus Kommerz- und Militärvokabular, sehr zielgebunden.
In ihrer Untersuchung sahen Sylvia und Dieter Schlenstedt gerade in der Direktansprache, in dem Scheindialog, in den sich Kant mit seinem Leser begibt, das spezifisch Sozialistische – fast eine neue Möglichkeit sozialistischer Epik.[14] Zu fragen aber bleibt, ob dieser Verständigungsstrom nicht auch Ingredienz der Unterhaltungsliteratur ist. Anders als im dargestellten Zusammenhang bei der Theaterliteratur;[15] denn während dort das Publikum hochgezogen wird, begibt sich hier ein Autor auf das vollständig gleiche Niveau an Sprache, Denken, politischer Debatte. Die Identität des Erzählers mit dem Helden – beide haben denselben Beruf, also dieselbe Erfahrensweise – garantiert auch denselben Reflexionsmechanismus, also denselben Standard; daß beide Bücher Kants[16] in Fortsetzungsabdrucken erschienen, soll nur als äußerliches Indiz erwähnt werden. Interessanter ist, daß auch die Erzählstrukturen, die der erwähnte Schlenstedt-Aufsatz nachzuzeichnen sucht, diese didaktische Balance zeigen:
»Hermann Kant nimmt dabei jene Formen moderner Bewußtseinsdarstellung auf, die nicht wie in der älteren poetischen Konvention innere Vorgänge vor allem beschreiben, sondern deren Phänomene auf bestimmte Weise selbst setzen wollen. Dabei fällt dreierlei auf: Zum ersten die Reproduktion des wirklichen Erinnerungsvorgangs in der Struktur des Erzählens. Der poetische Ablauf von Iswalls Erinnerung hat nämlich selbst deren Form: Das nur Zurückliegende, vor allem die heiteren Episoden, scheinen sich von selbst einzustellen, wenn die Erinnerung erst einmal in Gang gebracht ist. Diese Seiten der Vergangenheit lassen sich leicht ans Licht heben, sie erfüllen das Buch in einer munteren Folge. Anders aber das Verwickelte: Woran Schuld ist, was aus dem Gedächtnis schwand, weil es unangenehm war, an das zu denken, was verdrängt wurde – das entzieht sich lange der Erinnerung und damit der Reflexion und Klärung. Iswall

gelingt hier immer nur ein Herantasten, bis dann – immer wieder vorsichtig berührt – spät, am Ende des Buches, alles einigermaßen aufgehellt ist. Deshalb ›hat‹ man das Buch auch erst, wenn man auf der letzten Seite angelangt ist und den Bogen von Anfang her selbst geschlossen hat. Da nämlich erst steht in einem poetischen Konkreten, zusammengesetzt und strukturiert aus einer Fülle von Episoden und persönlichen Reflexionen, ganz vor unseren Augen, was am Anfang als abstrakter Ausgangspunkt erschien: die ›historische‹ Bedeutung des Geschehens.

Zum zweiten das Prinzip der Amplifikation. Sie ist eine Methode, die Erinnerung und – häufig verwandt – die Reflexion zu entfalten: Indem nämlich das Denken das Wesentliche umspielt und es nach und nach erst enthüllt, wird nicht ein Kreis von bloß variierenden und beliebig fortsetzbaren Episoden oder Gedanken umschrieben, sondern es werden in den unterbrochenen Einfällen fortwährend Steigerungen herangewälzt, die den Kern des Ganzen stufenweise deutlicher machen und auch in seiner aktuellen Bedeutung brennender. Das kann naturgemäß nur in einem Überfluß, ja auch Überflüssigem zustande kommen, aber gerade darin entsteht ›eine vollständige Zusammenstellung aller in der Sache liegenden besonderen Teile‹ (wie Pseudo-Longinos dieses Prinzip als rhetorisches Mittel beschrieb, ›Ästhetik der Antike‹, Berlin 1964, S. 383).

Zum dritten der Wechsel reflektierender Durchdringung mit szenischer Vorstellung. Iswall ist Journalist, sein Berufsvorzug ist Neugier, seine Arbeit Formulieren. Seine Erinnerung kann nicht nur ein Wiedererleben sein, sie ist zugleich Durchdenken, Urteilen, Vergleichen mit Heutigem. In diesem reflektierenden Moment, in der Neigung zu didaktischem Bewerten liegt wesentlich auch die Intellektualität des Erzählens. Durch die Wahl des Quasi-Erzählers hält sich der Autor für solche direkt rhetorischen Elemente, für die ausgesprochene Deutung der symbolhaltigen Situationen, für ein unmittelbares Reflektieren aktueller weltanschaulicher Fragen offen.«[17]

Das ist ein etwas groß angelegtes Vokabular, aber gesagt wird: hier hat sich ein schreibgewandter, formulierbegabter Journalist entschlossen, der Hans Habe des Sozialismus zu sein.

Kants neuer Roman »Das Impressum« lief, geschmückt mit den Bildern fröhlicher junger Menschen, die Blumen oder auch eine FDJlerin im Arm haben, als Vorabdruck in der Zeitschrift »Forum«: ein bißchen Kritik gerade an diesem Phänomen der neuen Kleinbürgerlichkeit, aber deren Sehnsüchte doch mitformulierend:

»Aber Minister, hier bei uns? Das wäre zwar witzig, aber es wäre zu nahe an den Möglichkeiten. So etwas könnte einem passieren hier. Wollte man dem Sozialismus am Zeuge flikken, könnte man ihm vorwerfen, daß er das Reich der Träume beschnitten hatte. Beschnitten oder besiedelt oder bebaut, jedenfalls mit Wirklichkeit besetzt und so verändert. Wenn man sich einmal in einen älteren Roman mittlerer Güte verirrte, im Urlaub kam das schon vor, stieß man auf diese Art überholter Wunschbilder. Da leisteten sich arme Leute verstohlen die Kühnheit zu denken: Ach, wäre das schön, könnte unser Junge Doktor werden, einer, der böse Krankheiten heilt und zu Ansehen kommt und zu Geld und zu einer netten, sauberen Frau!

Oder sie träumten sich ihren Sohn zu einem Pastor zurecht, sahen ihn in einer hübschen Kirche auf der Kanzel, und das war wohl der höchste Punkt, auf den sie ihn hinaufträumen konnten. Oder ein Katheder. Das war auch ein Gipfel, den man nur im Traum bestieg. Bei bescheideneren Gemütern war es ein schlichtes Schulkatheder, und der Herr Sohn war ein Herr Lehrer, aber manchmal kam es auch zu Ausschweifungen, und die unkontrollierte Zukunftsschwärmerei ließ aus dem Lehrer einen Oberlehrer werden und aus dem einen Schulrektor und aus dem ein fast olympisches Wesen, das alles wußte, schrecklich viele Bücher hatte, Professor hieß, aber dennoch jeden Sonntagnachmittag zu Muttern zum Kaffee kam, ein treuer Sohn auch in den kaltweißen Höhen einer spektakulären Karriere. Immer waren es Söhne, und die Ränge, die die Träume ihnen verliehen, waren maskulinen Geschlechts: Arzt oder Pastor oder Professor oder auch General.«[18]

Das nächste Ingrediens ist jene journalistische Schnoddrigkeit, die auch scheinbar soziale Kritik einbezieht; in einem westdeutschen Unterhaltungsroman ginge in so einer Szene der Erzähler etwa mit »Bobby« Kennedy durch Harlem – bei Kant mit der Chefredakteurin einer westdeutschen Wochenzeitung durch Ostberlin:

»Die Gräfin war nicht nur von ältestem Geblüt, sondern auch vom jüngsten journalistischen Pfiff. Sie war im Osten geboren und im Westen zu Hause. Wenn sie Osten sagte, klang das wie Sattelzeug, und wenn sie Westen sagte, klang es wie Saint-John Perse. Und wenn sie von Leuten sprach, unseren Leuten oder diesen Leuten da oder den Leuten daheim auf dem Hof oder jenen Leuten neulich in jenem Betrieb, so hatte das Wort die Gemütlichkeit einer Lodenjoppe und zeugte von der demokratischen Gesinnung etwa eines älteren Buddenbrook und war auch von der frischen Herzlichkeit, in die sich ein preußischer Oberst zu finden vermag, wenn er sich für voraussehbar längere Zeit von Ersatz und Entsatz abgeschnitten weiß und angewiesen bis Gedeih oder Verderb auf eben seine Leute. Sie war klug, konnte lachen und war von graubraunem Schick und konnte jiddische Witze erzählen und Nordhäuser Korn vertragen und hatte über Adam Smith' Verhältnis zu den Physiokraten promoviert.«[19]

Und so geht das über Stock und Stein, ohne Atempause, ohne Verlegenheit, geschwinde brabbelnd und mal witzig, mal keß, mal »jebildet« und auf alles eine Antwort, auch gelegentlich so im Tone »wir Männer unter uns« – von Gefühl und Sex daherredend; eine Wortdusche:

»Sie lachte: ›Noch ein Gutsbesitzer aus Schlesien!‹

Er sah sie fragend an und sie sagte: ›Die treff' ich seit fünfundvierzig überall. Bei mir in der Schicht sind auch zwei.

Der einen hat das halbe Riesengebirge gehört – sagt sie. Die andere ist aus Ostpreußen, und ihre Stadtwohnung in Tilsit hätte ich mal sehen müssen, lauter Damast! Aber wir haben auch andere.‹

Er nickte ›Ich weiß, was Sie meinen, aber ich hab wirklich mal hier gewohnt. Wenn Sie da 'rüber sehen, eine Daumenbreite links der Siegessäule, da hängt noch ein Viertelstück Dach in der Luft, da ist es. Wollen wir hingehen?‹

›Steht Ihr Name noch an der Pforte?‹

›Hat nie drangestanden. Da hat ›General Klütz‹ drangestanden.‹

›General waren Sie auch?‹

›Mensch‹, schnaubte er ...

›Der General war so ein Schiebekunde von meinem Meister, und als ich eingezogen wurde, hat er mich zu sich geschoben. Das hat mir zwar nicht die Grundausbildung erspart, aber ich weiß nicht was. Ich bin nämlich gelernter Büchsenmacher, und der General war ein mächtiger Jäger. Das Haus hätten Sie sehen sollen.‹

›Lauter Damast wahrscheinlich!‹

›Lauter Flinten, und alle in Ordnung, da hatte ich zu tun.‹ ...

Sie nickte: ›Wenn das so ein Schiebekünstler war, daß er noch im Krieg durch den Tiergarten reiten konnte und sich einen persönlichen Flintenputzer leisten, dann wird er wohl inzwischen etwas größere Schlingen legen.‹

David griff nach ihrem Arm: ›Sie, das war aber beinahe eine politische Bemerkung!‹ ...

Sie sagte: ›Unsinn, ich bin nur nicht dämlich. Aber ich merke: Sie haben auch diese neumodische Krankheit: Alles, was nicht ganz dämlich ist, ist gleich politisch. Und allerdings: Manches, was bloß dämlich ist, ist schon ganz und gar politisch! Nicht politisch ist nur eine bestimmte mittlere Dämlichkeit, und die ist gar nicht leicht hinzukriegen.‹ ...

›Und sonst?‹ fragte er schnell.

›Und sonst? Es wird ja mal wieder Mittagspause sein, und

Sie streichen um Ihre Tiergartenvilla, und ich sehe nach den Kaninchen. Wir haben uns schließlich schon einmal da getroffen.‹

›Ja, einmal, das ist mir zu wenig, und das ist mir zu unsicher. Ich mache einen reellen Vorschlag: Ich schweige vor der Chefin von Ihnen, und wir treffen uns auf halbem Wege zwischen Redaktion und der Generalsruine, das ist Potsdamer Platz, das ist Haus Vaterland, wir gehn da einfach tanzen.‹

›Der Vorschlag ist so reell, wie man sie heute alle Tage hört: Ich tu Ihnen nichts, Frollein, und Sie tun mir was Gutes!‹ sagte sie und sah dabei nicht freundlich aus. Aber dann lächelte sie von weit oben und fuhr fort: ›Und einfach tanzen ist auch niedlich, Sie Büchsenmacher. Erstens bin ich vier Zentimeter größer als Sie . . .‹

›Zwei!‹

›Oder zwei, jedenfalls größer, und außerdem gehe ich nicht in die Nuttenbude, da tanzen sie nur Wechselkurs, Ost-West, West-Ost, und den kann ich nicht. Aber Sie können mich nach Feierabend nach Hause bringen, und, damit Sie am Nachmittag noch was zum Überlegen haben: Ich bin nicht politisch, und ich bin nicht dämlich, und manchmal mag ich, daß einer auf mir 'rumliegt, aber ich werde ganz gern erst gefragt. Wiedersehn!‹«[20]

Das ist gescheit und sicher im Dialog. Nur sagt es alles nichts. Hier wird Literatur mit Gerede verwechselt.

Solche Literatur hängt auch zusammen mit der bejahten These von der Konsumierbarkeit der Literatur – was in Westdeutschland eher eine Deklassierung wäre. Diese neue Phase führt sie noch weiter weg von der jüngsten Literatur des Westens: Hier werden die »Altväter« Grass oder Walser abgelöst durch Oswald Wiener oder Peter Handke – also durch bis hin zu Semantikstudien sprachreflektorische Literatur, die den eigentlichen Erzählkonsensus verläßt, denunziert oder leugnet; dort liebt und leidet das Publikum mit seinen Helden wie eh und je; die in kritischen Richtlinien immer wieder geforderte »Vorbildrolle« und »Schrittmacherfunktion« literarischer Helden wird von einer neuen Literatur eingelöst, die sich offenbar in der Rolle eines gesellschaftlichen Kompaß, eines Leit- und Lebensfadens sieht, einer Orientierungshilfe innerhalb der entstehenden sozialistischen Gesellschaft. Die Phase der Ankunftsliteratur, der Erörterung dessen, was war und wie aus Trümmern der Staat entstand, in dem man jetzt lebt, ist überwunden. Jetzt blickt man um sich: »Gewöhnliche Leute«.[21]

Dieser Titel des neuen Erzählungsbandes von Werner Bräunig ist charakteristisch – die Zeit des Ungewöhnlichen, der Sensationen gar scheint vorbei, Aktivisten und höhere Brigadenormen und landwirtschaftliche Neuerer, die Zeit der »Helden« also, die etwa Ole Bienkopp hießen, ist dahin. Man spart auf einen Wagen, hat Fernsehen und Eisschrank und fährt nach Mamaia statt an die Costa Brava. Kein Wirtschaftswunder, das jäh und neureich prunkend Widerstand und Reibung hervorrufen könnte, nicht die provozierende Villa an der Elbchaussee oder in Harlaching, sondern die Zweieinhalbzimmerwohnung mit Einbauküche. So ist eine sonderbare Literatur der kleinen Leute entstanden, die von einem Schwund des Außerordentlichen ausgezehrt wird, eine Bestätigungsliteratur: sie zeigt, was ist. Der Zug zum Provinziellen, zum Erfassen des Zunächstliegenden wird auch an einer Skizzenfolge deutlich, die die NDL fortlaufend unter dem Titel »Städte und Stationen« publiziert und wo wiederum Bräunig mit einer Skizze über Karl-Marx-Stadt vertreten ist. Bräunigs Literatur der »Gewöhnlichen Leute« will antworten auf einen Satz Heinrich Manns und deren Verantwortung in der DDR deutlich machen: »Es ist wahr, man will die Schuld nicht haben, die gewöhnlichen Leute nie. Den wesentlichen Sinn ihrer Klassiker, die eigene Verantwortung, haben sie bei aller Verehrung, die zeitweilig echt war, nie gelernt.«[22]

Dieses Programm ist deshalb bemerkenswert, weil ja auch jenes »Fahnenwort« »Greif zur Feder, Kumpel!« von Bräunig stammt, das er während der Ersten Bitterfelder Konferenz ausgab. Andererseits war auch ihm nicht erspart geblieben, was offenbar zur Vita eines sozialistischen Autors gehört: Rüge und Verbot. Als der ehemalige Rummelplatzarbeiter 1965 sein Romankapitel »Rummelplatz« in der NDL[23] veröffentlichte, wurde er heftig kritisiert, der geplante Roman wurde vermutlich nie zu Ende geschrieben; dabei ist das Wismutgebiet der DDR, jenes Dreieck im östlichen Erzgebirge zwischen Karl-Marx-Stadt, Aue und Zwickau eines der materialhaltigsten, nicht nur im Sinne des dort geschürften Urans. Es war jahrelang des Ostens wilder Westen, wo finstere Gestalten zu Phantasielöhnen in einem abgesperrten Gebiet lebten, ohne Frauen, mit viel Schnaps. Noch 1958 trauten sich auch Regierungsfunktionäre kaum per Wagen dorthin, weil, wenn das Auto nicht überhaupt verschwand, wenigstens die Reifen zerschnitten wurden. Werner Bräunig hatte das realistisch und mit Schwung eingefangen: »So brach die Horde auf, brach auf zur Überschlagsschaukel, den Rekord zu brechen, den Peter Loose hielt mit zweiundzwanzig Überschlägen. Sonst war nämlich nichts mehr los. Das Kettenkarussell hatte vor zwei Tagen die Konkurrenz umgekippt, so ein bißchen zum Spaß, auch die Preisboxer von der Schaubude hatten ihre Dresche weg, die benachbarte Tobrukbande hatte es ihnen besorgt, und auch die Polizei hatte man bereits vom Platz eskortiert, am ersten Abend gleich, sozusagen freiwillig war sie abgezogen durch das Spalier, immer vor der nachrückenden Menge her, ein ergreifender Anblick. Fast so ergreifend wie die Sache mit der Bahnpolizei. Die hatte in Johannstadt nämlich den Zug nicht abfahren lassen wollen, weil er zu voll wäre, und daraufhin war sie verdroschen worden, so an die zehn Mann hoch. Und drei Stationen weiter talwärts waren sie wieder angerückt, so an die dreißig Mann, die über Telefon und Telegraf schnell zusammengetrommelt worden waren, und wollten den Zug anhalten, und waren selbstredend wieder verdroschen worden, aber prompt. Und als der Zug nach

Schlema kam, da rückte die Polizei wieder an, diesmal mit sechzig Mann, und wieder bezog sie ihre Keile, und der Zug fuhr weiter, fuhr bis nach Zwickau, und die Kumpels im Zug waren nun auf mindestens hundertfünfzig Mann gefaßt, denn in Zwickau hatte die Bahnpolizei ein größeres Aufgebot zur Verfügung. Das Aufgebot kam aber nicht. Bewahre. Statt dessen kam ein bißchen Sowjetarmee, vierzig Mann ungefähr, Maschinenpistolen über der Brust. Und das reichte auch. Da war auf einmal Ruhe in der Landschaft. So war das gewesen. Und fast so ergreifend war dann auch die Sache auf dem Rummelplatz, vor ein paar Tagen, mit der freiwillig abziehenden Polizei.

Heidewitzka, wie er so den Kahn bestieg, hatte alles in allem ungefähr einen Liter Schnaps im Bauch, und Loose hatte nicht viel weniger. Dennoch traten sie erstaunlich munter an. Der Schaukelbesitzer hatte sich seitlich abgesetzt, an der Bremse stand nun Spieß. Ganz schön Fahrt machten die beiden, hatten schon den toten Punkt, wegblieb der Platz unter ihnen, raste heran, abebbte der Lärm und schwoll, nun gabs den bekannten Knacks im Trommelfell, wie wenn der Förderkorb in den Schacht fährt, Taubheit blieb über schrillem Pfeifton, Fahrtwind plus Druck, und die Halterung knirschte, und die Horde riß die Augen auf, unheimlich Fahrt machte Loose, Heidewitzka hing schon ein wenig klamm in den Sielen, looping the loop, orientierten sich nach Hell-Dunkel, und zählten: dunkel oben hell unten ein, dunkel oben hell unten zwei, und im Abseits zählte die Horde, zählte einundzwanzig, zweiundzwanzig, dreiundzwanzig, und Loose versuchte, die Gesichter zu unterscheiden, Ingrid suchte er vor allem, aber ein bißchen auch den langen Kleinschmidt, es war aber nichts zu machen, es war alles eins, und hatte vor sich Heidewitzkas verkrampftes Gesicht, das war verdammt käsig, und er dachte: hoffentlich fällt ihm nicht das Frühstück aus dem Gesicht, und dann dachte er: Wieviel Runden haben wir denn jetzt?

Aber das wußte er nicht mehr. Und von unten beobachtete

der Schaukelbesitzer. Hoffentlich machen die Stenze da keinen Murks, dachte der Schaukelbesitzer. Hoffentlich übernehmen sie sich nicht. Die ganze Bande brüllte, und die Leute draußen rissen Maul und Nase auf. Als ob das eine Sensation wäre. Er, der Schaukelbesitzer, hatte schon Burschen erlebt, die ihre dreißig Runden glatt wegdrehten. Allerdings nicht mit einem Liter Sprit im Bauch. Der eine hing ja ganz schön klamm im Gestänge. Dem wurde es schlecht. Das war klar. Wenn der Schaukelbesitzer an der Bremse stünde, er würde jetzt abbremsen. Er kam aber nicht durch, die Menge stand wie eine Mauer. Dreißig, brüllte jemand. Und sie kamen noch einmal hoch und noch ein zweites Mal. Jetzt war aber endgültig Sense. Jetzt kam der Kahn zurück. Verdammt nochmal, der hing ja da drin wie eine Leiche! Der Kopf fiel herunter, ward vorwärts wieder hochgerissen, sackte wieder weg! Der Stenz an der Bremse hatte jetzt auch etwas gemerkt, er zog, was das Zeug hielt. Die Menge kreischte, und der Schaukelbesitzer brach nun mit Gewalt durch die Mauer. Da stand der Kahn. Loose stand da, keuchte, stieg langsam aus; Heidewitzka lehnte käsig an der Zugstange, stieg nun mit einem Bein auf die Bordkante, löste die verkrampften Finger, schlaff hing der Unterkiefer herab, aber das konnte Loose nicht mehr sehen, denn er war schon die Stufen herunter, sah nicht, wie Heidewitzka zusammensackte, wie er vornüberfiel in steifer Drehung, wie er auf die Trittleiste schlug, er hörte nur die Menge aufschreien und sah ihre verzerrten Gesichter, und dann sah er, wie Heidewitzka die Stufen herabrutschte auf den Schlackeboden.
Kleinschmidt und der Schaukelbesitzer waren als erste heran. Dann kam auch Spieß. ›Wasser‹, befahl der Schaukelbesitzer. ›Da am Hydranten!‹ Loose brachte einen Eimer und ein schmieriges Handtuch. Heidewitzka lag mit dem Kopf in einer gelblichen Lache, die Augen geschlossen. Hinter dem Ohr sickerte Blut. Es roch nach Schnaps und Schweiß und Erbrochenem. Loose wischte dem Bewußtlosen vorsichtig das Gesicht ab.«[24]

Auch ein Film über das von den Sowjets zu Dumping-Preisen ausgebeutete Uran-Gebiet, zu dem Paul Wiens das Drehbuch geschrieben hatte und das Friedrich Wolfs Sohn, Konrad Wolf, inszeniert hatte, durfte nie gezeigt werden;[25] das im VEB Bibliographisches Institut erschienene »Deutsche Schriftsteller-Lexikon« führt alle Drehbucharbeiten von Wiens an – diese nicht. Dagegen nahm ein »Werkstattgespräch« zum Thema »Romancier in unserem Land«, das die NDL[26] veröffentlichte, ohne diese beiden Arbeiten direkt zu erwähnen, doch unmittelbar Bezug darauf: der junge Autor Martin Viertel arbeitet an einem neuen Wismut-Roman, in dem jene Außenseiter offenbar keinen Platz mehr haben werden; jedenfalls sagte er: »Natürlich ist das nicht eine Geschichte für sich, eine Geschichte abseits unserer gesellschaftlichen Gesamtentwicklung. Mir war auch nichts daran gelegen, Menschenschicksalen nachzugehen, die keinen wesentlichen Einfluß, ganz gleich in welchem Sinne, auf diese Gesamtentwicklung ausübten.« Und so ist auch Viertels Romananfang, den dieselbe NDL-Nummer abdruckte, ein braver Gegenentwurf, wo die Glocken eine schneeweiße Weihnacht einläuten und der rauhe, aber gutherzige Genosse Major – dessen Vater, wie zu erwarten war, Violinist im Moskauer Sinfonieorchester ist – den antifaschistischen Bergmann aus dem Bett holt, um das erste Uran im Wettlauf gegen die USA zu finden und zu schürfen.

Im Jahre 1968 publizierte Bräunig einen Essay unter dem Titel »Prosa schreiben«, in dem es hieß: »Es ist ihr nicht mehr so sehr um die Ausnahmefigur zu tun, um den überragenden Einzelnen; sie weiß, daß eine überragende Gesellschaft nur die Summe sein kann aus Einzelnen, die einander wenigstens ebenbürtig sind: jeder auf andere Weise bedeutend. Den macht sie zu ihrem Helden, den sucht sie als ihren Leser, sie bringt ihn selbst mit hervor.«[27]

Und ähnlich sagt er über seinen neuen Erzählungsband in dem von ihm signierten Klappentext, sich auf Lenins Satz vom Staat beziehend, den eines Tages eine Köchin regieren kann: »Wir haben nur alltägliche Geschichten zu bieten, Geschichten von alltäglichen, unauffälligen, gewöhnlichen Leuten, an denen höchstens eins ungewöhnlich ist, nämlich daß sie hierzulande landauf, landab überall vorkommen und alles machen, was vorkommt. Einer hat mal von einer Köchin gesagt, die den Staat regieren hilft. Das meine ich.«[28]

Und weil diese Literatur das tut, hat sie auch enormen Erfolg: Günter de Bruyns »Buridans Esel« oder Werner Heiduczeks »Abschied von den Engeln« sind Bestseller in der DDR, sie zeigen, daß auch in der DDR von morgens um sieben bis abends nach acht die Welt noch in Ordnung ist.

Der Irrtum, über kleine Leute zu schreiben, mache aus jedem Ort Seldwyla, ist bei Günter de Bruyn evident. Dabei hat dieser Roman in gewissem Sinne dokumentarischen Wert: Die Fabel vom Esel Karl Erp, der zwar eine leitende Funktion hat, also gesellschaftlich verantwortlich ist, der aber trotzdem seine Frau mit der Sekretärin betrügt und schließlich – nicht Verlierer, aber Versager – doch wieder ins Haus und zur mürrischen Frau Elisabeth zurückkehrt, ist nicht neu, eben seit jenem Esel nicht, von dem der französische Philosoph Buridan erzählte, er habe sich zwischen zwei leckeren Heubündeln nicht entscheiden können – und sei dabei verhungert. Aber etwas anderes ist neu: das Fixieren moralischer Niedrigkeit und politischer Schläue, und zwar nicht als kriminalisierte Außenseitersituation, sondern als Routine-Selbstverständlichkeit beim »Aufbau des entwickelten gesellschaftlichen Systems des Sozialismus in der DDR«. Eine Kernszene des Buches ist der Weihnachtsabend, an dem der blöde Passierscheinbesuch aus dem Westen alles noch unerträglicher macht, an dem Erp eigentlich zu seiner Geliebten will – die politische Debatte wird ihm zum Vorwand:

»Elisabeths Eltern waren schon am Morgen gekommen, kurz nachdem Karl zum Dienst gefahren war. Die Kinder durften die verpackten Geschenke aus dem Auto ins Haus tragen. Zum Erzählen der Neuigkeiten (Grenzkontrolle, Pensions-

erhöhung, Sommerreiseplan, Mieterhöhung, Weihnachtsfeier der Versicherungsgesellschaft, Tante Mimis Geburtstag) genügte der Mutter das ausgedehnte Frühstück. ›Und wie geht es euch?‹ – ›Du siehst ja, Mama, alle sind gesund.‹ Zum Glück gab es viel Arbeit. Der Vater besichtigte inzwischen mit leiser Wehmut den Garten und fand bis auf die schadhafte Uferbefestigung nichts auszusetzen. Pünktlich zum Mittagessen kam Karl. Dann hatten die Frauen in der Küche zu tun, Großvater ging mit den Kindern in den Wald, Karl schmückte den Baum. Früh begann die Bescherung. Die Kerzen brannten, die Kinder sagten Gedichte auf, man sang, die Frauen weinten, mit Kuß und Umarmung bedankte man sich, die Kinder spielten, Großvater begann von Zeiten zu erzählen, in denen Brötchen zwei Pfennig, Schnaps einen Groschen gekostet hatten. Karl unterbrach mit der Frage nach dem damaligen Verdienst eines Arbeiters. Als Antwort auf Karls frechen Ton streute sein Schwiegervater in Belehrungen über Bezüge ost- und westdeutscher Versicherungsgesellschaften die ›Zone‹ ein, wofür Karl sich mit der ›NPD‹ rächte, die die ›Mauer‹ zur Folge hatte, die wiederum mit ›Strauß‹ beantwortet wurde. Als Elisabeths Vater zum Schlag gegen Ulbricht ausholte, ertrug Karl es nicht länger, stand auf, knallte die Tür, zog den Mantel an, setzte sich ins Auto und fuhr davon.
Froh, es endlich geschafft zu haben!
Was?
Streit auszulösen und geplanten Zorn auf die reaktionäre Verwandtschaft tatsächlich zu empfinden, also ein Alibi zu haben für Flucht und Hinwendung zum Neuen, Progressiven, Jungen. Er war einfach nicht mehr in der Lage, die Familien- und Schwiegersohnrolle weiterzuspielen. Jahrelang hatte er Elisabeths wegen den für ihn unehrenhaften ideologischen Waffenstillstand eingehalten, hatte zu allen Anwürfen geschwiegen oder ein resigniertes Ja und Amen gesagt. Mit der inneren Trennung von Elisabeth gab es dazu keine Verpflichtung mehr für ihn.

So argumentierte er, während er über verschneite Straßen in die Stadt fuhr. Er war, wie schon gesagt, Meister der Selbstrechtfertigung; unfähig, Gefühlen zu widerstehen, fand er Entschuldigungen dafür, daß er ihnen blindlings gehorchte. Tochter Katharina war ihm bis zur Haustür nachgelaufen. ›Kommst du bald wieder?‹ – ›Natürlich!‹ Er hatte daran geglaubt, denn er wollte Fräulein Broder nur sehen, ihr ein frohes Fest wünschen und wieder gehen.«[29]

Aber auf seltsame Art ist diese Mischung aus Spießigkeit, Schläue und bewußter Verschlagenheit auch in das Buch selber eingedrungen, in seinen Sprachleib, und daran scheitert es, versagt wie Buridans Esel selber. Jene winzige Drehung, die geschilderte Banalität vom Banalen unterschieden macht, ist nicht gelungen; und das Hereinholen kompositorischer Probleme, statt sie zu überwinden, macht es noch schlimmer:

»Sie sagte das ohne Aufwand, ganz so wie sonst, aber wenn es ein Film gewesen wäre, hätten Geigen das leise und lieblich untermalen müssen, eine Oper wäre hier ohne Posaunenstoß nicht ausgekommen, und ein Roman hätte wenigstens eines neuen Kapitels bedurft, um auf das Schwerwiegende dieses Augenblicks hinzuweisen – und den Schwierigkeiten bei der Schilderung folgender Stunden zu entgehen. Auch für diesen Bericht wäre es ein Ausweg, mit einem Sprung das 14. Kapitel zu erreichen, es mit den Worten ›Als sie am nächsten Morgen erwachten ...‹ zu beginnen und das andere den Lesern zu überlassen. Aber das hieße doch wohl die Wirklichkeit (diese spezielle Erp-Broder-Wirklichkeit) der subjektiven Deutung auszusetzen, die meist Mißdeutung sein würde, da doch jeder seine eigne (durch Geschlecht, soziale Lage, Herkunft, Alter, Gesundheitszustand, Ernährung und vielleicht auch Jahreszeit bedingte) Vorstellungswelt besitzt, die dem tatsächlichen Geschehen nur in Ausnahmefällen ähneln kann.«[30]

Die alberne Feststellung eines Romanschreibers »Wäre dies ein Roman, so müßte ...« zeigt Hilflosigkeit, verwechselt das große Spiel der Illusion mit jenen lächerlichen »Irrgarten«-Glasscheiben, an denen sich bierselige Rummelplatz-Besucher die Fettfinger abwischen. De Bruyns sanfte, metaphernfreundliche und mit manchem Lebensspruch verzierte Prosa (»Die größten Geschehnisse im Leben sind kurz und einmalig: Geburt und Tod. Heißt da nicht Angst vor Kürze und Einmaligkeit in der Liebe Angst vor Größe?«[31]) klingt dennoch aufrichtig, verglichen mit der Werner Heiduczeks in »Abschied von den Engeln.«[32]

Heiduczek hatte zuvor nur zwei Stücke für Jugendliche und eine Erzählung veröffentlicht, dann jahrelang an einem Zyklus von Erzählungen gearbeitet, der allmählich in diesem Roman Gestalt gewann. Ursprünglich sollte er, noch ganz in der Tradition des Familienromans, »Die Marulas« heißen, später dann, die Ost-West-Spannung in Symbolen des Katholizismus und der Sowjetmacht umgreifend, »Kreuz und Stern«:

Die wohlhabende, semi-elegante Hanna M., westdeutsche Pelzkonfektionärin, die ihren Liebhaber der eigenen Tochter zum Mann gibt; deren Bruder, der rheinisch-katholische Theologie-Professor (in einer der frühen novellistischen Fassungen katholischer Priester, dem das Dreiecksverhältnis gebeichtet wird), der gelegentlich den politisch Emanzipierten mimt, auf östlichen Kongressen Spektakuläres spricht, im entscheidenden Augenblick aber natürlich versagt; die beiden anderen Brüder M., die in der DDR leben, im Schulwesen arbeiten, dieselbe Frau lieben, das sind die Akteure. Hinzu kommt noch der aufrechte, verfolgte und im Westen widerrechtlich eingekerkerte Kommunist – (dessen Tochter Ruth die Frau zwischen den beiden Lehrern ist) –, Jupp Angenforth ist vermutlich gemeint. Weil das Gruppenbild präfabrizierter Figuren nicht vollständig wäre, gibt es noch Frau Hannas Sohn, der aus seiner Kenntnis des widerlichen Verhältnisses seiner Mutter die offenbar einzig mögliche Konsequenz zieht – und in die DDR flieht.

Diesem Buche merkt man an, daß es über Jahre entwickelt wurde. Das bekam ihm nicht, es hinkt hinterher, befindet sich im Einverständnis mit der DDR-Literatur der fünfziger

Jahre, eben der »Ankunftsliteratur«. Seine etwas chaotisch gehandhabte flash-back-Technik galt damals als revolutionär, verrät aber jetzt eher das mühsame Zusammenbiegen novellistischer Elemente. In einer Kritik im »Sonntag« hieß es hilflos: »Hervorheben möchte ich auch die Methode, mit der das Buch gemacht ist. Ich meine die Verknüpfung der Figuren miteinander, Entscheidungen der einen lösten bei einer Reihe anderer weitere Entscheidungen und Handlungen aus. Dadurch ist der Roman sehr spannend.«[33]
Deutlich heraus fällt aber ein Element, das, betrachtet man die Genesis des Romans, als letztes hinzukam: Herbert M., verheiratet mit jener Ruth, die von seinem Bruder Thomas einst verführt wurde und noch immer geliebt wird, ist ein höherer Funktionär, der untergeht. Hier wäre die Chance für Heiduczek gewesen, die Tragik eines Manne zu schildern, dessen dem Sozialismus gewidmete Existenz allmählich aus dem Schritt fällt, der zurückbleibt, sich moralisch wie physisch auflöst, der nicht gegen den Sozialismus oder der Sozialismus gegen ihn steht, aber dessen Balance zerbricht, der schließlich sogar die Frau an den Bruder verliert (gegen den er früher als Vorgesetzter »hart, aber gerecht war«) – ein kleiner Mann, den die Geschichte überholt, überrollt, und niemand hat eigentlich Schuld daran; hätte Heiduczek daraus eine größere Erzählung gemacht, das hätte ein wichtiges Stück neuer Prosa werden können, voll neuer Tragik, wenn man so will, das Hauptstück dieser Literatur der kleinen Leute, der Alltagsprosa.
Ganz ähnlich erging es Dieter Noll, dessen frühe Erzählung von der erinnerungslosen »Mutter der Tauben«[34] im Herzen Krakaus knapp und eindringlich war; er verschwor sich auf die Formel »Literatur aus Wahrheit«[35], die seiner Literatur die Wahrheit nahm. Er hatte bis zu dem Roman »Die Abenteuer des Werner Holt«[36] Erzählungen und Reportagen veröffentlicht. Die zwei umfangreichen Bände dieses als Trilogie angelegten Romans haben ihn in den Mittelpunkt literaturkritischer Diskussionen in der DDR gestellt. Es ist aber-

mals der Versuch, den deutschen Entwicklungsroman um eine gesellschaftlich verbindliche Variation zu bereichern.
Werner Holt, Sohn eines Chemieprofessors, der sich früh weigerte, die Gasformeln für IG-Farben zu entwickeln, die man für spätere »Arbeit« in Auschwitz benötigte, und einer mondänen, von ihrem Mann geschiedenen Mutter, treibt durch den Krieg. Noll läßt seinen Helden durch alle Höllen des Krieges gehen, Brutalität, Gaunerei, Nazibestialität und das fürchterlich infernalische Ende dieser Pompwelt lassen aus dem kriegsbegeisterten Pimpf den heimatlosen, entwurzelten Heimkehrer werden. Der zweite Band, »Roman einer Heimkehr« genannt, führt wieder zick-zack durch Städte und Dörfer aller Besatzungszonen des Jahres 1946 auf der Suche nach Sinn und Identität. Am wenigsten fragwürdig, verglichen mit der öden Eleganz des mütterlichen Heims in Hamburg, scheint schließlich die zwar sonderlingshafte, doch erfüllte Existenz des Vaters, der das Labor einer chemischen Fabrik in der damaligen Ostzone leitet. Die vielfache Odyssee des Werner Holt scheint dort zu enden. (Ein dritter Band ist in Arbeit.)
Hier ist etwas Typisches geschehen: Der Autor zieht nicht einen Moment sich selbst in Zweifel, die Position des Erzählers wird nie in Frage gestellt, er ist allwissend. Das sicherste Mittel, alle Ehrlichkeit, allen Anstand eines solchen Buches zur Banalität zu reduzieren. Die Identität des Berichtenden mit dem zu Berichtenden – der Autor heißt Dieter Noll, der Held Werner Holt – ist viel größer als in all den Ichberichten im Osten so verdächtiger Autoren wie Grass oder Johnson. Diese Identität von Autor und Held (sprich Buch) ist undurchlässig für alles Unerwartete, Unwahrscheinliche, Überraschende – kurz für die Realität. Dies ist ein Realismus, der kaum noch Wirklichkeit transportiert, sondern Details, sozusagen »Beweise« für Theorien, für Vorgenommenes. Das Schlimme geschieht: ein ehrlich gemeintes, offenbar zu guten Teilen aus eigenem Erleben geschaffenes Bild deutscher Wirklichkeit – langweilt. Da der Autor un-

entwegt weiß, was geschehen wird und geschieht, weiß es der Leser natürlich auch. Ein tödlicher Determinismus, die Demonstration einer altbackenen, stets belehrenden Soziologie; ein Buch aus dem 19. Jahrhundert.
Immer dann, wenn Urpersönliches kolportiert wird, erreicht Noll seinen Leser: das Grauen einer Bombennacht, die weiße Angst einer Panzerschlacht, den Blutrausch der entfesselten SS in ihrer Agonie: »Es dauerte ein paar Sekunden, bis er sich an die Dunkelheit gewöhnt hatte. Dann sah er. Was er sah, war so über alle Maßen grauenhaft, daß es sich in seinem Hirn erst wie aus Mosaiksteinchen zu einem vollständigen Bild zusammenfügen mußte, vor seinen Augen wurde es rot und dann schwarz. Er hielt sich am Türpfosten fest. Er wollte fliehen, aber die Glieder versagten und begannen haltlos zu zittern. Er sah: Eine Kreissäge. Auf dem mit Sägespänen bestreuten blutgetränkten Boden lagen russische Uniformstücke verstreut, und dazwischen ein paar über den Knien abgesägte Beine, eine Hand, ein Stück Schenkel. Auf dem Tisch der Kreissäge lag der nackte, armlose Oberkörper eines Menschen. In die Brust war ein großer Sowjetstern geschnitten. Aus dem Leib hatte das runde Sägeblatt die Gedärme herausgezerrt, und Eingeweide, Fleischfetzen und Kot erfüllten den Raum mit einem unerträglichen Gestank.«[37]
Man darf so schreiben, wenn man nicht gleichzeitig »niedlich« wird. Wann immer Noll Politisches zu berichten hat, scheut er vor nichts zurück; wann immer es um Psychologisches, Menschliches geht, ist er neckisch, züchtig, brav. Sein recht jugendlicher Held muß häufig mit den Damen ins Bett, und dann verglüht meist ein Kloben Holz im Kamin und »unter der Asche glomm das Feuer fort«. Kann man allen Ernstes von »schwieligen und feinnervigen Händen« schreiben, und einen Schüler, der, statt sich zu raufen, Klavier spielt, obligaterweise »kränklich und schwach« sein lassen? Das alles führt zu jenem Überangebot von Realität – also Realitätsschwund –, an dem jedes Buch ausbluten muß. Zwischen den

vielen Zeilen hängen blasse Figuren, Marionetten, die sich gehorsam, aber keineswegs eigenwillig bewegen, nicken, sprechen, böse und gute Grimassen schneiden, wie immer ihr Schöpfer es will – nur leben tun sie nicht. Die meisten von Nolls Gestalten bleiben vage und blaß. »Helden« im schlimmsten Sinne, ohne Sprung und Kluft: Klischees.[38] Eine verstellte Realität, ein Realismus ohne Wahrheit.

Zögerndes Ja-Sagen, beginnende Resignation
Erwin Strittmatter, Alfred Wellm

Die Methode der bei Hermann Kant beobachteten affirmativen Kritik wird besonders deutlich in einem Buch, das ebenfalls zu den großen Leistungen einer neuen sozialistischen Literatur in der DDR gerechnet wird: Erwin Strittmatters 1963 erschienener Roman »Ole Bienkopp«. Strittmatter machte bereits 1951 mit seinem Roman »Der Ochsenkutscher«[1] auf sich aufmerksam und wurde endgültig bekannt, als Brecht 1953/54, offenbar um das Zwangsthema Kollektivierung der Landwirtschaft zu absolvieren, Strittmatters vieraktige Verskomödie »Katzgraben, Szenen aus dem Bauernleben«[2] im Berliner Ensemble aufführte, zu der Brecht sagte: »Das erste Stück, das den modernen Klassenkampf auf die deutsche Bühne bringt, und in dem der Autor ein Stück Geschichte einer Klasse erzählt als eine Geschichte der behebbaren Schwierigkeiten, der korrigierbaren Ungeschicklichkeiten ...«[3]

Bemerkenswerterweise hat Brecht aber keine seiner Äußerungen über Strittmatter in einen seiner Bände aufgenommen, auch die fünfseitigen Anmerkungen (von denen allerdings dreieinhalb Seiten »Katzgraben«-Zitate sind) aus »Sinn und Form« mit dem vielzitierten Satz »Erwin Strittmatter gehört zu den neuen Schriftstellern, die nicht aus dem Proletariat aufstiegen, sondern mit dem Proletariat«[4] sind erst in den »Schriften zum Theater« nachgedruckt worden. Der Name Strittmatter findet sich auch erst im Namensindex dieser beiden Bände.

Strittmatter galt als wesentliche, wenn nicht einzige starke Begabung einer in der DDR gewachsenen Prosaliteratur. »Der Wundertäter« – 1957, also ein Jahr nach den Tauwetterbewegungen in Ungarn, Polen und der DDR, erschienen – war der gelungene Versuch einer phantasiestarken Prosa: Stanislaus Büdner kommt als einigermaßen unerwünschtes viertes Kind einer armen Landarbeiterfamilie zur Welt – trotz aller Tränke und Säfte. Der Vater will einen »Stanislaus«, denn er soll dereinst einem polnischen Heiligen gleich Wunder verrichten. Also wird das Kind auf Wunder gedrillt. Nun ist Stanislaus keineswegs übermäßig begabt, eher etwas zurückgeblieben, verträumt, von eigenartiger Unmittelbarkeit in seinem Verhältnis zu den Dingen. Was er sieht oder hört, sagt er. Auch, daß der Graf die Gräfin mit dem »Fräulein« im Walde betrügt. Selbst Hitler und sein Krieg kommen nicht wie in üblichen Gegenwartsromanen vor. Er ist – für Stanislaus etwas plötzlich und unverständlich – Realität, die glossiert wird, die laut, stiefelschäftig und unpoetisch ist; aber Stanislaus ist kein Kämpfer, eher ein Versponnener, der Gedichte schreibt, Schmetterlingsbücher liest. Ohne Willen und Neigung wird er Soldat, aus einem Simplicissimus ein Schwejk: Seine etwas dümmliche Güte, Hilfsbereitschaft und der gänzliche Mangel an Brutalität lassen ihn die Militärzeit hauptsächlich in der Liegestütze verbringen. Das Buch – ein erster Band – endet mit seiner Desertion in Griechenland, wo er vergnügt, doch etwas ängstlich in einer Mönchskutte über die letzte Seite spaziert.

Es war groteskerweise Alfred Kantorowicz, der 1950 Strittmatters literarisches Debüt davor bewahrte, sofort zu einer Katastrophe zu werden. Das Exemplar der sowjetamtlichen »Täglichen Rundschau« mit einem großaufgemachten lobenden Aufsatz erreichte die in Potsdam das sofortige Verbot des Buches erörternde Funktionärsversammlung buchstäblich im letzten Augenblick – und rettete Buch und Autor. Strittmatter schrieb an den später ihm so gräßlichen Renegaten: »Lieber Genosse Kantorowicz! Durch Deine Besprechung meines ›Ochsenkutschers‹ damals in der ›Täglichen Rundschau‹ habe ich mein künstlerisches Selbstvertrauen zurückgewonnen, nachdem es vorher durch kleinliche, unsachliche und unkünstlerische Angriffe erheblich geschwunden war.« Und sein freundlicher Kritiker antwortete: »... so bin ich es nun, der Dir zu danken hat für eine der selten gewordenen Ermutigungen meiner (zuweilen erlahmenden) Bemühungen, gegen die fortschreitende formale Verkümmerung unserer Literatur gerechte, saubere und anspruchsvolle Maßstäbe durchzusetzen. Dein Brief ist mir eine wertvolle Bestätigung, daß man nicht immer ins Leere hineinwirkt. Du hast Dich bislang durch Erfolge, Ehrungen, Preise nicht verderben lassen. Es ist mir eine Genugtuung, daß ich diese Substanz, ohne Dich zu kennen und ohne von Dir zu wissen, bei der Begegnung mit Deinem ersten Buch erspürt habe. Ich wünsche Dir Kraft, Beständigkeit und Tapferkeit für Deine weitere Arbeit. – In herzlicher Verbundenheit Dein Alfred Kantorowicz.«[5]

Die »Bemühungen« waren vergebens. Die »Kraft«, las man Strittmatters 400 Seiten umfassendes Bauernepos »Ole Bienkopp«[6], schien versiegt. Hier meldete sich der Repräsentant einer jüngeren Generation zu Worte, zu dessen Buch man voller Erwartung griff, dessen episches Temperament und kreative Phantasie erstaunlich und erfreulich waren. Es arbeitet aber mit naiv geschnitzten Typen: Der Förster heißt Stamm, der Waldarbeiter Trampel, der befehlsempfängerische Parteisekretär Wunschgetreu, das Konsumfräulein Danke und der billige Klassenfeind Ramsch. Es wird die brave Fabel vom Neuerer (Bienkopp), der den Klassenfeind ebenso gegen sich hat wie eine Parteibürokratie, die ihm hinterherhinkt. Er gibt Liebe, Glück und schließlich Leben dran, für die Partei und den Fortschritt, in diesem Fall die Sozialisierung der Landwirtschaft, kämpft für Maschinenerwerb und Rentabilität. Aber auch die Wahl eines Themas muß Talent verraten, und hier beginnt das Problem. Hier auch begann der Aufruhr in Ostberlin. Wochenlang tobte in der ostdeutschen Presse eine wilde – seitenfüllende – Schlacht um diesen Roman. Ole Bienkopp nämlich stirbt, vergräbt sich wie ein verwundetes Tier, das nicht Liebe bekam, sondern Hiebe, im Uferschilf des Sees, auf dessen Grund er Mergel fürs Land zu finden hoffte. Hier – wie in einer hervorragend knappen und plötzlich sprachsicheren flashback-Kriegsszene – gelingt Strittmatter noch einmal ein eindrucksvoller Akkord:

»Bienkopp hat geschaufelt, geschuftet, geschwitzt und gescharrt. Immer wieder drückte das Moor in das Loch. Bienkopps Herz pochte; es war schon mehr ein Getöse. Er machte sich Mut, wenn er müde wurde. Das hält kein Pferd aus, pochte sein Herz.

Aber ich! sagte Bienkopp.

Am zweiten Tag sah Bienkopp das Mergelflöz grau durch die Moorschicht dringen, und er wies sein Herz zurecht: Still doch! Halt dich zusammen, jetzt, kurz vor dem Ziel!

Er legte ein Mergelstück frei; es war so groß wie ein Tisch. Die Zähne klapperten ihm. Das ist die Freude.

Es war schon Nacht. Er schlang einen Kanten Brot hinunter, holte sich Wasser vom See und trank es. Dann raufte er trockenes Schilf vom Seerand, trug eine Bürde zusammen und hatte ein raschelndes Bett.

Er wühlte sich ein und schlief, bis der Nachtfrost ihn packte, da sprang er auf und schürfte und scharrte. Die Sterne standen kalt überm See. Die Erde reiste – ein Stern unter ihnen.

Es war am Abend des dritten Tages, da hatte Bienkopp ein Mergelstück freigelegt, das war so groß wie ein Garten. Sein Vater Paule, sein Großvater Johann, sie hatten sich nicht geirrt: Dort lag der Mergel!

Bienkopp ist zu müde, um noch ins Dorf zu gehen und zu sagen: Jetzt kommt und nehmt!

Die Glieder sind ihm wie Eisengestänge. Seine Zähne rasseln wie Klappern.

Er wühlt sich ins Schilf, und immer noch friert er. Ein Weilchen ruhen, dann wird er gehen. Er holt sich mehr Schilf, Märtke bringt eine Decke. Es wird ihm wärmer ..., aber das phantasiert er schon. ...

Anngret geht durch die Menge der Mergelschürfer. Ich suche Bienkopp!

Und Bienkopp duckt sich. Sein altes Leben, es sucht nach ihm. Sein altes Leben? Er stößt es zur Seite. Bienkopp fühlt, wie sein Herz zerspringt. Jetzt atmet sich's leicht. Anngret geht stolz und herrisch vorüber. Sie sieht ihn nicht; er ist ja ein Baum. Der Wind schüttelt ihn. Schmerzen und Ängste fallen ins Gras. Oben ziehn Wolken. Die Erde reist . . .«[7]
Dieser Weg hätte zur Literatur führen können und nicht die Wildenten, die am Mondhimmel streichen, die symbolischen Hirschgeweihe, die zur Bezeichnung des moralischen Orts wie auf einer Shakespeare-Bühne angeschraubt werden, wenn der arme Förster Stamm betrogen werden soll.
In diesem Buch, höchst sonderbar für einen Bauernroman, ist die Landschaft aus Strittmatters Kosmos verschwunden. Mit banaler Monotonie beginnt fast jedes der 57 Kapitel mit einem flüchtigen Landschaftsschnappschuß, einer Momentaufnahme, die selten gelingt (»wie niedergefallene Weißflocken stehen die Schlehenhecken an den Wiesenrändern«), meistens kleinbürgerlicher Vierfarbendruck bleibt (»lachende Blumen kippen unter den Messern der Mähmaschine in die Schwaden«), immer aber kompositorisch sinnloses Dekor ist. Landschaft wächst so nicht ein, Welt auch nicht. Das Buch ist, so paradox es klingt, von pausbackiger Kurzatmigkeit, ein Diskutierstück, das in einem sozialistischen Dorf auf dem Mond spielen könnte; es gibt kein Land, keine Stadt ringsum, es gibt lächerliche Beschlüsse »von oben« und kabarettreife Nachäffungen der Parteibeschlüsse »unten«. Wo und wer »oben« und »unten« ist – kein Wort davon. Warum nun erregte es solche Stürme der Kritik, der Bewunderung und der Ablehnung in der DDR? Diese Diskussion reicht von pimpfenpubertärer Leserbriefhysterie (»Deine Träume, Ole, finden in unserer Arbeit ihre Vollendung und finden sie immer wieder aufs neue, Ole, Du – unser Freund und Genosse«) bis zu kaum mehr versteckten Drohungen im »Sonntag«: »Es könnte sogar sein, daß das Fehlen eines ebenbürtigen Gegenspielers dem Weiterleben der Bienkopp-Gestalt und der Dauerwirkung des Werkes unzuträglich ist . . .«[8]

Es fand eine öffentliche Diskussion über das Buch statt, die vom damaligen Verlagsleiter und späteren Minister für Kultur, Klaus Gysi, geleitet wurde und in deren Vorankündigung sich der sonderbare Satz fand: »Der Vorstand des deutschen Schriftstellerverbandes hat sich bereit erklärt, an der Diskussion teilzunehmen.« Natürlich trug zur Diskutierbarkeit des Buches bei, daß die SED ja seinerzeit eine neue »Bauernkultur« förderte; eigentliches Geheimnis aber von Strittmatters sonderbarem »Erfolg« ist, daß er einen ideologischen, keinen künstlerischen Streit provoziert hat. Die Diskussion über diesen »Roman« verläuft, als säße man in einem Diamat-Abendkurs. Ein Kritiker beteuert, das Buch habe in ihm »Kämpfermut« erweckt, »wie selten ein Buch über unsere Gegenwart«; ein anderer beschwert sich über die Verwendung des Begriffs »Nonkonformismus«, den er für die »Haltung einer Gruppe Intellektueller in Westdeutschland« reserviert sehen möchte, »die sich vom Imperialismus und vom Sozialismus fernhalten möchten«; der nächste fragt »Gibt es derartige Übelstände noch in unserer Republik, ist Strittmatter zum ›Helfer der Partei‹ geworden?«. Wer etwa nur diese Diskussion läse, müßte annehmen, Strittmatter habe eine unbequeme Rede auf einem Bauernkongreß gehalten, habe – verdienstvollerweise – erstmals mutig und deutlich auf Partei-Irrtümer und Fehlbeschlüsse hingewiesen. Nirgends ist zu erkennen, hier liege ein Roman vor. Sprache, Komposition, Menschengestaltung – nichts davon wird auch nur erörtert. Die scheue versteckte Anmerkung eines Kritikers blieb ohne Antwort: »Wir wollen bei der Diskussion die Schönheiten, mit denen uns Strittmatter beschenkt hat, nicht vergessen. Vielleicht findet sich jemand, der diese Schönheiten näher untersucht.«

Es fand sich niemand. Der Grund ist einerseits, daß diese nicht-optimistische Tragödie generell als agitatorisches Politikum gesehen wird, als Fehler oder Gewinn, je nachdem. Der Grund mag aber auch sein, daß Strittmatter selber vermieden hat, das Niveau des Dorfkabaretts zu verlassen;

einen solchen Anti-Schematismus-Sketch hätte man schon vor Jahren in Ostberlins »Distel« hören können: »Frieda schob die Motorradbrille herunter und setzte den Sturzhelm ab. ›Ich bitte um Ernstaufbringung!‹ Oberste Grundsatzfrage bei der Durchführung des Erntefestes ist geschlossene Dorfharmonie mit allen Kräften. Das einzelbäuerliche Element muß sich mittels zu leistender Dorfharmonie bei der gründlich zu durchdenkenden Erntefestgestaltung an die Genossenschaft herangezogen fühlen!«[9]

Und auch dieses Lied von der Partei, die den Kontakt zu den Massen verlor, ist nicht neu, geht über »Kritisches von unserem Volkskorrespondenten« im Kreisblatt nicht hinaus:

»Jan Bullert saß auf der Parteikonferenz. Er hörte sich die Reden an; ihr Sinn ging ihm nicht auf. Er war in eigener Sache beschäftigt und saß wie auf einer Wiese, in der statt Gräser Wörter sprossen. Bullert suchte sich Wortblumen für den Strauß seiner Rede zusammen. Wörter, die ihm besonders gefielen, kritzelte er sich auf die Fingernägel; zum Beispiel das Wort ›Obstrukteur‹. Bullert fand es gelungen und für seine Rede geeignet: Genossen, klopft auf die Finger der Obstrukteure in den Fragen betreffs der Freiheit der Bauern! Noch schöner fand Bullert das Wort ›Eklektizismus‹. Eine Löwenzahnblüte von Wort! Es schien ihm das gewöhnliche Wort Kleckerei vornehm und stubenrein zu ersetzen. Sehr fein! Bullert schrieb sich das süffige Wort auf den Daumennagel.«[10]

Ähnlich der bei Hermann Kant angestellten Überlegung kann man auch hier sagen: bestimmte Prosaarbeiten der jüngeren DDR-Literatur haben den Charakter von Zeitungsersatz. Der Zwang der epischen Form, möglichst viel Realität einzubringen, zu »fabulieren«, und der ideologische Zwang, diese Strukturen nun auch gewissermaßen auszurichten, wirkt immer da, wo er befolgt wird, verheerend. Diese Romane bekommen den gähnenden Automatismus von Berichten – und da man ohnehin weiß, wie derlei Berichte enden und was *nicht* berichtet wird, sind sie schlicht nicht lesenswert. Weder in »Katzgraben« noch in »Ole Bienkopp« ist Brechts Forderung, die er auf einer der »Katzgraben«-Proben stellte, erfüllt:

»Wir haben jetzt alle Konflikte verschärft, alle Krisen vertieft; ich habe zuweilen den Ausdruck ›bis zum Tragischen‹ verwendet. Jetzt heißt es, alles in Komödie umzusetzen, die Schärfe mit der Leichtigkeit zu vereinen, zu amüsieren!«[11]

Auch Horst Haase muß diesen Abstieg zur Verbraucherprosa in seinem sonst positiven Aufsatz über »Ole Bienkopp« konstatieren: »Die Beziehungen zwischen dem ›unten‹ und ›oben‹, zwischen der ›kleinen Welt‹ in Dorf und Kreisstadt und der ›großen Welt‹ werden überwiegend in solchen Formen der direkten Satire erfaßt. Das führt notwendig zu einer einseitigen und vereinfachten Darstellung, wie sie im Kabarett und in der satirischen Zeitschrift, für die diese ›kleinen Formen‹ der operativen Satire charakteristisch sind, möglich ist, die aber im Roman vermieden werden sollte und kann. Vermieden werden kann vor allem dadurch, daß solche satirischen Formen stets im Ensemble mit anderen Darstellungsmitteln eingesetzt werden, besonders wenn es sich um die Gestaltung so zentraler Fragen handelt, die ja dazu beitragen, einem Werk weiten historischen Horizont zu geben.«[12]

Überall, wo sich Strittmatter als Schriftsteller, als Wortsetzer, als phantasiebegabter Romancier hätte ausweisen können, gähnen Phrasen und Ideenlosigkeiten: Der böse Großbauer spricht ständig englisch (das Strittmatter nicht beherrscht und ebenso ständig idiomatisch falsch schreibt), trägt gar seidene Unterhosen! Strittmatters Arbeit am Wort beschränkt sich auf pappene Banalitäten: Westberlin heißt »Abendinsel«, der letzte Krieg »der große Krieg«, die SED »Partei der Einheit«, die Naziarbeitsfront »Front der Arbeit«. Wer duldet, daß ihm Sprache und Denken so verwildern, wer argumentiert und disputiert statt zu gestalten, muß auch dulden, daß kein einziges Wort zu seinem »Roman« gesagt wird, aber viele Worte zu dem Thema, ob es hier nach Häresie riecht. Wo nur gefragt wird, ob's richtig ist, kann nicht gefragt werden, ob's schön ist. Im »Sonntag« konnte man es so lesen: »Mit Humor durchknetet, mit so vielen sprichworteinfachen Rosinen der Wahrheit gelockert, das Ganze humorvoll mit Ausdrücken gewürzt – mit Zucker knusprig gebacken –, da muß eine Literatur herauskommen, nach der man gern noch um ein Stück bitten möchte.«

Drei Jahre lang erschien nichts von Strittmatter, hier und da war eine Rede oder ein Interview zu lesen, sonst: nichts. Und dann erschien ein schmales Bändchen, auf dessen Seiten oft wenig Buchstaben waren – etwa so:

»Roman

Mein Roman ist der große Bruder dieser kleinen Geschichten. Er ist eifersüchtig und stößt mich: Immer die Kleinen!«[13]

Da war etwas Unerwartetes geschehen: Erwin Strittmatter hat die Schwere von Scholle und Dung und Gummistiefeln hinter sich gelassen; er hat eine Prosa von spielerischer Leichtigkeit, müheloser Schönheit und höchst konkreter, präziser Poesie vorgelegt. Zwar versteht er diesen Band »Schulzenhofer Kramkalender« offenbar als Zwischenspiel. Doch ist dies Zwischenspiel keineswegs Umweg, gar Ausweg einer leergelaufenen Phantasie, nicht »Tagebuch« oder »Reisenotiz« oder »Poetische Konfession« – sondern ein gelungenes, vergnügliches Büchlein, das Realität einmal ganz anders einzufangen sucht: nicht mit der Problemkralle des Disputanten, dem kämpferischen Elan des Inferioren. Der dies hier schreiben konnte – unkontinuierliche Geschichten, aber nicht zusammenhanglose –, ist gleichsam schon »angekommen«, hat das Ziel (auch politisch) erreicht, schwitzt nicht mehr vor Aufregung und Anstrengung. Allein damit wäre der so scheinbar liederlich-beiläufig getaufte Band Beweis für ein sich allmählich rundendes, in sich ruhendes Nationalgefühl der DDR. Die Parabeln, Skizzen oder Erinnerungen (vor allem an Brecht) lesen sich wie die Prosa eines Lyrikers. Da ist manchmal Trotz, meist aber Humor, oft auch ein wenig Verzagtheit. Zum ersten Mal beschleicht den Leser eines

Strittmatter-Textes gelegentlich das Gefühl: vielleicht kann der Mensch doch nicht alles.

»Die kleine Fabrik

Sie ist blau, die kleine Fabrik. Als ich vor Wochen vorbeikam, war sie noch grün. In ihr werden Sonnenstrahlen genutzt. Der Mensch müht sich, etwas Ähnliches zu erfinden.

Ich öffne die kleine Fabrik. Zuckersaft quillt mir entgegen. ›Gib mir auch eine Pflaume!‹ sagt mein Sohn Matthes.«[14]

So fest stehen die Feststellungen Strittmatters oft gar nicht, seine Benennungen werden immer wieder von Befragungen aufgehoben; daraus entsteht eine stilistische Spannung, eine künstlerische Dialektik von scheinbarer Einfachheit, aber großer – also kunstvoller – Simplizität, eine leise Melancholie sogar:

»Der Frühling, es taut, und der Schnee verschmilzt. Am feuchten Wegrand blühn Gänseblumen. Schneeglocken sprießen an warmer Hauswand. Sie mühn sich, weiße Blüten zu treiben. Die Gänseblumen blühen schon lang. Sie blühten im Herbst, und sie blühten im Winter, sie blühten beim Frost und unter dem Schnee.

Manchmal wünsch ich mir die Kraft einer Gänseblume.«[15]

Das klingt fast wie ein Zeit-Echo auf die eigene Stimme; denn in einer Rede vom Oktober 1954 hatte er noch gesagt:

»Früher lobte ich in meinen Liedern die Blumen, die ihrem im Samenkorn niedergelegten Gesetz treu bleiben, und war traurig über die Unbeständigkeit der Menschen. Heute lobe ich die Menschen, die beständig und planvoll arbeiten, und bedaure jede Blume, die noch nicht aus der Hand des Menschen erfuhr, daß die schöner sein kann.«[16]

Strittmatter, der in seinen letzten Romanen so enttäuschend war, weil seine Sprache nur behauptete, nie befragte, weil er rief, nicht hinhörte, Dinge und Vorgänge und Veränderungen nicht ablauschte, sondern »bewies«, kommt mit diesen Miszellen zu so ungleich stärkerer Wirkung, weil er der Sinnlichkeit Raum läßt, sich Auge und Ohr, Geruch und Geschmack überläßt. Nur selten noch wird deklamiert, sind Rückfälle in die ärmliche Erläuterungsprosa – ein Schlußkommentar wie der überflüssige letzte Satz dieser Beobachtung »passiert« kaum noch:

»Von welcher Farbe das Wasser war, hing vom Himmel ab, und es kam auf die Sonne an, wie der Himmel aussah, und es kam wiederum auf die Dichte der Wolken an, ob die Sonne da war oder nicht – eine Kette von Abhängigkeiten.«[17]

Dafür aber kann Strittmatter plötzlich Details schildern, hat die Fertigkeit, Abläufe und Prozesse anschaulich zu machen, indem er sie *nicht erklärt,* sondern ihrem Spezifischen nachgeht, dem Geheimnis des vorgeblich Bedeutungslosen.

»Ich sah und hörte zu, wie dicke Wassertropfen von den Zweigen ins Seggengras fielen. Sie fielen langsam, als bedächten sie ihren Fall. Ich sah auf die Uhr: Dreißig Sekunden von Tropfen zu Tropfen, dreiviertel Minute, dann eine Minute. Ein Tropfen glitt zur Spitze des Zweiges. Dort blieb er hängen und rührte sich nicht. Er fiel nicht ins Gras; er war erstarrt. Es war die Minute vom Herbst zum Winter.«[18]

Das gewinnt in den besten Momenten Keuner-Format; kein Zufall, gewiß, daß die Geschichten und Histörchen, in denen der Freund BB eine Rolle spielt, die gelungensten sind; denn eben dieses »Rolle spielen« des großen Täuschers und Schaustellers BB wird in diesen Erinnerungen deutlich. Es ist die Listigkeit und Ironie des Schülers, bewußt ausgeborgtes Kostüm. Aber es ist da auch eine eigene Zärtlichkeit, die man, sonderbar, politisch nennen möchte:

»Die Katze

In den Geschichten vom Herrn Keuner gibt's eine Stelle, aus der hervorgeht, daß Herr Keuner-Brecht Katzen nicht besonders liebt; einer Katze aber, die sich zur Ruhe hingestreckt habe, zolle auch er den nötigen Respekt vor dieser Arbeit. Herr Keuner-Brecht hatte also die Katzen gut beobachtet.

Eines Abends kam ich zu Brecht und sah ein schwarz-weißes

Kätzchen auf seinem Abendbrottisch. Die Wurst hatte es schon von den Broten gefressen, und jetzt leckte es die Butter ab. ›Schau an, Herr Keuner und die Katzen!‹ sagte ich in der Art, wie wir uns gegenseitig zu frotzeln pflegten. Er sagte oft: ›Guhn Abend! Wie geht's dem Pferd?‹, und spielte auf meine Pferdenarrheit an. Ich stellte fest, daß er von seinem Arbeitsplatz geflüchtet war, damit sich die Katze dort tummeln konnte. Er wurde verlegen, nahm die Sache sehr ernst und gab Erklärungen ab, wieso man eine Katze, wenn sie sich einmal eingefunden habe, nicht sofort und ohne weiteres abschieben könne, und man müsse dies und das berücksichtigen. Aber die Katze fraß, ungerührt von allen Theorien, Brechts Abendbrot.
Bei späteren Besuchen sah ich die Katze wieder. Sie war noch frecher geworden, und meine Frotzeleien wurden nachdrücklicher, weil es mir, ich gesteh es, Spaß machte, ihn, der sonst so schlagfertig war, immer aufs neue in Verlegenheit zu bringen und in Katzendiskussionen zu verwickeln. Und ich spielte auf das Kleine Organon an, und daß das eine eben die Theorie und ein anderes die Praxis sei und daß man es doch an der Keuner-Katze sehen könne.
›Natürlich‹, sagte er, ›dös möcht auch gräßlich ausschaun, wenn dein Pferd sich auf'm Abendbrottisch wälzen wollt!‹«[19]
Das Buch wurde in der DDR-Kritik sehr nebenbei behandelt, als Zwischen-Fingerübung eines krank gewordenen Mannes.
Der neue Band Strittmatters, »Ein Dienstag im September«[20], zweimal im Publikationstermin verschoben und endlich im März 1970 erschienen, erhielt sofort eine, angesichts der Prominenz des Autors, befremdlich geharnischte Abfuhr im »Neuen Deutschland«:
»Und nun gar die Erzählungen ›Schildläuse‹ und ›Saubohnen‹. Nach beider Vorabdruck hörte man Befremden über die Arbeiten. Unter den Meinungen war das Urteil ›unappetitlich‹ noch am zurückhaltendsten. Konnten Verfasser und

Verlag nicht ergründen, was der Anlaß solcher berechtigten Meinungen war? Sollte ›Schildläuse‹ ein Angriff auf wissenschaftliche Arbeit ohne Belang sein, so ist doch – unter anderem – eine Passage in der Autorerzählung unbegreiflich, die von ›Aktivisten‹ spricht, ›die zum Auslösen ökonomischer Kampagnen herausgesucht worden waren‹. Das enge, unbewegliche Bild von den sozialen Beziehungen in unserer Gesellschaft, mit dem sich Erwin Strittmatter hier leider begnügt, ermöglicht es nicht, die erzählerischen Verfahren und die Gedanken in Fluß zu bringen, die erst den ausschlaggebenden Grund für die satirische Verurteilung von Charakteren unschöpferischen Verhaltens abgeben und die Erbitterung und das Gelächter über sie hervorrufen. In ›Saubohnen‹ ist der Verzehr der eiweißhaltigen Gartenfrüchte Auslöser eines Effekts, den der Erzähler einleitend als anzweifelbar ausgibt. Indessen bleibt im weiteren zumindest zweifelhaft, ob die schriftstellernden Personen, denen der Genuß des Saubohnen-Gerichts zu Äußerungen über die Literatur die Zunge löst, als dumme Kleinbürger verstanden sein sollten. Was sich in beiden Erzählungen als Satire in äußerster Hyperbolisierung vorstellt, weckt Fragen, Fragen nach Gestaltungsprinzipien von Satire im Interesse der sozialistischen Gesellschaft.«[21]

Tatsächlich ist wiederum nicht »der große Bruder Roman« zu Worte gekommen; was Strittmatter vorlegt, nennt sich im Untertitel »16 Romane im Stenogramm«, will also als Fingerübung zu größerer Prosa verstanden sein. In diversen Vorabdrucken nannten sich die einzelnen Teile noch Erzählungen. Es sind zögernde, tastende Versuche, nahezu entgesellschaftete Etüden, ideologisch wie stilistisch sehr in der Nachbarschaft des »Schulzenhofer Kramkalenders«. Nicht nur im vom »Neuen Deutschland« getadelten Rückzug aufs Biologisch-Psychologische verrät sich die Ambivalenz, sondern auch in den skizzierten Situationen und deren Auswirkungen auf die Denkmechanismen seiner »dünn« gewordenen Figuren: »Er weiß nicht, was denken«[22] heißt es über seinen verliebten Soldaten, als er die frisch eroberte Lehrerin nach zwei Wochen Warte- und Schweigezeit nicht mehr wiedersieht. Er stürmt, poltert, rast nicht – die Zeit geht einfach dahin, »die Erde ... altert«.[23] Der Ton ist eher resigniert, nachdenklich. Das führt so weit, daß dieser Soldat sich auch – ganz unerwünschte – Gedanken über das anerzogene Freund-Feind-Denken macht, Belobigung und Auszeichnung sogar in Zweifel zieht:

»Soll er von seiner Schützenschnur reden? Sie hängt wie ein U-Bogen auf seiner Brust. Er hat sie erst letzte Woche erhalten. Wäre er Indianer, würde er sie als Adlerfeder auf dem Kopf tragen, diese vorzeigbare Auszeichnung für gutes Treffen beim Schießen. Hoffentlich wird die aus Silberlitzen geflochtene Kordel nie zur Vorausbelohnung für gutes Töten. Könnte nicht sein, daß aus der schwarzen Schießscheibenmitte im Laufe verworrener Zeiten ein feindliches Herz, ein feindlicher Kopf wird? ... Er weiß nicht, ob die Frage erlaubt ist. Er muß sich erkundigen.«[24]

Der ganze Band gibt Pastelle huschender Gestalten, zeigt Menschen in einer Bewegung des Auseinanderdriftens. Mit einer einzigen Ausnahme spielen sich diese 16 Szenen zwischen alten, müden, auseinandergehenden Menschen ab; meist ist der Tod das Ende. Die Titel fast aller Erzählungen vermitteln diesen Gemütswert des Vergeblichen, Mühseligen, ja Sinnlosen: »Damals auf der Farm«, »Nebel«, »Zwei Männer auf einem Wagen«, »In einer alten Stadt«, »Eine Kleinstadt auf dieser Erde«, »Der Stein«, »Bedenkzeit«. Und der Landschaftskenner Strittmatter weiß natürlich, was das Reizwort »September« evoziert, das die Titelerzählung einstimmt, in der ein Traktorist berichtet: »Man verlangt, daß ich begründe, weshalb ich fernzustudieren begann«[25] und die damit endet: »Ich hoffe, daß ich ausreichend begründet habe, weshalb ich ein Studium begann, doch ich fürchte, daß nach seiner Beendigung mehr Fragen und Mutmaßungen in mir sein werden als vorher.«[26]

Diese offenen, »herbstlichen« Enden kennzeichnen fast alle

Texte – ein Liebhaber verläßt die Seine nach nächtlichem Lager; der Bauer freut sich über die neue Magd, »mit Hacheln im Haar«, aber seine Frau sitzt derweil beim Tischler auf dem Schoß; der Fleischermeister Boll wird nach durchzechter Nacht vom Zug überfahren, der trotz des Winkens mit zwei Fünfzigmarkscheinen nicht hält; die Frau des Renommierprofessors, mitten in seiner Arbeit über »den kollektiven Helden im zeitgenössischen Roman«, läßt sich scheiden; und der Schlußdialog der unfröhlichen Saubohnenesser skandiert sich wie ein Biermann-Chanson:

»›Ja, so hängen wir uns doch auf!‹ ... ›Ja, weshalb hängen wir uns da nicht auf?‹«[27]

Es ist dieser Ton von Schwermut und Vergeblichkeit, der auch das Buch eines jüngsten Debütanten der DDR-Literatur prägt;[28] Alfred Wellm hat mit seinem Erstlingsroman »Pause für Wanzka«[29] gleichsam ein »altes« Buch geschrieben. Verglichen etwa mit den westdeutschen Neuerscheinungen desselben Zeitraums, mit Heißenbüttels selbstsicherer Klatsch-Collage, Wondratscheks modischer Wortkette, Jürgen Bekkers an seiner Umgebung sich reibendem Nachdenken über Jürgen B. oder Uwe Johnsons eindringlicher Studie über Gewalt und Faschismus – verglichen also mit den verschiedenen Möglichkeiten, auf dem Umweg über moderne Prosa der Welt Erkenntnisse abzuzwingen, liest sich Wellms Buch wie unverfälschter Wilhelm Raabe.

Zeit und Ort, das wird hier evident, sind nicht mehr identisch in Ost und West: Während hier vom politisch bewußten Protest bis zum konstruktiven Detail der Kunstprosa hin das Aufgeben des Individuums thematisiert wird, findet sich dort der herbstlich versponnene Klagegesang über das aufgegebene Individuum. Bezeichnend schon die Themenwahl (die sich seit Jahren, ja Jahrzehnten in der deutschen Literatur nicht mehr fand): der alternde Lehrer, der – allen Widernissen zum Trotz – den begabten einzelnen fördert. Das war seit Hermann Hesse kein Sujet mehr. Und wie das »Glasperlenspiel«, so hat auch dieses sanfte, melancholische Buch, das mit erstaunlicher Stilsicherheit hergebrachte Erzählformen nicht variiert, aber ausbeutet, einen doppelten Schluß: Der in seinen Mathematik-Wunderschüler vernarrte alte Lehrer wird vom Kollektiv für die Sorgsamkeit der Pflege dieses einen eher bestraft, das Rechengenie – sonst ungebärdig, eigenbrötlerisch und verträumt – soll nicht zur Oberstufe zugelassen werden; fast aufgesetzt (gar von einem Verlagslektorat »empfohlen«?) wirkt die »Lösung Nr. 2«, das schließlich positive Ende, die Intervention des berühmten Berliner Professors, der die Begabung erkennt und fördert.

Der Erzählhaltung – einer altdeutschen Freundlichkeit, einer individuellen Freundlichkeit eher im Sinne des klassischen Humanismus – entspricht der gesamte epische Apparat des Buches. Wenn nicht, sehr gelegentlich, ein Parteisekretär benannt würde oder die Kollegen sich (es klingt fremd und »umgehängt« wie die Colombine eines Kostümfestes) mit »Genosse« anredeten, dächte man einen klassischen deutschen Erziehungsroman zu lesen, mit der (für die DDR-Literatur inzwischen spezifisch gewordenen) Variante, daß Erziehung nicht nur in die Gemeinschaft hinein gerichtet zu sein hat, sondern daß Erziehung auch das Singuläre, Außer-Ordentliche, Sich-Nicht-Einpassende zu fördern hat. »Welt« wird hier nur gelegentlich, fast nebenbei, eingeführt, als Applikation eher denn als kausale Größe; die radikale, daten- und ziffernpräzise Weltgläubigkeit etwa Uwe Johnsons findet sich hier nicht – Stacheldraht oder 13. August bleiben Kulissenworte, beliebig verschieb- und verwendbar. Selbst der Beginn der Hitler-Herrschaft wird in einem Märchenton eingelagert:

»Es kam jenes Jahr, in dem der weiße Garten einen anderen Anstrich erhielt, eines Sonntags waren über zwanzig Kinder mit Pinseln und Gefäßen an dem langen Gartenzaun. Die Kinder hatten braune Hemden, und auch den Zaun strichen sie braun an. Zuvor war Rektor März fristlos aus dem Dienst entlassen worden, denn er war Sozialdemokrat. . . .

Damals zogen wir zurück ans Haff. Der Heide lebte nun

nicht mehr, doch wir zogen in dasselbe alte Fischerhaus. ... Wir zwei ruderten dann auf das Haff und nahmen Reusen auf und redeten über Atome und die Wissenschaft. Oder über den Professor Einstein, der nun nicht in Deutschland lebte. Anfangs kam Martin jede Ferien – ach, dies war eine gute Zeit!«[30]

Die innere Emigration beim Haff und an den Reusen – der emotionale Wert von Huchels Gedichten stellt sich ein. Mehr noch: das Wortmaterial, maschendicht, lagert die Geschichte gleichsam aus: Beinhosen, Limonadenwasser, Imbißstube. Und muß schon einmal die moderne Welt, etwa in Form eines Automobils, zur Kenntnis genommen werden, dann reagiert die Sprache eher abwehrend darauf:

»Er dreht die Scheibe ein und läßt auswärts den Arm herunterhängen, das tut ihm gut.«[31]

Dieser Sprachgestus entspricht nun nicht nur einer inneren Haltung, sozusagen der epischen Moral des Buches, sondern auch dem »Lokal«: Dorf und Weiher und Angelpartien und stille Brücken über entlegenen Gewässern, auf denen einsilbige Gespräche geführt werden. Hier ist ein sonderbares Phänomen zu konstatieren: Die wahrnehmbare, ernstzunehmende Literatur der DDR – des siebenten Industriestaats der Welt – spielt sich nicht, auftragsgemäß, am Hochofen und im Elektrokombinat ab, sondern im soziologischen Kleinstorganismus. Von Strittmatters »Einzelnem« Ole Bienkopp, der im Seeschilf verreckt, über des Buckow-Balladensängers Wolf Biermann »Ich bin der einzelne, das Kollektiv hat sich von mir isoliert« oder Christa Wolfs »Christa T.«, die sich ein Haus am See baut, bis zu Karl Mickels »See«-Parabel von der Beziehung zwischen Individuum und Gemeinschaft und nun diesem nachdenklichen, traurigen Roman von dem Schuljungen aus dem Dorf Domjüch-Mühle, der Geige spielen konnte wie ein junger Oistrach und beim Dorfschuster das Träumen lernte (»und das Sehnen nach Fernem und Unbekanntem«[32]): Hier findet ein Rückzug statt von der Welt. Wie ein Rezept für diese Literatur klingt ein Satz zu Beginn

des Buches, in dem statt des zu vermutenden Wortes »Wirklichkeit« ein anderes, moralisches (also subjektivisches) das Mittelachsenwort ist:
»Die Phantasie, die kluge Gefährtin, bückt sich nach jedem Stück Wahrhaftigkeit, ehe sie sich an den Zauber macht.«[33]
Und ein anderer topos findet sich wiederholt in neueren Büchern der DDR: Reise. Das lakonisch Definitive westlicher Literatur, Faktizistisches gegenüber Psychologischem offenbar vorziehend, das sich bereits aus Titeln wie »Örtlich betäubt«, »Jahrestage«, »Umgebungen« oder »d'Alemberts Ende« ablesen läßt, hat eine Gegen-Entsprechung in der DDR, deren Parallele absurderweise im amerikanischen Hesse-Mißverständnis zu erkennen ist; Reise und Landschaft titulieren die Fliehkraft des »Aussteigens aus der Gesellschaft« von »On the road« bis zu »Easy Rider« – und eine Fliehbewegung, ein Motiv des »Nicht-Zu-Ende« zeigen Titel wie »Der Weg nach Obliadooh«, »Nachdenken über Christa T.« oder auch dieses Buch, das eben nicht »Wanzkas Ende« heißt und das den Untertitel »Die Reise nach Descansar« (das spanische Verbum descansar heißt »ausruhen, erholen«) trägt. Einen Ort dieses Namens gibt es aber nicht – es ist eine Reise ins Nirgendwo.

Eine neue sozialistische Literatur entsteht
Jurek Becker, Brigitte Reimann, Christa Wolf, Manfred Bieler, Fritz Rudolf Fries

Eine auf überzeugende Weise sich präsentierende neue Erzählerbegabung lernt man in Jurek Beckers Erstlingsroman »Jakob der Lügner«[1] kennen: ein – auf sensible und doch gleichzeitig höchst unpräzise Weise – Gegenentwurf zu »Jacques le Fataliste«. Die Mittel der jiddischen Erzählertradition von Scholem Alejchem bis zu Isaac Bashevis Singer aufgreifend und neu verwendend, ist eben im Sinne des Gegenstücks zum Fatalisten Jurek Becker das gelungen, was in der sozialistischen Literatur als Thema und Motiv immer eine Rolle spielte, die optimistische Tragödie. Im Ghetto nämlich, in dem Blume und Baum verboten sind, in dem Grau und Grauen herrschen, und in dem Nachrichten wichtigeres Lebensmittel, also rarer sind als Brot oder Fleisch, gerät Jakob in eine absurde Situation: aus der deutschen Kommandantur, die nie ein Jude lebend verließ, hört er Wortfetzen besorgter Okkupanten von der sich nähernden Roten Armee und kann, schwejkhaft aus der Kommandantur gerettet, die frohe Botschaft nicht bei sich behalten, kann aber gleichzeitig keinem Menschen verraten, wo und wie er ihrer habhaft geworden ist, denn niemand könnte das Mißtrauen einem gegenüber überwinden, der eben dieses Haus anders als »auf dem Transport« verließ.

So erfindet Jakob ein Radio, das er nicht hat, und unter dem Siegel der Verschwiegenheit rast die Nachricht wie ein Lauffeuer durchs Ghetto. Hoffnung, wie eine der verbotenen Blumen, blüht aus den Mauerritzen, und Jakob kann und darf sich nicht dementieren. Der scheue, geduckte, ehemalige Kartoffelpufferbudenbesitzer wird nicht nur Zentrum, sondern Lichtquelle der Hoffnung im Ghetto. Die Selbstmorde hören auf. Denn die Rote Armee nähert sich, wie Jakob »weiß«, jeden Tag. Er muß Siege und Frontbewegungen,

Flußüberquerungen und Stadtnamen erfinden, er darf aus der Lüge, die viel mehr als Lüge wird, nicht mehr aussteigen, und kein konstruierter Stromausfall und kein Röhrendefekt retten ihn vor der süchtigen Neugier. Die Angst vor soviel Mut führt den einzigen im Ghetto, der tatsächlich ein Radio, sogar vor seiner Frau, versteckt hält, dazu, es schleunigst zu zerstören – die gelogenen Nachrichten haben die Chance auf echte verdrängt. Lüge hat Wahrheit ersetzt – Jurek Becker ist damit ohne Demonstrationstafel und belehrendes Gerede eine neue Definition von den Möglichkeiten der Literatur gelungen. Denn die Simplizität seiner Fabel ist gleichzeitig zuchtvoll und kunstvoll komponiert; die gelegentliche Unterbrechung des Berichts durch ein »es könnte sein« oder »ob es wohl so war oder anders« ist kein schickes Remake einer Mutmaßprosa, sondern legitimes und gelungenes Ingrediens einer phantasievoll melancholisch-heiter erzählten Geschichte. Die Durchsetzung, gar Zersetzung von Lebensgewohnheiten unter diesen extremen Bedingungen ist selten so einfach und eindringlich zugleich reproduziert worden: die Liebe zwischen Rosa und Mischa im Zimmer, dessen Mitbewohner Fajngold nur durch einen Schrank vom Bett getrennt lebt und den der listige Mischa taubstumm sein läßt, um seine Rosa zu überreden – und ohne den, als Fajngold schließlich verschwunden ist, Rosa das Zimmer nicht mehr bewohnen und ihren Mischa nicht mehr lieben kann; Freund Kowalski, ehemals im Gegengeschäft, überlisteter Friseurnachbar (»Kommst Du bei mir umsonst Puffer essen, komm ich zu Dir umsonst Haare schneiden lassen«), der sich nach den Wirtschaftsnachrichten des Wunderradios erkundigt« die heimlich verborgene Lina, deren Eltern tot sind, und die dem Geheimnis des verborgenen Radios nachschnüffelt, bis sie selig, es gefunden zu haben, und das Technikwunder anstaunend, vor einer alten Petroleumlampe sitzt: Jurek Becker hat Märchen und Wahrheit, Knobelbechergrausamkeit und blinzelnde Schläue, Brutalität und immer wieder aufflackernde Zärtlichkeit zu einer Erzählfolge von Charme und Reife mit überzeugender Eindringlichkeit verschmolzen.

Seiner Prosa, die mit Stilsicherheit einen Ton hält und ganz mühelos klingt, gelingen Szenen von schneidender, deutlicher Realität. Die unerhörte Begebenheit des Professors Kirschbaum, der von der SS zum herzleidenden Sturmbannführer Hardtloft gerufen wird, erinnert mit ihrer haarnadelfeinen, punktsicheren, dünnen und tiefschmerzenden Intensität an Prosastücke Bobrowskis oder an den Besuch bei jenem weisen, traurigen Juden Moise Trumpeter aus Johannes Bobrowskis Erzählung »Mäusefest«.

Das Bemerkenswerte, Herausragende dieses Buches innerhalb des generellen Kontextes von Resignation und Ausweichen und literarischem Umweg ist, daß hier auch ein Umweg eingeschlagen wurde, aber als solcher zugleich sichtbar gemacht wird. Reiner Kunzes getadelter Gedichtband meinte mit der Chiffre »Sensible Wege«[2] die Post, die kaum noch Nachrichten transportiert. Jurek Beckers Radio, das nicht existiert, ist natürlich nicht nur ein Radio. Über den Freund seines lügnerischen, nicht fatalistischen Jakob, jenen Hershel Schtam, dessen Schläfenlöckchen erst frei im Wind wehen dürfen, als er tot ist, heißt es: »Ich will nicht lügen, wozu auch, eine Schönheit war er nicht, er war sehr fromm, wollte Hoffnung weiter tragen und ist daran gestorben.«[3]

Tatsächlich ist in der jüngsten Entwicklung der erzählenden Literatur eine Veränderung zu beobachten, eine Literarisierung – auch bei Autoren, die ihr Debut mit Texten hatten, deren Informationswert das Literarische beträchtlich überstiegen. Der Unterschied ist bei zwei Autorinnen besonders evident.

Brigitte Reimann lebt heute in Hoyerswerda bei Neustadt, also in der Nähe des riesigen Braunkohlenwerkes »Schwarze Pumpe«. Ihre erste Erzählung, »Der Tod der schönen Helena«, erschien 1955; seitdem veröffentlichte sie verschiedene Hörspiele und Prosastücke; die Erzählung »Die Frau am Pranger« aus dem Jahre 1956, die 1962 vom Fernsehen verfilmt wurde, hat dasselbe Thema wie Christa Wolfs »Moskauer Novelle« – die Liebe zwischen einer Deutschen und einem Russen. Mit allen diesen Texten gehört Brigitte Reimann wohl zu dem, was auf einer Tagung der Gruppe 47 Max Walter Schulz (Verfasser diverser Romane und jetzt Direktor des Johannes R. Becher-Instituts in Leipzig) mit dem Tautologiebegriff »Inhaltsliteratur« meinte: nämlich zur Trivialliteratur. Dieses Genre entzieht sich literarischer Kritik im engeren Sinne; der Wert ihrer umfangreichen Erzählung »Die Geschwister«[4] zum Beispiel liegt weniger im Literarischen als im Seismographischen: für den, der sich informieren will über die politische Moral, über die Hoffnungen und Verzweiflungen, die Vorstellungen und Klischees, die Ehrlichkeit und die Verstellungen »auf der anderen Seite«.

Brigitte Reimanns Erzählung ist die simple Fabel von drei Geschwistern in Rostock, Kindern einer bürgerlichen Familie, gleichgültig enteigneten Erben einer Schuhfabrik; der eine Bruder, das schwarze Schaf, der »Ellenbogenmann« geht in den Westen, Schwester Elisabeth und Bruder Uli sind wenig traurig – ein Besuch (vor dem 13. August) beim geflohenen Bruder in Westberlin ist die Reise in ein fremdes Land, fremder als Ägypten oder Tibet: »Am Bahnhof Zoo war um diese Zeit noch nicht viel los. Vor ein paar Jahren hatte ich oft, von D. kommend, den Umweg über Westberlin gemacht, um einen ehemaligen Schulfreund zu sehen, der an der ›Freien Universität‹ studierte. Er ließ sich Gregory nennen. Wir gingen ins Kino am Steinplatz oder in die Filmbühne Wien, und hinterher bummelten wir über den Kurfürstendamm, an den strahlenden, kleinen Vitrinen vorbei und an messinggerahmten Schaufenstern, wo auf grauem Samt ein einziges Kleid lag, ohne Preisschild, daneben eine Handtasche, ein paar blühende Zweige, und an den duftenden Buden der Straßenhändler kaufte Gregory gebrannte Mandeln, die heiß und sehr süß waren.

An den Sommerabenden, wenn die Luft unbewegt zwischen den Häuserwänden stand, tranken wir Ananassaft und Grapefruit, wir saßen vor einem Restaurant, unter gestreiften

Markisen; die roten und gelben Stühlchen glichen den graziösen Drahtgebilden, die man auf den Bildern von Pariser Boulevard-Cafés sieht. Das lautlose Feuerwerk der Reklamen sprühte von den Dächern und überschüttete Gesichter und Autokühler und den Asphalt mit seinen blauen, und grünen und goldfarbenen Tinten, und auf den Wänden zuckten Flammenzeichen auf und erloschen, und ganz oben, im rötlichen Himmel, hingen fremd und betäubt ein paar Sterne.«[5]

Hier beginnt das, was »Mitteilungswert« genannt werden darf: Versatzstücke einer im Westen selbstverständlichen Welt, Abgetragenes oft, werden zu Tabubegriffen: die Astor-Zigarette und das »rororo«-Bändchen, Nadja Tiller und das Kempinski-Hotel sind Schlüsselworte für das andere, das Böse, das Westlich-Elegante geworden: »Sie sprachen Deutsch, und ich hörte die deutschen Vokabeln und kam mir dennoch vor wie eine unerkannte Reisende in einem fremden Land. Ich dachte: als ich voriges Jahr in Prag war, fühlte ich mich wie zu Hause, und wo immer ich ging, die tschechischen Laute im Ohr, war ich keinen Augenblick lang Ausländerin.«[6] Solche Sätze, so leicht widerlegbar sie scheinen, sind keine bloße Polemik, politisch eingelernte Phrasen, sondern unmittelbarer Ausdruck für Fühlen und Denken einer Generation. In diesem Wortgeröll muß man schürfen, um Teile der deutschen Wirklichkeit, der deutschen Wahrheit zu finden.

Brigitte Reimann sagte zum Beispiel in einem Interview mit dem »Sonntag«: »Als mein eigener Bruder die Republik verließ, konnte ich nichts tun, weil ich seine Fluchtabsicht nicht erahnte. Dann kamen aus Hamburg seine Briefe ... er ... wurde zum ›Bundesbürger‹; in mir sah er allmählich seinen Feind, nur weil ich zu unserem Staat hielt ... Ich habe ihn geliebt; wir gehörten einfach zusammen; und dann plötzlich Feinde ...? Da erst fragte ich mich: Was hättest du getan, wenn du rechtzeitig von seiner Fluchtabsicht gewußt hättest? Dieser Gedanke ... wurde zum Anstoß für meine Erzählung. Ich mußte mir das herunterschreiben, um mir darüber klar zu werden.«[7]

Hier haben wir den Beleg für jene »unmittelbare Informationsmöglichkeit«; er gibt nicht eine diffizile literarische Transportation: dies sind Diskutierstücke; was sie auszeichnet, ist der Versuch, ehrlich zu sein. Immerhin liegen mit dieser Erzählung und Christa Wolfs »Der geteilte Himmel« zwei Bücher vor, die um nichts als das Problem der »Republikflucht« kreisen, und die beide konzedieren müssen, ein wie böser, zermürbender Konflikt es für jeden einzelnen ist (oder war, bis zum 13. August), der diese einsame Entscheidung fällen will oder muß. Wo bisher durften Namen wie Trotzki oder Koestlers »Sonnenfinsternis« genannt werden, wo durfte zugegeben werden, daß dieses »Renegatenbuch« noch heute, 23 Jahre nach seinem Erscheinen, die nächtlichen Diskussionen der »Arbeiter- und Bauernstudenten« erhitzt? Der Trotz, das neue Selbstbewußtsein und die Möglichkeiten in diesem Satz: »Wir haben ein Recht auf Vertrauen. Wir haben ein Recht, Fragen zu stellen, wenn uns eine Ursache dunkel, ein Satz anfechtbar, eine Autorität zweifelhaft erscheint«[8] müssen anerkannt werden; er ist kein Beweis literarischen Artikulationsvermögens, auch kein Zeichen »heimlicher Opposition in der DDR« – aber Signum einer neuen Generation, in der die Trennung bohrt und die gleichzeitig in ebenso einer Drift von uns weg treibt, wie wir von ihr.

Ein Interview allerdings, das Brigitte Reimann dem Feuilletonchef des »Neuen Deutschland«, Klaus Höpcke, gab, klang bereits anders. Ihre Antworten lesen sich eher mokant, immer ausweichend und ganz offenbar das Gegenteil meinend von dem, was der Gesprächspartner in seinen Fragen schon im vorhinein festlegen wollte:

»K. H.: Ich habe die ersten 40 Manuskriptseiten Ihres Romans, dem ein Titel noch fehlt, gespannt und – wie ich gestehen muß – manchmal bestürzt gelesen. Ihre Franziska ... erlebt die Beziehung zum anderen Geschlecht nicht als menschliches Glück ...

B. R.: Mich bewegt der Widerspruch zwischen Tag- und Nachtleben vieler Menschen. Tags in ihrer Arbeit sind sie mutig und gescheit, und abends bricht ihr Leben auseinander, sie wechseln ihr Gesicht, manche sind einsam und unzufrieden, andere versinken in dumpfer Behäbigkeit. Man findet oft in jungen Ehen, daß die Eheleute einander nicht viel zu sagen haben. In manchen unserer neuen Wohnviertel und Städte gibt es auch, wie ich oft beobachtet habe, schon vom Bau her zuwenig Möglichkeiten gesellschaftlicher Begegnungen. Ich habe absichtlich mit dem Tiefpunkt angefangen, damit ich den Weg nach oben deutlicher zeigen kann. Ich will die Entwicklung der Gefühle eines verletzten und illusionslos gewordenen Menschen gestalten, die Entdeckung der Liebe.

K. H.: Im Jugendkommuniqué des Politbüros ist grundsätzlich ausgesprochen, wie unsere Partei über das Verhältnis zwischen Mädchen und Jungen, zwischen jungen Männern und jungen Frauen denkt: ›Echte Liebe gehört zur Jugend, wie die Jugend zum Sozialismus gehört. Oft wird noch die Meinung vertreten, die Liebe zwischen zwei jungen Menschen sei eine nebensächliche Erscheinung, über die man sowenig wie möglich zu sprechen habe. Tatsächlich aber greifen Probleme der Liebe und der Ehe in alle gesellschaftlichen Bereiche maßgeblich ein – jeder Leiter sollte sich darüber klar sein. Unglückliche Liebe kann die Entwicklung eines jungen Menschen lange Zeit lähmen, glückliche Liebe beflügelt ihn. Deshalb sollte man über alle diese Probleme offen und vorurteilslos sprechen, um den jungen Menschen bei ihren Sorgen in Liebe und Ehe zu helfen.‹ . . .

B. R.: Franziska droht in der bürokratischen Routine und Alltagslangeweile unterzugehen. In dieser Situation lernt sie einen anderen Menschen kennen und lieben. Die beiden sind Leute mit Phantasie und Unruhe. Ich will versuchen, in der Liebe und in der Tätigkeit dieser zwei Menschen das Wechselverhältnis zwischen persönlichem Glück und Erfolg in der Arbeit zu gestalten. Ihr Verhältnis ist ohne Beschaulichkeit: immer gespannt, streitbar und voller Vergnügen an intellektuellen Entdeckungen und an den Freuden der sinnlichen Liebe.

K. H.: Mancher mag – . . . – befürchten, sich auf die Lektüre sehr intimer Darstellungen vorbereiten zu müssen.
B. R.: Wieso eigentlich. Ich finde, daß über Liebesprobleme in unserer neueren Belletristik bisher zuwenig geschrieben wird. Aber Sie haben recht, es gibt noch Leute, die es als eine Verletzung der Intimsphäre ansehen, wenn über die Liebe geschrieben wird. Oft gibt sich Prüderie als Moral . . .
K. H.: Gestatten Sie noch eine letzte Frage: Wie meistern die Helden Ihres Romans die tragenden gesellschaftlichen und beruflichen Probleme, von denen Sie vorhin sprachen?
B. R.: Den beiden widerfährt, daß ihren kritischen Einwänden und Vorschlägen mit einem ›hervorragenden‹ Mittel begegnet wird, das leider oft triumphiert, wenn Leute gegen eingefahrene Gewohnheiten angehen: Man kommt ihnen mit dem Vorwurf von Privatgeschichten.«[9]
Der Roman ist übrigens nie erschienen.
Derselben Generation gehört auch Christa Wolf an; auch in ihrem Erstlingsroman »Der geteilte Himmel«[10] ist ein Zustand abzulesen, der uns betrifft: Die Menschen in der DDR hadern mit dem deutschen Schicksal, sie sind verzweifelt über jeden, der wegging – weil es Freund, Geliebte oder Sohn ist –, aber sie verstehen, oft bitter und verzweifelt, daß so viele es nicht mehr aushielten. Und für alle eigentlich ist es nur die Wahl des »kleineren Übels«, nicht die »Option für die Freiheit«. Auch im »Geteilten Himmel« ist eine ähnlich simple Fabel das Gerüst:
Der aus bürgerlichem Hause stammenden Rita flieht der Freund, dessen »Blick sie getroffen hatte wie ein Stoß«. Literarisch ist das kaum bewältigt; es beginnt, wie sowjetische Romane vor zwölf Jahren begannen, fast wie eine Parodie darauf: »Der junge Lehrer, der später in ihr Dorf kam, sah, daß sie oft einsam war. Er gab ihr Bücher und nahm sie auf seine Streifzüge in die Umgebung mit.«[11]
Eine groteske stilistische Unfähigkeit, das Unvermögen, zu verkürzen, zu sparen, mit dem Wort zu schweigen, zeigt ein solcher Satz, der kaum ein Substantiv gibt, das nicht zumin-

dest durch ein schepperndes Adjektiv illuminiert wird: »Durch eine winklige alte Bergmannstadt fuhren sie dem nahen Gebirge zu. Mühelos nahmen sie steile Straßen, passierten bunte Fachwerkdörfer und rollten auf schwindelnden Windungen in eine tannenumsäumte Schlucht hinab, die ein Fluß, heute ein schmales, wildes Bächlein, in mehreren Erdzeitaltern eingekerbt haben mußte. Sie rasteten am Bach, auf einer sonnigen Waldlichtung. Rita legte sich auf eine Bank aus grüngrauen Moossternen, sie verschränkte die Hände hinter dem Kopf und sah in den kühlen blauen Himmel.«[12]
Natürlich endet solche Idylle immer bei niedlicher Heimatdichtung, und die Pärchen treffen sich obligat im »kleinen dörflichen Lokal mit einem Nußbaumgarten und einem Blick über blühende Bergabhänge jenseits eines kleinen Flusses«.[13]
Wichtig und interessant aber ist so ein Buch, weil es Nachrichten gibt aus einer hierzulande ignorierten Welt. Ganz einfach macht es sich Christa Wolf nicht. Sie weiß, daß eines Menschen Land da ist, wo seine Liebe wohnt, wo der Mensch glücklich ist, mit dem man leben will. Und sie weiß auch, daß dann, wenn der andere nicht mehr atmen kann, Schatten auf das Land und seine Herren fallen. So läßt sie, zum ersten Mal in der DDR-Literatur, auch den »anderen«, den, der geht, Recht haben; Christa Wolfs Manfred ist nicht »gekauftes Subjekt« und »Agent des Imperialismus«, nicht einmal bloß einer, der »noch nicht« das Licht des Heils sieht, das zu sehen, den Klügeren, Gläubigeren schon vergönnt ist. In diesem Buch gibt es zwei Möglichkeiten, sich zu entscheiden – jede verlangt einen anderen Menschen, andere Moral und Stärke (oder Schwäche). Und jeder, der irgendwann einmal in seinem Leben hat eine Entscheidung fällen müssen, die Raum und Zeit zwischen ihn und den Menschen legt, der für ihn das Leben bedeutet, weiß, daß damit keine papierne Diskussion absolviert wird. Eine politische Entscheidung ist immer – so sie echt ist – auch eine menschliche. Die Zerfaserung des eigenen Ich, des anderen, der möglichen Gemein-

samkeit – das hat Christa Wolf durchaus begriffen und wie eine kluge Reporterin dargestellt. Dieser Brief könnte zweifellos ein echter Brief sein – in einem sonderbaren Zwang, sich zu rechtfertigen oder Rechenschaft abzulegen oder auch alte Rechnungen zu begleichen hat jeder, der die DDR verließ, an jemanden so einen Brief geschrieben (manchmal wurden es Bücher):

»Zwar gehöre ich nicht zu denen, die regelmäßig an die Mauer pilgern, um sich auf angenehme Art zu gruseln. Aber ich höre ja noch Eure Sender, und so lange bin ich noch nicht weg, daß ich mich an nichts mehr erinnern könnte. – Die sechziger Jahre ... Denkst Du noch an unsere Dispute? Glaubst Du immer noch, sie werden als das große Aufatmen der Menschheit in die Geschichte eingehen? Ich weiß natürlich, daß man sich lange Zeit über vieles selbst betrügen kann (und muß, wenn man leben will). Aber das ist doch wohl nicht denkbar, daß Ihr alle nicht wenigstens jetzt, angesichts der neuesten Moskauer Parteitagsenthüllungen, einen Schauder vor der menschlichen Natur bekommt? Was heißt hier Gesellschaftsordnung, wenn der Bodensatz der Geschichte überall das Unglück und die Angst des einzelnen ist...«[14]

Und so wenig das »könnte echt sein« künstlerisches Kriterium ist, so sehr ist es die Übertragung einer Auseinandersetzung, der man Respekt nicht versagen kann. Kühler, weniger klischiert als Brigitte Reimann, weil weniger ambitiös, vermag Christa Wolf immerhin in einem knappen Dialog den Unsinn des geteilten Berlin (vor dem 13. August) darzustellen:

»Sie trat an den Fahrkartenschalter. Zum ersten Mal mußte sie preisgeben, was sie tun wollte.

›Zoologischer Garten‹, sagte sie.

Gleichmütig wurde ihr eine kleine gelbe Pappkarte zugeschoben.

›Zwanzig‹, sagte die Frau hinter der Glasscheibe.

›Und wenn man – zurückkommen will?‹, fragte Rita zaghaft.

›Also vierzig‹, sagte die Frau, nahm die Karte zurück und schob eine andere durch das Fensterchen.
Darin also unterschied diese Stadt sich von allen anderen Städten der Welt: Für vierzig Pfennige hielt sie zwei verschiedene Leben in der Hand.«[15]
Man muß sehen, daß das Hauptproblem dieser Prosastudien tatsächlich die Mauer ist. Der erzählerische Apparat dieser Bücher setzt noch voraus, daß eine Wahl möglich, daß für zwanzig Pfennig die andere Welt zu erreichen ist. Es ist eine positiv gewendete Mauerliteratur. Niemand hat das besser erkannt als die Ostberliner Literaturkritik; Christa Wolfs Buch hatte das gleiche Schicksal wie weiland Apitz' »Nackt unter Wölfen«, das nur durch den Nationalpreis vor dem Verbotenwerden gerettet wurde (weil es ein von der offiziellen Propaganda abweichendes Bild des KZ entwarf) oder Strittmatters »Ole Bienkopp«. Als die Ostberliner Akademie der Künste Christa Wolf den renommierten und hochdotierten Heinrich-Mann-Preis verlieh, geschah das mit einer durchaus einschränkenden Laudatio, die Alfred Kurella signiert hatte: »Es würde nicht schwerfallen zu zeigen, daß praktisch gesehen in diesem Buche von einer Totalität des Lebens in unserer Republik keine Rede sein kann, daß sie Schein ist. Die Darstellung ›der Republik‹ und ihrer Menschen weist große Lücken auf, und die tatsächlichen einzelnen Erlebnisse aller Personen lassen vieles von dem Erfreulichen vermissen, das wir in unserem heutigen Leben finden.«[16] Und während ein Kritiker namens Reinowski der Autorin ihre »verkorksten Funktionäre statt untadeliger und standhafter« vorhielt, sprach das Kritikerpaar Allert/Wetzelt aus Halle von eben jener konzedierten Möglichkeit verschiedener Leben in Verdikten: »Christa Wolf spinnt an einigen Stellen und Figuren den Faden dekadenter Lebensauffassung, und das hinterläßt beim Leser das Gefühl, daß hier eine noch zwiespältige Autorin versucht, unvereinbare Ideologien miteinander zu verbinden. Schon deswegen muß die Gruppe der Zweifelnden, Unwandelbaren, Rückschrittlichen stärker er-

scheinen.«[17] Der einflußreichere »Sonntag« konnte diese Argumente abfangen, und die Erzählung wurde seit Erscheinen das Buch in der DDR, »von dem man spricht«.
Der Mitteldeutsche Verlag gab 1965 eine immerhin 300 Seiten umfassende Dokumentation[18] heraus, die die wesentlichen Pro- und Kontra-Kritiken sammelte und neben allerlei Tageszeitungsschreiberei große Aufsätze und Reden so prominenter DDR-Kritiker wie Horst Haase, Hans Koch, Dieter Schlenstedt enthält, aber auch einen Brief »schreibender Arbeiter der VEB Waggonbau Ammendorf«, oder die Stellungnahme des Regisseurs Konrad Wolf, der den Roman verfilmte. Diese Sammlung ist der Beweis für unsere These, daß hier – im Exempel-Fall allenfalls mit Ausnahme der Beiträge aus »Sinn und Form«[19] und »Weimarer Beiträge«[20] – es sich um eine a-literarische Debatte handelt. Der erzählerische Text wird befragt ausschließlich nach seiner politischen Relevanz, in Frage gestellt wird nicht etwa die literarische Kompetenz der Autorin, sondern ihr ideologischer Stellenwert. Schon nach den Abdrucken in der NDL, im »Forum« und in der Zeitschrift »Für Dich« begann die Auseinandersetzung, und das Vokabular etwa des Romanciers Erik Neutsch, der die Kollegin gegen den Angriff aus Halle verteidigen wollte, zeigt, daß hier ebensogut von einer Rede oder einem Artikel die Rede gehen könnte:
»Nach wie vor halte ich die Kritik an Christa Wolfs Erzählung in zweierlei Hinsicht prinzipiell für berechtigt: 1. daß die nationale Frage in Deutschland nicht als Frage des Klassenkampfes empfunden und dargestellt wird; 2. daß die führende Rolle der marxistisch-leninistischen Partei beim Aufbau des Sozialismus in der DDR nicht sichtbar wird.«[21]
Die Redaktion der »Freiheit« verteidigte nach Abschluß der Diskussion das Verfahren und verriet auch die Inspiration des Politbüros und des Ministerrats, neue Kunstwerke zu diskutieren.[22] Die Fragen der schreibenden Arbeiter lesen sich dann auch, als habe Christa Wolfs Rita eine Postadresse und ihre Probleme könnten per Telefonanruf ge-

löst werden – Ratschläge, nicht zur Lösung literarischer Probleme, sondern schlichtweg gesellschaftlich-realer Konflikte; diesem Rezept zufolge hätte man Hans Castorp Penicillin verabreichen und Ödipus zum Augenarzt schicken müssen:

»Es gibt Berge und Krater, die Hindernisse bilden. Auch in Deiner Patenbrigade hier in unserem Betrieb hat es Konflikte und Auseinandersetzungen gegeben. Wo gibt es die in unserem Leben nicht? ...

Wir fragen uns deshalb, weshalb Du nicht stärker bei der Wirklichkeit geblieben bist. ... Die verunglückte Geburtstagsfeier des Brigadiers hat nicht stattgefunden, dafür gab es einige gut gelungene Brigadeabende, auf denen der Werkleiter anwesend war und über die Brigade die Patenschaft übernahm. All dies steht im Brigadetagebuch. Auch, daß die Brigade großartige sozialistische Hilfe über das Werk hinaus geleistet hat, eine Hausfrauenbrigade gebildet hat und vieles mehr.«[23] Ein an besonders hervorragender Stelle gedruckter Artikel von Christa Wolf im »Neuen Deutschland«[24] darf wohl als eine Art Antwort der Autorin gewertet werden – es ist eine scharfe Attacke gegen die, wie sie meint, von der NPD vergiftete Bundesrepublik und damit, stillschweigend, die Auskunft, welchen Teil des geteilten Himmels sie für sich in Anspruch nimmt. Die künstlerische Auseinandersetzung mußte sie mit sich selber austragen. Und sie hat zu einem erstaunlichen literarischen Avancement geführt. Ein kurzer Text von ihr, offenbar ausgelöst von einem Besuch in Dostojewskis Haus und verbreitet von ihrem westdeutschen Verleger, definiert bereits einigermaßen differenzierte Positionen:

»Zu schreiben kann erst beginnen, wem die Realität nicht mehr selbstverständlich ist.

Realität? Die Romanschriftsteller, das ist ein gutes Zeichen, sind sich nicht einig über ihren Gegenstand, der ja wirklich nicht so leicht zu benennen ist wie der Forschungsgegenstand der Physiker. Immerhin kann man daraus, daß Wirkungen zu sehen sind, auf einen Wirkungsfaktor schließen: Immer noch sind Menschen vorzuweisen, die sich bewegt, berührt, beeinflußt von Literatur zeigen. Was in ihnen wirkt, ist weder ›das Leben selbst‹ noch eine Information über Fakten, und doch hat es mit Wahrheit zu tun.

Es gibt eine Wahrheit jenseits der wichtigen Welt der Fakten. Hier endet die Affinität zu den Naturwissenschaften: Der Erzähler kann ihre Ergebnisse kennen und nutzen, aber was er selbst auf der Suche nach der Natur des gesellschaftlich lebenden Menschen entdeckt, darf wohl als ›wahr‹ gelten, ohne daß der Nachweis der ›Richtigkeit‹ erforderlich wäre, den jeder naturwissenschaftliche Schluß verlangt. So wäre es richtig, daß wir, schreibend, die Welt neu erfinden müssen? . . .

Lassen wir Spiegel das ihre tun: spiegeln. Sie können nichts anderes. Erzähler und Wirklichkeit stehen sich nicht gegenüber wie Spiegel und das, was gespiegelt wird. Sie sind ineinander verschmolzen im Bewußtsein des Autors.

Der Autor nämlich ist ein wichtiger Mensch.«[25]

Christa Wolfs neuer Roman »Nachdenken über Christa T.«, ihre dritte Prosaarbeit, wurde vom Mitteldeutschen Verlag Halle zur Herbstmesse 1968 angekündigt. Er erschien aber nicht. Schon im Februar 1968 druckte die Zeitschrift »Sinn und Form« einen längeren Auszug mit dem Hinweis auf die bevorstehende Publikation; im April 1968 druckte die Münchner Monatsschrift »Kürbiskern« einen weiteren Abschnitt mit der redaktionellen Notiz: ». . . wird Ende des Jahres im Mitteldeutschen Verlag Halle erscheinen.« Dazu erschien ein Selbstinterview mit Christa Wolf – Versuch der Selbstanalyse und offenbar Vorweg-Entgegnung zu erwartender Angriffe. Die kamen auch; das Buch kam nicht: die Januar-Nummer von »Sinn und Form« brachte eine ausführliche kritische Rezension, die April-Nummer der Zeitschrift des DDR-Schriftstellerverbandes »Neue Deutsche Literatur« publizierte die nächste »Ermahnung.« Das Buch zur Kritik gab es nicht. Inzwischen, im Mai 1969, wurden die

235 Ärgernis erregenden Seiten gedruckt – veröffentlicht nicht, nimmt man das Wort beim Worte: 800 Exemplare schickte der Mitteldeutsche Verlag an ausgewählte Kritiker, Funktionäre und Bibliotheksbeamte. Und der Verlagsleiter des Mitteldeutschen Verlages erklärte bereits im Mai, er bedaure die Publikation dieses pessimistischen Romans.[26] ZK-Mitglied Adameck, auf dem 10. Plenum Anfang Mai, nahm das mit Sicherheit kommende Verdikt des bevorstehenden VI. Deutschen Schriftstellerkongresses in Frageform vorweg: »Was für eine politische Ästhetik oder was für eine ästhetische Politik steht eigentlich hinter einigen literarischen Neuerscheinungen wie ›Nachdenken über Christa T.‹ von Christa Wolf?...«

Das Buch nämlich ist eine Elegie. In zwanzig sehr streng komponierten, aufeinander antwortenden Kapiteln gibt Christa Wolf die Geschichte eines Todes. Die Schulfreundin, später Kommilitonin und nachbarlich-kollegial verbundene Freundin ist Außenseiterin von Beginn an; sie bewirbt sich nicht um Aufnahme ins Kollektiv – »sie brauchte uns nicht«; während alle an der Universität wissen, was sie einmal werden, traut sie den Namen Lehrer, Dozent, Lektor nicht – »sie zweifelte ja, inmitten unseres Rauschs der Neubenennungen, sie zweifelte ja an der Wirklichkeit von Namen«;[27] wenn sich die anderen brav die Merseburger Zaubersprüche abfragen, liest sie Dostojewskij – »und mußte nun nachdenken über die Behauptung, das Allerweichste könne das Allerhärteste besiegen«;[28] sie hat die Phantasien und Träume des großen Entwurfs, der neuen humanitas – aber ihr »graut vor der neuen Welt der Phantasielosen. Der Tatsachenmenschen. Der hopp-hopp-Menschen«[29], deren Paradies mit Atomstrom beheizt sein wird.

In einer glanzvoll gelungenen Stil-Balance, zwischen lyrischer Sentimentalität und der nahezu leidenschaftslosen additiven Chronistenprosa, wie wir sie aus den frühen Meistererzählungen der Seghers kennen, ist die Totenklage der Wolf'schen Ich-Erzählerin, die beim Nachlaß-Ordnen der mit

35 Jahren an Leukämie gestorbenen Freundin nach-denkt, eine groß angelegte Reflexion über das Thema Individuum und Gesellschaft. Die angeblichen Funde in unvollendeten Manuskripten oder abgebrochenen, nie abgesandten Briefen vervollständigen nicht nur allmählich, Mosaikstein für Mosaikstein ein »Leben zum Tode« hin, sondern wirken umgekehrt zurück aufs Nachdenken der Erzählerin: auf Christa Wolf. In ihrem Selbstinterview beschreibt sie den Vorgang:

»... da ist kein ›Stoff‹ gewesen, der mich zum Abschildern reizte, da ist ›kein Gebiet unseres Lebens‹, das ich als Milieu nennen könnte, kein ›Inhalt‹, keine ›Fabel‹, die sich in wenigen Sätzen angeben ließen. Zu einem ganz subjektiven Antrieb muß ich mich bekennen: Ein Mensch, der mir nahe war, starb, zu früh. Ich wehre mich gegen diesen Tod. Ich suche nach einem Mittel, mich wirksam wehren zu können. Ich schreibe suchend. Es ergibt sich, daß ich eben dieses Suchen festhalten muß, so ehrlich wie möglich, so genau wie möglich.

Frage: Gut. Aber die Substanz dieses Suchens? Was wird denn die Seiten Ihres Manuskripts füllen?

Antwort: Ich dringe in die frühere Welt dieser Toten ein, die ich zu kennen glaubte und die ich mir nur erhalten kann, wenn ich es unternehme, sie wirklich kennenzulernen. Ich stütze mich nicht nur auf die trügerische Erinnerung, sondern aufs Material: Tagebücher, Briefe, Skizzen der Christa T., die mir nach ihrem Tod zugänglich gemacht wurden. In dem Strom meiner Erinnerung schwimmen wie Inselchen die konkreten Episoden – das ist die Struktur der Erzählung.

Frage: So schreiben Sie also eine Art von posthumen Lebenslauf?

Antwort: Das dachte ich zuerst. Später merkte ich, daß das Objekt meiner Erzählung gar nicht so eindeutig sei, Christa T. war oder blieb. Ich stand auf einmal mir selbst gegenüber, das hatte ich nicht vorhergesehen. Die Beziehungen zwischen ›uns‹ – der Christa T. und dem Ich-Erzähler – rückten ganz von selbst in den Mittelpunkt ...«[30]

In diesem – für DDR-Verhältnisse häretischen – Versuch, sich über sich selber zu verständigen, den eigenen Standort zu fixieren, geht Christa Wolf im selben Interview noch weiter, wenn sie auf die Frage »Wie kommen Sie darauf, daß das auch andere interessiert?« antwortet: »Ich bin dessen nie sicher.« Einen Monat nach diesem Interview publizierte die NDL ein »Gespräch mit Autoren«, das durchaus als Entgegnung verstanden werden will, wenn der Gebrauchsschriftsteller Eduard Klein seinem Kollegen Hermann Kant Auskunft über Schwierigkeiten beim Schreiben gibt: »Die Schwierigkeiten beim Schreiben ... fangen bei dem Punkt an, an dem der Autor sich sehr früh – meist schon, wenn er die Idee hat und spätestens, wenn er zu schreiben begonnen hat – fragt, interessiert das eigentlich irgendeinen anderen Menschen außer mir, wird das auch jemand lesen, und wie kann ich mich dessen versichern, daß es jemanden interessieren wird?«[31]

Wenn Christa Wolf von der »Kälte in allen Sachen« spricht und ihre sich einnebelnde, einspinnende Heldin an ihre Schwester schreiben läßt: »Mir steht alles fremd wie eine Mauer entgegen. Ich taste die Steine ab, keine Lücke. Was soll ich es mir länger verbergen: Keine Lücke für mich. An mir liegt es«[32], so sieht sie sich in einer anderen Tradition des Schreibens, also des Denkens. Ohne Frage ist hier auf Kleists berühmten Brief vom 5. Februar 1801 an seine Schwester angespielt, in dem es heißt: »Ich passe mich nicht unter die Menschen; es ist eine traurige Wahrheit, aber eine Wahrheit; und wenn ich den Grund ohne Umschweif angeben soll, so ist es dieser: sie gefallen mir nicht.«[33] Denn was hier beschrieben wird, ist ja *nicht* der Tod durch Leukämie – es ist die Geschichte eines Selbstmords, eines Nicht-mehr-leben-Wollens. Dieses Problem der extremsten Individuation spielt in der DDR, in der mit 27 auf 100 000 die Selbstmordrate besonders hoch ist – neuerdings auch literarisch eine besondere Rolle. Christa Wolf aber macht diesen melancholischen Abgesang auf das Recht, Individuum zu sein, vor allem durch die epische Struktur ihrer Erzählung, durch ein höchst kunstvolles Palimpsest deutlich. Natürlich hat jemand, der 1969 der Hauptfigur eines Romans den Namen Christa T. gibt, den Namen Franz Kafka genannt. Das bedarf keines Kommentars. Zu beobachten aber ist, und auffällig spätestens da, wo von einer »blonden Inge« die Rede geht, daß die Merseburger Zaubersprüche Chiffre sind für die Pferdebücher jenes Hans Hansen, dem Tonio Kröger, der nun nicht Dostojewskij, aber eben Schiller liest, vom Don Carlos und dem König vorschwärmt: »Er ist immer so ganz allein und ohne Liebe, und nun glaubt er, einen Menschen gefunden zu haben, und der verrät ihn...«[34] Christa T. hat zwar kein »Heft mit selbstgeschriebenen Versen«, aber was die Chronistin findet, sind zahlreiche Prosaskizzen und literarische Versuche, die keine Redaktion wollte. Und jenes berühmte »Ich bin erledigt« als Konsequenz des Gespräches mit Lisaweta Iwanowna sagt sich Christa T. in ihren Tagebüchern, als Konsequenz der Begegnung mit einer Wissenschaft, die schließlich keine Antwort gibt. Noch im »Geteilten Himmel« leuchtete der Sputnik aufklärerisch – hier treten Christa T. und ihre Freunde vergebens auf den Balkon: »Wir schütteten den letzten Wein in den Apfelbaum. Der neue Stern hatte sich nicht gezeigt.«[35]

Christa T.'s Rückzug schließlich in das Haus am See mit Mann und Kindern kann nur bei sehr oberflächlicher Betrachtung als bloßer Rückzug in die Idylle gesehen werden. Hier findet vielmehr eine weitere Rückbeziehung auf literarische Tradition statt, eine Antwort auf vorgegebenes Material und Thema: seit Fontanes »Stechlin«, der auf mysteriöse Weise mit den Unruheherden dieser Welt seismographisch verbunden war, dient bei sozialistischen Schriftstellern die Metapher »See« gleichsam als Schlüsselbegriff für die Problematik, die sich aus der dialektischen Spannung zwischen Individuum und Gesellschaft ergibt. Wir erinnern uns an die beiden zentralen Gedichte Peter Huchels, »Der Knabenteich« und »Wintersee«, die in enger Beziehung zueinander stehen, das eine von Algenlicht und Wind und Teich und Krähenschrei gemütvoll erzählend, das andere dagegen endend:

». . . und so steht das Schilf
und klirrt und zittert.«[36]

Und wir erinnern uns an Karl Mickels Gedicht »Der See« – begriffen als Gegenhimmel, als abgesplitterte Hirnschale.[37] Das nun alles liest sich bei Christa Wolf »mit«, bis hin zu dem See, in dessen Schilf Ole Bienkopp starb. Ihre behutsame Mutmaß-Technik – »So kann es gewesen sein, aber ich bestehe nicht darauf«[38] – rettet sie vor Sentimentalität, gibt dem Buch eine distanzierte Melancholie, die gerade durch diesen Stil gelegentlich als leise irrelevant, ja ungerecht gekennzeichnet wird. Mit demselben Trotz, mit dem Christa Wolf als einziger DDR-Autor auf dem vergangenen Parteitag Wolf Biermanns und Robert Havemanns Recht auf Irrtum verteidigte, verteidigt sie hier ihrer Heldin Christa T. Versuch, »sich auszugraben« – also doch wohl sich über sich selber klarzuwerden – an dem See, dessen Sagen und Überlieferungen ihr die Bauern der Umgebung zwar erzählen, sie aber nicht mehr »einholen«. Wenn diese nachdenkliche Antwort auf Johannes R. Bechers Frage (dem Buch als Motto vorangestellt) »Was ist das: Dieses Zu-Sich-Selber-Kommen des Menschen?« möglich ist, so ist die sozialistische deutsche Literatur ein großes Stück vorangekommen, auch, wenn das Motto einem Text Bechers entnommen wurde, unter dem stand »Aus dem Leben eines bürgerlichen Menschen unserer Zeit.«

Dieser Roman[39], seit langem endlich ein künstlerisch ausbalanciertes Stück Prosa aus der DDR, diese Klage um das Individuum, das unterging in einer Gesellschaft, die trotzdem bejaht bleibt, ist genauso sozialistisch wie Lenins berühmter – »pessimistischer« – Satz beim Anhören der Appassionata: die Musik wecke in ihm den Wunsch, die Köpfe aller Menschen zu streicheln, leider aber müsse man auf die Köpfe schlagen.

Außerhalb all dieser angedeuteten Traditionen und Antitraditionen der Aufnahme, Weitergabe oder Widerlegung bürgerlichen oder sozialistischen Literaturerbes, steht ein Autor, der sich auch qua vita »beiseite« gestellt hat: Manfred Bieler. Neben Heinz Kahlau, Günter Kunert u. a. gehörte er im Tauwetterjahr 1956 zu jener Gruppe junger Schriftsteller, die heftig auf die Entstalinierung reagierten und die noch nach der Verhaftung Wolfgang Harichs, sich in Kellerkneipen trafen, wo man verbittert traurige Lieder sang und von wo aus sich Bieler in Bobrowskis »Friedrichshagener Dichterkreis« »rettete«. Allerlei kleine Prosa und Hörspiele, wie etwa das dem mexikanischen Maler Siqueiros gewidmete »Die linke Wand« oder die schon 1955 publizierte Erzählung »Der Vogelherd«, brachten ihm literarische Ehren wie beispielsweise einen Preis der V. Weltfestspiele der Jugend und Studenten. Sein erster Roman »Bonifaz oder der Matrose in der Flasche« erschien 1963 und ist eine pikareske Verarbeitung seiner 1960 begonnenen Reise auf dem Fischdampfer »Bertolt Brecht« nach Kanada. 1966 ging Bieler nach Prag, wo er schließlich die tschechoslowakische Staatsbürgerschaft erwarb – und im August 1968, nach der sowjetischen Invasion, übersiedelte er endgültig in die Bundesrepublik. Seinen Abschied von sozialistischer Wirklichkeit nahm Bieler nicht, als er die DDR verließ; jener Abschiedsbrief, dem wir in Dichtung wie Wirklichkeit immer begegnen, war »an einen Prager Freund« gerichtet und trug das Datum »Im Oktober 1969«:

»Jan Palach wirft sein rigoroses Licht in ein Dunkel aus Duckmäuserei, Bierdunst, Geldwechselei und Barock. In eine Finsternis aus Konsumhunger und Spitzelei, in ein Düster aus Korruption und Schlußverkaufsseligkeit. San Domingo wehrte sich entschlossener gegen die Amerikaner. Finnland kämpfte tapferer gegen die Sowjets. Die Studenten Westeuropas führen entschiedener Krieg gegen ihre Gesellschaften. Sie alle beweisen zumindest das eine: Solange es nicht wenigstens zehntausend in einem Volke gibt, die den Wert des Lebens nicht ausschließlich an seiner Dauer messen, solange wird sich nichts ändern. Die Geschichte macht keine Geschenke.

Deshalb bin ich auch nicht, wie viele Beurteiler der tschechoslowakischen Verhältnisse, der Auffassung, daß die sowjetische Aktion vom 21. August ein Mißerfolg war, daß die Sowjets ›eine Regierung gewonnen, aber ein Volk verloren haben‹. Dieses Volk war für die Sowjets seit mindestens fünfzehn Jahren ›verloren‹, genauso wie die Polen und Ungarn ›verloren‹ sind. Die Sowjets, die nicht mit Jahren, sondern mit Jahrzehnten rechnen, hat das noch nie gestört. Wer verübelt ihnen eigentlich – außer an Gedenktagen – heute noch den Überfall auf Finnland oder die baltischen Staaten? Wer nimmt ihnen – außer an Gedenktagen – heute noch krumm, daß sie gleichzeitig mit den deutschen Faschisten nach Polen einmarschierten? Wer spricht heute noch von Ungarn? . . .

Ein paar Stunden lang in jener unvergeßlichen Nacht vom 20. auf den 21. August hoffte ich, daß der Held des halben Jahres, Alexander Dubček, den Generalstreik ausrufen und die Arbeiter auffordern würde, die Soldaten der Roten Armee mit den roten Fahnen der Arbeiter zu empfangen und mit jenem Liede, das die Proletarier aller Länder vereint: ›Wacht auf, Verdammte dieser Erde!‹

Ein paar Stunden lang meinte ich, daß sich Kommunisten wie Kommunisten verhalten müßten, daß sie sich auf die mächtigsten Waffen der Arbeiterklasse, den Generalstreik und die Massendemonstration, besinnen würden, Waffen, die an Schärfe bis auf den heutigen Tag nichts verloren haben.

Ein paar Stunden lang glaubte ich, daß die Staatsmänner eines kleinen Volkes, das seit Jahrhunderten um seine Wiedergeburt ringt – ein politischer Terminus technicus, der wieder aufgegriffen worden war –, daß die gefeierten, bewunderten, ja geliebten Führer nicht das würdelose Schauspiel der Kapitulation, des allmählichen Zurückweichens, der sukzessiven Rücktrittserklärungen und eskalierenden Selbstkritik bieten werden.

Aber sie standen hinter der Gardine, schonten den Barock

und die Bierbrauereien, steckten Zuckerstückchen in die Taschen und sahen zu, wie ihnen die Telephonleitungen durchgeschnitten wurden.
Doch hier muß ich mir selber ins Wort fallen: Wer heute das Selbstverständliche erwartet, ist ein Romantiker. Die Wirklichkeit, die sogenannte Realität sieht anders aus. Es ist nur allzu verständlich, daß gerade der sozialistische Impuls, die sozialistische Antwort, die sozialistische Demonstration in jener Nacht ausblieb: nach zwanzig Jahren Heuchelei, Verrat, Lüge, Diffamierung, nach zwanzig Jahren Kaderpolitik, Protektion, Vetternwirtschaft, Korruption, nach zwanzig Jahren Speichelleckerei, Lobhudelei, Arschkriecherei, nach zwanzig Jahren Kapitalisierung der Freizeit, Privatisierung der Gefühle, Rehabilitierung des Ellbogens, Organisierung der Unlust.«[40]
Die hier angedeutete Mischung aus Härte und Romantik ist auch Charakteristikum seiner Bücher – ein sensibilisierter Naturalismus, der gleichzeitig verstört und berührt. Die falsche Rauhbeinigkeit etwa der Titelerzählung des Bandes »Der junge Roth«[41] ist schwer erträglich; die Geschichte vom seefahrenden Kumpan und seiner ehemaligen Geliebten, die sich umbrachte, eine Nachricht, von der nach der Rückkehr aus Barbados lärmfreudig und sauflustig der junge Roth sich bei einer Hure erholen will, die er rückzuverwandeln versucht in seine einstige Geliebte und die er ersticht, als das mißlingt – das ist eine Prosa, die sozusagen im wiegenden Hüftschritt über die Planke geht; sie priemt:
»Du Reni, sagte Roth, die Eva Benedix –
Ja?
Die hat sich das Leben genommen.
Wer ist denn das?
Ach, du kennst sie gar nicht, sagte Roth, stand auf und ging ans Fenster. Sie war doch mal hier.
Hattest du mit ihr, ich meine ...
Naja, sagte Roth und sah in die Fenster des nächsten Reihenhauses, wo rote Inletts zwischen weißen Vorhängen lagen.
Wie hat sie's denn gemacht? fragte Irene.

Keine Ahnung.
Darauf kommt's ja auch nicht an. War sie 'ne richtige Freundin von dir? Das hätte ich doch wissen müssen.
Du weißt einen Dreck, sagte Roth.
Hoffentlich war's nicht deinetwegen, sagte Irene. Bei uns hat sich übrigens auch jemand umgebracht, ein junger Mann, noch nichtmal zwanzig, keiner weiß warum.«[42]

Aber derselbe Band enthält dann winzige, gelungene Pastelle wie »Drei Bäume« – und derselbe Autor hat nun einen Roman vorgelegt, der wieder versucht, sozusagen im Berliner Schnodderton Gefühle trotzdem zu Worte kommen zu lassen. Das ist gleichzeitig gelungen und nicht gelungen. Die Konzeption wie die epische Struktur von »Maria Morzeck oder Das Kaninchen bin ich«[43] sind eher banal. Es ist die neue Fassung der 1965 entstandenen Arbeit »Das Kaninchen bin ich«, die dem verbotenen DEFA-Film desselben Titels zugrunde lag.[44] Die Veränderungen vom Urmanuskript sind der nun vorliegenden Fassung offenbar nicht bekommen. Es ist ein in jeder Weise – stilistisch wie ideologisch – unentschiedenes Buch. Fast trotzig, als habe er sich gegen die Form des Ich-Romans zu wehren, beginnt Bieler mit der Zeile »Ich heiße Maria Morzeck«[45] und läßt dann seine Kellnerin mit Abitur, die wegen politischer Unzuverlässigkeit nicht studieren darf, ein Buch aufschreiben, das gleichzeitig ihr Einsichtniveau zu halten sucht und darüber hinausgeht; Bieler fällt der selbstgeschaffenen Erzählfigur dauernd in den Arm und läßt sie auf Einsichten oder Erfahrungen reagieren, die sie nicht haben kann – nur er, ihr Schöpfer. Die Fabel von dem Mädchen aus der Oranienburger Straße – einer »Lottchen«-Figur, aber von Hans Fallada –, die ausgerechnet an den Staatsanwalt geraten muß, dank dessen politisch-ungerechtem Urteil ihr Bruder in Brandenburg sitzt, ist dünn und wird unentwegt ihrer eigenen Wahrscheinlichkeit beraubt – wenn beispielsweise die angeblich um das Schicksal des Bruders so besorgte Schwester nicht weiß, was er eigentlich tat (obwohl die ganze Belegschaft einer Fabrik Zeuge seiner »Untat«, des Abspielens einer Adenauer-Rede über den Betriebsfunk, war). Wolfgang Werth hat in einer Kritik sogar auf die zeitlichen Anachronismen innerhalb der Handlungsabläufe hingewiesen.[46] Das alles heißt aber, daß Manfred Bieler ganz bewußt einerseits bieder naturalistisch arbeitet – Informationen geben will –, andererseits die Gesetze des Naturalismus, sogar der epischen Wahrscheinlichkeit einfach außer acht läßt. Die Gefahr der Biederkeit, die seine Schreibart in sich birgt, hat er selber in einem Interview definiert: »Es liegt zum Teil an der Rolle, die der Schriftsteller in der sozialistischen Gesellschaft spielt. Er wird auf einer Sänfte vor dieser Gesellschaft hergetragen. Seiner Eitelkeit, seinem Selbstbewußtsein wird an einer höchst empfindlichen Stelle geschmeichelt, denn er hat eine ungleich größere Wirkung als im Westen. So ist über den Film, der nach meinem Roman ›Das Kaninchen bin ich‹ 1965 in der DDR gedreht wurde, ein Minister gestürzt. Das schmeichelt. Selbst das Gefühl, die Staatssicherheit hört mit, kann für einen Autor wichtig, kann eine Stütze für seine Arbeit sein. Das Bewußtsein, verstanden zu werden, viele Ohren zu erreichen, erklärt schließlich auch den Trend zum Realismus. Man vermittelt Erkenntnis, wird mißverstanden oder stößt auf Ablehnung – auf jeden Fall erfolgt eine Reaktion. Die Gefahr, die darin liegt, nämlich die Gefahr der Biederkeit und der Platitüde, ist der Gefährdung des Schriftstellers im Westen entgegengesetzt. Hier ruht der Autor mitunter in einem Himmelbett aus. Gleichgültigkeit und Unverstand, und das Ergebnis sind die Sprachspiele des schönen Scheins, die auf Information verzichten. Umgekehrt zielt der Schriftsteller im Osten oft auf direkte gesellschaftliche Veränderungen, ohne den Umweg über die Literatur. Seine Gefahr liegt darin, daß er von den Machthabern im Sinne der Erfüllung strafrechtlicher Tatbestände verstanden werden kann – vorausgesetzt, er wagt das kritische Wort.«[47]

Im selben Interview bestätigt er auch die Inanspruchnahme der eigenen vita:

»Für mich geht jede schriftstellerische Arbeit, geht jeder Stoff, den ich bearbeite, von der Biographie aus. ... Meine Erzählungen, meine Geschichten, schreibe ich zunächst nur stoffgerecht. Später werden sie auslegbar. In diesem Sinne ist auch meine Biographie auslegbar.«[48]
Hier mag der Grund dafür liegen, daß Bielers Prosa ein Element der Überzeugungskraft, der Wahrheit enthält, das bei dem geschickteren Kant nicht vorhanden ist und dem Rolf Schneider sich mit seiner Literarisierung verweigert. Obwohl es nie so gewesen sein kann, so simpel dümmlich und klischiert: ohne jede fiktive Disziplin hat Bieler seinen Leser im Griff – »eigentlich« kann es so eben doch gewesen sein. Bieler gibt den Anstoß für Emotion und Überlegung, er verführt und sei es nur zu dem Schock: man stelle sich vor, so könnte es sein.
Auch sein erfolgreichstes Hörspiel »Drei Rosen aus Papier«[49], das am 21. Oktober 1962 über die Berliner Welle gesendet wurde, gewinnt seine Wirkung aus dieser Mischung aus Wirklichkeit und romantischem Spiel; in einem Gespräch zu der Technik seiner Hörspiele sagte Manfred Bieler, daß er sie wie seine Erzählungen arbeite – in der Anlage symbolisch, in der Ausführung realistisch. Aus der Wirklichkeit exzerpiere er Muster und Ordnungen, gewinne er Strukturen und Denkvorgänge, die er mit Elementen seiner Erfahrung – also der Phantasie – besetze. Das ursprüngliche Muster der Wirklichkeit wird beiseitegeschoben – und hervorkommt ein »Grundvorgang«, der mehr meint als die Wirklichkeit des Augenblicks.[50]
Auf schlechterdings grandiose Weise hat ein Autor all die hier erwähnten Elemente in einem Roman zusammengefügt – Spiel, artistische Raffinesse und Melancholie, Fernweh und neues Heimatgefühl, Höhenflug der jungen DDR-Generation und grauer Wodkapessimismus, Marx und Engels inclusive: »Der Weg nach Oobliadooh«. Fritz Rudolf Fries, dessen Name kein DDR-Lexikon nennt und dessen Erstlingsroman auch nicht in der DDR erschien[51], hat schon im Titel die

Reise ins Nirgendwo gekennzeichnet: Dizzy Gillespies Jazz-Lied »I knew a wonderful princess in the land of Oobliadooh« erinnert ein Land, das es nicht gibt; die Bewegung, die sein Titel angibt, tritt gleichzeitig – weil irreal – auf der Stelle. Und das Jean-Paul-Motto verdeutlicht die Fatalität der Sehnsucht: »Man denkt sich nur immer die eigne Stadt als das Filial und das Wirtschaftsgebäude zu einer entfernten Sonnenstadt.«[52]

Hier hat jemand seinen Joyce und Proust und Kafka gelesen, er variiert nicht, parodiert nicht, zeigt keine Lesefrüchte vor – er schreibt nur wie jemand, dessen Leseerfahrungen eben zu eigenem Stil geworden sind. Die Souveränität ist meisterhaft, mit der Fries seine Sprache laufen läßt, Sätze abschneidet oder zu endlosem Rollen bringt, kabarettistische Sketches einbaut oder reflektorische Passagen. Bericht und Hymnus und hämischer Kommentar, Erinnerung an die Studentenzeit und Versinken im Suff verzweifelter, kleinbürgerlicher Gegenwart geben – in der Nähe Uwe Johnsons – das gelungenste Bild beider Deutschland, das die neuere deutsche Literatur vorzuweisen hat. Die Geschichte der beiden Freunde Paasch und Arlecq integriert die »Aula« und den »Geteilten Himmel« und schließlich auch »Nachdenken über Christa T.«: man hat studiert, ist sogar Zahnarzt mit Auto, man schläft miteinander, hat den gehörigen Horror vor Baby und Windelgeruch, man liegt im Gras, döst und trinkt und hört Jazz. Und als einer, der Bibliothekar Stanislaus, verhaftet wird, weil er Oppositionelles zwischen die Bücher seiner Bibliothek gelegt hat, ist es wie eine braunschwarze, überscharfe Photomaton-Aufnahme – eilig, häßlich, überflüssig:

»Ich hatte einen Freund, einen Bekannten, den man eingesperrt hat. Wahrscheinlich hat er Flugblätter verteilt. Wahrscheinlich hat ihn jemand dazu angestiftet. Der suchte jeden Tag in der Zeitung den Weltuntergang. Ganz einfach, weil er genug hatte von diesem scheißblöden Fortschrittsgequassel. Und damit einmal von vorn und ganz anders

begonnen werden könnte, Wort und Sache sich wieder fänden.«[53]
Hier wird weder »Verrat« noch »Freiheit« gerufen, weder »unser Staat« noch »die da drüben«; als beide schließlich doch nach dem Westen gehen, ist es von der ersten Sekunde an eben *kein* Wechsel, es ist *derselbe* Himmel, der über allem Grau drückt:
»Familien, die ihr Gepäck tragend kaum bewältigten, das sie den Augen der Zugkontrolle als Feriengepäck, leichte Kleidung zur Wanderung am Strand (umsteigen wollte man in Berlin) während der Frühsaison in den Bäderorten der Küste verkleinert hatte; als notwendige Garderobe zum Verwandtenbesuch zwecks Familienfeier, Kindstaufe, Einsargung, Hochzeit, Jugendweihe oder sozialistischer Eheschließung.
So warteten sie (da sie gern die letzten gewesen wären) auf der Bank neben der Plakatsäule, auf der Annoncen verblichen, Buchstaben in Großdruck sich bedrohlich in schwarze Tiefen zurückzogen. Sie saßen frierend in ihre Mäntel gehüllt. Der Morgen hoch über ihnen, alle Sterne standen noch am Himmel, war kalt.
P. las im Licht der Straßenbeleuchtung die Zeitung, die er am Nachmittag gekauft hatte. Wenigstens erfahren wir hier schon, sagte er, mit wem wir es zu tun kriegen: die Bauernschaft der Zone, die . . ., Lehrer, die dem Wissen ihrer Schüler nicht . . ., Lehrlinge, die nicht mit der Waffe in der . . ., Deserteure der sogenannten Volksarmee der sogenannten . . ., Rechtsanwälte und Ärzte (ein Auto reicht wohl nicht mehr, sagte P.) . . ., die . . . Hör schon auf, sagte A. Da hätten wir gar nicht erst zu kommen brauchen, wenn wir sie hier alle wieder beisammen finden. Er war müde wie nach dem Tagesdienst bei einer Delegation auf Staatsbesuch. Eine Besichtigung mehr, die jetzt bevorstand.«[54]
Fries hat mit einer kaum merklichen Nuance allerdings deutlich gemacht, was hier vorging (und was tatsächlich vielen geschah): er hat seinen beiden Gestalten die Namen, also die

Identität, genommen. Während ihrer Westberlin-Eskapade heißen sie A. und P. Dieser Vorgang nähme bei Hermann Kant etwa zwanzig Seiten ein, bei Schneider hießen sie alle Josef K. Und bei Anna Seghers gäbe es das nicht. Und mit einem »Es kotzt mich an«[55] ist die Entscheidung revidiert, ist Oobliadooh nicht gefunden. Zurück im Osten, warten die Verzweiflungen der Vaterfreuden auf Paasche, der Arlecqs momentan ausbrechenden Optimismus mit einer sarkastischen Tonbandbotschaft dämpft:

»Abel? abel ist ein netter junge ein bißchen mente captus scheint es denk mal an kramanns sohn hatte es immer leicht der junge auf dem ochsengefährt.«[56] (Kramanns Sohn ist ein Idiot.)

Auf einer einzigen Prosaseite[57] stellt Fries ein komplettes Raster individueller Emotionen wie gesellschaftlicher Konflikte her; »Patenschaft«, »Abel- ein Kosmos an Möglichkeiten«, »Milch aus der Mutterbrust«, ›Himmelreich«, »Vorlesung«, »Zeitungsschau der Freien Deutschen Jugend«, »Der Katze Hinterpfoten weich und krallenlos« und dieser Satz »Aber richtig ist es nicht, sagte Arlecq. Ich meine: daß Leben aus jeglicher Verbindung entstehen kann, ohne der Liebe zu bedürfen.«[58] – das endet mit den beiden Worten »Kahlbaum oder Aprikosengeist«. Und das ist Prosa. Zärtlichkeit und Animalisches, Melancholie und Intellekt und Bildung und über allem Vergeblichkeit – das alles steht hier, und heißt ganz anders, ist gemeint, aber nicht gesagt.

Fritz Rudolf Fries ließ 1970 einen schmalen Erzählungsband gleichzeitig in der DDR und in Westdeutschland erscheinen[59], eine Zurücknahme offenbar. Die elf Erzählungen sind eher Protokollprosa, an Kisch erinnernde Begebenheiten, kühl und anspruchslos und reporterhaft erzählt, Berichte von fern liegenden Ereignissen, historische Miniaturen. Mit seinem Roman aber hat Fries das große Protokoll geschaffen, das literarische Porträt zweier Länder, die noch vieles gemein haben:

»Was blieb, ließ sich zu Papier bringen. Geburtsurkunde,

Meldelisten, Polizeikarteien, Ausweise, Mitgliedskarten, Lesekarten, eine Examensbescheinigung, eine Eintragung auf dem Finanzamt zwecks Steuerklassifizierung, eine Sozialversicherung für Freischaffende. Erst die Krankengeschichten gaben Profil. Die ärztliche Diagnose, das gab Charakter, das Röntgenbild war verläßlich, der Rhythmus des Pulsschlags ordnete die Lebensmelodie, die Fieberkurve war eine seelische Startbahn.«[60]